욥의 환난과 축복

욥의 환난과 축복

1판 1쇄 인쇄 2020년 5월 11일
1판 1쇄 발행 2020년 5월 15일

지은이 김서택
발행인 한동인
펴낸곳 (주)씨뿌리는 사람

등록번호 제2006-4호
주 소 경기도 이천시 경충대로 2096-4
(서울사무소) T. 741-5181, 4 F. 744-1634

책값은 뒤표지에 있습니다.
ISBN 978-89-90342-47-8

Web www.kclp.co.kr

"천국은 마치 사람이 자기 밭에 갖다 심은 겨자씨 한 알 같으니
이는 모든 씨보다 작은 것이로되 자란 후에는 나물보다 커서 나무가 되매
공중의 새들이 와서 그 가지에 깃들이느니라"(마 13:31-32).

공급처 기독교문사 도매부 T. 741-5181~3 F. 762-2234

욥의 환난과 축복

김서택

씨뿌리는사람

Prologue

프롤로그

기독교인들은 하나님의 보호하심과 사랑을 믿습니다. 그럼에도 불구하고 때때로 너무 끔찍한 사고를 당하거나 질병에 걸려서 고통 받을 때가 있습니다. 그때마다 우리는 '왜 하나님이 이런 끔찍한 일이 일어나게 하셨을까?'라고 생각하면서 절망의 늪에 빠져서 허우적거리게 됩니다. 그럴 때마다 많은 성도에게 위로를 주는 책이 바로 욥기입니다.

욥은 그 많은 재산을 다 잃고 자식 열 명이 다 죽고 자신의 온몸에는 심한 질병까지 생겨서 고통을 받았지만, 자신의 믿음을 잃지 않았고 끝까지 견디며 담대했습니다. 욥기는 성도가 당하는 환난은 죄의 결과가 아니라 하나님의 연단이요 정금과 같이 만드는 과정이라고 말씀하고 있습니다.

제 자신도 병으로 여러 해를 고통 속에 지냈습니다. 그 결과 욥기를 좀 더 구체적으로 볼 수 있게 되었습니다. 이 새롭게 강해한 욥기가 고통 받는 성도들에게 위로와 기쁨이 되기를 바랍니다.

늘 부족한 저의 책을 출판해서 많은 목회자와 교인들에게 도움을 주시는 한동인 사장님께 깊은 감사를 드립니다. 그리고 아내와 딸 시현 그리고 대구 동부교회 모든 성도들에게 깊은 감사를 드립니다.

대구 수성교 옆에서
김서택 목사

Contents

차 례

프롤로그 04

01 욥이 당한 고난 | 욥기 1:1-22 07
02 고통의 문제 | 욥기 2:1-10 21
03 누구의 책임인가? | 욥기 2:11-3:26 32
04 인간의 한계 | 욥기 4:1-21 43
05 미련한 자의 분노 | 욥기 5:1-27 55
06 고통의 무게 | 욥기 6:1-30 65
07 나를 놓으소서 | 욥기 7:1-21 77
08 네 시작은 미약하였으나 | 욥기 8:1-22 90
09 나의 중보자 | 욥기 9:1-35 101
10 내 영혼이 살기에 피곤함 | 욥기 10:1-22 114
11 하나님의 오묘 | 욥기 11:1-20 125
12 인간의 한계 | 욥기 12:1-25 136
13 욥의 남은 것 | 욥기 13:1-28 147
14 인생의 숙제 | 욥기 14:1-22 161
15 실패의 유익 | 욥기 15:1-35 175
16 고통을 주는 위로자 | 욥기 16:1-22 187
17 욥의 현실 | 욥기 17:1-16 199

Contents

18	대속자는 살아계시고	욥기 18:1-19:29	211
19	악인의 가치	욥기 20:1-21:34	224
20	하나님과 화해하라	욥기 22:1-30	238
21	순금 같이 되리라	욥기 23:1-17	251
22	왜 세상은 공평하지 않은가?	욥기 24:1-25	264
23	하나님의 위대하심	욥기 25:1-26:14	277
24	경건하지 않은 자가 남긴 것	욥기 27:1-23	289
25	보석이 있는 곳	욥기 28:1-28	301
26	과거에 대한 미련	욥기 29:1-25	314
27	회복될 수 없는 상처	욥기 30:1-31	324
28	욥의 결심	욥기 31:1-40	337
29	제3의 설교자	욥기 32:1-33:33	350
30	끝나지 않은 시험	욥기 34:1-37	363
31	너무나도 작은 인생	욥기 35:1-16	376
32	인생의 비바람	욥기 36:1-33	389
33	자연속의 하나님	욥기 37:1-24	400
34	하나님의 등장	욥기 38:1-41	413
35	동물의 본능	욥기 39:1-30	429
36	불가침의 존재	욥기 40:1-24	443
37	감추어진 실체	욥기 41:1-34	457
38	새로운 인생	욥기 42:1-17	467

01 욥이 당한 고난

욥기 1:1-22

누구든지 남들이 당하는 고난을 나도 겪게 된다면 큰 불만을 가지지는 않을 것입니다. 예를 들어서 모든 여성이 아기를 낳으면서 출산의 고통을 겪는데 자기도 겪어야 한다면 그것을 고난이라고 생각하지는 않을 것입니다. 그 고통은 아기를 낳는 여성이라면 누구나 당연히 겪어야 하는 것이기 때문입니다. 또 남자라면 군대 가서 훈련받으면서 고생하는 것에 대하여 큰 불만은 없을 것입니다. 왜냐하면 그것은 대한민국의 모든 남자가 다 받아야 하는 훈련이기 때문입니다.

그런데 다른 사람들은 그런 고통을 당하지 않는데 나 혼자만 그 고통을 받아야 한다면 굉장히 억울한 생각이 들 것이며, 왜 나만 이런 고통을 받아야 하는지 이해가 되지 않을 것입니다. 수년 전에 우리 교회 한 자매가 서울에서 직장생활하고 있었는데, 이 자매가 하는 일은 국제구호단체의 일이었습니다. 그 자매는 신앙도 좋고 외국어도 두 개나 할 수 있는 실력자였는데 남을 돕는 일을 하기를 원해서 국제구호단체에서 일을 하고 있었습니다. 그런데 어느 날 그 자매가 너무 머리가 아파서 119에 전화를 했는데 구급차가 왔을 때에는 그 자매는 이미 죽어 있었습니다. 아마 머리 안에서 뇌출혈이 있었던 모양입니다. 이것은 본인에게도 너무 억울한 일이었지만 식구들에게는 더 받아들이기 어려운 엄청난 시련이었습니다.

우리는 보통 '신앙'이라고 하면 언제나 '하나님의 축복'을 생각하게 됩니다. 왜냐하면 하나님이 우리를 사랑하시며 또 하나님은 모든 좋은 것을 우리에게 다 주시기를 원하신다는 것을 잘 알기 때문입니다. 그러나 우리가 막상 신앙생활을 해보면 하나님은 우리에게 복은 주시지 않고 많은 고난을 주시는 것을 경험하게 됩니다. 이때 우리는 자신의 신앙이나 하나님이 이해가 되지 않습니다. 왜 하나님은 우리를 사랑하신다고 하면서 복은 주시지 않고 상상하기에도 끔찍한 고난을 주시는 것일까요? 우리는 고난이 왔을 때 '우리의 신앙이 잘못되어서 그런가?' 아니면 '하나님은 복을 주실 능력이 없으신 것이 아닌가?' 하는 의심에 빠지게 됩니다.

그동안 우리나라 거의 대부분 교인들의 신앙은 하나님과 연애하는 신앙이었다고 할 수 있습니다. 즉 하나님은 우리에게 찾아오실 때마다 꽃다발과 초콜릿 상자를 가져오시고 복을 싸가지고 달려오셨던 것입니다. 그래서 교인들은 복을 받아서 돈을 많이 벌고 자녀들은 공부 잘해서 출세하고, 또 교회는 복을 받아서 수천 명이 모이는 대형교회가 되고 목사들도 엄청나게 복을 받아서 유명하게 되었습니다. 그러나 이제 하나님이 우리에게 더 이상 복을 주시지 않고 복을 빼앗아 가시니까 목회자들이나 교인들이나 모두 당황하게 되었습니다. 왜 하나님은 우리에게 복을 주시지 않으실까 하는 것입니다. 오늘 많은 청년들은 과연 자신이 예수를 계속 믿어야 하는지 고민을 하고 있으며, 많은 신자들은 자신의 미래에도 하나님이 복을 주실지 의심을 하고 있습니다.

그런 점에서 욥기는 우리에게 닥친 엄청난 고난을 통해서 하나님의 뜻을 파헤쳐 들어가고 있는 놀라운 말씀입니다. 욥기는 방대한 드라마의 형식으로 되어 있습니다. 요즘 우리나라 텔레비전에서 방영하는 드라마를 보면 무슨 특별한 의미가 있는 것이 아니라 그 순간 웃고 즐기는 내용으로 많이 구성되어 있습니다. 그러나 욥기는 너무 험한 고난 가운데서 처절할 정도로 친구들과의 논쟁 가운데에서 하나님의 뜻을 찾고 있는 드라마입니다. 아마 세계에서 이 정도로 수준이 높은 드라마는 별로 없을 것입니다.

욥은 실제로 있었던 사람으로 생각됩니다. 왜냐하면 하나님께서 욥의 존재를 인정하셨기 때문입니다. 에스겔서를 보면, 하나님께서 유다 백성들이 얼마나 타락했던지 그 중에 '노아, 다니엘, 욥' 세 사람이 있다 해도 그들만 살지, 자녀들의 목숨까지는 살리지 못할 것이라고 말씀하신 것을 보게 됩니다(겔 14:20). 그런데 욥은 이스라엘 사람이 아니었습니다. 우리는 옛날에 하나님을 믿는 사람은 이스라엘 사람밖에 없는 줄 알았지만, 욥은 동방 사람이었고 에돔 사람이었습니다. 그리고 욥을 찾아와서 하나님에 대하여 논쟁했던 세 친구들도 모두 에돔 사람이었습니다. 하나님은 이스라엘 사람들이나 크리스천들만 믿어야 한다고 생각하기 쉬운데 사실은 우리가 모르는 경건한 하나님의 백성들이 얼마든지 있을 수 있다는 것입니다. 욥기는 욥이 썼다고 생각되고, 솔로몬 시대에 한창 지혜 문학이 번창할 때 워낙 그 내용이 뛰어나서 하나님의 말씀 속에 넣게 된 것 같습니다.

1. 가장 복 받은 사람

우리는 보통 하나님을 잘 믿으면 복을 받는다고 믿고 있습니다. 성경이 그것을 약속하고 있기 때문입니다. 하나님은 아브라함에게 복을 주시겠다고 약속하셨고, 모세도 이스라엘 백성들에게 율법의 말씀을 잘 지키면 들어가도 복을 받고 나가도 복을 받고 떡 반죽그릇도 복을 받으며 양이나 소도 낙태하지 않는다고 약속을 했기 때문입니다. 그리고 예수님도 하나님은 우리가 필요한 것을 구하기도 전에 다 아신다고 하셨고, 하늘에 계신 아버지께서 자녀에게 좋은 것을 주시지 않겠느냐고 약속하셨기 때문입니다. 그래서 우리는 하나님을 잘 믿으면 앞길도 잘 열리고 돈도 많이 벌게 되고 세상적으로도 유명하게 될 것이라고 생각을 합니다.

그런 의미에서도 욥기 처음에 등장하는 욥이야말로 더 이상 흠잡을 데가 없을 정도로 이 땅에서 가장 복 받은 성도의 모습을 보여줍니다. 욥은 하나님을 잘 믿는데다가 자녀들도 많이 있었습니다. 그리고 물질적으로도 어마어마하게 복을 받은 부자였을 뿐 아니라 그 당시 동방에서 최고의 부자였고 존경받는 사람이었습니다. 아마 이런 사람이라면 누구나 부러워할 것이고 부족한 것이 하나도 없는 완벽하게 복을 받은 사람이라고 생각할 것입니다.

1:1-3, "우스 땅에 욥이라 불리는 사람이 있었는데 그 사람은 온전하고 정직하여 하나님을 경외하며 악에서 떠난 자더라 그에게 아들 일곱과 딸 셋이 태어나니라 그의 소유물은 양이 칠천 마리요 낙타가 삼천 마리요 소가 오백 겨리요 암나귀가 오백 마리이며 종도 많이 있었으니 이 사람은 동방 사람 중에 가장 훌륭한 자라"

'우스 땅'이 어디냐 하는 데는 논란이 있는데, 대개 에돔의 어떤 곳이라고 생각을 합니다. 거기에 욥이라는 사람이 살았는데, 그는 온전하고 정직한 사람으로 하나님을 경외하며 악에서 떠난 자라고 했습니다. 온전하다는 것은 욥이 확실한 신앙을 가진 자였고 거짓말을 할 줄 모르는 자라는 의미입니다. 그는 에돔 사람이면서도 하나님을 믿었는데 악과는 완전히 거리가 먼 사람이었습니다. 이 당시 에돔에 이런 사람이 있다는 것 자체가 참으로 귀한 일이었습니다. 그리고 그는 하나님의 복을 받아서 자녀가 열 명이나 있었습니다. 또 물질적으로 그야말로 어마어마하게 복을 받은 자였습니다.

이 당시는 낙타 열 마리만 있어도 대단한 부자였는데, 욥은 낙타가 삼천 마리나 있었고 소도 오백 겨리니까 천 마리를 키우고 있었습니다. 그는 에돔 동쪽에서 가장 큰 부자였고 존경받는 사람이었습니다.

자녀들도 서로 관계가 좋아서 생일이 되면 형제나 자매할 것 없이 다 모여서 잔치를 했습니다.

1:4-5, "그의 아들들이 자기 생일에 각각 자기의 집에서 잔치를 베풀고 그의 누이 세 명도 청하여 함께 먹고 마시더라 그들이 차례대로 잔치를 끝내면 욥이 그들을 불러다가 성결하게 하되 아침에 일어나서 그들의 명수대로 번제를 드렸으니 이는 욥이 말하기를 혹시 내 아들들이 죄를 범하여 마음으로 하나님을 욕되게 하였을까 함이라 욥의 행위가 항상 이러하였더라"

아들이 일곱이니까 돌아가면서 자기 생일에 잔치를 하고 딸들에게는 부담을 주지 않고 그냥 와서 같이 먹었습니다. 이것을 보면 형제들은 공평했던 것 같고 또 딸이라고 해서 소외시키지 않고 챙겨주었던 것 같습니다. 이것이 바로 신앙인의 모습이었습니다. 옛날에는 위에 있는 형들만 모든 것을 다 차지하는 경우가 많았고, 또 여자들은 사람취급을 하지 않는 경우가 많았는데 욥의 아들들은 그렇지 않았습니다.

요즘 우리나라에서는 여성들이 아주 불만이 많은 것 같습니다. 또 빈부의 차이도 어마어마하게 심해지고 있습니다. 빈부의 차이가 심해지면 사회는 들끓게 되어 있습니다. 그리고 여성들을 차별하는 것은 불신앙의 증거입니다. 그런데 욥의 아들들의 잔치는 흥청망청하면서로 하나님을 탐구하고 말로 하나님의 위대하심을 찬양하는 것이 숨어 있는 대주제인 것입니다. 오늘 사람들은 말이야말로 아무렇지나 않게 되는대로 하는 것을 볼 수 있습니다. 그러나 욥기에서는 사람이 무의식중에 하는 말이야말로 그의 신앙을 그대로 보여주는 것이고 말을 통해서 그의 신앙의 질이 나타나게 된다는 것입니다.

　우리가 욥기 서두에서 보게 되는 욥의 신앙은 그야말로 완전함 그 자체라고 볼 수 있습니다. 그러나 어떤 사람의 신앙이 완전무결하다고 해서 그의 신앙이 온전한 것은 아닙니다. 우리가 지금까지 가지고 있는 신앙관을 가지고 보면 욥은 그야말로 가장 복을 받은 사람이었습니다. 욥은 물질적으로도 엄청 복을 받았고 자녀의 복까지 받았고 신앙적으로도 완전무결한 사람이었습니다.

2. 사탄의 불평

　우리논 이 세상에서 사람의 눈으로 보는 것으로 모든 것이 다 옳다고 말할 수 없습니다. 왜냐하면 이 세상에서 일어나는 일은 하나님 앞에서 인정을 받아야 하기 때문입니다. 욥기에 보면, 하나님 앞에서는 하나님의 천사들과 사탄도 있어서 이 세상에 일어나는 모든 일들을 평가하고 있었습니다.

　1:6-7, "하루는 하나님의 아들들이 와서 여호와 앞에 섰고 사탄도 그들 가운데에 온지라 여호와께서 사탄에게 이르시되 네가 어디서 왔느냐 사탄이 여호와께 대답하여 이르되 땅을 두루 돌아 여기저기 다녀왔나이다"

　하나님 앞에서는 이 세상에서 일어나는 중요한 일에 대하여 평가가 이루어지고 있었습니다. 그런데 어느 날 하나님의 회의의 주제는 끝낸 것이 아니라 반드시 욥의 예배로 끝을 마쳤습니다.

　욥이 우려했던 것은 사람이 잔치를 하거나 일이 잘되면 교만하게 되어서 입으로 자기를 자랑하고 말로 하나님을 욕되게 하는 것이었습니다. 그래서 욥은 하나님의 축복 가운데 항상 긴장하고 있었습니다.

　그런데 우리는 여기서 욥의 신앙에서 어떤 한 가지 특징을 보게 됩니다. 그것은 욥 자신이나 자녀들이 하나님 앞에서 조금이라도 실수해서는 안 된다는 일종의 강박증 같은 것이 있는 것을 보게 됩니다. 욥은 자기 자식들이 생일이라고 해서 기분 좋아하다가 마음속으로나 말로 하나님 앞에서 잘난 체 하고 말로 실수를 했을까봐 자식 한 명 한 명 이름을 불러가면서 그들을 위해서 제사를 드리고 있었던 것입니다.

　사실 우리 인간이 하나님 앞에서 말이나 생각에 있어서 완전할 수 있을까요? 우리가 단 한순간이라도 나쁜 생각을 하지 않고 말로도 좋지 않은 농담이나 하나님을 조금이라도 훼방하는 말을 하지 않을 수 있을까요? 그것은 불가능한 일입니다.

　욥은 자신이나 자기 아들들이 하나님 앞에 잠시라도 죄를 지어서는 안 된다고 생각했던 것입니다. 그러다보니까 욥은 언제나 긴장할 수밖에 없었고 하나님 앞에서 실수할 것을 두려워하는 어떤 강박증 같은 것을 언제나 가지고 있는 것을 볼 수 있습니다. 하나님의 영이 있는 곳에는 자유함이 있다고 했는데 우리는 말로 죄짓지 않고 나쁜 농담하지 않으면서도 강박증의 노예가 되지 않을 수는 없을까요? 사실 이것은 욥이 풀어야 하는 숙제였습니다. 욥은 하나님 앞에서 실수해서는 안 된다는 강박증 환자였던 것입니다. 그러나 하나님은 욥의 이런 삶의 자세를 좋아하셨는데, 사탄은 이것을 영 못마땅하게 생각했습니다. 즉 사탄은 욥의 이런 신앙이야말로 시한폭탄이고 조금만 어려움을 주면 폭발할 수 있는 불안한 신앙이라고 생각했던 것입니다.

　여기서 우리가 알 수 있는 것은 욥기의 대주제가 '말'이라는 것입니다. 즉 사람이 말로 하나님을 원망하고 말로 하나님을 욕하고 말 욥의 신앙의 진정성이었습니다. 즉 욥의 신앙이 얼마나 진실한 신앙이냐 하는 것이었습니다.

하나님께서는 욥의 신앙을 칭찬하셨습니다.

우선 하나님의 회의에서 사탄이 아주 중요한 역할을 하는 것을 볼 수 있습니다. 하나님은 사탄에게 어디서 오는 길이냐고 물어보셨습니다. 그랬더니 사탄은 온 땅을 두루 다니면서 조사를 했다고 했습니다.

아마 이 세상에서 가장 부지런한 존재가 있다면 사탄일 것입니다. 사탄은 온 세상을 돌아다니면서 자기와 아무 상관없는 일에도 코를 들이밀고 관찰하고 특히 모든 사람의 약점을 다 조사해서 자료를 다 가지고 있다는 것입니다. 하나님의 백성들이 항상 긴장해야 하는 이유는 사탄이 늘 돌아다니면서 약점을 캐고 있기 때문입니다. 그래서 하나님의 백성들에게는 고난 중에 있을 때보다 성공했을 때가 훨씬 더 위험합니다. 왜냐하면 성공하면 사람은 자기가 대단한 줄 알고 방심하기 때문입니다.

하나님께서는 욥이 하나님을 잘 믿는 것을 좋아하셨습니다. 그래서 하나님은 욥의 신앙을 사탄 앞에서 칭찬하셨습니다. 하나님은 우리가 하나님을 사랑하고 하나님 앞에서 흠이 없이 살려고 하는 것을 볼 때 아주 좋아하십니다. 하나님은 우리가 완전해야 좋아하시는 것이 아니라 하나님을 향해서 조금이라도 다가가면 그 모습을 기뻐하시고 칭찬하시고 좋아하십니다. 그러나 사탄은 하나님 앞에서 욥의 신앙을 불평했습니다.

8-10, "여호와께서 사탄에게 이르시되 네가 내 종 욥을 주의하여 보았느냐 그와 같이 온전하고 정직하여 하나님을 경외하며 악에서 떠난 자는 세상에 없느니라 사탄이 여호와께 대답하여 이르되 욥이 어찌 까닭 없이 하나님을 경외하리이까 주께서 그와 그의 집과 그의 모든 소유물을 울타리로 두르심 때문이 아니니이까 주께서 그의 손으로 하는 바를 복되게 하사

그의 소유물이 땅에 넘치게 하셨음이니이다"

하나님은 사탄에게 "내 종 욥을 주의하여 보았느냐?"고 물어보셨습니다. 이것은 하나님이 보시기에도 욥의 신앙은 흠 잡을 때가 없다는 뜻이었습니다. 하나님은 욥의 신앙을 아주 좋아하셨습니다. 그러나 사탄은 하나님 앞에서 욥의 신앙을 흉보기 시작했습니다. 즉 욥이 하나님을 그렇게 잘 믿는 것은 별 대단한 것이 아니라는 것입니다. 욥이 하나님을 잘 믿는 것은 하나님이 욥을 병이나 시험에서부터 철저하게 보호하시고 그에게 모든 좋은 것을 다 주셨기 때문에 하나님을 잘 믿을 수밖에 없다는 뜻입니다. 사탄은 욥이 하나님을 잘 믿는 것은 누구나 할 수 있는 일이고 별 것이 아니라고 공격을 했습니다. 그러면서 사탄은 하나님께 욥의 신앙의 진정성을 시험해봐야 한다고 했습니다. 그것은 이제부터 하나님께서 욥이 가지고 있는 모든 복을 다 빼앗아 가시면 욥의 진정한 모습이 틀림없이 드러날 것이라는 것입니다.

1:11, "이제 주의 손을 펴서 그의 모든 소유물을 치소서 그리하시면 틀림없이 주를 향하여 욕하지 않겠나이까"

사탄은 욥이 진정으로 하나님이 좋아서 믿는 것이 아니라 하나님이 복을 많이 주셨으므로 그 복을 뺏기기 싫어서 잘 믿는 체 하는 것이라고 공격했습니다. 즉 욥의 신앙의 본질은 하나님을 사랑하는 데 있는 것이 아니라, 복을 사랑하는 데 있다는 것이었습니다. 그래서 하나님은 껍데기 신앙만 보고 욥의 신앙을 칭찬할 것이 아니라 지금이라도 욥의 신앙의 본질을 드러내어보시라고 했습니다. 그것은 욥의 복을 다 빼앗아가서 알몸뚱이나 알거지로 만들어버리면 틀림없이 하나님을 저주하고 욕을 할 텐데, 그것이 욥의 신앙의 본질이라는 것이었습니다.

3. 하나님의 허락

하나님께서는 사탄이 욥의 신앙에 대하여 공격하는 것이 말도 되지도 않는 억지이고 중상모략이라는 것을 누구보다 잘 알고 계셨습니다. 하나님은 욥이 중심에 하나님을 사랑하고 있고 하나님을 믿고 있는 것도 알고 계셨습니다. 그리고 하나님은 자기 백성들이 불필요한 고통 받는 것을 기뻐하시지 않습니다. 그러나 하나님께서는 당장 사탄에게 '욥에 대하여 쓸데없는 소리 하지 말라. 욥의 중심은 누구보다 진실하다'고 하시면 될 텐데, 하나님은 너무나도 바보같이 사탄의 말을 들어주십니다. 하나님은 사탄을 향해서 '그래? 그러면 욥이 모든 복을 다 잃어버려도 하나님을 원망하는지 안하는지 한번 해보자'고 하시면서, 사탄에게 욥의 몸만 건드리지 말고 가족이나 재산을 마음대로 공격하라고 허락하셨습니다.

1:12, "여호와께서 사탄에게 이르시되 내가 그의 소유물을 다 네 손에 맡기노라 다만 그의 몸에는 네 손을 대지 말지니라 사탄이 곧 여호와 앞에서 물러가니라"

왜 하나님께서는 욥을 사랑하시고 또 그의 신앙을 기뻐하시면서도 사탄의 충동질을 물리치지 아니하시고 욥의 모든 복을 다 빼앗아가도 좋다고 사탄에게 허락을 하셨을까요? 이것이 바로 우리가 이해할 수 없는 부분이고 이런 일을 당한 사람은 미치는 부분인 것입니다. 하나님께서 사탄에게 맡긴 부분에는 가족들의 생명도 들어 있었습니다. 사탄은 이 허락이 떨어지자 말자 욥의 그 사랑하는 아들과 딸들을 한꺼번에 다 죽게 만듭니다. 욥은 그 자녀들을 얼마나 사랑했던지 그들이 잠시라도 마음이나 생각에 하나님을 욕되게 하는 말을 하지 못하도록 새벽마다 기도하는 아버지였는데, 사탄은 한순간에 욥의 열

명의 자녀들을 다 죽게 만들었습니다.

만약 우리가 하나님을 대적하고 하나님에게 대하여 못된 행동을 많이 했는데 이런 일이 일어났다면 우리는 하나님의 보복이라고 생각할 수도 있을 것입니다. 그러나 우리가 하나님의 일을 열심히 하고 하나님을 정말 사랑하는데도 불구하고 가족이나 자녀나 내 집에 끔찍한 일이 터진다면 우리는 정말 하나님이 이해가 되지 않을 것입니다. '왜 하나님은 이런 일을 막아주시지 않으셨을까?' 우리는 이런 생각을 하면 거의 미치게 됩니다. '왜 하나님은 나의 가장 소중한 것을 빼앗아 가시는 것일까?' 사탄은 우리를 공격할 때 우리에게 없어도 되는 것을 가지고 공격하지 않습니다. 하나님은 사탄에게 우리에게 가장 소중하고 가장 사랑하는 것을 빼앗아가라고 허락하시는 것입니다. 이때 우리가 이것을 이해하려고 하면 거의 미치게 됩니다. 우리는 아무 생각을 하지 말고 오직 '시험이 왔다. 나는 이 시험을 이기고 정금같이 될 것이다' 라는 생각만 해야 하는데, 실제로는 그렇지 못합니다. 우리는 하루에도 몇 번씩 열불이 터지는데, 하나님에 대한 섭섭한 마음과 자신의 무능과 자신의 운명에 대한 분노를 참을 수 없게 되는 것입니다.

왜 하나님은 우리에게 이런 고난을 허락하실까요? 물론 시간이 많이 지난 후에는 그것이 참 좋은 하나님의 뜻이었고 모든 것이 합력하여 선을 이루었다는 것을 알지만, 그 당시에는 절대로 하나님이 이해가 되지 않습니다.

1장 13절부터 19절까지 보면, 사탄은 하나님의 허락이 떨어지자마자 잠시도 쉬지 않고 욥의 소중한 모든 것을 다 빼앗아가기 시작했습니다. 사탄의 시험은 밀물처럼 밀려왔습니다. 즉 시험은 한번으로 끝나는 것이 아니라 정신을 차릴 수 없을 정도로 계속 밀려왔습니다. 특히 그 날은 자식의 하나가 생일인 아주 좋은 날이었습니다.

첫 시험은 그의 모든 아까운 재산들이 다 없어지는 것이었습니다.

욥이 있는데 한 종이 허겁지겁 달려오더니 소는 밭을 갈고 나귀는 풀을 뜯고 먹고 있는데 아라비아 족들이 쳐들어와서 소와 나귀를 다 빼앗고 종들을 칼로 다 죽였는데 자기만 살아서 도망쳐왔다고 했습니다. 그 종이 아직 말을 하고 있는 동안에 다른 종이 허겁지겁 달려오더니 하늘에서 갑자기 불이 떨어져서 양들과 종들을 다 죽이고 자기만 살아서 도망쳐왔다고 했습니다. 그 종이 아직 말을 하고 있는 동안에 또 다른 종이 와서 갈대아 사람들이 쳐들어와서 낙타 떼를 다 빼앗고 종들을 다 죽였는데 자기만 살아서 도망쳐왔다고 했습니다.

그리고 마지막 소식이 가장 끔찍한 소식이었습니다. 즉 그 날은 큰 아들의 생일이었는데 형제들이 모여서 식사를 하는 중에 갑자기 폭풍이 불어와서 집이 무너지는 바람에 열 명의 아들과 딸들이 다 죽고 자기만 살아서 도망을 쳐서 알려준다는 것이었습니다. 어느 날 갑자기 이 세상에서 욥은 자기가 가지고 있던 모든 것을 다 잃어버리고 알거지가 되고 말았습니다. 그가 고용해서 일을 시켰던 하인들은 그의 종이었기 때문에 다 죽었고 그의 자식들은 너무나도 사랑하는 자식들이었는데 한순간에 사고가 나서 다 죽고 말았던 것입니다.

욥은 이 엄청난 비극 앞에 말을 할 수 없을 정도로 너무나도 비참했고 너무나도 슬펐고 너무나도 화가 났습니다. 욥은 자신의 슬픔을 일단 몸으로 표현했습니다.

1:20, "욥이 일어나 겉옷을 찢고 머리털을 밀고 땅에 엎드려 예배하며"

욥은 자신의 슬픔을 겉옷을 찢고 머리털을 미는 것으로 표현했습니다. 욥은 일단 아무 말도 하지 않았습니다. 일단 입을 열면 자신의 감정을 억제할 수 없다는 것을 잘 알았기 때문입니다. 그는 옷을 찢었습니다. 그리고 아무 말 없이 머리털을 밀었습니다. 그리고 하나님 앞에 엎드렸습니다. 아마 하나님 앞에 엎드려 오래 오래 울었을 것입니다. 그는 일단 아무 말도 하지 않았습니다. 이때 입을 벌리면 아무 말이나 다 나오기 때문입니다. 그는 오래오래 울다가 드디어 생각을 정리하고 말을 하기 시작했습니다.

1:21, "이르되 내가 모태에서 알몸으로 나왔사온즉 또한 알몸이 그리로 돌아가올지라 주신 이도 여호와시요 거두신 이도 여호와시오니 여호와의 이름이 찬송을 받으실지니이다 하고"

욥은 너무나도 소중한 것들을 한꺼번에 잃어버렸기 때문에 너무 마음이 슬프고 아팠습니다. 그러나 욥의 중심에는 하나님을 믿는 믿음이 있었습니다. 그 믿음이 무엇입니까? 원래 내 것은 없다는 것이었습니다. 모든 것은 다 하나님의 것이고 나는 잠시 하나님의 것을 맡아 가지고 있는 사람이었다고 생각했습니다. 자녀도 내 자녀가 아니요 아내나 남편도 내 것이 아니요 재물도 내 것이 아니었던 것입니다. 이 모든 것은 하나님께서 맡겨주신 것이었습니다. 하나님이 맡겨두셨다가 도로 찾아가셨는데 내가 찬양을 해야 한다고 했습니다. 자식들이 이 세상에서 더 행복하게 살면 좋을 것입니다. 그러나 하나님은 자식들을 천국으로 찾아가셨습니다. 내가 양이나 소나 낙타를 오래 가지고 살면 좋을 것입니다. 그러나 사실 재산이 너무 많아서 너무 부담스러웠습니다. 그런데 하나님이 맡겨놓으셨던 것을 찾아가셨습니다. 그런데 그동안 이 많은 것들을 내 것처럼 사용했으니까 얼마나 행복했습니까? 원래 모든 것은 내 것이 아니었고 하나님의 것이었다는 욥의 고백은 그의 신앙의 핵심이었습니다.

1:22, "이 모든 일에 욥이 범죄하지 아니하고 하나님을 향하여 원망하지 아니하니라"

우리는 여기서 이 모든 시험의 본질은 말에 있다는 것을 알 수 있습니다. 어려움이 왔다고 해서 '제기랄'이라고 하면 그것이 그의 신앙의 본질이 되는 것입니다. 사람들은 요즘 쉴 새 없이 지껄여대고 있습니다. 그것은 모두 미친 것입니다. 어려움과 고통이 왔을 때 그 입에서 나오는 말이 그의 신앙의 중심입니다. 하나님의 백성들은 평소에 말하는 것을 조심해야 합니다. 그의 말이 그의 신앙이기 때문입니다. 욥은 끝내 하나님을 원망하지 않았습니다. 이것으로 사탄은 패배했습니다. 사탄은 욥을 이해할 수 없었습니다. 사람이 이 정도의 고난을 당했다면 미쳐서 펄펄 뛰고 할 소리 안할 소리 다 퍼부어야 하는데, 욥은 입으로 범죄하지 않았고 하나님을 원망하지 않았습니다. 사탄은 욥의 신앙을 너무 우습게 알았던 것입니다.

　다윗이 아들 압살롬에게 쫓겨서 도망을 칠 때 시므이라는 사울파 사람은 계속 따라오면서 다윗을 욕하고 돌을 던지고 저주했습니다. 그래서 다윗의 신하가 '저 놈을 죽이고 올까요?'라고 하니까, 다윗은 하나님이 저 놈을 시켜서 나를 욕하게 하시는 것인데 내가 욕을 얻어먹어야 한다고 하면서 끝까지 그 치욕을 참았습니다. 이것이 신앙의 위대함이었습니다. 세상 사람들이나 사탄에게는 이 믿음이 없었습니다. 그들은 한 마디를 들으면 열 마디, 백 마디를 퍼부어야 직성이 풀렸고, 자기 직성대로 되지 않으면 자살이라도 해야 되는데, 하나님의 백성들은 자기 입을 다물고 참을 수 있는 능력이 있었던 것입니다. 우리는 항상 행복하지는 않습니다. 어려움이 왔을 때 신앙으로 잘 참으시고 묵묵하게 이기시는 성도들이 다 되시기 바랍니다.

02
고통이 문제

욥기 2:1-10

얼마 전에 한 교인이 암으로 돌아가셨습니다. 그 분은 처음에는 진통제가 들어서 큰 고통을 느끼지 않는다고 말씀하셨습니다. 그러나 나중에 돌아가실 때가 되어갈수록 육체의 고통은 말로 표현할 수 없을 정도로 커지게 되었고, 그 어떤 진통제도 듣지 않는다고 했습니다. 고통이 얼마나 심한지 아기를 낳을 때의 고통은 아무것도 아니라고 했습니다. 아무것도 먹지도 못하고 물도 마시지도 못하고 밤에는 잠도 전혀 자지 못하고 극심한 고통을 겪다가 돌아가셨습니다. 사실 오늘 시대는 거의 모든 사람들이 나름대로 다 고통의 문제를 겪고 있다고 할 수 있습니다. 그 고통이라는 것은 다른 사람에게 당하는 육체적인 고통이나 정신적인 스트레스에서부터 시작해서 암이나 뇌수술에서 오는 큰 고통까지 다양할 것입니다.

어떤 유명한 사람이 '고통의 문제'에 대하여 쓴 글이 있어서 읽어 보았는데 그 분은 고통을 잘 모르는 분이었습니다. 그는 옆에 있는 사람이 고통을 당하는 것을 보고 그 글을 쓴 것이었습니다. 고통의 문제는 직접 당하는 본인이 아니면 아무도 알 수 없습니다. 그리고 그 고통이 얼마나 삶의 의욕을 떨어뜨리고 죽고 싶은 생각이 들게 하는지 본인이 아니면 절대로 이해하지 못할 것입니다. 전에 어떤 유명한 목사님이 설교를 하는데, 기독교인들이 얼마나 신앙이 없으면 수면제가 없이는 잠을 자지 못하느냐고 책망하는 소리를 들었습니다. 그러나 오늘날 얼마나 많은 목사들이 수면제가 없으면 잠을 자지 못하는지 그 분은 그때까지는 이해를 하지 못하고 있었던 것입니다.

사람에게는 누구에게나 고통이 찾아올 때가 있습니다. 그것이 정신적인 고통일 수도 있고 육체적인 고통일 수도 있고 죽음의 고통일 수도 있습니다. 그런데 누구에게나 닥친 고통은 아무도 이해하지 못하고 자기만 고스란히 겪어야 하는 경우가 많습니다. 부인도 모르고 부모도 모르고 자식도 그 고통을 이해하지 못하는 것입니다. 더욱이 요즘같이 서로에 대해 관심이 없는 시대에는 아무도 자기의 고통을 이해해주지 못합니다. 그리고 약으로도 고통이 줄어들지 않을 때가 많고 사실은 그 병이 나아야 끝나는 경우가 많은 것입니다.

욥은 불행하고 싶어도 불행할 수 없는 사람이었습니다. 그는 하나님을 철저하게 잘 믿는 사람이었고 불의에서 떠난 자요 정직한 자였습니다. 그는 이미 하나님의 복을 많이 받아서 양이나 소나 낙타가 말할 수 없이 많았고 자녀들도 열 명이나 되었습니다. 그는 자녀들이 혹시라도 입으로나 마음으로 하나님을 멸시하는 말을 할까봐 그들 한 명 한 명을 위하여 번제를 드리면서 기도하는 아버지였습니다. 그런데 욥에게도 고난이 찾아왔습니다. 욥에게 찾아온 고난은 그야말로 견딜 수 없는 고통으로 한꺼번에 밀어닥쳤습니다.

문제의 발단은 하나님이 욥을 자랑하는 데서부터 시작됩니다. 하나님은 천사들도 모이고 사탄도 참석한 회의에서 욥의 신앙을 자랑하셨습니다. 하나님은 뭐든지 트집을 잡고 물고 늘어지기 좋아하는 사탄에게 "내 종 욥을 주의하여 보았느냐? 나는 욥같이 온전하고 정직하고 하나님을 경외하고 악에서 떠난 자를 보지 못했다"고 자랑하셨습니다. 그랬더니 사탄은 당장 하나님의 그 말씀에 반발하면서 욥의 신앙은 제대로 된 신앙이 아니라고 했습니다. 사탄은 누구든지 하나님이 축복하시면 욥같이 잘 믿을 수밖에 없다고 했습니다. 하나님이 축복하시는데 하나님을 잘 믿지 않을 사람이 누가 있겠습니까? 사탄은 하나님께 오늘이라도 당장 욥의 그 복을 다 거두어가시면 욥의 진정한 모습을 하나님이 보실 수 있을 것이라고 장담했습니다. 즉 욥은 당장 하나님을 믿지도 않고 하나님을 욕하고 저주할 것이라고 했습니다. 이때 하나님께서 사탄에게 "말도 안 되는 소리 하지도 말라"고 하시면 될 텐데, 하나님은 사탄에게 그래 한번 "욥을 시험해보라"고 하시면서 그의 재산과 자식들까지 다 해치는 권한을 사탄에게 주셨습니다.

1. 설명하시지 않는 하나님

학생들이 시험을 칠 때 학교에서 시험을 보기 전에 미리 학생들에게 이번 시험은 범위가 어디서부터 어디까지이고 어떤 과목을 시험칠 것이라는 것을 설명해준다면 시험을 준비하는 데 큰 도움이 될 것입니다. 그런데 학교에서 학생들에게 시험을 치는데 생존하는 훈련을 시킨다고 해서 아무 설명도 없이 갑자기 괴한들이 들이닥쳐서 학생들을 어디로 끌고 가거나 혹은 먹을 것을 주지 않고 모든 연락을 다 끊고 캄캄한 방에 무한정 가두어둔다면 학생들은 거의 미치려고 할 것입니다.

하나님은 우리에게 시험을 주실 때 일체 시험에 대하여 설명을 해주시지 않습니다. 이것이 우리를 굉장히 답답하게 하고 미치게 하는 것입니다. 즉 하나님께서 욥에게 시험을 주시면서 "이번에 너의 양이나 소나 다 죽을 텐데 그것은 시험이고, 이번 시험의 범위에는 너의 자녀들도 포함이 될 것이다. 그리고 이번 시험의 중점사항은 네가 이런 일을 당해도 하나님을 원망하는지 원망하지 않는지 보는 것이 목적이다"라고 설명을 해주신다면 욥은 시험을 견디는 것이 훨씬 쉬울 것입니다. 그러나 하나님은 우리에게 시험을 주실 때 일체 시험에 대하여 설명을 해주시지 않습니다. 그래서 우리는 이것이 시험인지 아닌지도 모르고 또 왜 이런 일을 당하는지도 모르고 언제 이 시험이 끝나게 되는지도 모르는 것입니다.

사실 우리 그리스도인들에게는 하나님께서 몇 년 만 참으라는 말씀만 하셔도 우리가 견디는 것이 훨씬 나을 것입니다. 경제적으로 어려운 어떤 형제에게 하나님께서 '한 삼년만 참으면 경제적인 어려움이 다 해결되게 해 줄게.' 라고 말씀하시면 한 해, 두 해 헤아리면서 견디기가 쉬울 것입니다. 또 결혼을 하지 못한 자매에게 하나님께서 '한 5년만 참으면 좋은 신랑 만나서 결혼하게 해 줄게.' 라고 약속하신다면 아마 그 자매는 5년을 신나게 보낼 수도 있을 것입니다.

그러나 하나님께서 우리에게 어려움을 주실 때는 일체 설명을 하시지 않습니다. 이것이 우리에게 가장 어려운 섬입니다. 즉 이번 모든 어려움은 신앙적인 시험이라든지 몇 달쯤 걸릴 것이라든지 설명을 해주시면 좋을 텐데, 하나님은 그렇게 하시지 않습니다. 그 이유는 하나님은 창조자이시고 우리는 피조물이기 때문입니다. 그래서 우리는 창조자의 위엄 앞에 무릎을 꿇을 수밖에 없고 우리가 연약한 티끌로 만들어진 존재라는 것을 인정하게 됩니다. 그래서 인간은 시험을 당했을 때 끝없이 추락하게 됩니다. 그러다가 무엇인가 하나 손에 잡히는 것이 있는데, 그것이 바로 하나님의 말씀인 것입니다. 우리가 하나님의 말씀을 붙드는 순간 더 이상 추락하지 않고 공중에 대롱대롱 달려 있게 됩니다. 그러나 하나님의 말씀이 없는 사람은 완전히 추락해서 박살이 나버리고 말게 됩니다.

욥을 붙들어주었던 말씀은 "주신 이도 여호와시요 거두신 이도 여호와이시오니"라는 말씀이었습니다. 즉 이 세상에 내 것이라고는 아무 것도 없고 모든 것은 다 하나님이 나에게 잠시 맡긴 것이기 때문에 하나도 하나님께 원망하거나 불평할 것이 없다는 신앙이었습니다. 아이도 내 아이가 아니고 소도 내 소가 아니고 낙타도 내 낙타가 아니었다는 것입니다.

2. 아직 끝나지 않은 시험

욥이 자신의 양떼나 소떼나 낙타떼를 다 빼앗기거나 죽고 종들도 다 죽임을 당하고, 열 명의 자녀들까지 한꺼번에 다 죽은 것으로 욥의 시련이 끝난 것이 아니었습니다. 아직 욥에게는 고통스러운 시험이 더 남아 있었습니다.

시간이 좀 지나도 욥의 형편에는 나아진 것이 아무 것도 없었습니다. 그런데 하나님 앞에서는 다시 천상회의가 열렸습니다. 그것은 욥의 어려움을 회복시켜주는 회의가 아니었습니다. 그 회의는 욥을 더 고통에 빠뜨리는 회의였습니다. 그 자리에는 하나님 앞에 천사들도 모이고 사탄도 있었습니다. 그때 하나님은 사탄에게 물어보셨습니다.

2:3-5, "여호와께서 사탄에게 이르시되 네가 내 종 욥을 주의하여 보았느냐 그와 같이 온전하고 정직하여 하나님을 경외하며 악에서 떠난 자가 세상에 없느니라 네가 나를 충동하여 까닭 없이 그를 치게 하였어도 그가 여전히 자기의 온전함을 굳게 지켰느니라 사탄이 여호와께 대답하여 이르되 가죽으로 가죽을 바꾸오니 사람이 그의 모든 소유물로 자기의 생명을 바꿀지라 이제 주의 손을 펴서 그의 뼈와 살을 치소서 그리하시면 틀림없이 주를 향하여 욕하지 않겠나이까"

"네가 내 종 욥을 주의하여 보았느냐 그와 같이 온전하고 정직하여 하나님을 경외하며 악에서 떠난 자가 세상에 없느니라"고 하셨습니다. 그러면서 하나님은 사탄에게 "지난번에는 네가 아무 근거 없이 충동질해서 욥을 치게 했지만 욥은 나(하나님)를 원망하지도 않았고 자기 신앙을 버리지도 않았다"고 하시면서 사탄을 책망하셨습니다. 사실 사탄은 욥의 신앙에 졌고 더 이상 무슨 말을 해서는 안 되는 처지였습니다. 그런데 사탄은 또 욥을 시험하려고 했습니다. 그것은 "가죽으로 가죽을 바꾸오니 소유물이 자기 생명보다 소중할 수 없다"는 것이었습니다. 그러면서 사탄은 하나님께 지금이라도 하나님이 손을 펴서 욥의 뼈와 살을 쳐서 고통스럽게 하시면 욥은 틀림없이 하나님을 욕하게 될 것이라고 또 장담했습니다.

'가죽으로 가죽을 바꾼다'는 것은 옛날에 물건을 교환할 때 가죽은 워낙 귀한 것이기 때문에 가죽끼리만 교환을 한다는 뜻입니다. 예를 들어 양가죽 몇 개와 늑대 가죽 몇 개 하는 식으로 교환하는 것을 말합니다. 즉 사람에게는 결국 자기 몸이 가장 중요하고 자기 건강이 가장 중요하다는 뜻입니다. 그런데 만일 하나님께서 욥의 몸을 치시면 양이나 소나 낙타나 자식까지 견디었던 욥이지만, 자기 몸이 아프면 결국 하나님을 욕하게 되어 있다는 것입니다. 이 정도까지 되었으면 하나님이 사탄에게 이젠 욥은 그만 두어라 그리고 너도 졌다는 것은 시인하라고 하실 것 같습니다. 그런데 하나님은 사탄에게 욥을 더 시험할 것을 허락하셨습니다.

2:6, "여호와께서 사탄에게 이르시되 내가 그를 네 손에 맡기노라 다만 그의 생명은 해하지 말지니라"

지금까지 하나님이 욥에게 주신 고난만 해도 너무 큰 시련이었을 텐데 하나님은 욥을 더 시험할 수 있도록 사탄에게 허락을 하셨습니다. 왜 하나님은 욥을 이렇게 잡아먹지 못하셔서 난리를 치실까요? 우리는 그 이유를 알 수 없습니다. 하나님은 욥에 대하여 자신감을 가지고 계셨기 때문입니다. 하나님은 우리에게 감당할 수 없는 시험은 허락하시지 않는다고 하셨습니다. 하나님은 욥이 충분히 시험을 이길 수 있다고 믿으셨던 것입니다. 그래서 이번에는 하나님께서 욥에게 직접적으로 신체적인 고통을 당하도록 허락하셨습니다. 이제 사탄은 마음껏 욥의 신체를 요리할 수 있게 되었습니다.

사탄이 욥을 가장 고통스럽게 할 수 있는 방법은 무엇이 있을까요? 아마 암도 있을 것입니다. 그렇지 않으면 한센병 같은 병도 있을 것입니다. 그러나 사탄은 욥에게 암이나 한센병을 사용하지 않고 피부에 물집이 생기면서 딱지가 앉고 거기에다가 계속 가려운 피부병을 사용한 것 같습니다. 사탄이 암이나 한센병을 걸리게 하지 않은 이유는 그 병의 효과가 나타나는데 오래 걸리기 때문인 것 같습니다. 사탄은 욥이 가장 견디기 어려우면서도 생명을 죽이지는 못하는 심한 피부병에 걸리게 한 것 같습니다. 그래서 욥은 머리 꼭대기부터 발끝까지 물집이 생겼고, 그러면서도 얼마나 온몸이 가려운지 손으로는 다 긁을 수 없어서 질그릇 조각을 구해서 그것으로 전신을 북북 긁고 있었습니다.

우선 욥에게는 모든 재산을 다 잃어버린 아픔이 있었습니다. 사람이 자기 재산을 다 잃어버리면 다른 사람에게 얼굴을 들 수 없게 됩니다. 즉 욥은 자존심과 사회적인 관계에 엄청난 상처를 입은 것입니다. 이제 주위 사람들은 아무도 욥을 상대하려고 하지 않았습니다. 그리고 아이들이나 가난한 사람들에게도 조롱거리가 되었습니다. 거기에다가 욥에게 가장 가슴 아픈 것은 자기 하인들이나 종들이 모두 다 죽은 것이었습니다. 이들은 욥의 하인이 되었고 종이 되었기 때문에 죽은 것이었습니다. 욥은 이 모든 사람들과 그 가족들에게 정말 미안했습니다. 그러나 욥의 깊은 아픔은 자식들을 다 잃어버린 아픔이었습니다. 자식이 하나만 죽어도 부모는 그 아픔을 견디지 못합니다. 야곱은 열두 아들 중에 사랑하는 아들 요셉을 잃고는 남은 생애를 눈물로 보내었습니다. 사람은 자기가 가장 아끼는 자식을 잃었을 때 미쳐서 죽으려고 할 것입니다.

그러나 하나님은 욥에게 또 다른 고통을 주셨습니다. 그것은 그의 전신이 병으로 아픈 것이었습니다. 욥의 전신에는 물집이 생겨서 터졌고 가려워서 견딜 수 없었습니다. 욥은 잠을 잘 수 없었습니다. 욥은 온몸을 질그릇 조각으로 긁는데 온몸이 피투성이가 되었습니다. 그래도 욥은 잠시도 시원하지 않았습니다.

이 어려운 때 욥이 생각하지도 않았던 가장 가까운 사람으로부터 공격이 들어왔습니다. 그것은 바로 그의 아내의 공격이었습니다.

2:9, "그의 아내가 그에게 이르되 당신이 그래도 자기의 온전함을 굳게 지키느냐 하나님을 욕하고 죽으라"

욥의 아내의 이 말은 사람이 이 정도로 망하면 죽어야 한다는 것입니다. 당신 같은 머저리는 살 자격이 없으니까 딩장이라노 하나님 믿지 말고 하나님을 저주하고 죽으라는 것입니다. 하나님의 백성의 가장 큰 상처는 가장 가까운 사람으로부터 받는 상처입니다. 사실 먼 관계에 있는 사람은 거리가 멀기 때문에 아무리 공격을 한다고 해도 정확하게 조준이 되지 않습니다. 그러나 가까운 관계에 있는 사람은 가장 아픈 부분을 그것도 정확하게 조준해서 맞추기 때문에 매우 깊은 상처를 입게 됩니다. 그래서 언제든지 가장 가까운 사람이 나에게 치명상을 입힐 수 있다는 것을 알고 늘 마음에 준비하고 있어야 합니다.

3. 욥의 신앙

욥의 아내라고 하면 정말 부잣집 마나님이었습니다. 욥의 아내는 모든 여인들의 부러움을 샀고, 남편을 정말 잘 만나는 바람에 부족한 것이 하나도 없는 삶을 살아왔습니다. 그러나 욥의 아내는 남편을 너무 잘 만난 것이 문제가 될 줄 몰랐습니다. 왜냐하면 하나님이 남편에게 상상할 수 없는 고난을 주셨기 때문입니다. 그래서 졸지에 욥의 아내도 욥과 같이 자식들을 다 잃었고 알거지가 되었습니다. 욥의 아내는 지금 병에만 걸리지 않았지, 망한 것은 욥의 처지와 똑같았습니다. 이때 세상에서 마음이 가장 아픈 사람은 욥과 그의 아내였습니다. 그런데 욥의 마음은 아내보다 더 아팠을 것입니다. 왜냐하면 욥은 자식들만이 아니고 재산과 사회적 명성과 종들까지 다 죽고 온몸에는 병까지 걸렸기 때문입니다. 아마 욥의 아내의 마음속에는 욥이 시원하게 하나님을 욕해주기를 바랐는지도 모릅니다. 사람이 고통스러울 때는 옆에서 누군가를 욕하고 소리를 지르면 고통이 좀 덜어질 수도 있기 때문입니다.

사탄은 가장 악랄한 방법을 욥에게 사용했습니다. 그것은 바로 가장 가까운 아내를 사용해서 욥을 공격하는 것이었습니다. 욥은 지금 육체와 정신이 폭발하려고 하는 것을 겨우 참고 견디고 있었습니다. 그런데 욥의 아내는 욥에게 "머저리 같은 인간 같으니라고! 하나님을 저주하고 당장 죽으라!"고 했습니다. 이러면 보통 사람 같으면 분노가 폭발하면서 '이 여편네가 뭐라고 하고 있어? 너나 죽으라!' 고 소리를 질렀을 것입니다. 그러나 욥은 생각을 하는 사람이었습니다. 이 세상에서 가장 비참하고 가슴이 아픈 사람은 자기들 부부였습니다. 자기들 부부끼리 아무리 서로 욕하고 비난해봐야 좋아할 것은 마귀밖에 없을 것입니다. 욥은 자기 아내도 얼마나 마음이 아프면 이런 소리를 하는지 이해했습니다. 이것이 욥의 놀라운 점이었습니다. 욥은 자신도 견딜 수 있는 한계점에 와 있었지만 아내도 너무나도 고통스러워하고 있다는 것을 이해했습니다. 그래서 욥은 자기 아내에게 소리를 지르거나 욕하지 않았습니다. 왜냐하면 아내도 불쌍하기 때문이었습니다.

그래서 욥은 아주 부드럽게 아내를 책망했습니다.

2:10, "그가 이르되 그대의 말이 한 어리석은 여자의 말 같도다 우리가 하나님께 복을 받았은즉 화도 받지 아니하겠느냐 하고 이 모든 일에 욥이 입술로 범죄하지 아니하니라"

욥이 아내에게 "한 어리석은 여자의 말 같도다"라는 말은 '당신이 원래는 이런 여자가 아닌데 당신도 인간인지라 이렇게 큰 충격을 많이 받다 보니까 당신답지 않은 말이 입에서 나오는구려' 라는 뜻입니다. 아내가 강편치를 날렸는데도 남편이 발끈 화를 내지 않고 자신의 아픔을 이해해준다면 그의 마음은 녹기 시작합니다. 더 세련된 사람 같으면 '지금 당신의 입술은 가장 매력적으로 보이구려.' 라고 하면 백점을 맞을 수 있을 것입니다.

욥의 이 말은 우리가 하나님으로부터 모든 것을 받을 준비가 되어 있어야 한다는 뜻입니다. 즉 우리가 지금까지 하나님으로부터 너무 복을 많이 받았기 때문에 좋지 않은 것도 좀 받아야 세상이 공평해진다는 뜻입니다. 욥은 자신이 불공평하게 하나님으로부터 복을 많이 받았다고 생각했습니다. 그래서 이제는 좀 공평하게 되었으니까 오히려 하나님께 감사해야 한다고 말한 것입니다.

더 중요한 것은 욥이 온몸이 가려워서 설사 질그릇 조각으로 북북 긁을지언정 하나님을 원망하거나 욕하지 않았다는 사실입니다. 아마 이때 사탄은 자살하고 싶었을 것입니다. 왜냐하면 사탄의 머리에는 이런 인간은 존재할 수가 없었기 때문입니다. 사탄은 확실히 욥의 신앙을 과소평가하고 있었습니다. 우리가 하나님을 믿는 것은 우리가 상상하지 못하는 위대한 것입니다. 우리는 어디서 이런 힘이 나오는지 알 수 없습니다. 우리는 어떤 어려운 일을 당해도 바로 직접 화를 내거나 소리를 지를 것이 아니라 한번 생각을 해보아야 합니다. 지금까지 내가 하나님으로부터 얼마나 많은 사랑과 복을 받았는데 이 작은 일 한 가지를 가지고 소리를 지르고 핏대를 올리겠습니까? 그렇다면 우리가 믿는 신앙은 그야말로 세상 사람들과 다를 바가 아무 것도 없는 보잘것없는 것밖에 되지 않습니다.

우리의 아픔을 깊이깊이 내면화시켜서 보석으로 만들 때 사탄은 감히 기독교가 아무 것도 아니라든지 신앙이 별 것 아니라든지, 교회 안 나가는 신앙이 더 좋은 신앙이라든지 하는 소리를 함부로 하지 못할 것입니다. 우리의 가치는 고난을 통해서 나타나게 되어 있습니다. 행복에만 길들여진 싸구려 신자가 되지 말고 큰 고난 가운데 사탄을 누르고 하나님의 위대하심을 드러내는 성도들이 다 되시기를 바랍니다.

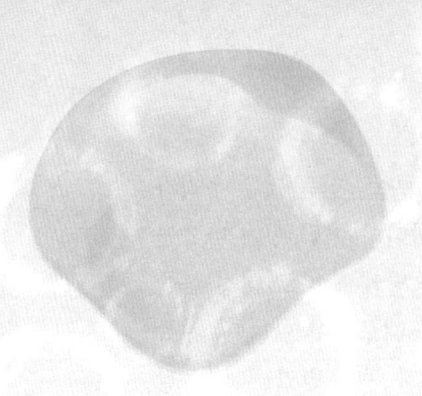

03
누구의 책임인가?
욥기 2:11-3:26

사람에게 사고가 나는 것과 나지 않는 것이 아주 아슬아슬한 차이일 때가 많이 있습니다. 그러나 사고의 결과는 비참할 때가 많고 인간의 힘으로는 수습을 할 수 없을 때가 많이 있습니다. 예를 들어서 어떤 사람이 자동차를 운전하는데 한 순간의 차이로 차가 비켜가는 바람에 아무도 다치지 않고 차도 크게 부서지지 않는 경우가 있는가 하면, 한 순간의 차이로 사고가 크게 나서 차도 다 부서지고 차에 탄 사람들까지 죽거나 다치는 경우가 종종 있습니다. 이때 아무리 후회해도 이미 사고가 난 것은 돌이킬 수가 없습니다. 그리고 후회한다고 해서 원상회복은 안 된다는 것입니다. 이때 사고를 당한 사람의 심정은 죽고 싶을 것입니다. 그러나 사람이 죽는 것도 쉬운 일이 아닙니다. 그래서 이런 일을 당하게 되면 한평생 엄청난 고통의 짐을 지고 살아가게 됩니다.

욥은 자신의 인생에 이런 일이 일어날까봐 늘 조심을 하고 심지어는 자식들이 말에서라도 하나님을 욕할까봐 자식의 이름을 불러가면서 제사를 드리는 신앙의 사람이었습니다. 그러나 욥이 이렇게 조심을 하고 기도해도 욥의 인생에 도저히 돌이킬 수 없는 엄청난 불행이 닥쳤습니다. 그것은 지난 시간에 살펴본 대로 여러 번의 사고와 불행이 덮치면서 자신의 모든 양떼나 소떼나 낙타떼가 다 죽고 종들도 다 죽고 심지어 열 명의 자식들까지 다 죽고 자신의 몸에는 심한 피부병까지 생겨서 견딜 수 없는 정신적 육체적 고통에 시달리게 된 것입니다.

이때 욥은 이 불행을 수습할 수가 없었습니다. 죽은 양이나 소는 어떻게 포기한다고 하지만 사람이 죽은 것을 어떻게 없었던 일처럼 넘어갈 수가 있겠습니까? 수많은 종들과 열 명의 자식들이 한꺼번에 죽은 것을 어떻게 아무 일이 없었던 것처럼 넘어갈 수가 있겠습니까? 그래서 욥은 죽기를 원했습니다. 그러나 죽는다는 것도 쉬운 일이 아니었습니다. 왜냐하면 죽기를 원하는 욥에게 죽음이 오지 않았기 때문입니다. 그리고 욥은 자기 손으로 죽는 것은 지금까지 믿고 있는 하나님에 대하여 반항하는 것이기 때문에 자살할 수도 없었습니다.

욥은 일단 자기에게 밀어 닥친 불행에 대하여 입으로 범죄하지 않았습니다. 그는 가축이 다 죽고 자식들이 다 죽는 비극 가운데서도 하나님을 원망하지 않고 "주신 이도 하나님이시고 가져가신 이도 하나님이시니 하나님의 이름을 찬송할지로다"라고 고백했습니다. 이것은 결코 무위 사상에서 나온 것이 아닙니다. 욥은 이번의 재앙이 자기 신앙에 대한 큰 시험이라는 것을 알았고, 무슨 일이 있어도 입으로 하나님을 원망하지 않기로 결심을 했던 것입니다. 욥이 입으로 범죄하지 않았기 때문에 사탄의 계략은 실패로 돌아갔습니다. 그럼에도 불구하고 사탄은 실패를 인정하지 않고 계속 욥을 붙들고 늘어졌습니다. 그것은 욥도 인간이기 때문에 그의 몸을 쳐서 고통을 주면 당장 하나님을 원망하고 불평한다는 것이었습니다.

그래서 사탄은 욥에게 전신에 종기가 생기는 엄청나게 고통스러운 피부병을 안겨다 주었습니다. 욥은 이 엄청난 비극 가운데서 입으로 하나님께 범죄하지 않으려고 엄청나게 노력을 했습니다. 보통사람 같으면 당장 '하나님, 이럴 수가 있습니까?' 라고 하면서 하나님을 원망하고 술을 마시든지 욕을 하든지 하면서 자기 자신을 학대했을 것입니다. 더 나아가 가장 위로가 되어야 할 욥의 아내까지 욥에게 "아직도 하나님에 대한 순정을 지키고 있느냐?"고 하면서 "하나님을 욕하고 죽으라"고 했습니다. 그러나 욥은 몸이 그렇게 고통스러운데도 입으로 하나님을 원망하지 않았습니다. 이것을 보면 성도가 입으로 하는 말이 얼마나 중요한지 알 수 있습니다.

1. 세 친구의 방문

욥에게 큰 재앙이 닥쳐서 불행하게 되었다는 소식을 듣고 먼 곳에서 욥의 세 친구들이 위문하기 위하여 찾아왔습니다. 그러나 그들은 욥이 너무 변해 있어서 그를 알아보지 못했습니다. 이 세 친구는 욥을 겨우 알아보고는 너무 기가 막혀서 모두 소리를 지르며 울고 옷을 찢고 하늘을 향해서 머리에 티끌을 날리면서 밤낮 칠일 동안 한마디도 하지 않고 함께 앉아 있었습니다.

> 2:11-12, "그 때에 욥의 친구 세 사람이 이 모든 재앙이 그에게 내렸다 함을 듣고 각각 자기 지역에서부터 이르렀으니 곧 데만 사람 엘리바스와 수아 사람 빌닷과 나아마 사람 소발이라 그들이 욥을 위문하고 위로하려 하여 서로 약속하고 오더니 눈을 들어 멀리 보매 그가 욥인 줄 알기 어렵게 되었으므로 그들이 일제히 소리 질러 울며 각각 자기의 겉옷을 찢고 하늘을 향하여 티끌을 날려 자기 머리에 뿌리고"

'데만'은 에돔 지역에 있는 지명입니다 그리고 '수아'나 '나아마'는 아라비아 지역에 있는 지명입니다. 이런 곳에서도 아주 신앙 좋은 사람이 있었다는 것은 놀라운 일입니다. 이들은 욥을 위문하러 가는 김에 같이 가자고 해서 약속을 하고 만나서 욥을 찾아왔는데, 욥의 몰골이 너무 비참하게 변해 있어서 알아볼 수 없었습니다. 그들이 겨우 욥을 알아보고는 소리를 지르면서 울고 옷을 찢고 머리에 티끌을 뿌렸습니다. 그리고는 욥이 너무 고통스러워하고 비참해져 있었기 때문에 위로할 말이 없어서 칠일 동안 아무 소리도 하지 않고 같이 있기만 했습니다. 이것이 고통당한 사람에 대한 좋은 자세인 것 같습니다. 대개 고통당한 사람을 위로한다고 이 말 저 말 하지만 오히려 본인을 더 괴롭게 할 때가 많이 있습니다. 진정한 위로는 가만히 같이 있어 주는 것입니다. 이 세 친구는 칠일 동안이나 일체 아무 소리도 하지 않고 욥과 같이 앉아있어 주었습니다. 욥이 당한 불행은 돌이킬 수 없는 것이었고 위로할 수 없는 불행이었습니다.

사랑하는 세 친구가 함께 찾아와서 칠일 동안이나 한마디도 하지 않고 함께 있어 주었을 때 욥의 마음에도 무엇인가 위로가 되었던 것 같습니다. 칠일이 지난 후 드디어 욥은 처음 입을 열어서 말을 하기 시작했습니다. 이때 욥이 한 말은 친구들에게 '찾아주어서 고맙다'는 말도 아니었고, '이런 꼴을 보여주어서 미안하다'는 말도 아니었습니다. 이제 욥기에서 사탄은 완전히 물러납니다. 그리고 욥의 아내도 물러납니다. 왜냐하면 이들은 엑스트라에 불과했기 때문입니다. 사탄은 욥이 말로 하나님을 원망하지 않았을 때 이미 패배했습니다.

이때 욥이 세 친구에게 한 말은 그동안 자기가 신앙적으로 자신에 대하여 깊이 생각해 본 것이었습니다. 그것은 자기가 아예 태어나지 않았더라면 좋았을 것 같다는 것이었습니다. 욥은 지금 자기가 당장 죽었으면 좋겠다고 말하지 않았습니다. 지금 당장 죽는다는 것은 너무 무책임한 일로 생각되었기 때문입니다. 욥은 지금까지 자신의 인생이 성공적이라고 생각했습니다. 양떼나 소떼나 낙타떼가 많았고, 종과 아들딸이 많았습니다. 욥은 복 받았던 사람이었습니다. 그러나 어느 날 갑자기 양떼나 소떼나 낙타떼나 종과 아들딸들이 다 죽어버렸을 때, 욥은 일단 이들에게 미안했습니다. 즉 양이나 소나 낙타나 종이나 자식들은 순전히 욥에게 속해 있었기 때문에 죽은 것이었습니다.

그래서 욥은 자기 혼자 죽는다고 해서 이 문제가 해결되는 것이 아니기 때문에 자기가 차라리 태어나지 않았더라면, 이 종들이나 아들딸들에게 이런 피해를 주지 않았을 것이 아닌가 하는 생각을 하게 되었던 것입니다. 즉 욥은 자기가 책임질 수 없는 일을 책임지려고 하고 있었던 것입니다. 욥은 자기가 태어나지 말았어야 하는데 태어나는 바람에 아들이나 딸이나 종들에게 이런 피해를 끼치게 되었으니까 자기가 이 세상에 태어난 것이 원망스럽다고 했습니다.

2. 욥이 태어난 것을 후회함

욥은 자기 생일을 저주했습니다.

3:1-5, "그 후에 욥이 입을 열어 자기의 생일을 저주하니라 욥이 입을 열어 이르되 내가 난 날이 멸망하였더라면, 사내아이를 배었다 하던 그 밤도 그러하였더라면, 그 날이 캄캄하였더라면, 하나님이 위에서 돌아보지 않으셨더라면, 빛도 그 날을 비추지 않았더라면, 어둠과 죽음의 그늘이 그 날을 자기의 것이라 주장하였더라면, 구름이 그 위에 덮였더라면, 흑암이 그 날을 덮었더라면"

욥은 자기가 태어난 날이 어두운 날이고 캄캄한 날이고 죽음의 날이었더라면 좋을 뻔하였다고 했습니다. 이것을 보면 욥이 태어날 때 부모의 집도 부잣집이었던 것 같습니다. 그래서 욥의 어머니가 아기를 낳으려고 하니까 온 집에 불을 밝혀서 사람들이 왔다 갔다 하면서 아기 낳는 것을 돌아보았고 아마도 그 날은 달도 휘영청 밝았던 것 같습니다. 하나님께서도 위에서 아이의 출생을 돌아보셔서 드디어 잘생긴 사내아이가 많은 사람들의 기대를 받으면서 태어나는데 성공했던 것입니다.

그런데 욥이 지금 생각을 해보니까 자기는 그런 기대나 축복을 받을 인생이 되지 못했고 자식이나 종들에게 피해나 잔뜩 끼치는 사람이 되고 말았기 때문에, 그때 태어나지 말았더라면 내 마음이 이렇게 아프지는 않았을 것이라고 고백하고 있습니다. 욥은 많은 사람들에게 피해 준 것을 해결할 수 없으므로 자기가 태어난 것 자체를 저주한다고 했습니다. 내가 난 날이 멸망했더라면, 사내아이를 배었다 하던 날이 멸망했더라면, 그 날이 캄캄했더라면이라고 말하고 있습니다.

사실 이 세상에 태어날 가치조차 없을 정도로 쓸모없는 사람은 아무도 없습니다. 단지 끝까지 죄에 빠져서 회개하지 않는 사람은 자기 인생을 망친 사람입니다. 예수님은 가룟 유다는 태어나지 않은 것이 훨씬 나을 뻔했다고 말씀하셨습니다. 그러나 욥의 인생은 알 수 없는 것입니다. 단지 욥은 자기가 태어나는 바람에 너무 많은 사람을 불행하게 한 것 같다고 생각해서 자신의 생일을 저주했던 것입니다. 우리 크리스천들은 자기의 생일을 저주해서는 안 됩니다. 왜냐하면 우리는 이 세상에 태어나기를 너무나도 잘 했기 때문입니다. 욥도 정말 대단한 사람이었습니다. 욥 때문에 어려움을 당한 많은 크리스천들이 얼마나 위로를 받는지 모릅니다.

그러나 욥은 지금 자기가 책임질 수 없는 것을 책임을 지려고 하다 보니까 말도 안 되는 소리를 하고 있는 것입니다. 즉 종들이 죽고 아들딸이 죽은 것은 너무 가슴 아픈 것이 사실이지만 이것은 하나님이 하신 것이고 욥이 책임질 일이 아닌 것입니다. 그러나 지금 욥은 돌이킬 수 없는 것을 돌이키려고 하고 있습니다. 그것은 자기 인생 전체를 '영'으로 돌리고 싶다는 것입니다. 그러나 우리는 과거를 '영'으로 돌릴 수 없습니다. 오늘까지 우리가 살아온 것은 살아온 것입니다.

3:8, "날을 저주하는 자들 곧 리워야단을 격동시키기에 익숙한 자들이 그 밤을 저주하였더라면"

'리워야단'은 뱀이고 용입니다. 아마도 사람들은 이 리워야단이 불행을 일으킨다고 생각했던 것 같습니다. 욥은 리워야단이 아예 자기가 태어나던 날에 불행을 일으키지 왜 이렇게 많이 행복을 키워놓고 망하게 해서 많은 사람에게 고통을 주고 자기도 고통을 받게 하는지 모르겠다고 말하고 있는 것입니다.

욥은 자기가 사산(死産)했더라면 좋았었겠다고 말하고 있습니다.

3:10-12, "이는 내 모태의 문을 닫지 아니하여 내 눈으로 환난을 보게 하였음이로구나 어찌하여 내가 태에서 죽어 나오지 아니하였던가 어찌하여 내 어머니가 해산할 때에 내가 숨지지 아니하였던가 어찌하여 무릎이 나를 받았던가 어찌하여 내가 젖을 빨았던가"

욥은 자기가 모태에서 죽어서 나왔더라면 지금 이 많은 비극을 보지 않아서 좋았을 것이라고 생각하고 있습니다. 그러나 그가 죽어서 나왔더라면 그의 어머니가 얼마나 절망하고 고통을 받았겠습니까. 그리고 왜 자기가 엄마의 젖을 빨았던가 라고 말을 하지만, 욥은 자기가 태어나자 말자 결사적으로 엄마 젖을 빨았던 것을 생각하지 않는 것입니다. 아기들은 태어나자 말자 젖을 빨기 시작하는데 젖을 주지 않으면 얼마나 우는지 모릅니다. 그리고 아기들도 살려고 손으로 무엇을 꽉 쥐면 절대로 놓으려고 하지 않습니다. 이것은 아기들의 본능 속에도 결사적으로 살아남아야 되겠다는 생각이 들어있기 때문입니다.

욥은 자식들이나 종들이 죽은 것이 자기 때문이라고 생각하고 있습니다. 그러나 그것은 욥이 책임질 일이 아닙니다. 이것은 하나님께서 하신 일이었습니다. 그러나 욥은 잃어버린 것이 아깝다기보다는 끝까지 지켜주지 못한 것이 너무 가슴이 아파서 자기 인생 전체가 '제로' 였으면 좋겠다고 고백하고 있습니다.

3. 죽음에 대한 환상

욥은 차라리 지금 죽었더라면 좋겠다는 말은 하지 못하고 자기가 태어날 때 죽었더라면 이 세상의 복잡하고 더러운 것들을 보지 않고 편하게 잠자고 쉬었을 것이라고 말하고 있습니다.

> 3:13-15, "그렇지 아니하였던들 이제는 내가 평안히 누워서 자고 쉬었을 것이니 자기를 위하여 폐허를 일으킨 세상 임금들과 모사들과 함께 있었을 것이요 혹시 금을 가지며 은으로 집을 채운 고관들과 함께 있었을 것이며"

욥은 이 세상에는 너무 복잡하고 골치 아프고 가슴 아픈 일이 많으니까 차라리 사산이 되어버렸더라면 세상 일 하나도 보지 않고 계속 잠이나 자면서 지냈을 것이고, 혹시 자기 옆에는 폐허에서 왕궁을 일으킨 왕도 죽어 누워 있을지 모르고, 그 왕의 신하도 죽어 누워 있을지 모르고, 자기 집을 금이나 은으로 채웠던 대재벌과 같이 누웠을지도 모른다고 말하고 있습니다. 욥은 죽으면 모든 골치 아픈 것을 다 벗고 잠이나 자는 줄로 알고 있는데, 사실 왕과 같이 죽어있는 것이 무엇이 대단하며 재벌과 같이 죽어있는 것이 무엇이 대단한 일이겠습니까? 사람은 살아있으니까 하늘을 볼 수 있고 태양을 볼 수 있고 사랑을 할 수 있는 것입니다. 사람이 살아있고 숨 쉬는 것은 아름다운 것입니다. 그러나 욥은 사람이 죽으면 모든 고통이 끝난다고 생각하고 있는 것입니다.

3:17-19, "거기서는 악한 자가 소요를 그치며 거기서는 피곤한 자가 쉼을 얻으며 거기서는 갇힌 자가 다 함께 평안히 있어 감독자의 호통 소리를 듣지 아니하며 거기서는 작은 자와 큰 자가 함께 있고 종이 상전에게서 놓이느니라"

　사람이 죽으면 악한 자가 더 이상 생떼를 부리지도 못하고 종도 주인의 눈치를 보지 않아도 되고 죄수들도 감독의 호통소리에서 놓여난다고 말하고 있습니다. 물론 사람이 죽으면 이 세상의 속박에서는 벗어나지만 더 무서운 속박이 기다리고 있을 것입니다. 그것은 영원한 속박이고 영원한 지옥의 속박입니다. 사탄은 때로 죽음을 너무 낭만적인 것으로 유혹할 때가 있습니다. 그러나 죽음은 절대로 낭만이 아닙니다. 자살하는 사람치고 죽음에 후회하지 않는 사람이 없습니다. 번개탄을 피워놓고 죽거나 높은 데서 뛰어내려 죽거나 수면제 먹고 죽거나 죽음은 너무 고통스러운 것입니다. 그리고 죽음 뒤에는 수백 배 수천 배 더 비참하고 고통스러운 속박이 찾아옵니다. 그래서 우리는 살아있는 동안 최선을 다해서 하나님의 뜻을 찾아야 합니다.
　욥은 자기가 생일을 저주한다고 해서 자기 인생 전체를 돌릴 수 없다는 것을 잘 알고 있었습니다. 그렇지만 욥도 자기 인생은 실패한 인생이라고 생각하고 있었습니다. 자기 인생이 엄청난 마이너스 인생이라고 생각하고 있는 것입니다. 욥은 사실 죽음을 생각했지만 죽는 것이 너무 어려웠다고 말을 하고 있습니다.

3:20-23, "어찌하여 고난당하는 자에게 빛을 주셨으며 마음이 아픈 자에게 생명을 주셨는고 이러한 자는 죽기를 바라도 오지 아니하니 땅을 파고 숨긴 보배를 찾음보다 죽음을 구하는 것을 더하다가 무덤을 찾아 얻으면 심히 기뻐하고 즐거워하나니 하나님에게 둘러 싸여 길이 아득한 사람에게 어찌하여 빛을 주셨는고"

사실 욥은 죽을 생각을 많이 했던 것 같습니다. 그래서 금식을 해서 죽어보려고도 하고 높은 데서 뛰어내려서 죽으려고 생각해보기도 하고 칼로 자신을 찔러서 죽어보려고도 했을 것입니다. 그러나 욥은 자살은 하나님에 대한 반항이요 불신이라는 것을 알았습니다. 욥은 지금 하나님이 내 모든 것을 다 빼앗아 가시고 나를 비참하게 하시니까 화가 나서 죽으려고 하는데 이것은 하나님을 대적하는 것이었습니다. 그러나 욥은 죽는 것을 원했습니다. 욥은 아침에 자기 눈이 떠지지 않고 죽어있기를 바랐습니다. 그러나 죽음은 그에게 찾아오지 않았습니다. 욥은 숨긴 보배를 찾는 것보다 더 죽음을 찾았고 무덤을 찾았지만 욥에게 죽음은 오지 않았습니다. 욥이 죽으려고 했던 이유는 자존심 때문이었습니다.

욥은 음식을 앞에 두고서도 '내가 이 음식을 먹고 살아야 하나' 하는 탄식을 했습니다. 그러나 그는 먹어야만 했습니다. 그리고 그는 앓는 신음소리를 물이 쏟아지는 소리같이 내었습니다. 왜냐하면 온몸이 아팠기 때문입니다.

3:24-25, "나는 음식 앞에서도 탄식이 나며 내가 앓는 소리는 물이 쏟아지는 소리 같구나 내가 두려워하는 그것이 내게 임하고 내가 무서워하는 그것이 내 몸에 미쳤구나"

그런데 욥에게는 진짜 두려웠던 것이 하나 있었습니다.
욥이 진짜 두려웠던 것은 무엇이었을까요? 그것은 그가 하나님을 잘 믿는다고 하면서도 망해서 사람들에게 손가락질 받는 것이었습니다. 즉 욥은 아무리 하나님을 잘 믿어도 아무 소용이 없다는 소리를 듣지 않으려고 그렇게 노력을 했던 것입니다. 그러나 욥의 이 신앙은 아무 소용이 없었고 저주는 그의 몸에까지 와서 그의 온몸을 병들게 만들었던 것입니다.

3:26, "나에게는 평온도 없고 안일도 없고 휴식도 없고 다만 불안만이 있구나"

욥은 아무 것도 없고 불안만 있다고 했습니다. 그러나 욥에게 중요한 것은 그가 살아있는 것이고 하나님을 믿는 것이었습니다. 욥은 지나간 일은 잠시 내려놓고 지금 이 현재에서 새로 시작하면 됩니다. 그러나 욥은 너무 엄청난 일을 겪어서 새로 살아갈 용기가 나지 않았습니다. 욥이 이 절망과 좌절을 극복하려고 하면 시간이 필요합니다. 시간은 우리 마음의 상처를 아물게 하는데 반드시 필요한 것입니다. 그런데 욥은 그 상처가 아무는 시간을 하나님의 뜻을 찾기 위하여 친구들과 하나님에 대하여 토론을 하기 시작했습니다. 욥은 무엇인가 자기가 풀어야 하는 의문점이 있다고 생각을 했습니다. 과연 그것이 무엇이었을까요?

우리는 우리 자신이나 자녀들의 인생을 책임질 수 없습니다. 그리고 우리의 인생은 결코 제로가 아닙니다. 우리는 지금부터 또 새로 살아가기 시작하면 됩니다. 하나님은 우리 인생에 답을 주실 것입니다.

04
인간의 한계
욥기 4:1-21

언젠가 한번 라디오에서 전화 상담을 하는 프로가 있어서 들어보았습니다. 어떤 교인이 자기 인생의 여러 가지 어려운 문제를 가지고 이야기를 하는데, 상담하시는 목사님은 "그것은 아무래도 성도님의 기도가 부족해서 그런 것 같아요. 그러니까 기도를 더 하시고 신앙에 열심을 내세요."라고 하니까 상대방도 "예, 알겠습니다."라고 하면서 전화를 끊었습니다. 사실 우리가 닥치는 모든 어려움에 대하여 우리의 신앙이 부족해서 그런 일이 생겼고, 기도가 부족해서 그렇게 되었다고 하면 다 맞는 말입니다. 그런데 문제는 그런 말을 해 준다고 해서 갑자기 없었던 열심이 생기는 것도 아니고 평소에 기도를 잘 하지 않던 사람이 잘 하게 되는 것도 아니라는 것입니다. 사람은 누군가가 넘어져 있을 때 일으켜 세워주는 것이 필요하고, 주저앉아 있을 때 이끌어주는 것이 필요합니다.

그러나 욥의 경우에는 그 누구도 그를 일으켜 세워줄 수 없었고 그의 아픈 데를 만져줄 수 없었습니다. 왜냐하면 그는 너무 부서져 있었고 망가져 있어서 일으켜 세우면 더 부서질 것 같았기 때문입니다. 그리고 아프지 않은 데가 없었기 때문에 어느 곳에도 손을 댈 수 없었습니다. 그래서 욥의 세 친구들은 욥을 위로하러 왔다가 소리를 지르며 울고 그냥 칠일 동안 아무 소리도 하지 않고 같이 앉아 있을 수밖에 없었습니다. 그러나 그렇게 계속 같이 몇 달 몇 년을 같이 앉아 있다고 해서 욥의 문제가 저절로 해결되는 것은 아니었습니다. 그 자리에서 욥은 일어서야 하는데 일어설 방법이 없었고 힘이 없었던 것입니다.

요즘 우리나라 신문을 보면 우리나라 젊은이들이 창업을 굉장히 기피한다는 기사를 싣고 있습니다. 중국이나 미국은 청년들 70퍼센트 이상이 창업을 원하는데 우리나라 젊은이들은 거의 창업을 하지 않고 공무원같이 안정된 직장을 원한다는 것입니다. 가장 중요한 이유가 창업에는 실패가 반드시 따르는데 우리나라는 그 실패를 수용하는 분위기가 아니기 때문이라는 것입니다. 즉 실패하면 빚만 안고 망해버리기 때문에 아무도 그 위험을 감수하려고 하지 않는다는 것입니다. 그런데 모든 창업자들은 다 실패를 경험한 사람들이고 그 실패를 통해서 배운 사람들이라는 것입니다. 우리는 과연 실패할 용기가 있는가라는 질문을 해보면 우리나라는 실패 정도가 아니라 조금만 삐딱하거나 이상하면 완전히 '또라이' 낙인을 찍어버리는 사회인 것입니다. 우리나라에서는 항상 모범 답안같이 조금도 빗나가지 않은 사람이야말로 가장 훌륭한 사람이라고 칭찬을 합니다.

그런 의미에서 엘리바스는 가장 모범적인 사람을 좋아하는 부류의 사람이었습니다. 엘리바스는 평소에도 욥의 모범적인 인생을 아주 좋게 생각했습니다. 그러나 아무리 욥이 모범적인 인생을 살았다 하더라도 하나님 앞에서는 부족할 수밖에 없기 때문에 망한 것이므로, 이것을 받아들여야 한다고 권면하고 있습니다.

1. 욥의 약한 의지를 책망함

　욥이 당한 환난은 굉장히 위로하기 어려운 문제였습니다. 왜냐하면 이것은 말로 위로한다고 해서 해결될 수 있는 문제가 아니었기 때문입니다. 욥이 물질로 손해 본 것은 말로 위로하면 되겠지만, 자녀들이 다 죽은 것은 말로 위로할 수 없는 것이었습니다. 그리고 욥이 정신적으로나 육체적으로 만신창이가 되어 있는 것도 말로 위로할 수 없는 문제였습니다. 그렇지만 욥에게는 가장 중요한 두 가지가 남아 있었습니다. 그 하나는 그가 살아있다는 것이었고, 두 번째는 그가 하나님을 신뢰하고 있다는 것이었습니다. 욥은 지금까지 아무리 고통스러워도 입으로 범죄하지 않았습니다. 그러나 그가 가장 신뢰하는 세 친구가 찾아왔을 때 드디어 입을 열어서 자기 진심을 이야기했습니다.
　욥은 세 가지를 이야기 했는데 그 첫째는 자기 생일을 저주한 것이었습니다. 그것은 자기가 태어나지 않은 편이 더 나았을 것이라는 뜻입니다. 왜냐하면 그는 이 세상에 태어나서 살았기 때문에 너무 고통스러운 현실을 보게 되었기 때문입니다. 그리고 두 번째로는 자기 마음이 너무 고통스러워서 그렇게 죽음을 원했지만 죽음이 오지 않는다는 것이었습니다. 욥은 너무 자기 자신이 부끄러워서 빛을 보지 않고 무덤에 들어갈 생각만 했던 것입니다. 그러나 무덤을 찾기가 그렇게 어려웠다고 말하고 있습니다. 그리고 세 번째로 욥은 지금 자기가 너무 불안정하기 때문에 무엇을 어떻게 해야 할지 모르겠다고 고백하고 있습니다. 욥은 죽는 것이 쉽지 않기 때문에 살기는 살아야 하겠지만 살 자신도 없고 의미도 없고 행복이나 기쁨도 없었습니다.
　이때 세 친구 중에서 가장 연장자인 엘리바스가 먼저 입을 열었습니다.

　4:1-2, "데만 사람 엘리바스가 대답하여 이르되 누가 네게 말하면 네가

싫증을 내겠느냐, 누가 참고 말하지 아니하겠느냐"

욥은 지금 누가 무슨 말을 해도 들을 수밖에 없고 다른 사람도 무슨 말인가를 해야만 했습니다. 왜냐하면 욥은 망했기 때문에 큰 소리를 칠 입장이 되지 못하고, 이제는 다른 사람들의 충고나 꾸중을 듣고 정신을 차려야만 했기 때문입니다. 다시 말해서 욥이나 그의 세 친구들은 욥의 처지가 아무리 끔찍하다 해도 무한정 앉아있을 수만은 없었던 것입니다. 그들은 욥의 형편에 대하여 무슨 설명이라도 해야 했고 또 욥도 정리를 해야만 했습니다. 우리가 어려운 형편에 빠지게 되었을 때 가장 어려운 문제가 바로 이것입니다. 즉 나의 형편에 대하여 어떤 설명이 필요하고 정리가 필요한 것입니다. 이것이 되어야 새로운 시작을 할 수 있고 새로운 힘을 낼 수 있는 것입니다. 무조건 힘을 내라고 한다든지 용기를 내라고 말한다고 해서 없던 힘이 생기고 없던 용기가 생기는 것이 아니기 때문입니다.

그래서 기업가들은 기업 경영이 나빠지면 전문가들에게 기업 경영에 대하여 평가를 받습니다. 전문가들은 생산성이 떨어진다든지 유통 비용이 많이 든다든지 광고를 하지 않아서 그렇다든지 하는 식의 진단을 하게 됩니다. 그런데 기업에 따라서는 그런 경영 평가가 도움이 많이 된다고 말하기도 합니다. 그러나 인생에 있어서는 물론 가장 가까운 사람이 가장 잘 알겠지만 술을 너무 마신다든지 돈을 많이 빌려서 빚이 많다든지 게으르다든지 하는 것은 진단을 하지 않아도 금방 알 수 있는 문제이지만, 본인의 힘으로 어떻게 할 수 없는 사고나 환난에 대해서는 말하는 것이 결코 쉽지 않습니다.

그래서 일단 엘리바스는 욥이 다른 사람의 어려움은 많이 상담도 해주고 도와주었지만 자기 문제에는 왜 힘들어하고 놀라워하느냐고 책망을 합니다.

4:3-5, "보라 전에 네가 여러 사람을 훈계하였고 손이 늘어진 자를 강하게 하였고 넘어지는 자를 말로 붙들어 주었고 무릎이 약한 자를 강하게 하였거늘 이제 이 일이 네게 이르매 네가 힘들어 하고 이 일이 네게 닥치매 네가 놀라는구나"

욥은 부자이기도 했지만 어려운 사람들을 많이 도와주고 상담도 해주었습니다. 그래서 욥은 바른 길을 가지 않는 사람들이 있으면 훈계도 하고 손이 늘어져서 자신감이 없는 사람은 강하게 해주기도 하고, 넘어지는 자는 붙들어주기도 하고 무릎이 약해서 주저앉으려는 사람이 있으면 일으켜 세워주었습니다. 그런데 막상 욥 자신에게 엄청난 어려움이 닥치니까 욥도 정신을 차리지 못하고 두려워하고 힘들어 하고 있는 것입니다. 그래서 엘리바스는 욥에게 옛날의 그 용기와 지혜가 어디에 갔느냐고 하면서 남을 도와주던 식으로 자기 자신을 추슬러야 한다고 충고합니다.

사실 이것은 참으로 맞는 말입니다. 다른 사람이 어려움을 당했을 때에는 이렇게 해라 저렇게 해라 잘도 이야기를 해주지만 막상 자기 자신이 어려움을 당하면 어떻게 해야 할지 몰라서 아무 것도 하지 못하는 경우가 허다합니다. 그 이유는 남의 어려움은 고통을 느끼지 못하지만 막상 자기가 어려운 일을 당하면 고통으로 정신을 차리지 못하기 때문입니다. 고통이 우리를 정신 차리지 못하게 만듭니다. 그러므로 자신을 남의 눈으로만 볼 수 있다면 우리는 정신을 차릴 수 있을 것입니다. 그러나 자신을 객관적인 눈으로 보는 것은 너무나도 어려운 일입니다. 특히 자신을 하나님의 눈으로 본다는 것은 더욱더 어려운 일입니다.

4:6, "네 경외함이 네 자랑이 아니냐 네 소망이 네 온전한 길이 아니냐"

욥은 자랑할 만한 것이 있었습니다. 그것은 지금까지 욥의 인생은 일체 딴 길로는 가 본 적이 없는 똑바른 인생이었던 것입니다. 그래서 엘리바스는 욥에게 네 중심만 바르다면 재산이 다 없어지고 자식들이 다 죽어도 무슨 상관이 있느냐고 말하고 있습니다. 그러나 사람은 로봇이 아니기 때문에 무조건 입력시킨 대로 살아갈 수 있는 존재가 아닙니다. 사람은 아무리 옳은 것이라 하더라도 방황해보기도 하고 의심해보기도 하고 죄에 빠져보기도 하면서 살아가는 것입니다. 사실 이 세상에 똑바른 길로만 살아가는 사람은 아무도 없습니다. 왜냐하면 사람의 마음이 똑바르지 않기 때문입니다. 그래서 자기가 완전히 죄와 상관이 없다고 자랑할 수 있는 사람은 아무도 없는 것입니다.

2. 사람이 망하는 이유

이 세상에는 갑자기 잘되는 사람이 있는가 하면 갑자기 망하는 사람도 있습니다. 갑자기 잘되는 사람은 운이 좋았다거나 엄청난 노력의 결과라고 말을 하기도 합니다. 좌우산 어떤 사람은 무엇인가를 했는데 그것이 대박을 터트리면서 대성공을 거두는 경우가 있습니다. 그것은 대개 그 사람이 나름대로 열심히 노력을 하기도 했지만 하나님이 그 사람에게 기회를 주시는 것으로 볼 수 있습니다. 그런데 갑자기 망하는 사람들도 있습니다. 대개 갑자기 망하는 사람들은 일이 잘 되니까 세상을 우습게 알고 너무 무리하게 욕심을 내다가 무너지는 경우가 있는가 하면, 사람들의 눈을 속이며 악을 저지르다가 결국 그 곪은 것이 터지면서 망하는 경우도 있습니다. 그러나 성실하고 정직한 사람이 갑자기 망하는 경우는 그리 많지 않습니다.

4:7-8, "생각하여 보라 죄 없이 망한 자가 누구인가 정직한 자의 끊어짐

이 어디 있는가 내가 보건대 악을 밭 갈고 독을 뿌리는 자는 그대로 거두 나니"

사실 엘리바스의 이 말에는 일리가 있습니다. 성실하고 정직한 자는 좀처럼 갑자기 망하지 않습니다. 대개 망하는 사람들은 성공하고 난 후에 교만해져서 무리하게 사업을 확장시킨다든지, 혹은 방만하게 경영을 해서 아랫사람이 다 빼어먹어도 모르고 자기는 강의하러 다니거나 정치한다고 정신이 없거나 혹은 법을 어기면서 일을 하다가 한꺼번에 망하는 것입니다. 그래서 아주 가까운 사람들은 그 사람이 오래 가지 못한다는 것을 알 수 있습니다. 즉 "악을 밭 갈고 독을 뿌리는 자"는 언젠가는 망할 수밖에 없는 것입니다. 그래서 돈을 많이 벌고는 아무리 붙들고 있으려고 해도 하나님이 한번 입 기운으로 불면 다 날아갈 수밖에 없습니다.

4:9-11, "다 하나님의 입 기운에 멸망하고 그의 콧김에 사라지느니라 사자의 우는 소리와 젊은 사자의 소리가 그치고 어린 사자의 이가 부러지며 사자는 사냥한 것이 없어 죽어 가고 암사자의 새끼는 흩어지느니라"

우리의 돈이나 자리나 명예를 하나님이 지켜주셔야 제대로 지킬 수 있는 것이지 우리 힘으로는 지킬 수가 없습니다. 주위 사람들은 전부 눈에 불을 켜고 남의 돈이나 자리를 빼앗으려고 노리고 덤벼들기 때문에 하나님이 지켜주셔야 합니다. 엘리바스는 사자가 아무리 힘이 세고 이빨이 강하다 해도 하나님의 콧김으로 불어버리면 살 수 없다고 말하고 있습니다.

하나님이 콧김을 부시면 온도가 더워지기 때문에 초원이 말라버려서 물이 없어지고 사냥할 먹이도 없어지게 됩니다. 그러면 아무리 사자라고 해도 굶어죽을 수밖에 없습니다. 그리고 사자도 새끼일 때는 귀엽지만 자라면 다 떠나게 되고 사자도 늙어서 사냥할 수 없으면 결국 죽을 수밖에 없습니다.

　이것은 인생에 있어서도 마찬가지입니다. 사람이 어렸을 때는 형제간에 우애가 좋다가도 크게 되면 다 떠나서 자기 인생을 살게 되고 늙으면 결국 아무리 똑똑하고 유명해도 죽을 수밖에 없습니다. 결국 사람이 한평생을 산다는 것은 대단한 일이기도 하지만 너무 많은 고통이 따르는 것을 보게 됩니다. 이것이 예사 일이 아닌 것입니다. 그리고는 없어지게 됩니다.

3. 엘리바스의 영성

　우리가 하나님의 은혜를 한창 사모할 때는 혼자서 밤을 새워가면서 기도도 하고 산에서 철야기도도 하게 됩니다. 그러나 그때 우리 마음에 갑자기 찾아오는 것이 있는데, 이유를 알 수 없는 두려움입니다. 즉 어떤 영이 오는 것 같은 느낌이 드는 것입니다. 사실 이런 느낌은 모든 종교에 다 있는 것입니다. 그래서 금식을 며칠 동안 하고 잠을 자지 않고 기도하거나 명상을 하면 무엇인가 알 수 없는 두려운 체험을 하게 됩니다. 엘리바스도 나름대로 하나님의 은혜를 체험하려고 밤에 기도를 많이 했던 것 같습니다. 그러다가 어느 날 엘리바스는 어떤 영이 자기 앞에 서서 말을 하는 느낌을 받게 되었습니다. 그는 이것을 하나님의 음성이라고 생각했습니다.

　4:12-14, "어떤 말씀이 내게 가만히 이르고 그 가느다란 소리가 내 귀에 들렸었나니 사람이 깊이 잠들 즈음 내가 그 밤에 본 환상으로 말미암아 생각이 번거로울 때에 두려움과 떨림이 내게 이르러서 모든 뼈마디가 흔들렸느니라"

모든 사람이 잠을 자는 시간에도 엘리바스는 하나님을 만나기 위해서 자지 않고 혼자 기도하고 명상을 했던 것 같습니다. 그런데 어느 날 드디어 엘리바스는 어떤 작은 소리를 들은 것 같습니다. 그것은 아주 작은 소리로 자기 이름을 부르는 소리일 수도 있고 바람이 나무 잎을 스치는 소리일 수도 있었습니다. 그런데 이때 갑자기 엘리바스는 두려워지게 되었고 뼈마디가 후들거리게 되었습니다. 사실 이것은 혼자 밤을 새워가면서 기도하고 명상하다 보면 누구든지 체험할 수 있는 것입니다. 그런데 여기서 더 심한 사람은 아예 가위눌리듯이 숨을 쉬지 못해서 버둥거리는 사람도 있습니다. 이때 이상한 소리를 듣기도 하고 이상한 환상에 빠지기도 합니다.

그럼에도 불구하고 엘리바스는 워낙 경건해서 그런지 이상한 소리를 듣지는 않았습니다.

4:15-16, "그 때에 영이 내 앞으로 지나매 내 몸에 털이 주뼛하였느니라 그 영이 서 있는데 나는 그 형상을 알아보지는 못하여도 오직 한 형상이 내 눈 앞에 있었느니라 그 때에 내가 조용한 중에 한 목소리를 들으니"

엘리바스는 영의 세계라고 하면 미지의 세계이고 아주 두려운 세계라고 생각했습니다. 하기야 혼자서 밤을 새면서 기도하거나 명상하면 이런 두려움이 임할 수 있습니다. 엘리바스는 얼굴은 보지 못했는데 어떤 영이 서 있었다고 고백하고 있습니다.

그런데 그 영이 말한 것은 그런대로 엉터리는 아니었습니다.

4:17-18, "사람이 어찌 하나님보다 의롭겠느냐 사람이 어찌 그 창조하신 이보다 깨끗하겠느냐 하나님은 그의 종이라도 그대로 믿지 아니하시며 그의 천사라도 미련하다 하시나니"

사실 이런 환상은 엘리바스가 평소에 자주 생각했던 것일 수도 있습니다. 즉 사람은 하나님 앞에서 깨끗할 수 없다는 것입니다. 사람은 아무리 정직하게 살려고 해도 자동적으로 거짓말을 하게 되어 있고 욕심을 내게 되어 있기 때문에 언제나 악하다는 것입니다. 단지 하나님께서 불쌍히 여겨주시니까 의로울 따름인 것입니다. 인간의 눈에는 천사가 얼마나 깨끗하고 정직합니까? 그러나 하나님의 눈에는 천사도 부정하다는 것입니다. 그렇다면 하나님의 눈은 얼마나 정확하시며 얼마나 깨끗하시겠습니까?

여기서 엘리바스의 인생관과 욥의 인생관은 달라집니다. 즉 엘리바스의 인생관은, 인간은 숙명적으로 죄인일 수밖에 없기 때문에 하나님이 복을 주시면 받는 것이고 복을 안 주시면 못 살게 될 수밖에 없다는 신앙이었습니다. 이런 신앙은 잘될 때는 엄청 잘 되지만, 일이 잘 안될 때는 숙명론에 빠져서 거기서 헤어 나오지 못하게 됩니다. 반면에 욥의 인생관은 하나님과 인격적인 신앙이기 때문에 오히려 잘될 때는 긴장하고 힘들어하지만, 어려움이 오면 더 힘을 내고 하나님 앞에 더 당당해지며 더 할 말이 많아지고 이유를 꼭 알아야 한다는 적극적인 신앙인 것입니다. 신앙이 너무 숙명론에 빠지면 성공했을 때 교만하기 쉽고 어려움이 왔을 때 자포자기하게 됩니다. 차라리 살아있는 물고기처럼 고난이 왔을 때 물을 거슬러 올라가고 앞에 댐이 가로놓여 있으면 수없이 실패를 하면서도 점프를 해서 뛰어넘는 신앙이 역동적인 인생관이라고 할 수 있습니다.

4:19-21, "하물며 흙집에 살며 티끌로 터를 삼고 하루살이 앞에서라도 무너질 자이겠느냐 아침과 저녁 사이에 부스러져 가루가 되며 영원히 사라지되 기억하는 자가 없으리라 장막 줄이 그들에게서 뽑히지 아니하겠느냐 그들은 지혜가 없이 죽느니라"

인간은 흙집에 살고 있습니다. 즉 우리 인간의 육체가 흙집인 것입니다. 그리고 우리 영혼은 죄로 타락해 있습니다. 하루살이 앞에서라도 무너진다는 것은 우리 인생이 하나님 앞에서 하루살이와 같다는 것입니다. 우리 인간이 대단한 것 같지만 인생은 너무 빨리 지나가고 죽으면 아무도 그를 기억해주지 않고 빨리 잊히고 마는 것이 인생이라는 것입니다. 마치 유목민들이 장막 줄을 뽑듯이 뽑히는 것이 인생인 것입니다. 그래서 엘리바스의 충고는 욥에게 원래 우리 인생은 이런 것이니까 너무 마음 아파하지 말고 훌훌 털고 일어서라는 것이었습니다. 사자 새끼도 크면 다 떠나듯이 자식들은 떠나게 되어 있고, 사자도 이빨이 뽑히면 늙어서 죽는 것이고 천사도 하나님 앞에서는 깨끗하지 못한데, 우리 같은 인간은 하나님이 주신 대로 살 수밖에 없다는 것입니다. 즉 피조물은 생긴 대로 살다가 죽을 수밖에 없다고 했습니다.

엘리바스의 인생관은 인간의 처지를 객관적으로 본 것은 맞지만 하나님을 인격적으로 만난 신앙이 아닌 것 같습니다. 그리고 그는 인간의 인격을 너무 과소평가하고 있습니다. 인간은 단순히 이 세상에서 신이 만드신 대로만 살다가 죽는 존재가 아닌 것입니다. 욥은 살아있는 하나님을 체험했고 욥은 인간은 단순히 피조물이기도 하지만 하나님 앞에서 당당하게 자신의 의견도 이야기 하고 자신의 꿈도 이야기할 자격이 있는 존재라고 생각하고 있었습니다. 그래서 엘리바스의 위로는 욥에게 전혀 위로가 되지 못했습니다. 욥은 자기가 하나님 앞에서 피조물이나 전혀 죄가 없는 것은 아니지만 자기는 하나님을 사랑하고 하나님도 자기를 사랑한다고 생각하고 있었습니다. 사랑은 우리를 하나님 앞에서 담대하게 합니다.

우리는 세상이 이러니까 나도 이렇게 살아야 한다고 생각하면 안 됩니다. 살아있는 신앙은 강물을 박차고 거슬러 올라가는 신앙입니다. 우리에게는 하나님의 설득이 필요하고, 우리는 이 세상에서 내가 살아야 하는 이유를 찾아야 합니다. 이것은 다른 사람이 흉내 내거나 다른 사람이 하라고 할 수 없는 것입니다. 우리는 하나님 앞에서 죄인입니다.

그러나 우리는 하나님 앞에서 나의 비전을 이야기를 하고 나의 미래를 이야기 하고 내가 살아야 하는 이유를 물어보아야 합니다. 단지 밤에 혼자 기도하다가 머리가 주뼛해지는 것으로 하나님을 다 알았다고 생각해서는 안 됩니다. 우리는 성경을 이성적으로 이해하는 가운데 성령의 불이 임해야 합니다. 그리고 함께 모여서 예배 하는 가운데 오순절의 역사가 일어나야 합니다. 이것이 하나님이 우리에게 주시는 진정한 위로입니다.

05
미련한 자의 분노
욥기 5:1-27

요즘 가끔 병원 응급실에서 난동을 부리고 의사에게 행패를 부리는 사람들의 이야기를 들을 때가 있습니다. 또 가끔 미련한 사람이 크게 화를 내는 경우를 보게 됩니다. 이런 사람들은 자기가 화를 내는 대상이 누구인지도 모르고 아무에게나 대놓고 화를 냅니다. 만약 이런 사람이 주먹질을 좀 한다고 해서 프로 권투선수 출신에게 달려들었다가는 한 방에 쓰러지고 말 것입니다. 이렇게 도무지 상대가 되지 않을 정도로 강한 사람을 향해서 화를 내거나 싸우려고 덤벼드는 사람들이 간혹 있습니다. 그런 사람은 미련한 사람입니다. 더욱이 만일 유한한 인간이 하나님을 상대로 싸우려고 한다면 그것은 정말 미련한 자의 분노가 될 것입니다.

예수님은 청년 사울(바울)에게 나타나셔서 지금 네가 하고 있는 일은 전부 하나님을 대항하는 일이고 마치 가시채를 뒷발질하는 것과 같다고 말씀하셨습니다(행 26:14). 만일 뾰족한 쇠로 된 가시를 뒷발로 차면 결국 자기 발만 다치고 말 것입니다. 그런데 이 세상을 살다보면 자신의 머리만 믿고 그런 식으로 사는 사람들이 꽤 많이 있습니다. 술의 힘을 믿고 자기 주먹으로 유리벽을 치는 사람들도 있습니다. 또 화가 난다고 해서 차를 몰고 건물로 돌진을 하는 사람도 있습니다. 결국 그런 사람은 크게 다치거나 죽고 말 것입니다.

욥은 당시 에돔에서 최고의 부자요 지식인으로도 인정을 받던 성공한 사람이었는데, 어느 한 순간에 자식들은 사고로 다 죽고 자신은 알거지가 된 데다 온몸이 만신창이 되어서 맨땅에 나앉게 되었습니다. 그런데 욥은 정말 하나님을 잘 믿는 사람으로 유명했습니다. 욥의 신앙은 하나님이 인정할 정도로 훌륭한 신앙이었던 것입니다. 욥이 이렇게 갑자기 망한 것을 어떻게 설명을 할 수 있겠습니까? 아마도 이것을 설명할 수 없어서 욥과 세 친구는 일주일 동안 아무 말도 하지 못하고 그냥 울면서 앉아 있기만 했습니다. 그러나 아무 말 없이 앉아 있다고 해서 이미 저질러진 일들이 저절로 해결되는 것은 아니었습니다. 지금 이 현실에 대하여 욥은 무엇인가 설명하고 정리를 하고 일어서야만 했습니다. 그래서 그 상황에서 맨 처음 입을 뗀 사람은 욥 자신이었습니다. 욥은 자신의 생일을 저주하면서 자신이 이 세상에 태어난 것은 완전히 실수요, 자기는 더 이상 살아갈 자신이 없다고 했습니다.

이 말을 듣고 친구 중에서 가장 연장자였던 엘리바스가 입을 열었습니다. 엘리바스와 욥은 모두 가장 모범적인 사람이었습니다. 엘리바스는 욥의 모범적인 자세를 좋아했던 것 같습니다. 그래서 우리 같은 모범생들이 하나님을 경외하고 자신의 온전함을 지키면 된 것 아니냐고 하면서, 사람은 하나님의 눈앞에서는 완전할 수 없기 때문에 언젠가는 망할 수도 있다고 말을 합니다. 그리고 사자의 예를 들면서 사자 새끼들도 어렸을 때는 서로 같이 뛰놀고 사이좋게 지내지만 자라면 서로 경쟁하고 떠나게 되고 나중에는 이빨이 빠져서 죽게 된다고 했습니다. 하물며 우리 인간은 아무리 비싼 집에서 산다고 해도 결국 흙으로 만든 집에서 사는 존재들인데 인생은 결국 하루살이 같고 장막 줄을 당기면 무너지는 천막과 같다고 말을 하고 있습니다.

젊은이들은 이 말이 이해되지 않을 것입니다. 그들은 아직 앞으로 살아갈 시간이 창창하고 할 일이 엄청나게 많다고 생각합니다. 그러나 일단 장년기로 접어들면 인생의 고속열차가 달리기 시작하는데, 어느 순간 노인이 되어 있고 살 수 있는 시간이 얼마 없다는 것을 깨닫게 됩니다. 병들어 죽게 되면 돈이나 명예, 공부한 것도 소용이 없고 그 아무 것도 소용없게 됩니다. 결국 이 세상에 무엇을 남기며 어떤 평가를 받게 될까 생각하게 되지만 일단 사람이 죽으면 가까운 가족 외에는 알아주는 사람이 거의 없게 됩니다. 얼마나 인생이 짧고 허망한지 모릅니다. 그런 점에서 욥의 환난은 욥에게 큰 충격인 동시에 무엇인가를 찾을 수 있는 절호의 기회가 되었습니다.

오늘 본문인 욥기 5장은 4장에 이어서 엘리바스가 욥에게 하는 권면의 내용입니다. 엘리바스가 하는 말을 들어보면 그야말로 엘리바스는 모범생의 생각을 가지고 있었고, 하나님을 잘 믿으면 무조건 잘 되고 성공적인 삶을 살게 되어 있다는 사고방식을 가지고 있는 것을 볼 수 있습니다. 엘리바스는 분명한 성격을 가지고 있었는데 미련한 자를 아주 싫어하는 성격이었습니다. 그리고 그는 하나님을 믿는 것이 가장 중요하고, 교활한 자는 하나님이 망하게 하신다는 생각을 가지고 있었습니다. 엘리바스가 한 말 중에도 아주 중요한 말이 있는데 그것은 하나님의 징계를 가볍게 생각하지 말라는 것입니다. 그리고 엘리바스는 하나님께 징계 받는 자는 복이 있다고 했습니다. 즉 하나님께서는 아프게 하시다가도 싸매어주시고 상하게 하시다가도 그 손으로 고쳐주신다는 것입니다.

1. 미련한 인생

엘리바스는 우선 욥에게 네 자신의 모습을 객관적으로 보기를 바란다고 권면하고 있습니다.

> 5:1, "너는 부르짖어 보라 네게 응답할 자가 있겠느냐 거룩한 자 중에 네가 누구에게로 향하겠느냐"

엘리바스는 먼저 욥에게 너는 다른 사람을 불러서 자신의 어려움을 하소연하거나 이해시키려고 하기 전에 네 자신의 모습을 먼저 보아야 한다고 했습니다. 엘리바스는 욥에게 네가 누구든지 한번 불러보라고 하면서, 지금 네 모습을 보면 네가 무슨 소리를 하든지 응답할 자가 없고 대꾸조차 할 사람이 없을 정도로 처참하고 눈뜨고 볼 수 없다고 말하고 있습니다. 더욱이 거룩한 자 중에 너를 상대해줄 사람은 아무도 없다고 했습니다. 왜냐하면 엘리바스의 생각에 거룩한 자 중에 욥처럼 이렇게 흉측한 자는 아무도 없기 때문입니다. 거룩한 자들은 모두 단정하고 흠이 없고 완전무결한 사람이지 피투성이가 되어서 인생 밑바닥에 앉아서 구걸하듯이 자기 자신을 하소연하는 사람은 아무도 없다는 뜻입니다. 즉 자신들은 친구니까 이렇게 와서 쳐다보기도 하고 상대도 하지만 다른 사람들은 아무도 상대하지 못할 정도로 너의 모습이 끔찍하게 되었다는 뜻입니다. 그런데 욥은 그것도 모르고 자기가 옛날처럼 여전히 똑똑하고 완전무결한 줄 알고 사람들에게 다그치고 설득하려고 한다는 것입니다. 그러면서 엘리바스는 욥에게 환난이 너를 바보로 만들었다고 말하고 있습니다.

> 5:2-3, "분노가 미련한 자를 죽이고 시기가 어리석은 자를 멸하느니라 내가 미련한 자가 뿌리 내리는 것을 보고 그의 집을 당장 저주하였노라"

여기에 나오는 미련한 자가 바로 욥인 것입니다. 욥은 자신의 처지를 인정할 줄 모르고 무조건 분노하고 다른 사람들이 자기처럼 망하지 않은 것을 시기하고 있는 것입니다. 이것은 결국 자기 자신만 죽이고 멸망시키게 될 것입니다.

엘리바스는 미련한 자를 아주 싫어하는 성격이었습니다. 그래서 그는 미련한 자가 좀 성공하려고 하면 당장 찾아가서 저주하는 성격이었습니다. 왜냐하면 미련한 자가 뿌리를 내려서 열매를 맺어봐야 악한 열매 밖에 맺히지 않기 때문입니다. 즉 엘리바스는 그런 자는 잘 되어봐야 남들에게 피해나 끼치기 때문에 미리 망하는 것이 낫다는 생각이었습니다.

그래서 엘리바스는 미련한 자는 망해야 한다는 생각을 가지고 있었습니다.

5:4-6, "그의 자식들은 구원에서 멀고 성문에서 억눌리나 구하는 자가 없으며 그가 추수한 것은 주린 자가 먹되 덫에 걸린 것도 빼앗으며 올무가 그의 재산을 향하여 입을 벌리느니라 재난은 티끌에서 일어나는 것이 아니며 고생은 흙에서 나는 것이 아니니라"

미련한 자의 자식은 신앙생활도 하지 않아서 구원도 못 받고 추수를 해도 배고픈 자들이 다 먹어버리고 사냥을 하느라 덫을 놓아도 남들이 가져가버리고 그의 재산은 올무에 걸린다고 했습니다. 왜냐하면 미련한 자는 게으르기 때문입니다.

엘리바스는 6절에서 아무 이유 없이 일어나는 고생이나 재난은 없다고 했습니다. 재난이 티끌에서 일어난다는 것은 아무 이유 없이 큰 사고나 어려움이 터지지 않는다는 것입니다. 모든 재난을 조사해보면 그것이 일어날만한 이유가 반드시 있다는 뜻입니다. 마찬가지로 사람이 고생하는 것도 그냥 우연히 일어나는 것이 아니라 남들은 알지 못하지만 고생할 이유가 충분히 있다는 것입니다. 사실 대형사고가 터지는 것을 보면 좋지 않은 여건이 하나만 가지고는 잘 일어나지 않습니다. 좋지 못한 원인이 두 개나 세 개가 합쳐지게 되면 반드시 큰 사고가 터지게 되고 사람들이 죽게 됩니다. 마찬가지로 사람이 고생하는 것도 죄를 지었다든지 오만했다든지 지나치게 욕심을 부렸다든지 여러 이유가 있다는 것입니다.

그래서 인간은 고생할 수밖에 없다고 결론을 내리고 있습니다.

5:7, "사람은 고생을 위하여 났으니 불꽃이 위로 날아가는 것 같으니라"

엘리바스는 고생을 해봐야 사람이 깨닫는다든지 생각이 달라진다든지라고 하지 않고 무조건 인간은 고생하게 되어 있다고 말하고 있습니다. 즉 불을 피우면 가벼우니까 위쪽으로 올라가듯이, 사람은 무조건 고생을 하게 되어 있다고 말하고 있습니다. 이것은 엘리바스가 미련한 자를 염두에 두고 권면하고 있는 것입니다.

2. 하나님 최고의 신앙

엘리바스는 하나님을 믿는 것만이 최고라고 강조하고 있습니다. 그래서 엘리바스는 이런 일이 있을 때 사람을 붙들고 이야기를 해봐야 아무 소용이 없고 철저하게 하나님을 찾고 하나님에게 맡겨야 한다고 권면하고 있습니다.

5:8-11, "나라면 하나님을 찾겠고 내 일을 하나님께 의탁하리라 하나님은 헤아릴 수 없이 큰 일을 행하시며 기이한 일을 셀 수 없이 행하시나니 비를 땅에 내리시고 물을 밭에 보내시며 낮은 자를 높이 드시고 애곡하는

자를 일으키사 구원에 이르게 하시느니라"

엘리바스는 이런 불행한 일이 닥쳤을 때 인간적인 생각은 다 내려놓고 오직 하나님 앞에 앉아서 기도하면서 자신의 문제를 기도로 말씀드리고 하나님께 다 맡겨버려야 한다고 했습니다. 즉 내 문제를 제삼자가 구경하듯이 그렇게 보라는 것입니다. 그러면서 하나님은 헤아릴 수 없을 정도로 많은 일을 하시고 기이한 일을 수도 없이 행하신다고 했습니다.

또 엘리바스는 하나님이 비를 내리시고 물을 밭에 보내신다고 합니다. 그리고 하나님은 낮은 자를 높이 드시고 애곡하는 자를 일으키사 구원하신다고 말하고 있습니다. 그런데 하나님께 내 모든 것을 맡기면 하나님이 어떻게 위로하시고 해결하시는지를 엘리바스는 말하지 않습니다. 그 대신 엘리바스는 인간적인 계교를 쓰는 사람들을 굉장히 미워하는 것 같습니다. 그래서 미련한 자 못지않게 계교를 쓰는 자들이 망하도록 저주를 하고 있습니다.

5:13-16, "지혜로운 자가 자기의 계략에 빠지게 하시며 간교한 자의 계략을 무너뜨리시므로 그들은 낮에도 어두움을 만나고 대낮에도 더듬기를 밤과 같이 하느니라 하나님은 가난한 자를 강한 자의 칼과 그 입에서, 또한 그들의 손에서 구출하여 주시나니 그러므로 가난한 자가 희망이 있고 악행이 스스로 입을 다무느니라"

하나님은 머리 좋은 자가 아무리 계략을 꾸며도 결국 자기 계략에 빠지게 하십니다. 그래서 모든 것을 순리대로 하는 것이 좋지, 머리를 너무 쓰면 결국 자신이 거기에 빠지게 되는 것입니다. 낮에도 어두움을 만나고 대낮에도 더듬는다는 것은 판단력이 흐려져서 전혀 판단을 하지 못하는 것을 의미합니다. 그래서 머리를 너무 굴리는 자는 작은 것에 이익을 볼지 모르지만 결국 큰 것에 걸려서 망하게 될 것입니다. 왜냐하면 인간의 지혜는 완전하지 않기 때문입니다.

그래서 15절에서 엘리바스는 하나님 제일주의로 살면 가난한 자가 희망이 있다고 말합니다. 즉 가난한 것이 어려운 일인지 모르지만 가장 유리한 것은 순수한 것이 있다는 것입니다. 더욱이 신앙의 불까지 붙으면 순수한 열정이 있게 되는데 사실 이것보다 더 큰 복은 없을 것입니다. 그러나 부요해지면 아무래도 부패해지고 죄와 가까워지게 되어 있습니다. 그래서 가난한 자가 하나님 앞에서는 더 희망이 있다는 것입니다. 하나님의 백성에게는 돈이나 성공보다 순수한 열정이 가장 행복하고 가장 가치가 있는 것입니다.

3. 가치 있는 징계

엘리바스는 다행스럽게도 욥이 미련하거나 교활한 자라고 생각하지 않습니다. 엘리바스는 욥이 지금 하나님으로부터 징계를 받고 있다고 생각하고 있습니다. 그래서 엘리바스는 욥에게 하나님의 징계를 업신여기지 말라고 권면하고 있습니다.

> 5:17-18, "볼지어다 하나님께 징계 받는 자에게는 복이 있나니 그런즉 너는 전능자의 징계를 업신여기지 말지니라 하나님은 아프게 하시다가 싸매시며 상하게 하시다가 그의 손으로 고치시나니"

이 구절이 엘리바스가 한 말 중에서 가장 가치 있는 말이라고 생각합니다. 즉 하나님께 징계 받는 자는 복이 있다는 것입니다. 이것은 히브리서의 말씀과 상통되는 내용인데 "주께서 그 사랑하시는 자를 징계하시고 그가 받아들이시는 아들마다 채찍질하심이라 하였으니"(히 12:6)라고 했습니다. 심지어는 하나님으로부터 "징계는 다 받는 것이거늘 너희에게 없으면 사생자요 친아들이 아니니라"(히 12:8)고까지 했습니다. 그래서 우리가 하나님의 징계를 받으면 하나님의 아들인 것은 틀림없는 것입니다. 그리고 하나님이 우리를 징계하시는 것은 참으로 우리를 영적으로 말할 수 없이 유익하려고 하시는 것이기 때문에 깊이 생각할 필요가 있는 것입니다. 그런데 하나님의 징계 중에서 아프지 않은 것은 아무 것도 없습니다. 하나님의 매는 너무 아파서 모두 거의 다 한번 죽었다가 겨우 살아납니다. 왜냐하면 그 정도로 맞지 않으면 우리 안에 있는 거짓과 위선과 욕망이 빠져나가지 않기 때문입니다. 우리는 한번 거의 죽다 살아나야 겨우 조금 더 하나님을 닮을 수 있습니다.

엘리바스는 하나님의 징계를 받고 우리의 영혼이 성숙해지면 여섯 가지 환난이 와도 구원해주시고 일곱 번째 재앙은 오지도 않게 하신다고 했습니다. 그리고 기근이 와도 굶어죽지 않게 하시고 전쟁이 일어나도 칼에 죽지 않도록 막아주신다고 했습니다. 그러니까 미리 환난을 당하는 것이 당하지 않는 것보다 훨씬 유리하다는 것입니다.

그리고 사람이 말의 채찍으로 아무리 때리려고 해도 얼마든지 피하여 숨을 수 있고 멸망이 와도 두려워하지 않는다고 했습니다. 멸망과 기근을 비웃으며 들짐승도 두려워하지 않는다고 했습니다. 옛날에 들짐승을 만나는 것은 요즘으로 치면 교통사고 같은 것입니다. 즉 길을 가는데 갑자기 덤벼들어서 물어뜯는다는 것입니다. 그러나 미리 연단을 당하면 이런 사고를 당하지 않는다고 했습니다. 왜냐하면 하나님이 미리 막아주시기 때문입니다. 하나님은 우리의 아주 사소한 것이라도 막아주시고 간섭해주시는 것을 알 수 있습니다. 하나님은 큰 것만 간섭하시는 것이 아니라 작은 것도 일일이 간섭하여 주십니다. 예를 들어서 다윗이 사울의 진에 몰래 들어갈 때 하나님은 모든 사울의 부하들로 하여금 깊이 잠들게 하셔서 한 사람도 깨지 않게 하셨습니다. 이것은 하나님이 그들을 잠들게 하신 것입니다. 그런데 이런 사소한 것으로 운명이 달라질 때가 많습니다.

연단 받은 사람은 마지막까지 아름답다고 했습니다.

5:25-26, "네 자손이 많아지며 네 후손이 땅의 풀과 같이 될 줄을 네가 알 것이라 네가 장수하다가 무덤에 이르리니 마치 곡식단을 제 때에 들어 올림 같으니라"

옛날에는 후손이 많아지면 복이었지만 지금은 영적인 자녀들이 많으면 복입니다. 그의 믿음을 본받고 그를 통하여 변화된 사람들이 그의 삶을 소중하게 생각하는 것입니다. 그리고 그가 죽었지만 곡식단을 들어 올리듯이 소중하게 대한다고 했습니다. 마치 쓰레기를 치우듯이 해치우지 않는 것입니다. 그래서 우리가 하나님의 징계를 받는 것은 아주 유익한 것이고 수지가 맞는 것입니다. 믿음의 자손들을 많이 만들고 끝까지 아름다운 성도들이 다 되시기 바랍니다.

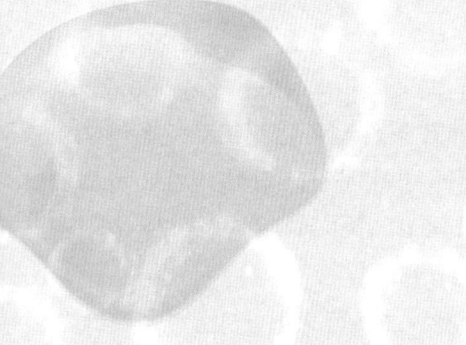

06
고통의 무게

욥기 6:1-30

이 세상에서 가장 무거운 것이 돌이나 쇠라고 말합니다. 아마 큰 돌에 깔리거나 쇳덩어리로 된 큰 기계에 깔리면 살 수 없을 것입니다. 언젠가 저희 집사님 한 분이 공장에서 일하다가 지게차가 넘어지면서 깔린 적이 있었는데 기적적으로 살아나셨습니다. 아마 그 무거운 지게차에 깔리셨을 때 얼마나 그 짐이 무거웠는지 짐작할 수 있을 것입니다.

이 세상에 무거운 것들이 많이 있습니다. 가족을 많이 부양해야 하는 것이 무거운 짐이 되는 이들이 있고, 박사 논문을 완성해서 통과시키는 것이 무거운 짐이 되는 이들도 있을 것입니다. 만삭이 되어서 배가 잔뜩 부른 여성에게는 어디에 가는 것 자체가 무거운 짐일 것입니다. 모세는 그 수많은 이스라엘 백성들을 이끌고 가는 자체가 너무 무거운 짐이라고 했습니다.

본문에서 욥은 이 세상에서 가장 무거운 것은 고통이라고 했습니다. 이 세상에서 고통보다 더 무거운 것은 없다고 말하고 있습니다.

아마 욥에게 고통의 짐만 벗겨진다면 훨훨 날아갈 정도로 온몸이 가벼워질 것입니다 어떤 이에게는 우울증이 무거운 짐이 되기도 하고, 치매나 중풍이 무거운 짐이 되기도 하고, 암이 무거운 짐이 되는 이들도 있을 것입니다.

욥은 이 세상에서 가장 무거운 것은 고통이라고 말하고 있습니다. 이것은 물론 정신적인 고통과 육체적인 고통을 다 포함하는 것입니다. 옛날에 우리나라 어머니들은 시집을 가면 시집으로부터 아주 심한 정신적인 고통을 받았습니다. 이것을 견디어내는 사람은 나중에 무서운 시어머니가 될 수 있는데 견디지 못하는 사람은 가출을 하든지 자살을 하든지 미치는 경우가 많이 있었습니다. 이것이 바로 한국 여성들의 '한(恨)'이었습니다. 오늘 우리들은 모두 많은 정신적인 고통과 육체적인 고통을 참으면서 살아가고 있습니다. 이것을 참다 참다 견디지 못하면 자살을 하든지 우울증이 터지든지 갑자기 폭발을 해버리는 것입니다. 그런데 우리는 어디서 이 고통의 위로를 받을 수 있을까요?

욥은 갑자기 재앙이 닥치면서 열 자식이 한꺼번에 죽고 모든 양떼와 소떼와 나귀 떼와 종들이 다 죽는 비참한 일을 낭한 데다가 자기 자신은 온몸에 병까지 생겨서 심히 아프고 가려워서 견딜 수가 없었습니다. 욥은 정신적으로나 육체적으로 너무나도 고통 가운데 있었습니다. 그때 욥의 가장 친한 세 친구가 와서 위로를 했습니다. 그 중 먼저 엘리바스는 우리는 남을 가르치던 자이므로 가르치는 자답게 이런 고난이 와도 당당해야 한다고 권면했습니다. 그리고 인간은 하나님 앞에서 죄인일 수밖에 없기 때문에 결국 하나님을 의탁해야 한다고 했습니다.

그러나 욥은 엘리바스의 위로나 권면이 자기에게는 위로가 되지 않는다고 대답을 했습니다.

1. 욥의 고통의 무게

욥은 이 세상에서 가장 무거운 것은 고통이라고 했습니다. 그래서 만일 자신의 괴로움과 고통을 저울에 올려놓을 수만 있다면 바다의 모든 모래를 다 모은 것보다 더 무거울 것이라고 했습니다.

> 6:1-3, "욥이 대답하여 이르되 나의 괴로움을 달아 보며 나의 파멸을 저울 위에 모두 놓을 수 있다면 바다의 모래보다도 무거울 것이라 그러므로 나의 말이 경솔하였구나"

사람에게 가장 견디기 어려운 것은 고통일 것입니다. 산모들은 아기를 낳는 고통이 빨리 끝나기를 바랄 것입니다. 또 사람들이 죽을 때 고통스러운 것은 암으로 돌아가시는 것이라고 합니다. 특히 젊은 사람이 암으로 돌아갈 때는 너무나도 고통스럽다고 합니다. 욥은 다른 사람에게 맞은 것이 아닙니다. 그러나 너무나도 아팠습니다. 그래서 욥은 자기의 고통을 만일 저울에 다 올려놓을 수만 있다면 바다의 모래를 다 모은 것보다 더 무거울 것이라고 강조했습니다. 바다의 모래를 다 모아서 저울에 올려놓는다면 몇 억 톤이 될까요? 욥의 마음은 그런 엄청난 무게의 돌로 내리누르는 것처럼 아프다고 했습니다. 그러면서 욥은 자기 말이 너무 경솔했다고 합니다. 이것은 욥이 가장 먼저 했던 말이 사실 너무나도 자기 마음과는 거리가 멀었다는 뜻입니다.

욥은 가장 먼저 입을 떼면서 자신이 태어난 생일을 저주했고 자기는 마치 보물을 찾는 것 같이 무덤을 찾는다고 했습니다. 그러나 이 말들이 사실 욥의 진심은 아니었을 것입니다. 욥은 친구들이 찾아와 주었고 너무 힘들게 자기를 위로하려고 하니까 결국 자기 생일을 저주하는 말을 하게 되었는데, 그것은 자기 진심이 아니었다는 것입니다. 사실 욥의 고통은 너무 무거워서 바닷가의 모래를 다 모아서 내리누르는 것처럼 자기를 누르고 있었고 너무 답답해서 숨을 쉴 수조차 없을 정도로 고통에 눌려 있었던 것입니다. 그런데 욥은 그 고통 가운데 생각해보았습니다. 그것은 '어떻게 해서 이런 고통이 자기에게 오게 되었을까?' 하는 것이었습니다.

6:4, "전능자의 화살이 내게 박히매 나의 영이 그 독을 마셨나니 하나님의 두려움이 나를 엄습하여 치는구나"

욥은 그 엄청난 고통 중에서 곰곰이 생각해보았습니다. 그는 가만히 있는데 어떤 종이 달려와서 소는 밭을 갈고 나귀는 풀을 뜯어 먹는데 스바 사람이 와서 소도 빼앗아가고 나귀도 빼앗아가고 종들은 다 죽였다고 했습니다. 또 그는 가만히 있는데 갑자기 하늘에서 불이 떨어져서 양과 종들이 다 타죽었다고 했습니다. 그리고 갈대아 사람들이 몰려와서 종들을 죽이고 낙타를 다 빼앗아갔고, 아이들이 한 집에서 식사를 하는데 큰 바람이 불어서 집이 무너져서 자녀들이 다 죽었다고 했습니다. 이것은 우연치고는 너무나도 있을 수 없는 우연이었습니다. 아마 이 세상의 모든 사람이 죽는 일이 있다 하더라도 이런 우연은 일어날 수 없을 것입니다. 이때 욥은 인간이 아닌 어떤 힘이나 세력이 자기를 노리고 정확하게 공격하지 않으면 이런 재난은 일어날 수 없다고 생각했습니다.

그러면 이 세력은 누구일까요? 그리고 이렇게 공격한 이유는 무엇일까요? 물론 욥은 사탄이 공격했다는 것을 알았습니다. 왜냐하면 사탄이 아니면 한 자리도 아니고 여러 곳에 흩어져 있는 욥의 자녀나 가축이나 종들이 모두 한꺼번에 다 죽을 수는 없기 때문입니다. 그러면 사탄이 욥을 공격했다면 사탄 혼자 이 일을 할 수 있을까요? 욥의 신앙으로는 그것은 불가능했습니다. 하나님의 허락 없이는 사탄 혼자서는 절대로 이런 엄청난 일을 벌일 수 없는 것입니다. 그러면 결국 하나님이 허락하셨다는 결론이 나오게 됩니다. 욥이 도저히 이해할 수 없었던 것은 왜 하나님께서 나를 사랑하셔서 축복하신 후에 이 엄청난 재난이 일어나게 허락하셨을까 하는 것이었습니다.

욥은 전능자의 독화살이 자기 몸에 박혔다고 고백하고 있습니다. 그런데 이 화살이 심장을 꿰뚫었다면 즉사하는 것인데 심장을 살짝 비켜서 화살이 꽂혔기 때문에 죽지는 않고 온몸에 독이 퍼지게 된 것입니다. 그래서 아이들이 다 죽고 가축도 다 빼앗기고 자신은 온몸에 병이 들어서 잠시도 견딜 수 없게 되었던 것입니다. 이때 욥은 하나님의 두려움이 자기에게 엄습해오고 있다고 했습니다. 욥은 하나님이 두려워졌습니다. 그리고 죽음을 실감하게 되었습니다. 욥은 자기에게는 이제 죽음이 아주 가까이 다가왔으며 자신의 지금까지의 삶을 하나님 앞에서 청산할 때가 다 되어가고 있다는 것을 알았습니다. 즉 자신의 인생은 이 세상에서 어떻게 살아왔으며 하나님 앞에서 무엇이 남을 것인가 하는 것이었습니다.

사람은 한번 크게 아프기 전에는 죽음을 실감하지 못합니다. 즉 자신의 미래는 앞으로도 계속되며 자신의 힘은 계속 될 것이라고 생각합니다. 그러나 한번 크게 아프거나 거의 죽을 정도로 아프고 나면 자신이 죽고 난 후를 생각하게 됩니다. 그동안 자신이 세상의 성공과 명성과 돈을 추구한 것이 얼마나 어리석은 것이며, 자기가 죽을 때 이런 것들이 전혀 도움이 되지 않는다는 것을 깨닫게 됩니다. 죽을병에 걸렸는데 그 많은 재물이나 명성이나 성공은 무슨 소용이 있겠습니까? 자기가 죽고 난 뒤에 아무리 많은 사람이 찾아온들 무슨 소용이 있겠습니까? 사람들은 어떤 사람이 병들어 있을 때는 아무도 찾아오지 않다가 그가 죽었다고 하면 몰려와서 울고불고 하다가 얼마 지나면 다 잊어버립니다. 결국 인생은 무엇인가요? 이 세상에서 가치 있게 사는 것은 무엇이며 죽고 난 후도 진정으로 가치 있는 것은 어떤 삶일까요? 이런 것을 생각하니까 욥은 아직 하나님을 만날 준비가 안 된 자신을 발견하게 되었습니다.

고통은 죽음의 예고편입니다. 그러나 고통이 있다는 것은 아직은 살아있다는 것입니다. 이때 나에게 필요한 것이 무엇인지 알 수 없는 것입니다. 욥의 온몸에는 독사의 독이 퍼진 것처럼 피부는 벗겨지고 온몸은 부었고 숨을 쉴 수가 없습니다. 그런데 아직 남은 시간 무엇을 해야 가치 있게 인생을 마칠 수 있을까요? 욥은 두려워하고 있었던 것입니다.

2. 맛이 없는 음식

음식점에 갔는데 음식 값은 엄청 비싸지만 맛이 하나도 없으면 불평을 하게 됩니다. 맛이 전혀 없는 음식을 먹으면 먹는 둥 마는 둥 하고 나오면서 형편없는 식사였다고 욕을 할 것입니다.

6:5, "들나귀가 풀이 있으면 어찌 울겠으며 소가 꼴이 있으면 어찌 울겠느냐"

들나귀가 들판에서 울어대는 것은 배가 고픈데 풀이 없기 때문입니다. 소도 마찬가지입니다. 소도 꼴이 없어서 먹을 것이 없으면 음매 음매 하면서 울게 되어 있습니다. 이것은 어린 아기들도 마찬가지입니다. 아기가 배가 고픈데 아무도 젖을 주지 않으면 자지러질듯이 울 것입니다. 아기는 배가 고픈 것을 참을 수 없기 때문입니다. 사람도 불만이 있으면 소리를 지르게 되어 있고 불편하면 불만을 가지고 떠드는 것이 당연한 것입니다.

자기에게 꼭 필요한 것이 있으면 소리를 질러야 할 이유가 없습니다. 그러나 자기에게 필요하다고 주는데 너무 맛이 없으면 먹을 수가 없는 것입니다.

6:6-7, "싱거운 것이 소금 없이 먹히겠느냐 닭의 알 흰자위가 맛이 있겠느냐 내 마음이 이런 것을 만지기도 싫어하나니 꺼리는 음식물 같이 여김이니라"

    욥은 같은 음식이라도 너무 싱거운 것은 소금을 치지 않고는 먹을 수 없다고 했습니다. 그러면서 특히 예를 든 것이 달걀 흰자위였습니다. 욥은 달걀 흰자위를 매우 싫어했습니다. 특히 흰자위는 맛이 없고 손에 닿으면 진득진득해서 만지기도 싫다고 했습니다. 아마 달걀 흰자위나 그 비슷하게 진득진득한 것은 모두 싫어할 것입니다.
    욥은 엘리바스의 조언이 참 좋은 말이기는 하지만 너무 싱거워서 자기에게는 도저히 맞지 않다고 했습니다. 어떤 사람은 말을 해도 듣기에 좋은 말을 하는가 하면 같은 말을 해도 느끼하고 콧물같이 진득진득해서 듣기 싫게 말을 하는 사람도 있을 것입니다. 그래서 말을 해도 맛있게 하는 것은 참 재주가 필요한 것 같습니다. 어떤 정치인은 같은 말을 해도 너무 혐오스럽게 해서 다른 사람을 기분 나쁘게 하고 자기도 미움 받는 사람이 있습니다. 이런 사람은 달걀 흰자위같이 말하는 사람입니다.
    지금 욥의 관심은 두 가지였습니다. 그 하나는 하나님이 자신을 미워하시는 것 같다는 것입니다.

6:8-9, "나의 간구를 누가 들어 줄 것이며 나의 소원을 하나님이 허락하시랴 이는 곧 나를 멸하시기를 기뻐하사 하나님이 그의 손을 들어 나를 끊어 버리실 것이라"

욥은 하나님이 갑자기 자기를 내리치셔서 거의 초주검이 되게 하시는 것을 보고서 하나님이 자기를 싫어하신다고 생각하게 되었습니다. 이제는 무슨 기도를 해도 들어주시지 않을 것이며 아무리 소원을 아뢰어도 허락하시지 않을 것이고 다음 순서는 손을 들어서 자기를 죽이는 것이라고 생각했습니다. 욥은 지금 자기가 믿었던 하나님과 다른 하나님을 만나게 되었고, 하나님을 어떻게 대해야 할지 알 수 없어서 힘이 들었습니다. 그러나 엘리바스의 말은 그런 것에 대해서는 한마디도 하지 않았던 것입니다. 엘리바스의 말은 옳은 말도 있었지만 맛이 너무 없었습니다.

그러나 그럼에도 욥이 지금까지 무너지지 않고 버티고 있는 것은 딱 한 가지 때문이었습니다. 그것은 바로 욥이 그 엄청난 고통 속에서도 하나님의 말씀을 붙들고 있었기 때문입니다.

6:10, "그러할지라도 내가 오히려 위로를 받고 그칠 줄 모르는 고통 가운데서도 기뻐하는 것은 내가 거룩하신 이의 말씀을 거역하지 아니하였음이라"

욥은 완전 사면초가에 빠졌지만 마음에 위로가 생겼습니다. 그것은 이유를 알 수 없는 위로였습니다. 오히려 욥은 기쁠 때도 있었습니다. 그것도 이유를 알 수 없는 기쁨이었습니다. 다른 사람의 눈으로 보면 욥은 죽어야 했고 미쳐야 했고 어디론가 도망을 쳐야 했지만 이상하게 욥의 마음에는 위로가 있을 때도 있었고 이상하게 기쁠 때도 있었습니다. 오히려 마음속에는 이 정도의 고난으로 쓰러지지 않는다는 오기도 생겼습니다. 그 이유는 욥이 하나님의 말씀을 꽉 붙들고 있었기 때문이었습니다. 욥은 하나님의 말씀을 거부하지 않았습니다. 욥에게는 하나님의 말씀이 생명줄이었습니다. 그렇지만 욥은 하나님의 뜻을 알 수 없어서 답답하기만 했습니다.

3. 인간의 힘의 한계

아마 평소 욥의 의지나 체력은 강철과 같았습니다. 욥은 해내지 못하는 일이 없었고 그 어떤 어려움도 이겨내었습니다. 그러나 이번에 욥이 큰 환난을 한번 당하고 나니까 이제는 자신의 기력도 다 끝났다는 것을 알게 되었습니다.

6:11, "내가 무슨 기력이 있기에 기다리겠느냐 내 마지막이 어떠하겠기에 그저 참겠느냐"

청년 때에는 무한정의 기력이 있습니다. 그래서 공부를 아무리 해도 지치지 않고 운동도 아무리 하고 힘닿는 데까지 돌아다니면서 사업을 해도 기운이 펄펄 살아 있습니다. 그래서 자신은 언제까지나 이렇게 기운이 살아있을 줄 생각하게 됩니다. 그러나 나이가 들면서 어느 한순간 체력이 바닥나면서 그러고 난 뒤에는 아무 것도 할 수 없을 정도가 됩니다. 이때 면역성까지 떨어지면 암에 걸리든지 병으로 고생하다가 죽게 됩니다. 그때야 자신의 삶이 무리였다는 것을 알게 되고 자기가 추구한 것이 욕심이었다는 것을 깨닫게 됩니다. 그리고 자기가 죽고 나면 아무 것도 남지 않는다는 것을 알게 됩니다. 즉 부인이나 아이들이 불쌍하지 남들이 기억도 해주지 않게 됩니다.

여기에 보면 나의 마지막이 어떠하겠기에 그저 참겠느냐고 말하고 있습니다. 이것은 지금 내 인생은 이미 끝장이 났고 여기서 얼마를 더 살든지 달라질 것이 없다는 것입니다. 인생의 허무한 것이 바로 이런 점에 있는 것 같습니다. 젊었을 때에는 무엇인가 생산적인 일을 하는데, 어느 정도 나이가 들면 언제 죽든지 아무런 차이가 없는 상태에 빠지게 되는 것입니다.

6:12-13, "나의 기력이 어찌 돌의 기력이겠느냐 나의 살이 어찌 놋쇠겠느냐 나의 도움이 내 속에 없지 아니하냐 나의 능력이 내게서 쫓겨나지 아니하였느냐"

우리가 이것을 보면 젊었을 때 욥은 돌의 기력을 가지고 있었고 놋쇠 같은 힘을 가지고 있었던 것을 알 수 있습니다. 그러나 이제는 돌도 아니고 놋쇠도 아니고 한 명의 병자일 뿐입니다.

이제 욥은 자기 안에는 아무 힘이 없다는 것을 인정하게 됩니다. 욥은 이제 비로소 자기 안에 아무 것도 없다는 것을 알게 됩니다. 자기 안에는 자기를 도울 힘이 없다는 것입니다. 이제 자기의 능력은 자기에게서 쫓겨나서 아무 힘도 없는 것입니다. 결국 사람들은 자기 자신에게도 속고 또 다른 사람에게도 속으면서 살아가게 됩니다. 즉 무엇인가 있는 줄 알았는데 알고 보니까 아무 것도 없었던 것입니다.

욥은 친구나 형제들이 아무 도움도 안 된다는 것을 비난하고 있습니다. 그러나 사실은 그 친구나 형제가 자기 자신이었던 것입니다.

6:15-17, "내 형제들은 개울과 같이 변덕스럽고 그들은 개울의 물살 같이 지나가누나 얼음이 녹으면 물이 검어지며 눈이 그 속에 감추어질지라도 따뜻하면 마르고 더우면 그 자리에서 아주 없어지나니"

산의 상류에서 시냇물이 흐를 때에는 힘차게 흐르는 것 같지만 옆에 있는 사람은 봐주지도 않고 자기 갈 길이 바쁜 것입니다. 사람들마다 여유가 있는 것 같지만 한 사람 한 사람의 사정을 보면 남을 돌아볼 정신적인 여유가 없는 것입니다.

그런데 여기에 얼음이 나오고 눈이 나오는 것을 보면, 에돔도 겨울에 추울 때에는 눈도 오고 얼음도 어는 것을 알 수 있습니다. 여기 사람들은 눈이 오고 얼음이 얼면 굉장한 기대를 하는 것 같습니다. 즉 차갑고 시원한 물이 많이 흘러서 갈급한 사람들의 목도 축여주고 농사도 잘 되게 해줄 것으로 생각합니다. 그러나 더운 지방의 얼음이나 눈은 오래가지 않습니다. 즉 날씨가 조금만 더워지면 녹아서 마르고 조금 더 더워지면 아주 없어져버립니다. 그것도 모르고 사막을 건너는 상인들이 물을 구하려 계곡을 찾아갔다가 물을 구하지 못해서 실망하고 잘못하면 죽는 수도 생기는 것입니다.

6:17-18, "따뜻하면 마르고 더우면 그 자리에서 아주 없어지나니 대상들은 그들의 길을 벗어나서 삭막한 들에 들어가 멸망하느니라"

사람은 결국 자기 자신의 힘에 속고 다른 사람들의 힘에 속아서 망하게 됩니다. 우리 인간은 아주 짧은 시간 힘을 내다가 결국 마르고 마는 시내와 같은 것입니다. 우리도 자신의 힘이 무한한 줄 알고 또 자신의 인기나 지지가 무한한 줄 알고 욕심을 부리다가 나중에 비참하게 망하는 것입니다.

사람이 비참해지면 다른 사람들의 눈치를 보게 되어 있습니다. 또 아무리 형제나 가까운 친구라 하더라도 못 살면 도와달라고 할까봐 멀리하게 됩니다.

6:21-23, "이제 너희는 아무것도 아니로구나 너희가 두려운 일을 본즉 겁내는구나 내가 언제 너희에게 무엇을 달라고 말했더냐 나를 위하여 너희 재물을 선물로 달라고 하더냐 내가 언제 말하기를 원수의 손에서 나를 구원하라 하더냐 폭군의 손에서 나를 구원하라 하더냐"

욥은 친구들이 자기를 멀리하는 것을 보고는 자기가 무슨 돈이나 달라고 하며 원수들에게 빼앗긴 낙타나 소를 찾아달라고 하는 줄 알고 있다고 생각을 했습니다. 그러나 욥이 알고 싶었던 것은 하나님이 이런 고난을 주신 이유가 무엇인가 하는 것이었습니다. 그러나 사람들은 욥이 물질적으로 도와 달라 할까봐 멀리하고 있었던 것입니다.

6:24-25, "내게 가르쳐서 나의 허물된 것을 깨닫게 하라 내가 잠잠하리라 옳은 말이 어찌 그리 고통스러운고, 너희의 책망은 무엇을 책망함이냐"

욥이 바라는 것은 자신의 잘못을 배우고 하나님 앞에 바른 사람이 되는 것이었습니다. 그러면 잠잠할 수 있다는 것입니다. 그러나 그런 것을 알지 못하므로 사람의 마음을 아프게 하기만 한다고 했습니다.
욥은 엘리바스의 바른 말이 너무 자기를 아프게 한다고 했습니다. 왜냐하면 말은 맞는 말이지만 욥의 의문을 풀기에 이들은 아직 실제적이지 못했기 때문입니다. 자기가 겪어보지도 않고 충고하고 가르친다는 것은 아무 도움이 되지 않는 것입니다. 오히려 자기 기준을 남에게 강요하는 것 밖에 되지 않습니다. 그러나 욥은 지금 몇 가지 의문을 풀고 있습니다. 그 하나는 지금 당한 재난이 우연이 아니고 하나님이 하셨다는 것입니다. 그리고 욥은 하나님의 말씀으로 위로도 받고 기쁨도 맛보고 있다는 것입니다. 그리고 인간은 스스로의 힘에 속아서 망한다는 것이었습니다. 우리의 힘은 아주 잠깐 지나가는 눈이나 얼음에 불과한 것이지 영원하지 않습니다.
그러면 어떻게 해야 우리의 마지막이나 인생이 아무 것도 아닌 것이 아니라 아름다운 것으로 만들 수 있을까요? 우리는 이 고민을 해야 합니다. 우리는 절대로 세상의 돈이나 명예로 만족해서는 안 됩니다. 그것은 결국 눈이나 얼음에 속는 것밖에 되지 않습니다. 나의 인생은 무엇을 남겼는가, 나는 어떤 모습을 하고 있는가를 생각하시기 바랍니다.

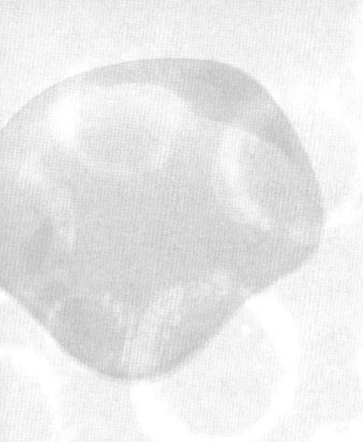

07
나를 놓으소서
욥기 7:1-21

어떤 사람이 다른 사람에게 하루 종일 붙들려서 쓸데없는 소리를 계속 들어야 한다면 제발 그 사람에게서 놓여나고 싶은 심정일 것입니다. 그러나 옛날의 종들은 스물네 시간 주인의 시중을 들어야 했습니다. 그래서 잠을 자다가도 주인이 부르는 소리가 들리면 달려가야 했습니다.

사람은 어느 누구의 감시나 방해도 받지 아니하고 혼자 조용히 있을 수 있는 공간이 있어야 심리적으로 안정될 수 있다고 합니다. 그래서 동물원에 있는 짐승들은 스물네 시간을 철장 안에 갇혀 있어서 구경의 대상이 되기 때문에 정상적인 상태가 아니라고 합니다. 만일 우리의 방이나 사무실이 유리로 되어 있어서 지나가는 사람들이 전부 내가 무엇을 하는지 보고 간다면 굉장히 스트레스를 받게 될 것이고 나중에는 아무 것도 할 수 없는 바보가 되고 말 것입니다.

하나님을 믿는 사람들은 항상 스트레스를 받고 있습니다. 그 중 하나가 자신의 모든 사생활을 하나님이 다 보고 계시고 알고 계시다는 것을 알기 때문입니다. 우리는 하나님 앞에서 비밀이 없습니다. 그런데 우리도 인간이기 때문에 하나님 몰래 죄짓고 싶은데 그것이 안 되는 것입니다. 더욱이 하나님의 백성들의 미래는 예측할 수 없습니다. 하나님이 우리의 삶에 개입을 하셔서 우리가 전혀 알지 못하는 상황으로 끌고 가시기 때문입니다. 그래서 크리스천의 삶은 언제나 긴장의 연속입니다.

평소 우리의 신앙생활은 한마디로 말해서 하나님과의 숨바꼭질이라고 말할 수 있을 것입니다. 그래서 우리가 좋은 신앙이라고 말하는 것은 하나님과 적당한 거리를 두면서 세상에서 하고 싶은 대로 다 하고 교회에서는 나름대로 충성하는 것으로 생각을 합니다. 그렇게 하나님은 우리를 잡으려고 하시고 우리는 절대로 하나님의 손에 붙잡히지 않으려고 이리 빠지고 저리 빠지면서 애쓰고 있습니다. 그러다가 어느 순간 하나님의 손에 붙잡히게 되면 우리는 망했다고 생각하고 거기서 빠져나가려고 온갖 발악을 하게 됩니다. 그러나 하나님이 우리를 한번 잡으시면 절대로 우리 마음대로 빠져 나가도록 내버려두시지 않습니다. 그러니까 자기가 가기 싫은 곳도 가고 있기 싫은 곳에도 있게 되는 것입니다.

하나님의 손에 붙잡히게 되면 우리가 할 수 있는 것이 아무 것도 없게 됩니다. 세상에서 성공할 수 있는 길도 열리지 않고 그렇다고 해서 다른 길이 있는 것도 아닙니다. 그야말로 덫에 걸린 짐승처럼 아무 것도 하지 못하고 붙들려 있게 됩니다. 그때 우리는 하나님께 기도를 드립니다. "하나님, 제발 저를 잠시만 놓아주실 수 없을까요?" '왜?' "하나님으로부터 도망치려구요." '절대로 안 된다.' 그런데 그들이 세상으로 나가지 못하고 주님 손에 붙들려 있었던 것은 사실 망한 것이 아니고 엄청나게 성공하는 길이었습니다.

욥은 자기가 완전히 망하고 병까지 들어서 꼼짝달싹도 못하고 있을 때 하나님의 손에 붙들려 있다는 것을 깨달았습니다. 그때 욥은 하나님께 부탁을 드렸습니다. 그것은 자기를 제발 좀 놓아달라는 것이었습니다.

본문 16절에 보면 "내가 생명을 싫어하고 영원히 살기를 원하지 아니하오니 나를 놓으소서"라고 했습니다. 그러나 19절에 보면 하나님은 욥을 침 삼킬 동안도 놓지 않고 붙잡고 계셨습니다. "주께서 내게서 눈을 돌이키지 아니하시며 내가 침을 삼킬 동안도 나를 놓지 아니하시기를 어느 때까지 하시리이까."

우리가 하나님의 손에 붙들린 동안 취직도 안 되고 돈도 못 벌고 아무 것도 못하는 바보가 되고 맙니다. 그래서 모든 하나님의 백성들이 교회에서는 잘 믿는다는 소리를 들으면서도 죽어도 하나님의 손에는 붙들리지 않으려고 합니다. 이런 것을 두고 '하나님의 뺀질이'라고 부릅니다. 그러나 결국 그도 하나님의 손에서 죽어야, 그것도 여러 번 죽어야 하나님의 부흥의 능력이 나타나게 됩니다.

1. 인간은 고난을 위하여 태어났는가?

한평생 가난하고 궁핍한 사람들을 보면, 마치 그들은 고생을 위해서 사는 것 같다는 생각이 들 때가 있습니다. 이것은 옛날 우리나라도 마찬가지입니다. 그 당시 부한 양반들은 기생들을 데리고 경치 좋은 데 가서 술을 마시고 시나 읊지만, 가난한 사람들은 새벽부터 군불 때고 청소하고 농사짓고 밤에는 바느질 하고 잠시도 쉴 사이 없이 일을 해야 했습니다. 특히 이런 집에서 태어난 아이들은 제대로 씻겨주지도 않아서 온몸에 때가 꾀죄죄하고 더러운 옷을 입고 있었습니다. 이런 것을 보면 가난한 사람들은 정말 고생하기 위해서 태어난 것 같습니다.

그러나 부자들이라고 늘 행복한 것만은 아닙니다. 젊은 아들이나 딸이 병들어 죽어갈 수도 있고 남편이 바람이 날 수도 있고 식구들이 돈독이 올라서 서로 싸우고 미워할 수도 있고 그 집에 도둑이 들 수도 있고 전쟁이 날 수도 있는 것입니다. 옛날에 우리가 어렸을 때 소아마비는 부자병이라고 했습니다. 왜냐하면 대개 소아마비 걸리는 아이들이 얼굴이 하얗고 집이 부자인 경우가 많았기 때문입니다. 그런데 가난하다고 해서 반드시 불행한 것은 아닙니다. 왜냐하면 가난하기 때문에 순수할 수 있고 또 사람들 사이에 사랑이 있을 수 있기 때문입니다. 그러나 사람이 이 세상에서 태어나서 자라는 것은 보통 고생이 아닌 것만은 사실입니다.

7:1, "이 땅에 사는 인생에게 힘든 노동이 있지 아니하겠느냐 그의 날이 품꾼의 날과 같지 아니하겠느냐"

결국 사람은 돈을 많이 벌어야 잘 먹고 살 수 있으니까 이 세상에서 죽어라고 공부를 해야 하고 또 장사하고 돈을 벌어야 합니다. 교수도 좋은 것 같지만 남들보다 훨씬 오래 공부해야 하고 특히 유학을 가서 박사 논문을 쓰고 교수로 임용될 때까지 일이나 정신적으로 물질적으로 고생이 많은지 모릅니다. 어떤 때는 일용직 노동자가 더 속이 편할 수 있습니다. 왜냐하면 하루일 하고 하루하루 먹으므로 내일 일을 가지고 고민할 필요가 없기 때문입니다. 그러나 일거리가 떨어지면 굶게 됩니다.

이렇게 아무 것도 모르는 어릴 때를 빼놓고는 입시 준비하느라고 그 무거운 가방을 들고 다니면서 공부해야 하고 결혼을 한 후에는 가족을 먹여 살려야 하니까 힘써 돈을 벌어야 하고 나중에는 죽는 것도 쉽지 않은 것을 보게 됩니다. 또 늙어가면서 날이 갈수록 얼마나 고통도 많고 시간도 질질 끌고 외로움도 심한지 모릅니다. 젊었을 때 한창 돈 버는 사람들도 보면 쉬는 시간이 없는 것을 보게 됩니다. 대개 인기 있고 돈 잘 버는 사람은 놀 수 있는 시간이라는 것이 거의 없습니다. 그러다가 그들은 갑자기 늙어있는 자신의 모습을 발견하게 되는 것입니다. 과연 자기를 생각할 시간이 없이 그렇게 바쁘고 돈 많이 벌고 유명한 것이 행복한 것이라고 말할 수 있을까요?

7:2, "좋은 저녁 그늘을 몹시 바라고 품꾼은 그의 삯을 기다리나니"

사람이 일을 하는 것도 좋지만 결국은 자기 시간이나 가족과의 좋은 시간이 있어야 행복할 수 있습니다. 하루 종일 뙤약볕에서 밭일을 하는 종들은 저녁 그늘이 오면 너무 좋아합니다. 왜냐하면 이제는 숙소에 가서 발 뻗고 쉴 수 있기 때문입니다. 그때는 자기 시간을 가질 수가 있는 것입니다. 옛날에 종들도 밭에서 일하는 종과 집에서 시중드는 종들은 대개 구별했습니다. 어떤 의미에서 집에서 시중드는 종들은 몸은 편할지 몰라도 자기 시간이 없습니다. 그러나 밭에서 일하는 종들은 밤이 되면 자기만의 시간을 가질 수 있었습니다. 또 품꾼은 하루 종일 일하고 저녁이 되어서 그날 품삯을 받으면 시장에 가서 그날 먹을 양식을 사서 집에 가서 부인과 아이들과 함께 한 끼 식사를 하게 됩니다. 결국 사람에게는 쉬는 시간이 필요하고 자기만의 행복한 시간이 필요합니다.

그러나 이 세상은 다른 사람들을 들들 볶아서 자기 시간이나 자기 생활을 가지지 못하게 합니다. 그러니까 순수하게 자기 혼자 있는 시간은 화장실 변기 위에 있을 때라고 말하는 사람도 있습니다. 사실 현대인들은 화장실 변기 위에 앉아서야 남이 보지 않는 자기만의 공간을 가지기도 합니다. 그래서 어떤 여자는 직장에서 힘든 일을 당했을 때 화장실 변기 위에 앉아서 울다가 나와서는 다시 화장을 고치고 아무 일도 없는 것처럼 일을 하는 것입니다.

그러나 우리가 이 세상에서 행복할 수 있는 방법이 있습니다. 그것은 바로 하나님 앞에 가서 예배드리면서 부흥이 일어나는 것입니다. 부흥이 일어난다는 것은 하나님의 사랑이 우리 마음에 부어지는 것인데, 어린아이들이 청소년이든지 어른이든지 언제든지 행복할 수 있습니다.

그런데 욥은 쉴 수 있는 시간을 빼앗겨버렸습니다.

7:3-4, "이와 같이 내가 여러 달째 고통을 받으니 고달픈 밤이 내게 작정되었구나 내가 누울 때면 말하기를 언제나 일어날까, 언제나 밤이 갈까 하며 새벽까지 이리 뒤척, 저리 뒤척 하는구나"

고난 중에 있게 되면 하루하루 찾아오는 것이 너무나도 겁이 납니다. 그래서 저녁에 자리에 누우면 아침이 오지 않고 영원히 눈을 감았으면 좋겠다고 생각을 하게 되고 아침이 되면 저녁이 되지 않고 그냥 이 상태 그대로 있다가 죽었으면 좋겠다고 생각을 합니다. 그러나 어김없이 아침이 오면 저녁이 오고, 저녁이 오면 아침이 오는데, 할 일이 없는 사람은 하루하루 사는 것이 너무 고역입니다. 거기에다가 병으로 불면증에 걸리면 밤에 잠이 오지 않습니다. 그때 밤이 얼마나 긴지 실감하게 됩니다. 그리고 시계 소리나 옆의 사람의 코고는 소리, 이 가는 소리, 잠꼬대하는 소리들이 얼마나 시끄러운지 모릅니다. 이렇게 자기 혼자 자지 못하고 깨어서 뒤척이며 온 밤을 새워야 할 때 이 세상에서 자기 혼자만 따돌려져 있다는 것을 실감하게 됩니다.

그런데 욥의 형편은 너무나도 비참했습니다.

7:5, "내 살에는 구더기와 흙 덩이가 의복처럼 입혀졌고 내 피부는 굳어졌다가 터지는구나"

옛날에는 개인의 위생상태가 좋지 못하니까 욥이 앓았던 이런 병의 상처에는 진물이 흐르고 구더기가 끓었습니다. 그리고 진물이 딱딱하게 굳으면서 터지니까 너무 아프고 또 터지고 굳고 터지고 굳고 하면서 계속 진물이 흘렀습니다. 너무 가렵고 아프고 열도 나고 상처도 심해졌으므로 욥은 잠시도 쉬지를 못했습니다. 저도 몸이 아주 좋지 못할 때에는 쉬지 않고 위장이 경련을 일으키고 고통을 주는데 잠시도 견딜 수가 없었습니다. 그런데 이것이 멈추는 시기가 있었는데 설교하는 시간과 자는 시간이었습니다. 그것 때문에 살 수 있었던 것 같습니다. 욥은 자기가 이렇게 지내다가 죽을 것이라고 생각했습니다.

7:6-7, "나의 날은 베틀의 북보다 빠르니 희망 없이 보내는구나 내 생명이 한낱 바람 같음을 생각하옵소서 나의 눈이 다시는 행복을 보지 못하리이다"

베틀의 북은 쉴 새 없이 왔다 갔다 합니다. 저의 나이 드신 고모님은 사시였는데, 그 분이 아기였을 때 엄마가 베틀 있는 곳에 아기를 누이니까 그 아기가 베틀이 왔다 갔다 하는 것만 보다가 그만 사시가 되었다는 것입니다. 욥은 자신이 이렇게 아침 저녁 왔다 갔다 하다가 결국 죽는다고 생각했습니다. 그리고 하나님께 인생은 그냥 바람 한 번 '훅' 부는 것 같이 없어진다고 했습니다. 욥은 이제 더 이상 행복을 보지 못할 것이라고 생각했습니다.

욥이 더욱 안타까웠던 것은 사람이 이렇게 한번 죽으면 아무도 기억을 해주지 않는다는 것이었습니다.

7:8-9, "나를 본 자의 눈이 다시는 나를 보지 못할 것이고 주의 눈이 나를 향하실지라도 내가 있지 아니하리이다 구름이 사라져 없어짐 같이 스올로 내려가는 자는 다시 올라오지 못할 것이오니"

돌아가신 분들을 보면 얼마 전까지 계셨는데 갑자기 보이지 않게 됩니다. 그리고 점점 그를 잊어버리게 되는 것입니다. 그래서 돈이나 출세만 생각하고 죽은 사람이 가장 어리석은 사람이라고 할 수 있습니다. 아무도 그를 기억해주지 않기 때문입니다. 왜냐하면 그 사람은 자기만을 위하여 살았기 때문입니다.

2. 나를 좀 놓아주세요

아빠가 자신의 아이가 너무 귀엽고 사랑스러워서 힘을 주어서 껴안으면 숨 쉬기 힘드니까 기를 쓰고 그 품에서 빠져 나오려고 할 것입니다. 마찬가지로 하나님이 우리를 너무 사랑하셔서 온 힘을 다해서 껴안으시면 우리는 욥처럼 되는 것입니다. 하나님은 돈이나 명예가 다 없어지게 하시고 완전히 세상에서 가난뱅이나 병자가 되어서 하나님 손에 붙들리게 하시는 것입니다. 우리는 이 세상에서 내가 원하는 성공의 길을 갈 수도 없고 출세의 길을 갈 수도 없고 돈도 벌지 못합니다. 우리는 그야말로 "사람이 떡으로 사는 것이 아니라 하나님의 입에서 나오는 말씀으로 살고" 그야말로 하루하루 '일용할 양식'으로 살아가게 됩니다. 하나님은 우리를 너무 사랑하셔서 이렇게 하시는데 이것을 좋아할 사람은 단 한 명도 없을 것입니다. 우리는 이때 하나님의 품에서 벗어나기 위하여 필사적으로 발버둥을 치게 됩니다.

욥은 우선 하나님께 하고 싶은 말은 다 해야 하겠다고 불평의 말을 합니다.

7:11-12, "그런즉 내가 내 입을 금하지 아니하고 내 영혼의 아픔 때문에 말하며 내 마음의 괴로움 때문에 불평하리이다 내가 바다니이까 바다 괴물이니이까 주께서 어찌하여 나를 지키시나이까"

욥은 고난이 찾아왔을 때 당장 입으로 범죄하지 않으려고 자기 입을 지켰습니다. 그러나 이제 시간이 지난 후에도 고난이 계속 되니까 하나님을 부정하는 불평이 아니라 자기 속에 있는 것을 하나님께 말씀드리겠다고 말하고 있는 것입니다. 그것은 하나님이 자기를 너무 크게 생각하신다는 것입니다. 즉 하나님은 욥을 너무 과대평가하신다는 것이었습니다. 욥은 연약한 육신을 가진 하나의 인간일 뿐입니다. 욥은 스스로 대단한 사람이라고 생각하지 않았습니다. 작은 일에 기뻐하고 조금 아프면 고통을 느끼는 평범한 인간입니다. 그런데 하나님은 욥을 바다처럼 엄청나게 크게 생각하셔서, 그 안에 아무리 물을 퍼부어도 꼼짝하지 않고 또 바다 괴물같이 아무리 창으로 찔러도 아프지 않는 껍질이 단단한 괴물처럼 생각하신다는 것입니다.

사람들 중에 그 사람에게는 무슨 소리를 해도 다 소화하고 용납하고 상처를 절대로 안 받는다고 생각해서 마음대로 대하는 사람이 있습니다. 그런데 알고 보면 그 사람도 상처를 받는 예민한 사람인 경우가 많습니다. 특히 자녀들은 부모에게 무슨 말을 하고 대어들어도 괜찮은 줄 알고 가출도 하고 못된 말도 하지만 그 부모도 상처를 받는 한 인간에 불과한 것입니다. 교회의 목사도 마찬가지입니다. 욥은 바다 같은 인간도 아니고 괴물도 아니기 때문에 하나님의 고통에서 도망치고 싶은데, 하나님은 도망치지 못하도록 밤새 지키시는 것입니다.

가끔 운동선수들 중에는 어떤 경기에 내보내어도 최선을 다해서 경기를 잘 하기 때문에 감독이 그를 괴물이라고 생각해서 모든 경기에 다 보내는데 나중에는 고장이 나서 운동을 못하게 되는 선수들이 간혹 있습니다. 그래서 '괴물'이나 '초인'은 결코 좋은 것이 아닙니다. 이런 사람들은 나중에 병이 들어서 상처를 받아서 죽든지 폐인이 되게 됩니다.

하나님은 욥이 잠을 잘 때에도 그를 그냥 내버려두시지 않았습니다.

7:13-14, "혹시 내가 말하기를 내 잠자리가 나를 위로하고 내 침상이 내 수심을 풀리라 할 때에 주께서 꿈으로 나를 놀라게 하시고 환상으로 나를 두렵게 하시나이다"

욥은 적어도 잠을 자는 시간만큼은 고민과 고통에서 쉴 수 있겠지라고 생각했는데, 잠을 거의 자지 못하다가 잠깐 잘만하면 엄청난 악몽을 꾸거나 가위에 눌려서 잠을 깨게 되는 것입니다. 그 꿈이나 환상들은 너무나도 무서운 것들이었습니다. 아마 사탄이 욥을 계속 불면증이나 통증으로 괴롭게 하다가 잠시 잠이 들 때에는 악몽을 꾸게 했던 것 같습니다. 욥은 자기가 건물에 깔려 죽는 꿈이라든지 이상한 괴물과 싸우는 악몽을 꾸었던 것 같습니다.

거기에다가 욥은 뼈를 깎아내는 고통을 겪었던 것 같습니다.

7:15-16, "이러므로 내 마음이 뼈를 깎는 고통을 겪느니 차라리 숨이 막히는 것과 죽는 것을 택하리이다 내가 생명을 싫어하고 영원히 살기를 원하지 아니하오니 나를 놓으소서 내 날은 헛 것이니이다"

나이가 들면 어깨나 무릎이 아픈 분들이 있는데, 그 분들 중에는 뼈를 깎아내는 수술을 해야 하는 분들이 있습니다. 이 분들이 수술하고 하시는 말씀이 뼈를 깎아내는 고통이 얼마나 아픈지 겪어보지 않은 사람은 절대로 모른다고 합니다. 욥은 진물이 뼈까지 퍼져서 뼈를 깎아서 고름을 긁어내어야 했던 것 같습니다. 그때마다 욥은 죽는 것이 훨씬 낫다고 생각했던 것입니다. 결국 욥이 하나님께 드린 말씀은 이제 자기를 좀 놓아달라는 것이었습니다.

욥은 16절에서 지금의 고통이 너무 심하기 때문에 오래 사는 것도 원하지 않는다고 했습니다. 그리고 하나님께 제발 저를 좀 놓아주셔서 평범하게 살든지 죽든지 하게 해 달라고 요청했습니다. 즉 하나님이 욥을 너무 대단하게 보시고 자신을 꽉 붙잡으시는데 자기는 그렇게 대단한 사람이 아니니까 이제 그냥 평범하게 살다가 죽게 해 달라고 부탁을 했습니다.

누구든지 하나님의 손에 붙잡히면 꼼짝달싹 하지 못합니다. 아무리 기를 쓰고 도망치려고 해도 도망칠 길이 없습니다. 저도 하나님의 손에 붙들려서 엄청나게 고생을 했습니다. 그때 욥과 똑같은 기도를 드렸습니다. "하나님, 저를 잠시만 놓아주실 수 없습니까?" '왜?' "하나님으로부터 도망치려구요." '절대로 안 된다. 이 놈아!'

이렇게 하지 않으면 끝까지 목회를 감당하고 선교를 감당할 사람이 없습니다. 요즘은 목회를 하는데 비즈니스 하듯이 하는 이들이 있습니다. 그들은 자기 마음대로 할 수 있어서 좋을 것입니다. 그런데 그들은 하나님의 손에 붙들린 적이 없는 사람들입니다.

3. 인간이 무엇이기에

욥은 하나님이 자기를 이렇게 생각하시는 것이 도무지 이해되지 않았습니다. 하나님이 얼마나 크시며 얼마나 위대하신 분입니까? 그 크신 하나님 앞에서 우리 인간은 벌레나 개미보다 못한 존재들입니다. 벌레들이 잘 해봐야 하나님 앞에 무슨 소용이 있으며 개미가 아무리 양식을 모으고 선한 일을 해봐야 하나님 앞에 무슨 소용이 있겠습니까? 우리 인간과 하나님의 관계도 마찬가지입니다. 인간이 아무리 고상하고 아무리 선한 일을 한다 하더라도 그것이 하나님과 무슨 상관이 있으며, 인간이 아무리 악한 짓을 한다고 해도 하나님께 영향을 미칠 수 없을 것입니다. 단지 인간은 인간끼리 비교하고 경쟁해서 서로 잘났다고 자랑하고 똑똑하다고 자랑해야 살맛이 나는 것입니다.

그런데 왜 하나님이 우리를 사랑하시며 왜 하나님이 우리를 질투하듯이 우리 삶에 파고드시는 것일까요? 사실 이것이 우리들이 가장 이해할 수 없는 사실입니다. 우리 인간은 인간끼리 서로 물고 뜯고 싸우고 자랑하고 잘난 체 하다가 지옥에 가든지 하면 되는데, 왜 하나님이 우리를 사랑하셔서 이렇게 못 살게 하시는 것일까요?

> 7:17-18, "사람이 무엇이기에 주께서 그를 크게 만드사 그에게 마음을 두시고 아침마다 권징하시며 순간마다 단련하시나이까"

우리 인간이 도대체 무엇이기에 하나님은 우리를 포기하시지 않고 아침마다 말씀을 주시고 주야로 연단하셔서 하나님을 믿게 만드시는 것일까요? 그것을 우리는 도저히 이해할 수 없습니다. 그러나 하나님이 우리를 사랑하시고 질투하시고 엄청나게 크게 보시는 것은 사실입니다.

> 7:20, "사람을 감찰하시는 이여 내가 범죄하였던들 주께 무슨 해가 되오리이까 어찌하여 나를 당신의 과녁으로 삼으셔서 내게 무거운 짐이 되게 하셨나이까"

인간이 죄를 지어봐야 하나님께 손해를 끼칠 수는 없습니다. 단지 같은 인간끼리 피해를 줄 뿐입니다. 그런데 하나님은 욥을 시시한 것으로 생각하는 것이 아닙니다. 마치 양궁선수가 과녁을 잘 맞혀야 금메달을 따듯이 그렇게 사생결단하고 활을 쏘시는 것입니다. 우리는 하나님의 과녁입니다. 그런데 나쁜 과녁이 아니라 금메달의 과녁입니다. 하나님은 우리의 중심을 활로 맞히셔서 최고의 사람으로 만들려고 하시는 것입니다.

우리는 늘 자신을 과소평가하기 때문에 사탄의 시험에 자주 넘어갑니다. 우리는 늘 자신을 별 볼일 없는 사람이라고 생각하기 때문에 유혹에도 쉽게 넘어가고 쉽게 혈기도 부리고 죄에도 빠지는 것입니다. 그런데 하나님은 우리를 최고의 보물로 생각하셔서 절대로 포기하시지 않습니다. 여기에 우리의 갈등과 고민이 있습니다. 우리는 모두 평범하게 살면서 세상에서 성공하고 싶은데, 하나님은 우리를 모세나 엘리야나 다윗이나 사도 바울같이 만들고 싶어 하시는 것입니다. 너무 자신을 작게 생각하지 마시고 하나님을 믿고 귀한 사람으로 거듭나시기 바랍니다.

08
네 시작은 미약하였으나

욥기 8:1-22

세계적인 전자회사 '애플'은 스티브 잡스가 자기 양아버지 차고를 빌려서 시작한 것으로 알려지고 있습니다. 가끔 영화에서 배우들이 사용하는 노트북을 보면 사과를 베어 먹은 애플의 상표가 등장하는 것을 볼 수 있습니다. 우리나라도 예전에는 가발을 수출하던 나라였는데 이제는 세계적인 수출국이 되었습니다. 이와 같이 처음 시작은 미약하지만 나중에는 창대하게 되는 회사나 국가들이 많이 있습니다. 이들은 모두 하나님의 큰 복을 받은 것입니다. 그래서 우리나라 교인들이 이사를 하거나 새로운 작은 가게나 회사를 시작할 때 가장 많이 듣는 말씀이 바로 욥의 세 친구 중의 하나인 빌닷의 말일 것입니다. 빌닷은 욥에게 오늘 본문인 욥기 8장 7절에서 "네 시작은 미약하였으나 네 나중은 심히 창대하리라"고 이야기해 줍니다. 사실 회사나 사업을 시작하면서 시작은 미약하지만 나중은 창대해지는 것보다 더 좋은 것은 없을 것입니다.

수아 사람 빌닷은 아라비아 지방에 사는 사람이었습니다. 대개 아라비아라고 하면 비가 오지 않는 건조한 땅이기도 하고 뜨거운 모래 폭풍이 많이 불기도 하기 때문에 빌닷은 성격이 직선적이었던 것 같습니다. 사실 욥은 아무 것도 없는 상태에서 새로 회사나 장사를 시작하는 사람이 아니었습니다. 욥에게는 도대체 왜 하나님이 잘 살던 자기를 이렇게 무참하게 부수셨나 하는 진단이 필요했습니다. 그러나 빌닷은 욥이 말을 많이 하는 것을 좋아하지 않았습니다. 그래서 빌닷은 욥에게 하나님 앞에서 쓸데없는 소리 많이 하지 말고 지금이라도 너의 잘못을 회개하고 전심으로 하나님을 찾고 구하면 지금은 미약하지만 다시 너를 창대하게 해 주실 것이라고 했던 것입니다.

그런데 여기서 빌닷이 너무 성급하게 말한 부분이 있습니다. 그것은 욥의 아들들이 젊어서 죽은 것이었습니다. 대개 젊은 사람들이 죽으면 너무 아깝다고 생각하게 되고 부모가 많은 상처를 입게 됩니다. 하지만 그것은 하나님께서 일찍 불러 가신 것입니다. 어떤 의미에서는 이 세상에서 더 많은 죄를 짓지 않고 깨끗한 상태에서 데려가신 것으로 보아야 합니다. 그런데 빌닷은 이 부분에서 너무 무식하게 말을 했던 것입니다. 네 자식들이 죄를 많이 지어서 죽었다고 말한 것입니다. 그래서 빌닷은 욥에게 엄청난 마음의 상처를 주었습니다. 욥에게 필요한 것은 바른 진단이지, 시작은 미약하지만 다시 창대하게 되는 것이 아니었습니다. 이런 말은 젊은이들에게 필요한 말일 것입니다. 욥은 이제 늙었고 죽을 생각만 하고 있는데 "네 시작은 미약하였으나 나중은 창대하리라"는 것은 잘 맞지 않는 말이었습니다. 그러나 빌닷은 끝에서 욥에게 "네가 믿음이 없는 것은 아니라"고 위로를 했습니다. 하나님은 네 입에 웃음을 채워주시고 너를 미워하는 자는 다 부끄러움을 당할 것이라고 위로했습니다. 이것을 보면 빌닷은 아주 직선적인 성격이었지만 나쁜 생각을 가진 사람은 아니었습니다.

1. 하나님은 정의로우시다

　세상에서 큰 실패와 환난을 겪게 되었을 때 이를 극복하기 위한 가장 좋은 방법은 이미 일어난 일을 훌훌 털고 다시 일어서는 것입니다. 그러나 사람은 감정의 동물입니다. 사람의 감정은 시간이 가면 갈수록 더욱 더 아파오기 때문에 다시 일어서는 것이 쉽지 않습니다. 그런 의미에서는 차라리 하나님을 믿지 않는 사람이 더 나을 수도 있을 것입니다. 왜냐하면 이런 사람들은 하나님을 믿지 않으므로 모든 것을 운이 나빠서 그렇다고 돌려버리면 되기 때문입니다. 운수가 나빠서 그렇게 되었다는데 사람이 할 수 있는 것이 무엇이 있겠습니까? 빨리 잊어버리고 새로 시작하는 수밖에 없는 것입니다.

　그러나 신앙을 가진 사람은 '이 모든 것에 내가 모르는 하나님의 뜻이 있을 것이다'라고 생각하고 넘어가야 하는 것입니다. 그렇지만 이것이 생각만큼 잘 되지 않습니다. 아무리 하나님의 뜻이 있다고 하지만 '하나님은 왜 그런 일이 일어나게 하셨을까?' 하는 생각이 들면서 도무지 이해가 되지 않습니다. 특히 감정이 상하면 몸의 병도 같이 오기 때문에 무조건 믿음으로 해결하는 것이 쉽지 않은 것입니다. 오히려 자기 안에 있는 상한 감정을 남에게 이야기해야 병이 나을 수 있습니다. 그래서 자기의 상한 마음을 남에게 자꾸 말하게 됩니다. 그런데 빌닷은 그것을 보고 욥의 믿음이 부족하기 때문이라고 생각했습니다. 그래서 빌닷은 욥에게 너무 말이 많다고 지적을 했습니다.

　8:1-2, "수아 사람 빌닷이 대답하여 이르되 네가 어느 때까지 이런 말을 하겠으며 어느 때까지 네 입의 말이 거센 바람과 같겠는가"

　빌닷은 욥의 입에서 쏟아내는 말이 마치 거센 바람과 같다고 생각했습니다. 욥의 입에서 마치 폭풍이 몰아치는 것 같은 말들이 쏟아져 나오는데, 엘리바스가 감당을 하지 못했습니다. 욥은 자기 생일을 저주하기도 했고 또 하나님이 자기를 붙잡고 놓지 않으신다고 하면서 제발 자기를 좀 놓아달라고 간청하기도 했습니다. 그러면서 사람이 도대체 하나님 앞에서 무엇이기에 하나님은 그렇게 자기를 과대평가 하시느냐고 항의하고 있습니다. 즉 욥은 자기는 그저 평범한 인간에 불과하고 작은 행복으로 충분히 만족하는 사람이라는 것이었습니다.

그런데 빌닷이 가만히 들어보니까 망한 사람이 너무 말이 많은 것처럼 보였습니다. 사람이 망했으면 망한 것으로 끝나는 것이지, 거기서 무슨 생일이 나오고, 또 하나님이 자기를 침 삼킬 시간도 주시지 않고 붙들고 계신다고 하니, 망한 사람치고는 너무 말이 많아서 참을 수가 없었습니다. 그래서 빌닷은 네가 언제까지 입에서 거센 바람 같은 소리를 낼 것이냐고 책망했습니다. 그러면서 신앙인이면 신앙인답게 하나님 앞에서 자신의 부족한 것을 인정하라고 권면했습니다.

8:3, "하나님이 어찌 정의를 굽게 하시겠으며 전능하신 이가 어찌 공의를 굽게 하시겠는가"

하나님이 어떻게 정의롭게 산 사람을 하루아침에 망하게 하시겠으며, 어떻게 전능하신 하나님이 공의를 굽게 하시겠느냐고 했습니다. 사실 '정의'라는 말만큼 이제 더 이상 의미가 없게 된 말은 없을 것입니다. 옛날에는 그래도 사람들의 마음에 정의라는 것이 있어서 바르게 살려고 애를 썼습니다. 그러나 이제는 이기는 것이 정의이고 법이고 도덕이니 아무 것도 인정하지 않는 시대가 되었습니다. 자기와 다른 편에서 한 것은 무조건 악이고 자기들이 한 것은 전부 괜찮은 것이 되어버렸습니다.

그러나 인간의 이런 오만불손함에 대하여 하나님은 웃고 계십니다. 그리고 자신이 남을 비판했던 그 비판의 잣대 그대로 자기도 망하게 될 것입니다. 하나님은 정의를 굽게 하시는 분이 절대 아니십니다. 그러나 하나님은 이 세상에서 당분간은 인간이 하는 대로 조용히 지켜보고 계십니다. 그래서 하나님은 악한 자라고 해서 당장 죽게 하시지 아니하고 오래 살게 하십니다. 그런데 악한 자가 오래 사는 것은 결코 행복한 것이 아닙니다. 그에게는 친구도 없고 위로해주는 자도 없고 오직 돈이나 명예만 붙들고 점점 더 고집스러워지게 됩니다.

하나님은 자신의 백성이라고 해서 온실 안에서 키우지 않으십니다. 오히려 하나님은 사랑하는 자녀들에게는 이 세상의 거센 풍파를 겪게 하셔서 자신의 오만을 버리게 하시고 진정한 지혜를 배우게 하십니다. 이런 의미에서 빌닷의 이 말은 너무 하나님의 정의를 단순화한 것입니다. 요즘 우리는 정의가 없어진 사회에서 살아가고 있습니다. 이런 악한 시대에 뱀처럼 숨는 법을 배워야 합니다. 겨울잠을 자서는 안 되지만 너무 튀는 행동을 해서는 안 되는 것입니다. 악한 마귀가 온 세상을 돌아다니면서 경건한 자를 노리고 있기 때문입니다. 욥은 너무 경건해서 마귀에게 걸려들게 되었습니다. 욥의 경건은 하나님도 칭찬할 정도로 경건했습니다. 여기서 마귀는 눈이 뒤집어지게 되었습니다. 이때 빌닷은 욥의 마음을 정말 아프게 하는 말을 합니다.

8:4, "네 자녀들이 주께 죄를 지었으므로 주께서 그들을 그 죄에 버려두셨나니"

하나님이 욥의 자녀들을 빨리 데려가신 것은 그들이 더 죄에 빠지기 전에 데려가셨다고 생각하면 얼마나 좋습니까? 그러나 빌닷은 네 자녀들이 죄를 지었기 때문에 하나님께서 그들을 죽도록 버려두셨다고 가시 돋친 말을 했습니다. 이것은 욥의 마음을 두 번이나 죽이는 말이었습니다. 물론 이 세상에는 죄에 빠져서 죽는 아이들도 있을 것입니다. 그러나 믿는 집의 자녀들은 하나님이 빨리 데려가시는 것입니다. 그러나 빌닷은 이 점에 있어서 너무 단순했습니다. 그러나 이 세상에는 빌닷 같이 말하는 사람들도 많이 있습니다.

2. 모든 것을 청산하고 다시 시작하라

빌닷이 욥에게 이렇게 강경하게 말하는 것은 나름대로 이유가 있을 것입니다. 욥이 너무 과거에 매여서 일어서지 못하니까 강하게 말해서 과거에 대한 모든 미련이나 정은 다 끊어버리고 새로 인생을 시작하라는 뜻이었습니다. 물론 어떻게 생각하면 참 고마운 말이지만 빌닷은 욥의 수준을 너무 낮게 보고 있었습니다.

8:5-6, "네가 만일 하나님을 찾으며 전능하신 이에게 간구하고 또 청결하고 정직하면 반드시 너를 돌보시고 네 의로운 처소를 평안하게 하실 것이라"

빌닷의 이 말은 너무 이해심이 부족한 것 같았고 상처 주는 말이었지만 그의 의도는 순수했습니다. 즉 빌닷은 이번 사고로 욥은 하나님에 대하여 큰 불신과 거리감이 생기게 되었다고 판단하고 있습니다. 그래서 빌닷은 욥에게 네가 하나님에 대한 신뢰를 잃어버린 것 같은데 다시 하나님을 찾아보라고 권고하고 있는 것입니다. 즉 고통 중에도 하나님의 이름을 불러보고 하나님의 은혜를 사모해보라는 것이었습니다. 그러면 하나님 편에서도 반드시 반응이 있을 것인데 하나님이 너의 처지를 돌보시고 너의 처소를 평안하게 하실 것이라고 했습니다. 즉 욥의 병도 낫고 부서진 집들도 고쳐지고 사는 처지가 훨씬 나아질 것이라는 것입니다.

물론 우리는 어려운 일을 당했을 때 하나님을 찾고 싶고 만나고 싶고 은혜를 회복하고 싶지만 '어떻게' 회복하느냐 하는 것을 모릅니다. 왜냐하면 지금까지 하나님의 은혜를 붙잡고 잘 살아 왔는데 갑자기 어느 날 하나님이 나를 패대기를 치셨을 때 하나님이 어디 계신지 모르겠고 하나님을 어떻게 붙잡아야 할지 멍한 상태에 있게 되는 것입니다. 지금 욥은 하나님을 도로 잡으려고 이렇게 몸부림을 치고 있는 것입니다. 그러나 빌닷은 하나님을 찾는 것을 쉽게 생각하고 있었습니다.

그리고 빌닷은 이 유명한 말을 합니다.

8:7, "네 시작은 미약하였으나 네 나중은 심히 창대하리라"

이 말은 청년이나 어떤 일을 처음 시작하는 사람들에게는 잘 적용되는 말일 것입니다. 그들은 가진 것도 없이 초라하게 시작을 합니다. 그런데 나중에 하나님의 복을 받아서 심히 창대하게 되면 얼마나 좋겠습니까? 그러나 대개 나이 든 사람은 창대한 것보다는 부끄럽지 않게 끝나는 것을 좋아합니다. 모든 것이 하나님의 은혜로 아름답게 끝나기를 바라는 것입니다. 그러니 욥의 지금 처지는 결코 아름답지 않았습니다. 그는 어쩌면 창대한 것은 바라지도 않을 것입니다. 우리나라 사람들은 창대한 것을 너무 좋아하다가 나중에 안 좋게 되는 경우가 많이 있습니다.

빌닷은 욥에게 하나님을 찾으라고 말해놓고 어디서 하나님을 찾는지 말하지 않습니다. 우리는 하나님의 말씀에서 하나님을 찾아야지, 인간의 말에서 하나님을 찾으면 안 됩니다. 그런데 빌닷은 옛날 사람들의 말은 하나도 틀린 것이 없더라고 하면서 옛날 사람들의 말을 들어야 한다고 했습니다.

8:8-9, "청하건대 너는 옛 시대 사람에게 물으며 조상들이 터득한 일을

배울지어다 우리는 어제부터 있었을 뿐이라 우리는 아는 것이 없으며 세상에 있는 날이 그림자와 같으니라"

어른들이 하는 말씀 중에는 맞는 것들이 많습니다. 왜냐하면 그들은 이 세상에서 많은 것을 경험하셨기 때문입니다. 그러나 그 어른들이 하나님의 말씀을 한평생 듣고 소화를 한 분들이어야 합니다. 그렇지 않고 나이만 든 분들이라면 더 철이 들지 않고 자기 욕심만 부리는 것을 많이 보게 됩니다. 그래서 현대신학이 유럽을 휩쓸 때 복음적인 목사들은 칼빈이나 마틴 루터, 조지 휫필드 같은 위인들의 책을 읽으라고 권면했습니다. 그러나 이상한 노인들의 말을 들으면 도사가 되어버리는 수가 있는 것입니다. 요즘도 그렇지만 정치인들이 위기를 만나면 나이 든 종교 지도자들을 초청해서 그들의 말을 듣습니다. 그러나 그때는 이미 늦은 것입니다. 그것은 하나의 보여주기 위한 만남에 불과하기 때문입니다.

그러나 참 오래된 책이 있습니다. 그것은 바로 성경입니다. 우리는 어제부터 있었지만 성경은 오래 전부터 있었고 수많은 하나님의 말씀을 우리에게 전해주는 보물단지입니다. 그러나 그것도 해석해주는 사람이 없으면 무슨 소리인지 모르게 되고 가치를 모르게 됩니다. 그래서 자기 나름대로 성경을 의미 있게 읽는 법을 개발하면 엄청난 보물을 가지게 됩니다.

3. 미약한 인간의 힘

사람의 힘은 왕성할 때에는 대단한 것 같지만 한번 힘이 꺾여버리면 그 후에는 맥을 추지 못하게 됩니다. 그 이유는 인간은 풀과 같아서 일단 영양분의 공급이 끊어지거나 된서리를 만나면 힘을 잃어버리기 때문입니다. 그래서 빌닷은 세 가지 예를 들어서 설명하고 있습니다. 그 첫 번째는 진펄에서 자라는 왕골과 갈대 같다고 했습니다.

8:11-12, "왕골이 진펄 아닌 데서 크게 자라겠으며 갈대가 물 없는 데서 크게 자라겠느냐 이런 것은 새 순이 돋아 아직 뜯을 때가 되기 전에 다른 풀보다 일찍이 마르느니라"

왕골이나 갈대는 진펄이라든지 물이 있는 강가에서 자랍니다. 그런데 이런 갈대는 주위에 수분이 많으니까 얼마나 빨리 자라는지 다른 풀들은 아직 자라기도 전에 훨씬 크게 자라고 나중에는 사람의 키보다 훨씬 더 크게 자랍니다. 다른 풀들이 새 순이 돋아 뜯기 전이라는 것은 아라비아의 풀을 말하는 것 같습니다. 거기는 풀들이 아주 늦게 자라납니다. 그래서 다른 풀들이 새 순이 날 때 왕골이나 갈대는 이미 시들어 버린다고 했습니다.

8:13, "하나님을 잊어버리는 자의 길은 다 이와 같고 저속한 자의 희망은 무너지리니"

인간이 왕성하게 자라고 한창 성공할 때에는 왕골이나 갈대처럼 자랍니다. 그래서 엄청나게 성공해 있는 것 같은데 인간은 어느 새 늙어서 활동을 그만 두어야 합니다. 요즘 사람들의 평균 수명은 늘어나고 있는데 퇴직연령은 점점 더 빨라져서 마른 왕골이나 갈대처럼 서 있어야 하게 된 것입니다. 이때 하나님의 백성들은 무엇인가 멋진 새 인생을 시작해야 합니다. 더 이상 돈을 벌기 위한 인생이 아니고 세상의 명예를 위한 인생도 아닌 멋진 인생을 만들어야 하는 것입니다. 사도 바울은 우리의 겉사람은 낡아지나 우리의 속사람은 날로 새롭도다 라고 했습니다(고후 4:16). 젊은이들보다 노인이 훨씬 더 아름답고 멋있을 수 있습니다. 단지 그들이 하나님을 잊어버리고 고집만 생기니까 멋이 없는 것입니다.

두 번째는 거미줄 같다고 했습니다.

거미는 곤충 중에서도 아주 신기한 곤충입니다. 그런데 청소년 중에서 거미를 너무나도 싫어하는 아이들이 많은 것을 보면 이해가 잘 되지 않습니다. 거미는 자기 덩치보다 훨씬 높이 점프를 할 수 있고 특히 자기 몸에서 실을 만들어낼 수 있습니다. 거미가 나무 가지 사이에 거미집을 만드는 것을 보면 너무나도 환상적입니다. 만일 거기에 나비나 하루살이나 고추잠자리나 나방이 걸리면 꼼짝하지 못하고 거미에게 잡아먹히게 됩니다. 그런데 실제로 거미줄은 힘이 없습니다. 곤충보다 더 큰 짐승이 오면 거미줄은 여지없이 끊어져버리게 됩니다.

> 8:14-15, "그가 믿는 것이 끊어지고 그가 의지하는 것이 거미줄 같은즉 그 집을 의지할지라도 집이 서지 못하고 굳게 붙잡아 주어도 집이 보존되지 못하리라"

아마 빌닷이 사는 아라비아에는 텐트 생활을 하는 사람들이 많았을 것입니다. 그런 아라비아에 큰 모래 바람이 불게 되면 아무리 끈을 당기고 팩을 박아도 텐트는 모두 다 날아가고 아무 것도 남지 않게 될 것입니다. 사람들은 집을 굉장히 의지하고 있는데, 빌닷은 집조차도 거미줄밖에 되지 않는다고 했습니다. 아마 우리가 살던 옛날 집을 찾아가보면 너무 낡아서 찾기 어렵든지 아니면 아예 동네 자체가 없어지고 아파트촌으로 변한 곳도 많이 볼 수 있을 것입니다. 집이 그렇게 변할 정도라면 거미에 불과한 사람들은 수없이 나고 죽고 할 것입니다.

세 번째는 사람이 차지하는 자리는 풀뿌리와 같다고 했습니다.

풀뿌리가 바위 틈 사이에 단단히 뿌리를 박으면 아무도 뽑지 못할 것 같습니다. 그러나 시간이 지나면 결국 그 풀뿌리는 다 뽑히게 되고 다른 식물이 거기에서 자라게 됩니다. 그래서 옛날 여기에 있던 사람이 어디에 있느냐고 물어보면 모른다고 대답을 하게 될 것입니다.

8:17-18, "그 뿌리가 돌무더기에 서리어서 돌 가운데로 들어갔을지라도 그 곳에서 뽑히면 그 자리도 모르는 체하고 이르기를 내가 너를 보지 못하였다 하리니"

사람이 한 자리를 차지하고 있을 때에는 대단한 것 같고 그의 말이 엄청난 힘이 있는 것인데, 결국 사람은 언제까지나 그 자리에 있을 수 없습니다. 어떤 풀은 뽑히지 않으려고 바위틈 사이에 뿌리를 박는 경우도 있습니다. 이런 경우에는 그 배경이 대단한 것입니다. 그러나 결국 바위도 부서지게 되고 풀뿌리도 뽑히게 되면 딴 사람이 그 자리에 앉게 되고 옛날 사람은 아무도 그를 기억도 하지 못하게 되는 것입니다. 결국 우리가 영원히 남을 수 있는 방법은 영원한 하나님의 말씀으로 우리 속을 채우는 수밖에 없습니다. 성경은 풀은 마르고 꽃은 떨어지지만 하나님의 말씀은 영원하다고 했습니다(벧전 1:24). 하나님의 말씀으로 부흥이 일어나며 영원히 남게 됩니다. 왜냐하면 부흥의 영광은 너무나도 아름답기 때문입니다. 물론 그때 사람들은 없어지겠지만 그 영광은 하나님 앞에서 영원히 남아있게 됩니다.

우리는 예수님 때 갈릴리 호숫가에서 일어났던 부흥을 지금 생생하게 알고 있고, 초대교회 때 일어났고 사도 바울의 전도여행에서 일어났던 일들을 생생하게 알고 있습니다. 왜냐하면 하나님의 말씀은 영원하기 때문입니다. 빌닷이 사람은 왕골과 같고 거미줄과 같고 풀뿌리와 같다고 말한 것은 옳습니다. 그러나 그는 나이 든 사람에게만 물어보라고 했지, 하나님의 말씀이 답이라고는 말하지 못했습니다. 하나님의 말씀 안에 우리 인생의 답이 있습니다. 하나님의 말씀을 사랑하는 성도들이 다 되시기 바랍니다.

09
나의 중보자

욥기 9:1-35

예전에 자동차 보험 제도가 잘 되어 있지 않았을 때 교통사고가 나면 운전자들끼리 잘잘못을 따지느라고 다투는 경우가 많았습니다. 어떤 사람들은 감정이 격해서 멱살을 잡고 싸우는 경우가 있는가 하면, 어떤 때에는 서로 다투다가 다른 차에 치여서 사망하는 경우도 있었습니다. 그러나 이제는 대개 보험에 다 가입되어 있어서 연락만 하면 보험회사 직원이 금방 와서 알아서 모든 문제를 해결해 줍니다. 이처럼 사람들 사이에 이해관계가 다를 때 중개를 해주는 사람이 있으면 굉장히 도움이 됩니다. 예를 들어서 어떤 사람이 죄를 지어서 재판을 받게 되었을 때 피고인은 법정에서의 모든 법률이나 사례를 잘 알지 못하기 때문에 자기주장을 다 할 수 없습니다. 그래서 법을 잘 아는 변호사가 피고인을 대신해서 모든 말을 해주게 됩니다.

그런데 하나님과 우리 인간 사이는 어떠한가요? 세상 사람들은 하나님이 존재한다는 사실조차 알지 못합니다. 그래서 세상 사람들은 복을 받아서 성공하고 잘 살게 되면 운이 좋아서 그런 것이고, 갑자기 망하게 되어서 못 살게 되면 운이 나빠서 그렇게 되었다고 생각할 수밖에 없습니다. 그런데 사실 크리스천들도 마찬가지입니다. 즉 우리가 하나님을 열심히 믿으면 복 받는 것은 사실이지만 우리도 많이 실패하기도 하고 고난도 수없이 당하는데 그 이유를 알지 못하는 것입니다. 우리에게 가장 힘든 것은 고난이 오는 것 자체도 힘이 들지만 그 고난을 통하여 하나님이 하시려고 하는 뜻을 알지 못한다는 것입니다.

욥이 지금 궁금해 하는 것은 무엇입니까? 욥은 하나님이 사랑의 하나님이라고 배웠습니다. 만일 사랑의 하나님이시라면 이것은 서로 대등한 관계가 되어야 가능한 것입니다. 즉 일방적으로 한 사람이 좋다고 해서 사랑하다가 싫다고 해서 발로 차버린다면 이것은 진정한 사랑이 될 수 없는 것입니다. 그래서 본문에서 욥은 자기 이야기도 하나님께 전해줄 수 있는 중보자가 있었으면 좋겠다고 말하고 있습니다. 그래서 오늘 본문은 장황하게 전개가 되지만 가장 중요한 구절은 거의 맨 뒤에 나옵니다.

본문 33절에 "우리 사이에 손을 얹을 판결자도 없구나"라고 했습니다. 여기서 '판결자'라는 말은 '중보자' 또는 '중개자'의 뜻을 가지고 있습니다. 우리가 집을 사거나 전세를 들 때에도 파는 사람이나 사는 사람 또는 세 주는 사람이나 세 사는 사람의 의견의 차이가 너무 크므로 중개인의 도움이 필요합니다. 마찬가지로 하나님과 우리 인간 사이도 능력이나 지혜에 있어서 너무 차이가 크기 때문에 중개자의 역할이 필요하다는 것입니다.

1. 하나님과 인간의 차이

개와 사람의 관계는 지난 몇 년에 걸쳐서 엄청나게 변한 것 같습니다. 옛날 개와 사람의 사이는 일방적인 관계였습니다. 개는 밤에 열심히 집을 지키지만 주인의 말을 듣지 않으면 몽둥이나 발로 두들겨 맞고, 주인이 먹다가 남은 것을 주면 먹고 나중에는 보신탕으로 팔리는 신세였습니다. 그러나 요즘은 개들이 옷을 입고 신발을 신고, 주인의 침대에서 자며 아프면 주인이 눈물을 흘리면서 병원에 데리고 가고, 개 호텔이 있고, 개 텔레비전 프로가 따로 있고, 개 카페가 있고, 죽으면 장례식까지 치러주는 시대가 되었습니다.

사실 하나님과 우리 인간의 관계는 그야말로 벌레와 인간의 관계만도 못한 관계입니다. 그런데 하나님은 우리를 사랑하시는 것입니다. 하나님의 사랑은 장난삼아 사랑하는 정도가 아니라 질투할 정도로 사랑하시는 것입니다. 그런데 평소에 좋을 때는 하나님이 우리를 사랑하시는가 보다 생각하고 넘어가면 되지만, 우리에게 이해할 수 없는 고난이나 어려움이 찾아왔을 때는 하나님을 찾아가서 따지거나 이야기를 나누어볼 수가 없습니다. 특히 우리 예수 믿는 사람들은 자신에 대한 하나님의 뜻이 있다고 믿습니다. 그래서 이 세상을 살아가면서 나의 뜻은 실패하고 나의 의지와는 상관없는 다른 쪽으로 인생이 마구 흘러가게 되는 것입니다. 그때 우리는 하나님을 찾아가서 "나를 향한 하나님의 뜻이 무엇입니까?" 물어볼 수가 없는 것입니다. 그러면 아무리 억울한 일을 당해도 무조건 하나님의 뜻을 믿고 참고 기다려야 하는데, 욥은 이것이 하나님과 과연 바른 관계인가 하는 것을 의심하고 있는 것입니다.

9:1-3, "욥이 대답하여 이르되 진실로 내가 이 일이 그런 줄을 알거니와 인생이 어찌 하나님 앞에 의로우랴 사람이 하나님께 변론하기를 좋아할지라도 천 마디에 한 마디도 대답하지 못하리라"

욥의 두 친구들은 하나님이 하시는 일은 정의롭기 때문에 욥이 틀림없이 죄를 지었고 그 죗값으로 망한 것을 인정하라는 것이었습니다. 이것을 인정하고 새로 하나님을 믿으면 하나님은 다시 욥을 창대하게 하실 것이라고 강조했습니다. 그런데 욥은 자기가 망한 것이 죄의 결과가 아니라고 주장합니다. 오히려 하나님이 자기를 붙들고 계시며 하나님이 너무 자기를 크게 보고 계신다고 주장하고 있는 것입니다. 그래서 친구들도 위로하러 왔다가 욥이 자기는 잘못하지 않았다고 하니까 굉장히 답답해했습니다.

그런데 욥은 자기도 인간이 하나님 앞에서 완전히 의롭다는 것은 아니라고 했습니다. 인간은 근본적으로 죄를 가지고 태어나기 때문에 완전히 의로울 수가 없습니다. 욥은 아무리 변론을 잘 하고 말을 잘 하는 사람도 하나님 앞에서는 천 마디에 한 마디도 제대로 대답을 하지 못한다는 것을 잘 알았습니다. 예를 들어서 어떤 사람이 나름대로 아마추어 세계에서는 똑똑하다는 말을 들어도 세계 최고수준의 학자들 사이에 있다면 말을 한 마디도 하지 못할 것입니다. 왜냐하면 그들이 하는 말 자체를 알아듣지 못하기 때문입니다. 그래서 무슨 말을 하려고 생각하는 동안 화제는 완전히 다른 데로 넘어가버리고 마는 것입니다. 하나님과 우리 사이의 관계는 세계 최고의 전문가와 완전히 무식한 사람 사이와 같아서 말 자체가 통하지 않는 것입니다.

> 9:4, "그는 마음이 지혜로우시고 힘이 강하시니 그를 거슬러 스스로 완악하게 행하고도 형통할 자가 누구이랴"

하나님은 생각하는 것이 너무나도 지혜로우시고 힘까지 강하시니까 인간이 하나님에 대하여 무슨 말을 할 수 있겠습니까? 예를 들어서 어떤 소설의 저자는 그 소설에서 수많은 인물들을 만들어내어서 이야기를 풀어 나갑니다. 그러다가 어떤 때는 주인공을 성공하게 하기도 하고 몰락시키기도 하고 비극으로 끝을 내기도 하고 주인공을 죽게 할 때도 있습니다. 그렇게 한다고 해도 그 소설의 주인공이나 등장인물은 소설가에게 왜 나를 죽이느냐고 말할 수 없는 것입니다. 소설 속의 인물이 아무리 악해봐야 소설가는 그를 얼마든지 죽이거나 망하게 할 수 있습니다. 이것이 바로 인간과 하나님의 관계인 것입니다.

9:5-6, "그가 진노하심으로 산을 무너뜨리시며 옮기실지라도 산이 깨닫지 못하며 그가 땅을 그 자리에서 움직이시니 그 기둥들이 흔들리도다"

하나님은 지진으로 산을 무너뜨리시거나 옮기실 때가 있습니다. 얼마 전 인도네시아에서 큰 지진이 발생했는데 도시 전체가 1미터 이상 움직였다고 합니다. 어떤 곳에서는 산이 오르기도 하고 어떤 곳에서는 땅이 가라앉기도 합니다. 그러나 인간은 이것을 막을 수 없고 원상회복시킬 수 없습니다. 왜냐하면 이것은 인간의 힘으로는 감당할 수 없는 에너지이기 때문입니다. 이런 하나님께 우리가 무슨 말을 할 수 있겠습니까?

9:8-9, "그가 홀로 하늘을 펴시며 바다 물결을 밟으시며 북두성과 삼성과 묘성과 남방의 밀실을 만드셨으며"

하늘도 잘못하면 오므려들 수 있는 것 같습니다. 하늘이 수축되면 어느 곳에는 공기가 밀집 되고 어느 곳에는 공기가 없어지게 될 것입니다. 그런데 하나님은 다리미로 옷을 펴듯이 하늘을 펴서서 공기가 균등하게 하십니다. 그리고 바다는 갑자기 치솟아서 육지를 삼키려고 할 때가 많습니다. 그러나 하나님은 바다를 늘 발로 밟으셔서 약간의 파도만 일어나게 하시는 것입니다. 하나님이 발로 밟지 않으시면 쓰나미가 일어나서 육지를 덮치게 되는 것입니다.

9절에 보면, 하나님은 밤하늘에 별만 만드신 것이 아니라 별자리도 만드셨습니다. 그 중에 '북두성'이 있는데 곰 자리입니다. '삼성'은 오리온이라는 별자리로 우리 눈에 가장 잘 띄는 별자리 중 하나일 것입니다. '묘성'은 황소자리라고 하고, '남방의 밀실'은 남반구에서 보이는 별자리라고 합니다. 하나님은 별들 사이에도 어떤 거리를 유지하게 하셔서 우리가 알지 못하는 어떤 관계가 있게 하셨습니다. 대표적인 것이 은하수일 것입니다. 그 엄청난 별들의 물결을 하나님이 만드신 것입니다.

> 9:10-12, "측량할 수 없는 큰 일을, 셀 수 없는 기이한 일을 행하시느니라 그가 내 앞으로 지나시나 내가 보지 못하며 그가 내 앞에서 움직이시나 내가 깨닫지 못하느니라 하나님이 빼앗으시면 누가 막을 수 있으며 무엇을 하시나이까 하고 누가 물을 수 있으랴"

하나님은 너무 크고 위대하시기 때문에 우리 인간을 무시하시고 내버려두시는 것이 좋을 것입니다. 그러나 하나님은 우리를 사랑하시는 것입니다. 더욱이 하나님은 영적인 존재이시기 때문에 인간이 하나님을 볼 수 없습니다. 만일 하나님이 우리 앞을 지나가신다고 해도 우리는 그것을 알 수 없습니다. 하나님이 우리 옆에서 움직이시지만 우리는 그것을 볼 수 없습니다. 왜냐하면 하나님은 영적인 존재이시기 때문입니다. 하나님이 우리의 것을 빼앗아 가신다고 해도 우리는 왜 가져 가십니까라고 말할 수가 없습니다. 왜냐하면 하나님이 가져가시는 것이 눈에 보이지 않기 때문입니다. 그래서 하나님은 존재하시지만 우리는 하나님을 만지거나 느낄 수도 없습니다. 그래서 우리는 하나님이 있다 없다 토론하기 이전에 하나님을 느끼는 훈련부터 해야 합니다.

그것을 실천한 사람이 바로 기드온이었습니다. 기드온은 하나님이 자기와 함께 하시고 삼백 명으로 십만 명 넘는 미디안 군대를 이기게 하신다고 했지만, 그는 그 능력의 하나님을 느낄 수가 없었습니다. 그래서 기드온은 하나님을 느낄 수 있도록 기도했습니다. 그것은 자기가 가지고 있는 양털에만 이슬이 내리게 해달라는 것입니다. 하나님은 기드온의 기도를 들어주셔서 양털에만 이슬이 내리게 하셨습니다. 그러나 기드온은 그것만 가지고는 하나님을 확실히 체험했다고 확신할 수 없었습니다. 그래서 기드온은 이튿날 하나님께 정반대로 양털에만 이슬이 내리지 않고 땅에만 이슬이 내리게 해 달라고 요청했습니다. 그러자 하나님은 땅에만 이슬이 내리게 하셨습니다.

우리는 하나님이 가까이 계시는 것을 느끼는 훈련을 해야 합니다. 여호수아 같은 경우에는 하나님께 태양이 머물도록 요청하는 기도를 했습니다. 이것은 하나님이 함께 계시는 것을 확신했다는 증거입니다. 우리는 하나님이 옆에 계신 것을 놓칠 때가 많이 있습니다. 마치 어린아이가 잠을 자다가 엄마가 없어진 것을 알고는 우는 것과 같이 우리는 하나님을 잃어버릴 때가 많습니다. 그러나 우리는 하나님의 말씀을 들으면서 하나님을 다시 찾을 때가 많이 있습니다. 이때 하나님이 바로 내 옆에 계시고 내 안에 계시고 나와 함께 계신 것을 믿어야 합니다.

2. 일방적이신 하나님

우리가 하나님이 나와 함께 계시는 것을 느끼지 못하면 하나님이 너무 일방적으로 모든 것을 하시는 분이라고 생각하게 됩니다.

9:13-15, "하나님이 진노를 돌이키지 아니하시나니 라합을 돕는 자들이 그 밑에 굴복하겠거든 하물며 내가 감히 대답하겠으며 그 앞에서 무슨 말을 택하랴 가령 내가 의로울지라도 대답하지 못하겠고 나를 심판하실 그

에게 간구할 뿐이며"

하나님이 우리에게 환난을 주실 때에는 한번만 간단하게 주시는 것이 아니라 우리가 거의 부서져서 회복이 불가능할 정도로 시험을 퍼부으십니다. 이때 우리가 보기에는 하나님이 진노를 돌이키시지 않고 계속 진노하시는 것처럼 보입니다. 13절에 보면 "라합을 돕는 자들이 그 밑에 굴복"한다고 했습니다. 여기 '라합'은 악어를 말하는데, 사탄이나 애굽 왕을 말할 때가 많이 있습니다. 그러나 여기에서는 우리 본성 깊숙한 곳에 붙어있는 죄의 본성을 의미하는 것입니다. 하나님이 우리에게 환난을 주실 때에는 대충 맛보기 정도로 주시는 것이 아니라 우리를 완전히 부수고 해부해서 우리 안에 있는 라합의 부하들, 즉 죄의 본성의 때를 완전히 벗기시는 것입니다.

우리의 평소 신앙은 우리가 생각하기에 잘 믿는 신앙으로 만족합니다. 즉 세상에서 성공하고 교회에서 열심히 하지만 절대로 하나님의 손에는 붙들리지 않는 신앙인 것입니다. 그야말로 '뺀질이' 신앙인 것입니다. 그러나 하나님이 우리를 사용하시려면 하나님의 손에 확실하게 붙들려야 하는데 그렇게 되려고 하면 완전히 나라고 하는 존재가 부서져야 합니다. 그때 우리가 아무리 하나님께 기도해도 하나님은 응답해주시지 않습니다. 왜냐하면 그 기도하는 것이 하나님으로부터 또 도망치려고 놓아달라는 기도이기 때문입니다.

하나님은 우리 믿는 자들을 금 성분이 들어있는 원석으로 보십니다. 세상 사람들은 금 성분이 없기 때문에 부수어봐야 아무 소용이 없습니다. 그래서 세상 사람들은 그냥 돌로 사용하면 되는 것입니다. 세상 사람들을 부술 때에는 모양을 만들거나 아니면 버리기 위해서입니다. 그러나 하나님의 백성들은 100% 순금으로 만들어야 하기 때문에 완전히 부수고 녹여야 라합의 부하들 즉 죄의 본성이 빠져 나가게 됩니다. 그래서 우리는 어느 정도 잘 믿는다고 생각하지만 하나님은 우리를 부수시는 것입니다. 우리를 완전히 부수어서 가루가 되게 하시고 그 다음에는 뜨거운 불에 넣어서 녹여서 불순물을 제거하십니다. 이때 처음에 하나님이 나에게 진노를 멈추지 않는 것처럼 보이지만 나중에는 나를 순금으로 만드시는 것을 알게 됩니다. 그래서 우리는 하나님께 할 말이 없습니다. 할 말이 있다면 나를 완전히 부수지는 말아주시고 좋은 그릇으로 만들어 달라는 기도 밖에 드릴 것이 없는 것입니다.

그러나 우리는 하나님께 드릴 말씀이 많이 있습니다. 즉 시험이 언제까지 계속되며 나중에 어떤 모습으로 만들어지는지 묻고 알고 싶은 것입니다. 그러나 하나님은 우리의 그런 기도에 응답을 하시지 않습니다. 왜냐하면 우리가 아직까지는 같이 의논할 상태가 되지 못하기 때문입니다.

9:16, "가령 내가 그를 부르므로 그가 내게 대답하셨을지라도 내 음성을 들으셨다고는 내가 믿지 아니하리라"

우리가 시험 중에 답답해서 하나님을 불렀습니다. 그리고 하나님께서 응답을 하셨습니다. 그러나 우리는 하나님이 응답하셨다고 확신할 수 없습니다. 왜냐하면 아직 환난이 끝나지 않고 있기 때문입니다. 여기서 우리가 알 수 있는 것은 환난은 하나님의 백성들에게 선택사항이 아니고 전공필수라는 사실입니다. 그 대신 하나님은 말씀으로 자꾸 은혜를 주시지, 우리의 상황을 바꾸어주시지 않습니다. 과연 내가 이 세상에서 정상적인 생활을 할 수 있을 것인지, 내가 회복되기는 제대로 회복이 될 것인지가 걱정인 것입니다. 그러나 하나님은 산을 움직이시고 바다를 발로 밟으시고 별들을 지키시는 분이십니다. 하나님은 우리를 더 아름답게 하시려고 우리를 시험하시는 것입니다. 그러나 우리 인간은 시간이 흐를수록 기회가 없어지기 때문에 불안하기만 한 것입니다.

9:17-18, "그가 폭풍으로 나를 치시고 까닭 없이 내 상처를 깊게 하시며 나를 숨 쉬지 못하게 하시며 괴로움을 내게 채우시는구나"

이때 욥은 집도 제대로 갖추지 못하고 움막 같은 데서 살고 있는데 아마 폭풍이 밀어닥쳤던 것 같습니다. 그래서 욥은 폭풍으로 엄청 두들겨 맞았고 그의 몸도 더 상하게 되었습니다. 폭풍이 몰아치고 몸에 열이 많이 나게 되었을 때 숨 쉬는 것조차도 어려워지게 되었습니다. 욥은 너무 스트레스를 많이 받았고 너무 화병이 생기는 바람에 숨을 쉬는 것조차 힘들게 되었습니다.

욥은 이때 하나님을 불러서 한번 이유라도 물어보고 싶었지만 그 크신 하나님을 누가 감히 부를 수 있겠습니까? 욥이 고통 중에 할 수 있는 일은 그냥 가만히 있는 수밖에 없었습니다. 이것이 바로 우리가 피조물이고 흙덩이인 증거입니다. 우리는 하나님과 대등한 관계를 원하기 전에 내가 하나의 흙덩이요 코만 막으면 죽을 수밖에 없는 하루살이 같은 존재라는 것을 인정해야 합니다.

9:19-20, "힘으로 말하면 그가 강하시고 심판으로 말하면 누가 그를 소환하겠느냐 가령 내가 의로울지라도 내 입이 나를 정죄하리니 가령 내가 온전할지라도 나를 정죄하시리라"

힘으로 하나님을 끌고 올 사람이 누가 있겠습니까? 또 누가 법정을 열어서 하나님을 소환해서 옳고 그른 것을 따질 수 있겠습니까? 아무리 의로운 자라 하더라도 하나님 앞에서는 자기 입이 자기가 틀렸다고 말할 것입니다. 그래서 우리는 행위로는 의로울 자가 없고 하나님을 상대로 해서 이길 수 있는 사람이 없는 것입니다.

3. 하나님의 중보자

욥은 처음에 하나님 앞에서 옳고 그른 것을 가지고 따지려고 했습니다. 그러나 아무리 생각을 해보아도 그 크신 하나님 앞에서 스스로 옳다고 말할 수 있는 사람은 아무도 없었습니다. 건물이 아무리 높아 보여도 비행기에서 보면 다 비슷비슷하게 보이는 것처럼 인간의 의도 아무 차이가 없는 것입니다. 암 환자가 2기이든 3기이든 의사의 눈에는 모두 암 환자인 것과 비슷합니다. 결국 욥이 깨달은 것은 하나님 앞에서 의로움으로 만날 수 있는 사람은 아무도 없고 결국 하나님의 사랑을 믿는 수밖에 없다는 것이었습니다.

> 9:21-23, "나는 온전하다마는 내가 나를 돌아보지 아니하고 내 생명을 천히 여기는구나 일이 다 같은 것이라 그러므로 나는 말하기를 하나님이 온전한 자나 악한 자나 멸망시키신다 하나니 갑자기 재난이 닥쳐 죽을지라도 무죄한 자의 절망도 그가 비웃으시리라"

욥은 죄를 지은 적이 없지만 죄지을 생각조차 하지 않은 것은 아니었습니다. 오히려 욥의 마음속에는 시도 때도 없이 죄를 지을 생각이 솟구쳐 올랐던 것입니다. 그래서 욥은 이 세상 모든 사람이 다 죄인이라는 생각을 하게 되었습니다.

욥은 22절에서 악한 자나 의로운 자나 다 마찬가지라고 했습니다. 즉 이 세상에 살면서 복을 받을 수도 있고 망할 수도 있다는 것입니다. 결국 인간은 죄인이든 의인이든 결국은 하나님의 심판을 받는 것입니다. 왜냐하면 죄는 마음속에 있기 때문입니다.

또 욥이 깨달은 것은 인생이 무척 빠르게 지나간다는 사실이었습니다.

9:25-26, "나의 날이 경주자보다 빨리 사라져 버리니 복을 볼 수 없구나 그 지나가는 것이 빠른 배 같고 먹이에 날아 내리는 독수리와도 같구나"

사람들은 어떻게 해서든지 이 세상에서 많은 것을 붙들고 그것을 의지해서 편안하게 살려고 하는데 사실 인생은 굉장히 빨리 지나갑니다. 육상 경주자들이 빨리 지나가버리듯이 인생은 지나갑니다. 여기 '빠른 배'는 갈대로 만든 배인데 가벼워서 아주 빨랐다고 합니다. 즉 인생은 쾌속선같이 빨리 지나가고 독수리가 내리 꽂히듯이 내리 꽂히는 것입니다. 이 순간에 인간은 영원한 것을 잡아야 합니다.

그리고 인간은 자기 힘으로는 절대로 완전할 수 없다는 것입니다. 그 하나는 자기가 아무리 행복한 것처럼 웃어도 마음속은 행복하지 않다는 것입니다.

또 사람이 아무리 화장을 아름답게 하고 성형수술을 하고 명품을 들고 있다 하더라도 그의 마음속에는 고통이 있고 죄가 있기 때문에 하나님 앞에 인정을 받지 못하는 것입니다(27-28절).

그리고 사람이 아무리 양심을 깨닫게 한다고 하고 과거의 행실을 씻었다 하더라도 이 세상에서 또 진흙탕에 빠질 수밖에 없는 것입니다.

9:30-31, "내내가 눈 녹은 물로 몸을 씻고 잿물로 손을 깨끗하게 할지라도 주께서 나를 개천에 빠지게 하시리니 내 옷이라도 나를 싫어하리이다"

아마 이때는 눈 녹은 물이 가장 깨끗한 물이었던 모양입니다. 그리고 양잿물이 비누로 사용되었습니다. 사람이 아무리 스스로 깨끗하게 해도 이 세상 자체가 진흙탕이기 때문에 또 시커먼 진흙탕에 뒹굴 수밖에 없는 것입니다. 그래서 옷도 그 사람을 싫어할 것이라고 했는데, 그것은 옷도 더럽고 사람도 더러운데 사람이 더 더럽다는 뜻입니다.

그래서 욥이 깨달은 것은 중보자가 필요하다는 것이었습니다. 누군가가 하나님과 자기 사이에 서서 자기 죄와 허물을 다 씻어주고 자기를 죄 없다고 변호해줄 사람이 있어야 한다는 것입니다. 그런데 실제로 이런 분이 있었습니다. 나중에 욥은 내 주는 살아 계시다는 고백을 하게 됩니다(욥 19:25).

사실 우리가 진흙탕에 빠진 것을 보고 죽어가면서 절망하는 자신을 보아야 내 주가 얼마나 귀한 분인지 알게 되는 것입니다.

9:32-33, "하나님은 나처럼 사람이 아니신즉 내가 그에게 대답할 수 없으며 함께 들어가 재판을 할 수도 없고 우리 사이에 손을 얹을 판결자도 없구나"

욥은 자신을 깨끗하게 해주고 자신을 변호해줄 중보자가 없어서 하나님 앞에 아무 말도 하지 못하고 있다고 절망하고 있습니다. 만약 우리에게 구주가 없다면 우리는 욥처럼 절망할 것입니다. 우리는 아무리 의롭게 살아도 망할 것이며 그렇게 망해도 할 말이 없을 것입니다.

그러나 정의의 하나님을 사랑의 하나님으로 변하게 하시는 예수님이 계시기 때문에 아무 것도 두려워할 필요가 없습니다. 주께서 그 막대기를 떠나게 하시고 그의 위엄이 나를 두렵게 하지 않게 하실 것입니다. 우리가 하나님의 손에 잡힌 이상 틀림없이 순금으로 최고의 그릇으로 만들어질 것입니다. 우리 자신이 하나님의 손에 붙잡혀야 홍해도 가르고 반석에서 생수도 터지게 할 수 있습니다. 하나님으로부터 도망치지 말고 죽었다고 생각하고 하나님의 손에 붙잡히시는 성도들이 다 되시기 바랍니다.

10
내 영혼이 삶기에 피곤함

욥기 10:1-22

얼마 전 신문에 우리나라의 청년 중에서 대학 졸업한 후에 아무 것도 하지 않고 집에만 있는 사람이 굉장히 많다는 기사가 있었습니다. 어떤 청년은 수십 군데 이력서를 냈는데 전부 불합격했다는 문자만 오니까 아예 밖에서 친구도 만나지 않고 집안에서 게임이나 인터넷 서핑을 하면서 지낸다고 합니다. 사람은 할 일이 전혀 없을 때, 혹은 살아도 남에게 전혀 도움이 되지 못한다고 생각할 때 살아야 할 이유를 발견하지 못하게 됩니다. 이때 그 사람의 생각 속에는 '내가 과연 왜 살아야 할까?' 하는 의문이 생기게 되는 것입니다. 생산적인 일을 하고 무엇인가 보람된 일을 할 때 살 의욕을 가지게 되는데 아무 것도 하지 못하고 살게 되면 차라리 죽는 것이 낫겠다는 생각이 들게 됩니다.

이 세상에서 인간으로 태어나서 한평생 산다는 것은 엄청난 기회와 특권을 가지는 것입니다. 그럼에도 불구하고 우리는 이 세상을 살면서 정말 가치 있게 사는 길을 찾기가 쉽지 않습니다. 옛날에는 대학만 졸업하면 그래도 똑똑한 체 말할 것이 있었고 넥타이를 매고 할 일을 찾아서 할 수 있었습니다. 그러나 이제는 대학을 졸업하고 유학을 다녀와도 만족스러운 길을 찾기가 아주 어려워지게 되었습니다. 더욱이 크리스천들은 양이기 때문에 자기 길을 찾는데 거의 백치에 가깝다고 보아야 할 것입니다. 양들은 목자가 몰아가야 겨우 길을 찾을 수 있는데 때때로 길을 잃은 것 같을 때가 많은 것입니다.

　욥은 지금까지 살아오면서 길을 잘 찾았다고 생각하고 있었습니다. 그런데 어느 날 갑자기 욥에게 고난에 이은 몰락이 찾아오게 되었습니다. 욥은 강도질을 한 것도 아니고 노름을 한 것도 아니고 방탕한 생활을 한 것도 아니었습니다. 그런데 갑자기 그 많은 재산이 다 없어지고 자녀들은 죽어버리고 자기 육신에는 온몸에 병이 덮이게 되었습니다. 사람들은 모두 심지어 욥의 가장 친한 친구들조차도 욥의 몰락은 죄의 심판이라고 생각했습니다. 왜냐하면 하나님의 심판이 아니고서는 이런 일이 일어날 수 없었기 때문입니다. 이제 욥은 하나님을 향하여 정식으로 항의하기 시작했습니다. 즉 하나님이 나를 이렇게 치시는 이유가 무엇이냐 항변하는 것입니다.

　저도 예전에 평신도로서 대학에서 청소년 사역을 할 때가 있었습니다. 그때 청년이나 청소년은 제가 하는 일을 귀하게 생각했습니다. 그러나 저는 그때 매일 하나님께 죽게 해 달라고 기도를 했습니다. 왜냐하면 이것은 내 갈 길이 아니라고 생각했기 때문이었습니다. 그러나 나중에 생각을 해보니까 그때가 참으로 용기가 있었고 멋이 있었고 굉장히 낭만적이었던 것 같습니다. 욥이 절망해서 병들어 있는 가운데 가장 그를 힘들게 한 것은 살아야 할 이유를 알지 못하는 것이었습니다. 그러나 욥은 하나님에 대하여는 당당했습니다. 욥은 하나님께 항의를 하고 있습니다. 즉 자기에게 이런 고난을 주셔서 자신의 인생을 부수시는 이유가 무엇이냐 하는 것입니다.

1. 고난당하는 자의 항변

이 세상에 큰 환난을 당했을 때 두 부류의 사람을 보게 됩니다. 하나는 하나님을 믿지 않는 사람들인데, 그들은 큰 환난을 당하면 그만 기가 죽어버립니다. 그래서 할 수 있는 한 숨어버리려 하고 풀이 꺾여버려서 아무도 만나려고 하지 않게 됩니다. 거기에 비해서 하나님을 믿는 사람들은 오히려 당당하게 되고 더욱 하나님 앞에서 더 자신감을 가집니다. 하나님을 믿는 사람들은 하나님 앞에서 당당하기 때문입니다. 욥은 본문에서 하나님을 향해 "왜 나를 이렇게 만드셨고 이렇게 해서 왜 살라고 하십니까?"라고 하면서 정식으로 항의하고 있습니다. 왜냐하면 하나님을 믿는 사람들은 하나님이 하셨다는 것을 알기에 하나님 앞에서 당당하기 때문입니다.

10:1-2, "내 영혼이 살기에 곤비하니 내 불평을 토로하고 내 마음이 괴로운 대로 말하리라 내가 하나님께 아뢰오리니 나를 정죄하지 마시옵고 무슨 까닭으로 나와 더불어 변론하시는지 내게 알게 하옵소서"

욥이 "내 영혼이 살기에 곤비하니"라고 한 것은 하루하루 사는 것이 너무 힘이 들어서 도저히 세상을 살아갈 의욕을 찾지 못하겠다는 뜻입니다. 욥은 자기가 이 세상에서 할 수 있는 것도 없고, 또 자신의 인생이 남에게 도움이 되는 것도 없고, 더욱이 마음에 기쁨이나 미래의 희망이 없으니까 살아갈 의욕이 없었습니다. 욥은 그 동안 자기 자신에 대하여 많은 생각을 한 것 같습니다. 그래서 자신이 힘들어하는 이유를 정리해보게 되었습니다. 그것은 자신의 재산이 다 없어진 것도 아니고 자식들이 다 죽은 것도 아니고 자기가 병에 걸려서 고통스러운 것도 아니었습니다.

욥이 가장 알고 싶었던 것은 하나님이 지금 자기와 대결을 하시는데 대결하는 이유가 무엇인지 모르겠다는 것이었습니다. 2절에서 "변론하시는지"라고 했는데, 이 변론은 단순히 말로 하는 변론을 넘어선 것입니다. 이것은 그야말로 죽자 살자 대결하는 것을 의미하는 것입니다.

야곱은 천사와 밤새도록 씨름한 적이 있습니다. 그것은 단순한 연습용 씨름이 아니었습니다. 그것은 그야말로 사느냐 죽느냐 하는 레슬링이었던 것입니다. 그때 하나님의 천사는 도저히 야곱이 항복을 하지 않으니까 그의 허벅지 관절을 쳐서 어긋나게 했습니다. 그래도 야곱이 천사를 놓지 않고 매달리니까 "내가 졌다"라고 했습니다. 그리고 천사는 야곱을 축복하고 야곱의 이름을 이스라엘로 바꾸어주었습니다. 천사가 야곱과 죽자 살자 씨름했던 것은 그의 야비하고 인간적인 본성을 버리고 온전히 하나님을 의지하라는 의도였습니다.

욥도 지금 이 모든 환난을 하나님과 자기가 죽자 살자 싸우고 있는 것으로 해석을 했습니다. 하나님은 욥을 결사적으로 두들겨 패고 있는 것입니다. 하나님은 욥의 가축들을 다 빼앗고 자녀들을 죽게 하고 이제는 그의 몸까지 쳐서 만신창이를 만들어 놓으셨습니다. 이제 욥은 더 이상 버틸 힘이 없어지게 되었습니다. 욥은 하나님이 아무 말씀도 하지 않으시고 두들겨 패기만 하시니까 도저히 하나님의 뜻을 알 수가 없었습니다. 그래서 하나님이 왜 이렇게 죽자 살자 패시는지 이유를 좀 알려달라고 항변하고 있는 것입니다. 아이들도 엄마나 선생님이 아무 말도 하지 않고 몽둥이찜질부터 한다면 제발 말로 해달라고 합니다. 그러면 뭐라고 합니까? "네가 말로 해가지고 들을 놈이냐?"라고 대답을 합니다. 우리는 사실 말로 해서는 들을 사람들이 아닌 것입니다. 그래서 하나님의 때가 되면 자동적으로 하나님의 고난의 프로그램에 집어넣어서 실컷 고생하게 하시는 것입니다.

욥은 먼저 하나님이 나를 만들어놓으시고 왜 하나님이 지으신 것을 학대하시고 멸시하시느냐고 묻습니다.

10:3, "주께서 주의 손으로 지으신 것을 학대하시며 멸시하시고 악인의 꾀에 빛을 비추시기를 선히 여기시나이까"

욥은 자기 인생은 하나님이 만드신 것이라고 믿었습니다. 그런데 하나님은 자기 손으로 만드신 것을 다 부수어버리고 오히려 악인의 꾀에는 빛을 비추어서 멋있게 하시는데 그 이유를 모르겠다는 것입니다. 하나님께서 내 인생을 부수실 때에는 그 안에 고장 난 부분이 있기 때문입니다. 세상 사람들은 안이 고장이 났든 말든 겉으로만 세차하고 왁스를 발라서 멋을 부리면서 다니면 되지만 하나님은 우리 인생을 일일이 해체하셔서 속에 고장 난 부분을 고치시는 것입니다. 이것이 우리 눈에는 부수는 것으로 보이는 것입니다. 병원에서도 환자를 수술하려고 하면 배를 가르든지 해서 거의 죽이는 것을 보게 됩니다. 수술을 하지 않는 사람은 멋있게 화장하고 좋은 옷만 입고 다니면 되지만 수술 받는 사람은 해체를 해야 하는 것입니다. 그때 수술 받는 사람은 왜 나만 이런 일을 겪어야 하는지 하는 슬픈 마음을 가지게 됩니다. 사실 모든 인간은 하나님의 수술을 받아야 하는데 전부 다 도망쳐버리고 욥만 걸려든 것뿐입니다.

욥은 하나님께 대충 살면 안 되느냐고 질문을 합니다.

10:4-6, "주께도 육신의 눈이 있나이까 주께서 사람처럼 보시나이까 주의 날이 어찌 사람의 날과 같으며 주의 해가 어찌 인생의 해와 같기로 나의 허물을 찾으시며 나의 죄를 들추어내시나이까"

여기서 욥이 "주께도 육신의 눈이 있나이까?"라고 한 말은 하나님의 눈도 사람의 눈과 같았으면 좋겠다는 뜻입니다. 즉 사람은 다른 사람을 외모로만 보기 때문에 대충 보면 문제가 없는 것입니다. 그런데 하나님의 눈으로 보면 죄인이 아닌 사람이 없고 환난 당하지 않을 사람이 없는 것입니다. 욥은 우리 인생은 너무 짧은데 이 짧은 인생을 살면서 어떻게 인간이 하나님의 눈에 완전할 수 있겠느냐는 것입니다. 하나님이 들추어내기 시작하시면 죄가 안 될 것이 없을 것입니다.

여기서 욥은 담대하게 말을 합니다.

10:7, "주께서는 내가 악하지 않은 줄을 아시나이다 주의 손에서 나를 벗어나게 할 자도 없나이다"

어떻게 욥이 자기는 악하지 않다고 담대하게 말할 수 있었을까요? 그것은 고난 중에 있는 성도는 죄를 짓지 못하기 때문입니다. 왜냐하면 고난 중에 있는 성도는 의지할 수 있는 곳이라고는 하나님 한 분밖에 없습니다. 그런데 만일 이런 상황에서 죄까지 지어버려서 하나님의 줄마저 끊어진다면 그야말로 끝장이기 때문에 죄를 짓지 못하는 것입니다. 그래서 성도가 가장 깨끗할 때는 고난 중에 있을 때입니다. 이때는 죽자 살자 하나님을 붙들기 때문에 죄를 지을 수가 없는 것입니다.

그러므로 주의 손에서 나를 벗어나게 할 자도 없다고 했습니다. 왜냐하면 세상 사람들은 누군가가 도와주려고 하면 도와줄 수 있습니다. 즉 돈을 준다든지 직장을 마련해 준다든지 하면 다시 일어설 수 있습니다. 그런데 하나님의 백성들은 원인을 알 수 없습니다. 즉 돈도 아니라고 하고 직장도 아니라고 하고 하나님의 뜻이 어디 있는지 모르겠다는 것입니다. 결국 고난당하는 성도들은 하나님께서 일으켜 주셔야 일어서는 것이지, 사람이 도울 수 있는 문제가 아닌 것입니다. 그래서 하나님의 백성들의 어려움은 영적으로 먼저 답을 찾아야 한다는 것입니다. 즉 하나님과 씨름을 해서 내가 뼈가 틀어지든지 하나님에게 질질 끌려가든지 해서라도 하나님의 복을 받아야 하는 것입니다.

2. 하나님께서 욥을 만드심

욥은 하나님이 자신을 진흙으로 빚어서 만들었다고 고백하고 있습니다.

> 10:8-9, "주의 손으로 나를 빚으셨으며 만드셨는데 이제 나를 멸하시나이다 기억하옵소서 주께서 내 몸 지으시기를 흙을 뭉치듯 하셨거늘 다시 나를 티끌로 돌려보내려 하시나이까"

이것이 바로 고난을 통하여 욥이 깨달은 놀라운 발견입니다. 사람들은 자신이 성공을 하거나 사람들의 칭찬을 받으면 자기가 천재라고 생각하고 거의 신이 되려고 할 때가 많이 있습니다. 사람들은 끊임없이 도전하고 높이 오르고 한계를 돌파함으로 신이 되려고 하는 쾌감을 누리고 있습니다. 그러다가 사람이 높은 데서 떨어져서 부서지게 되면 결국 자신은 아무 것도 아니고 하나의 티끌에 불과한데 너무 잘난 체하고 까불었다는 것을 알게 됩니다.

욥은 하나님이 자신을 흙을 빚어서 만들었다고 고백합니다. 아마 욥도 고난을 당하기 전에는 자기가 굉장히 똑똑하고 고상하고 의로운 자라고 생각했을 것입니다. 그러나 자기가 거지가 되고 환자가 되고 보니까 완전히 진흙덩어리에 불과한 것을 알았습니다. 거기에다가 하나님은 이제 티끌로 만들어서 형체도 없애버리려고 하고 있습니다. 그러나 욥이 붙들고 있는 것은 나를 하나님이 만드셨고 하나님이 부수려고 하고 있다는 사실입니다. 그래서 욥은 하나님께 "기억하옵소서"라고 말하고 있습니다. 하나님이 나를 만드시고는 하나님이 부수시면 어떻게 하느냐는 항변입니다.

10:10, "주께서 나를 젖과 같이 쏟으셨으며 엉긴 젖처럼 엉기게 하지 아니하셨나이까"

욥은 하나님이 자기를 치즈로 만드는 줄 알았던 것입니다. 그런데 하나님은 그 아까운 젖을 이유도 없이 맨땅에 쏟아버리시는 것입니다. 이 젖은 양젖이든지 염소젖이든지 낙타젖이든지 소젖이든지 할 것입니다. 지금 이 젖은 상한 젖이 아닙니다. 상한 젖이라면 누구든지 땅에 버리겠지만 아직 싱싱한 젖인데 이것을 저어서 치즈로 만들고 버터로 만들어야 하는데, 하나님이 땅에 쏟아버리시는 것입니다.

그러면서 욥은 하나님이 자기를 만드신 과정을 자세하게 이야기합니다.

10:11-12, "피부와 살을 내게 입히시며 뼈와 힘줄로 나를 엮으시고 생명과 은혜를 내게 주시고 나를 보살피심으로 내 영을 지키셨나이다"

하나님은 욥에게 육신만 주신 것이 아니라 생명과 은혜를 주시고 그의 영을 지켜주셨습니다. 하나님은 욥에게 피부와 살을 주시고 힘줄과 뼈를 주셔서 움직이게 하셨습니다. 그리고 생명과 은혜를 주시고 지금까지 보살펴주셨는데 왜 하나님은 나를 이렇게 부수시느냐는 것입니다. 즉 무엇이 부족하냐는 것입니다. 이것이 바로 욥이 깨닫지 못하고 있는 것이었습니다. 하나님은 우리를 다 만들어 놓으시고 다시 깨어서 부수십니다. 왜냐하면 그렇게 해야 우리 안에 보석이 나오기 때문입니다. 그런데 욥은 이것을 이해하지 못하고 왜 하나님이 다 만들어 놓으시고 다시 나를 깨시느냐고 항의하는 것입니다.

왜 하나님은 우리를 다 만들어놓고 다시 부수실까요? 그것은 우리가 하나님의 말씀을 들으면서 금 성분이 많아지기 때문입니다. 금 성분이 많이 들어있는 돌은 부수어서 순금으로 만들어야 하기 때문에 하나님이 부수시는 것입니다. 그러나 욥은 이것을 이해하지 못했습니다. 욥은 하나님이 나를 만드시고 은혜로 보호하시고 축복하셨으면 다 된 것으로 생각했던 것입니다.

3. 하나님의 연단하심

하나님이 우리를 연단하실 때에는 군인들을 훈련하듯이 우리를 비참하게 하시고 정신을 차릴 수 없을 정도로 굴리시고 고개를 들지 못하게 만드십니다.

10:13, "그러한데 주께서 이것들을 마음에 품으셨나이다 이 뜻이 주께 있는 줄을 내가 아나이다"

욥은 하나님이 자기를 그냥 버리는 우유가 아니라 치즈나 버터로 만들려고 하시는 줄 알고 있었습니다. 그런데 하나님이 자기를 맨땅에 버리시고 부수시니까 너무나 당황하고 이해가 되지 않았습니다. 그러나 하나님이 욥을 가지고 만들려고 하는 것은 치즈나 버터가 아니라 순금이요 보석이었던 것입니다.

10:14-15, "내가 범죄하면 주께서 나를 죄인으로 인정하시고 내 죄악을 사하지 아니하시나이다 내가 악하면 화가 있을 것이오며 내가 의로울지라도 머리를 들지 못하는 것은 내 속에 부끄러움이 가득하고 내 환난을 내 눈이 보기 때문이니이다"

만일 욥이 범죄하면 하나님이 욥을 가만히 두시겠습니까? 아마 하나님은 욥을 들들 볶아서 죄를 다 토해내게 하셨을 것입니다. 다윗은 자기가 범죄했을 때 하나님이 얼마나 그를 쥐어짜셨던지 뼈가 다 쇠하였다고 고백하고 있습니다(시 32:3). 세상 사람들에게는 죄짓는 것이 즐거움이지만 하나님의 백성들에게는 죄짓는 것이 절대로 기쁨이 되지 못합니다. 왜냐하면 죄를 지은 이상으로 회개의 눈물을 짜내야 하기 때문입니다.

그러나 욥은 자기가 의로웠더라도 마음속에는 부끄러움이 가득하다고 했습니다. 그 이유는 사람은 마음속으로 죄를 생각하기 때문입니다. 물론 마음속으로 죄를 생각했다고 해서 죄를 짓는 것은 아닙니다. 그러나 인간에게는 죄의 호기심이 있어서 늘 죄에 빠지기 쉽습니다. 그런데 죄를 지을 수 없는 이유는 죄의 결과를 눈으로 보기 때문입니다. 죄의 삯은 사망이라고 했습니다. 세상 사람들은 나중에 어떻게 되든지 죄를 짓고 보자는 식으로 생각하기 때문에 죄를 짓습니다. 그러나 하나님의 백성들은 죄의 결과는 미리 보기 때문에 죄가 얼마나 추잡하고 더러우며 결과가 얼마나 좋지 못한지 잘 알기 때문에 죄를 짓지 못하는 것입니다.

하나님께서는 욥이 머리를 들지 못하도록 그의 머리를 발로 밟으셨습니다.

10:16, "내가 머리를 높이 들면 주께서 젊은 사자처럼 나를 사냥하시며 내게 주의 놀라움을 다시 나타내시나이다"

하나님의 백성들은 조금만 편해지면 또 머리를 들게 됩니다. 이것은 자기를 나타내고 교만하며 잘난 체 하려는 것입니다. 그래서 하나님은 욥이 조금이라도 나아져서 고개를 들려고 하면 또 아프게 하시고 또 고통스럽게 해서 고개를 들지 못하게 하셨습니다. 하나님은 젊은 사자처럼 욥을 사냥하셨다고 했습니다.

그리고 욥은 하나님께서 사람들을 번갈아 가면서 자기를 말로 쳤다고 말하고 있습니다.

> 10:17, "주께서 자주자주 증거하는 자를 바꾸어 나를 치시며 나를 향하여 진노를 더하시니 군대가 번갈아서 치는 것 같으니이다"

주로 욥을 찾아오는 사람들은 욥과 친한 사람들이고 그를 아끼는 사람들이었습니다. 그들은 자꾸 욥을 찾아와서 회개하라고 하고 네 모양이 이것이 뭐냐고 하면서 걱정을 하니까 욥이 침체될 시간이 없었던 것입니다.

사실 욥에게 시간이 많이 있었더라면 더욱 더 침체되어서 죽는 것만 생각했을 것입니다. 그래서 18절 이후에는 욥이 죽는 것을 자꾸 생각하는 것이 나옵니다. 욥은 하나님께 왜 나를 태에서 나오게 하셔서 이런 꼴을 당하게 하시며, 왜 태에서 나를 바로 무덤으로 가게 하시지 않았느냐고 항의를 합니다. 그러나 욥은 이런 환난을 통해서 이 세상 어느 철학자들도 생각할 수 없는 것들을 많이 이야기하게 됩니다. 그리고 욥이 이 엄청난 환난에서 살아남았다는 자체가 어려움 당한 사람들에게 많은 위로가 되고 있습니다. 그래서 사람들은 어려운 환난을 당하면 다른 어떤 책보다도 욥기를 읽게 되는 것입니다.

욥은 환난을 통해서 모든 어려움 당하는 자들의 위로가 되었습니다. 확실히 성도들은 고난과 환난을 통해서 더 순수해지고 더 아름다워지게 됩니다. 우리에게 고난이 없다면 결코 순금이 되지 못했을 것입니다. 욥은 하나님께 자기가 죽기 전까지만이라도 편안하게 놓아달라고 부탁하지만 하나님은 욥을 놓아주시지 않았습니다. 하나님은 우리를 꼭 붙잡고 끝까지 놓지 않으실 것이며 반드시 순금으로 만들고야말 것입니다. 그래서 걱정하지 마시고 모두 순금이 될 생각만 하시기 바랍니다.

11
하나님이 오른

욥기 11:1-20

큰 어려움에 빠졌을 때 해결하려고 하는 방법은 여러 가지 있을 것입니다. 그 중의 하나는 끊임없이 자신의 정당성을 설명하고 해명하는 것입니다. 그러나 요즘은 그런 것이 잘 통하지 않는 것 같습니다. 본문에는 그런 사람을 말이 많은 사람이라고 표현하고 있습니다. 요즘 우리나라에는 억울하게 공권력에 의해서 죄인으로 몰리는 사람들이 많이 있는 것 같습니다. 아무리 자기는 정당하다고 변명해도 잘 통하지 않는 것 같습니다. 거기에 비해서 아예 체념하고 아무 소리도 하지 않고 가만히 있기만 하는 사람들도 있는 것 같습니다. 즉 이제 힘이 없으니 힘을 가진 너희들이 살리든지 죽이든지 알아서 하라는 것입니다. 그러나 그렇게 아무 말 하지 않아도 우리나라에서는 어려움이 해결되는 것은 아닌 것 같습니다.

본문 욥기 11장은 나아마 사람 소발이 욥에게 권면하는 내용입니다. 그가 한 말 중에서 중요한 것은 욥이 너무 말이 많다고 하면서 하나님을 향하여 두 손을 들라고 권면하는 내용입니다.

본문 13절에 "만일 네가 마음을 바로 정하고 주를 향하여 손을 들 때에"라고 했습니다. 소발은 하나님을 향하여 두 손을 드는 것이야말로 우리의 어려움을 해결할 수 있는 방법이라고 설명하고 있습니다. 우리가 대개 두 손을 든다고 하면 완전한 항복을 의미하기도 하고 누구를 환영하거나 소망하는 경우도 있습니다. 소발은 욥이 사람을 향하여 변론하는 것보다는 하나님을 향하여 손을 든다면, 하나님께서 모든 어려움을 해결해주시고 그의 어둠을 아침과 같이 밝게 해 주실 것이라고 강조하고 있습니다.

그러나 우리가 어려움에 빠지게 되었을 때 하나님을 향하여 두 손을 드는 것이 얼마나 어려운 일인지 모릅니다. 우선 우리는 머릿속으로 도대체 무엇이 어떻게 된 것인지 이해해보려고 애를 씁니다. 그리고 이런 어려운 일이 생기면 속이 터지려고 하기 때문에 가까운 누구에겐가 자기 심정의 일부라도 이야기를 해서 정리해보려고 합니다. 그러다가 하나님에 대한 믿음이 생기면서 그리고 하나님에게 기도할 내용이 정리가 되면서 하나님을 향하여 손을 들게 되는 것입니다.

그러나 소발은 하나님을 향하여 손을 드는 것이 아주 쉬운 일인 것처럼 말하고 있습니다. 물론 우리가 하늘을 향하여 손을 드는 것은 그렇게 어려운 일이 아닙니다. 그러나 정작 하나님을 향하여 두 손 두 발 다 들고 내 중심으로 항복한다는 것은 결코 쉬운 일이 아닙니다. 그리고 과연 하나님을 향하여 두 손을 들었을 때 하나님은 즉시 우리의 어려움을 해결해주셔서 모든 고난을 다 잊게 해주시고 우리의 날을 대낮같이 환하게 해 주실까요? 그런 것은 꼭 아닙니다. 그래서 우리 신앙에는 많은 풀어야 하는 수수께끼들이 있고 이런 관문들을 하나씩 통과하면서 통찰력을 가지게 되는 것입니다.

소설 해리포터 시리즈를 보면 해리포터는 비밀의 방으로 들어가기 위해서 어려운 난관을 하나씩 통과해야 합니다. 그 중에는 머리가 세 개 달린 거인 개도 통과해야 하고, 체스에서도 이겨야 하고, 수많은 열쇠 중에서 문에 딱 맞는 열쇠를 찾아내야 합니다. 마찬가지로 우리도 하나님의 보물을 찾기 위해서는 어려운 난관들을 하나씩 하나씩 통과를 해야 하는 것입니다.

그래서 우리는 신앙생활 하는 것이 무조건 어렵다고 생각할 것이 아니라 많은 비밀의 문들을 하나씩 통과해 나가는 즐거운 과정이라고 생각하면 좋을 것입니다.

1. 말이 많은 사람

세 번째로 욥과 변론한 사람은 나아마 사람 소발이었습니다. 이 소발도 욥에게 희망을 주기 위해서 그 먼 곳에서 찾아온 사람이었습니다. 그런데 이 소발은 욥이 좀 더 입을 다물고 자기가 죄인이라고 인정했으면 좋을 것 같은데 너무 말을 많이 한다고 생각했습니다. 소발이 보기에 이것은 죄인의 자세가 아니었던 것입니다. 자기가 죄인이라면 입을 다물고 다른 사람이 가르치는 말을 잘 들어야 하는데, 오히려 욥은 자기 친구들이 틀렸다고 하고 가르치려고 하고 있었던 것입니다. 그래서 소발은 욥이 겸손하지 못하기 때문에 의롭지 못하다고 했습니다.

11:1-2, "나아마 사람 소발이 대답하여 이르되 말이 많으니 어찌 대답이 없으랴 말이 많은 사람이 어찌 의롭다 함을 얻겠느냐"

여기서 재미있는 번역은 옛날 개역한글 번역입니다. 그 성경에는 두 번째 "말이 많은 사람"을 "입이 부푼 사람"이라고 번역했습니다. 즉 사람이 입이 불룩하게 부풀어 오른 사람을 말하는 것입니다. 이 사람은 너무나도 말을 하고 싶고 할 말이 많아서 입을 다물 수 없습니다.

그래서 다른 사람이 말하고 있는 동안에도 그저 말하고 싶어서 입이 불룩해져 있는 모습을 뜻하는 것입니다. 세상에는 입이 부푼 사람들이 많이 있습니다. 대개 엄마들 중에서 자기 자식들 자랑하고 싶어서 못 견디는 분들은 입이 부풀어 있습니다. 그래서 이런 사람은 남이야 듣든지 말든지 자기 자식 자랑하는데 침을 튈 정도로 말을 많이 합니다. 또 입이 부푼 사람들 중에는 아는 것이 많은 사람들이 있습니다. 이런 사람은 자기가 아는 것을 말하고 싶어서 참을 수 없습니다. 그래서 이런 사람은 계속 입을 열어서 떠들어대어야 직성이 풀립니다.

그런데 소발이 보기에는 욥이 말이 많은 사람으로 보였던 것입니다. 사실 환난을 당한 성도들은 입이 열 개라도 할 말이 없는 사람들입니다. 사람이 망한 주제에 무슨 말을 하겠으며 무슨 변명을 하겠습니까? 그래서 크리스천들이 큰 환난을 당하면 그들이 표현할 수 있는 언어는 눈물밖에 없습니다. 그들은 하염없이 눈물 흘리면서 자신들의 마음이 아픈 것을 하나님에게 이야기할 수밖에 없는 것입니다.

욥은 자신의 친한 친구들 앞에서 아주 적극적으로 이야기를 하고 있었습니다. 고난당한 성도가 말을 하기 시작했다는 것은 마치 말 못하는 사람이 말문이 트이기 시작한 것과 같습니다. 즉 욥도 처음에는 아무 것도 할 말이 없었습니다. 욥은 그저 죽고 싶다는 생각을 했을 뿐입니다. 그런데 욥이 입을 열어서 말하기 시작한 것은 무엇인가 그 안에서 정리가 되고 있고 실마리가 잡히기 시작했다는 것을 의미하는 것입니다. 그것이 무엇이겠습니까? 이 엄청난 환난은 자신의 죄에 대한 하나님의 심판이 아니고 하나님이 무엇인가를 보여주시기 위해서라는 것이었습니다. 그래서 욥은 자신의 친구들과 그것을 함께 풀어보기를 바랐던 것입니다. 우리가 말씀을 통해서 하나님의 실마리를 푸는 경우가 많이 있습니다.

성경에 보면 하나님은 사랑하는 자들을 징계하신다는 말씀이 있습니다(잠 3:12). 그래서 우리가 징계와 환난을 당했다면 틀림없는 사실 하나는 내가 하나님의 사랑받는 아들이라는 것입니다. 하나님의 아들이 아니라면 징계할 필요가 없기 때문입니다. 그렇다면 나는 징계로 인하여 슬퍼하거나 비참해 할 것이 아니라 하나님의 아들로서 당당한 것을 찾아야 하는 것입니다. 그래서 욥은 비참해지기 보다는 당당해지는 쪽을 택한 것 같습니다. 즉 욥은 하나님 앞에 당당하게 하나님께서 보여주실 것이 있으면 다 보여 달라는 것이었습니다. 그런데 소발은 징계를 당한 자는 겸손해야 하고 비참해야 하고 말을 해서는 안 된다고 생각하고 있었던 것입니다.

11:3, "네 자랑하는 말이 어떻게 사람으로 잠잠하게 하겠으며 네가 비웃으면 어찌 너를 부끄럽게 할 사람이 없겠느냐"

여기서 우리는 당당한 것과 교만한 것을 구별하기가 참 어렵습니다. 그리고 겸손한 것과 비굴한 것도 구별하기가 쉽지 않습니다. 우리는 자신의 가치를 찾고 다른 사람들 앞에서 당당하려고 하는데 다른 사람들의 눈에는 교만한 것처럼 보이는 것입니다. 그리고 우리는 겸손해야 되겠다고 생각하는데 스스로 비참하게 느껴질 때가 많습니다. 그래서인지 소발은 욥이 그 엄청난 고난 가운데서 일어서서 힘을 내는 것을 보고 박수쳐주기보다는 자랑하는 것으로 보였고 남을 비웃는 것으로 보였던 것입니다.

11:4, "네 말에 의하면 내 도는 정결하고 나는 주께서 보시기에 깨끗하다 하는구나"

욥은 자기 자신이 믿는 신앙은 정결하고 하나님 보시기에도 깨끗하다고 자신 있게 말하고 있습니다.
여기서 우리는 욥이 이 엄청난 환난을 통해서 무엇을 얻게 되었다는 것을 알게 되었습니다. 그것은 바로 하나님의 엄청난 영감이었습니다. 욥은 환난을 당한 후에 하나님의 말씀이 그의 마음속에서 용솟음치는데 그야말로 입이 부푼 자 같이 입을 다물 수 없을 정도로 하나님의 말씀이 용솟음쳤던 것입니다. 이것은 그야말로 깨끗한 영감이었고 정결한 마음에서 나오는 하나님의 말씀이었던 것입니다.

엘리야의 제자 엘리사는 농사짓던 것을 포기하고 엘리야의 제자가 되었습니다. 그는 엘리야가 세수할 때 세숫물을 부어주었으며 그의 모든 심부름을 다 하는 몸종이 되었습니다. 그런데 하나님은 엘리사의 선생님을 데려가려고 했습니다. 그때 엘리사가 끝까지 쫓아오니까 엘리야가 묻습니다. "어떻게 하면 네가 나를 가게 하겠느냐?"고 하니까 "당신의 성령이 하시는 역사가 갑절이나 내게 있게 하소서"라고 했습니다. 그리고 불말과 불병거가 가로막으면서 스승 엘리야는 하늘로 올라가버렸습니다. 그런데 엘리사에게는 엘리야의 성령이 하시는 역사가 그 위에 임하게 되었습니다. 그가 스승이 두고 간 겉옷을 가지고 "엘리야의 하나님 어디 계십니까?"라고 하면서 요단강물을 쳤을 때 요단강물이 갈라졌습니다(왕하 2:1-14).

예수님은 한 부자 청년이 찾아와서 "어떻게 하면 영생을 얻을 수 있습니까?"라고 물었을 때 "네가 가진 소유를 다 팔아서 가난한 자에게 주고 너는 나를 따르라"고 말씀하셨습니다. 그러나 그 부자 청년은 재물이 많아서 근심하면서 돌아갔다고 했습니다(마 19:16-22). 만일 그가 모든 재물을 다 팔아서 가난한 자들에게 주고 예수님을 따랐더라면 어떻게 되었을까요? 그는 영감의 말씀을 받아서 하나님의 말씀을 하는 자가 되었을 것입니다. 우리는 이 세상에서 가지고 있는 것을 희생하고 나서야 비로소 하나님의 영감을 얻게 됩니다.

욥은 자기가 망한 후에 비로소 자신의 신앙이 정결하고 깨끗하게 되었다고 고백하고 있습니다. 그러나 세상은 이런 것을 아무도 알아주지 않습니다. 세상에서는 유명하게 되어야 하고 많은 사람들이 따라야 하고 성공을 해야 인정을 받는 것입니다.

2. 하나님의 오묘한 지혜

소발은 말씀을 하시는 분은 하나님이시고 우리는 오직 하나님의 말씀을 들어야 한다고 했습니다.

11:5, "하나님은 말씀을 내시며 너를 향하여 입을 여시고"

하나님이 우리에게 말씀을 하셔야 하는 것은 사실입니다. 하나님이 우리에게 말씀하여 주시지 않으면 우리는 한평생 어두운 데서 방황할 수밖에 없습니다. 그러나 하나님이 우리에게 어떻게 말씀하시는가 하는 것과 말씀의 강도는 큰 차이가 있습니다. 하나님의 말씀에는 어린 아기들이 먹는 젖 같은 말씀이 있는가 하면, 어른들이 먹는 단단한 음식도 있습니다. 또 하나님의 말씀에도 백 퍼센트 순수한 하나님의 말씀이 있는가 하면 사람의 생각이 많이 섞인 오염된 말씀도 있습니다. 그래서 우리는 할 수 있는 대로 순수하고 단단한 하나님의 말씀의 진수를 찾아서 먹어야 힘을 낼 수 있습니다. 순수한 하나님의 말씀은 전혀 불순물이 없는 보석과 같고 순전한 하나님의 말씀은 우라늄과 같아서 그것을 쪼갤 때 방사능과 에너지가 나오게 되는 것입니다.

11:6, "지혜의 오묘함으로 네게 보이시기를 원하노니 이는 그의 지식이 광대하심이라 하나님께서 너로 하여금 너의 죄를 잊게 하여 주셨음을 알라"

소발은 하나님의 지혜는 오묘하고 광대하다고 했습니다. 어떤 사람이 겉으로는 지거나 밀리는 것처럼 보이지만 거대한 세력을 구축해서 결국 적의 세력을 다 포위해서 부수어버릴 때 우리는 그 사람의 전략이 대단히 깊이가 있다고 인정할 것입니다. 하나님의 지혜는 바로 그런 지혜입니다. 겉으로 보기에는 인간의 계획과 인간의 무력이 이기는 것 같은데 나중에 보면 결국 악한 자는 망하고 하나님 편에 선 사람들이 이기는 것을 보게 됩니다. 왜냐하면 인간은 모든 변수를 다 볼 수 없기 때문입니다. 결국 인간이 믿는 것은 자리 머리나 군대 전술 같은 것들 밖에 없습니다. 그러나 하나님은 비라든지 바람이라든지 기후 같은 것까지 다 사용하시기 때문에 얼마든지 변화무쌍하게 전략을 세우실 수 있는 것입니다. 그래서 결국 승리하려고 하면 하나님을 자기편으로 만들어야 합니다. 그런데 하나님을 자기편으로 만들려고 하면 내가 하나님 편에 들어가야 하는 것입니다.

6절 끝에 "하나님께서 너로 하여금 너의 죄를 잊게 하여 주셨음을 알라"라고 했습니다. 이것은 정말 맞는 말입니다. 정상적으로 보면 욥은 자기 죄로 고민하고 비통해해야 하는데 하나님이 그의 죄를 잊게 해주셨던 것입니다. 바로 이것이 우리가 하나님 앞에서 담대할 수 있는 근거입니다. 그리고 우리가 미래를 향하여 담대하게 나갈 수 있는 힘이 됩니다. 하나님이 우리 죄를 잊게 해주셨던 것입니다.

여호수아는 한 번도 본 적이 없는 사람이 칼을 들고 서 있는 것을 보고 "너는 우리 편이냐, 적군 편이냐?"고 물었습니다. 그때 그 사람은 나는 둘 다 아니라고 하면서 "하나님의 군대 장관이라"고 했습니다. 그리고 여호수아에게 "네 발에서 신을 벗으라"고 했습니다. 하나님은 우리 편도 아니고 적의 편도 아닙니다. 그러나 우리 발에서 신을 벗고 그의 종이 되면 하나님이 우리 편이 되어 주십니다.

11:7-9, "네가 하나님의 오묘함을 어찌 능히 측량하며 전능자를 어찌 능히 완전히 알겠느냐 하늘보다 높으시니 네가 무엇을 하겠으며 스올보다

깊으시니 네가 어찌 알겠느냐 그의 크심은 땅보다 길고 바다보다 넓으니라"

　우리 인간은 하나님의 오묘함을 측량할 수 없습니다. 이것은 맞는 말입니다. 그래서 우리는 끝까지 가 봐야 하나님의 완전한 뜻을 제대로 알 수 있습니다. 인간은 중간에 모든 것을 다 평가하려고 합니다. 그러나 잘 나가다가 끝에 가서 자신의 인생을 망치는 사람들도 얼마든지 있습니다. 그리고 처음에는 망했다가 끝에 가서 생각지도 않은 일로 유명해지는 사람들도 많이 있습니다. 그러나 틀림없는 것은 끝에 망하는 자는 교만한 자라는 사실입니다. 그리고 끝에 성공하는 자는 끊임없이 노력하고 하나님을 의지했던 사람입니다.

3. 고난은 죄를 버리는 기회

　소발이 한 말 중에서 가장 맞는 말은 나중에 나옵니다. 그것은 바로 이런 환난을 당했을 때 하나님의 백성들은 죄를 버려야 한다는 것입니다. 이것이야말로 절대 진리입니다. 우리는 하나님을 믿는다고 하면서도 하나님의 사랑에 길들여져서 죄를 버리지 못하고 품고 살 때가 많이 있습니다. 그런데 하나님의 백성들의 죄는 속에 꽁꽁 숨겨져 있기 때문에 웬만한 방법으로는 바로 잡을 수가 없습니다. 그래서 하나님은 그만 알 수 있는 엄청난 환난과 고통을 통해서 거의 다 죽을 지경까지 몰고 가십니다. 사람이 다른 때는 죄를 버릴 수 없다 하더라도 죽게 되었을 때는 결국 모든 것을 다 버리게 됩니다. 죽을 때에는 돈, 학벌, 높은 자리도 아무 소용이 없는 것입니다. 오직 사는 것만이 중요합니다. 그래서 하나님 앞에서 죽는 경험을 해 봐야 욕심을 포기할 수 있습니다.

그런데 이 세상에는 허망한 사람들도 많이 있다고 했습니다.

11:11-12, "하나님은 허망한 사람을 아시나니 악한 일은 상관하지 않으시는 듯하나 다 보시느니라 허망한 사람은 지각이 없나니 그의 출생함이 들나귀 새끼 같으니라"

여기서 "허망한 사람"은 끝까지 하나님의 지혜를 믿지 않고 자기 생각만 믿고 살아가는 사람을 말합니다. 이런 사람은 개성이 강하고 머리가 좋고 말을 자기 멋대로 하기 때문에 매우 강한 것 같습니다. 그리고 사람들은 이런 사람이 무엇인가 가지고 있는 것이 있다고 생각해서 따라가게 됩니다. 그러나 그 사람은 닥치는 대로 사는 사람입니다. 그는 길을 모르고 또 길들여지지도 않는 사람이기 때문에 엄청난 고집을 가지고 세상의 길을 갑니다. 들나귀 새끼는 새끼 때부터 남의 말을 듣지 않습니다. 얼마나 고집이 센지 하나님도 길들일 수 없는 것입니다. 결국 이런 사람은 결국 사자 밥이 되든지 맹수나 사람의 덫에 걸려서 죽게 됩니다.

그러나 하나님을 두려워하는 자들은 환난이 왔을 때 죄를 멀리 버리는 자입니다.

11:13-14, "만일 네가 마음을 바로 정하고 주를 향하여 손을 들 때에 네 손에 죄악이 있거든 멀리 버리라 불의가 네 장막에 있지 못하게 하라"

우리는 믿노라 하면서도 다 어느 정도 죄를 가지고 있습니다. 하나님이 우리에게 작은 어려움을 주실 때 빨리 멀리 버리는 것이 지혜로운 사람입니다. 돈이 얼마가 되든지 얼마나 손해를 보든지 상관없이 죄는 빨리 버리는 것이 지혜로운 것입니다. 그렇게 하기만 하면 우리는 하나님 앞에서 흠 없는 얼굴을 들게 되고 굳게 설 수 있게 됩니다.

그리고 환난도 다 잊게 될 것입니다.

11:16-18, "곧 네 환난을 잊을 것이라 네가 기억할지라도 물이 흘러감 같을 것이며 네 생명의 날이 대낮보다 밝으리니 어둠이 있다 할지라도 아침과 같이 될 것이요 네가 희망이 있으므로 안전할 것이며 두루 살펴보고 평안히 쉬리라"

하나님의 말씀이 있는 자들은 환난을 잊게 됩니다. 왜냐하면 어둠은 지나고 밝은 날이 오기 때문입니다. 기억을 하더라도 물이 흘러간 것 같이 흔적만 남을 것이고 희망이 있다고 했습니다. 오늘 우리에게 희망이 있다는 것이 얼마나 중요한지 모릅니다. 우리의 희망이 어디에 있을까요? 정부에 있을까요? 미국에 있을까요? 북한에 있을까요?

우리의 희망은 이미 있습니다. 이미 우리에게 하나님의 나라가 임해 있기 때문입니다. 영적 부흥이 일어날 때 희망이 일어나게 됩니다.

그러나 악한 자들에게는 희망이 죽는다고 했습니다.

11:20, "그러나 악한 자들은 눈이 어두워서 도망할 곳을 찾지 못하리니 그들의 희망은 숨을 거두는 것이니라"

악한 자는 자기 눈앞에 보이는 것만 보기 때문에 덫을 보지 못합니다. 그래서 그들이 덫에 걸렸을 때에는 희망이 없어지게 됩니다. 우리는 세상의 것을 포기하고 갑절의 영감을 받으시기 바랍니다. 그리고 교만한 느낌이 들지 않게 당당하고 비굴한 느낌이 들지 않도록 겸손할 수 있기를 바랍니다.

12
인간의 한계

욥기 12:1-25

아프리카 어느 나라에서는 코끼리가 더 이상 살 수 없는 환경이 되어서 정부가 대대적으로 코끼리를 다른 곳으로 이동시키는 작업을 하게 되었습니다. 코끼리 수십 마리를 한 군데로 몰아서 마취를 시킨 후 큰 트레일러에 실어서 옮겼습니다. 그런데 이 작업은 코끼리가 너무 마취가 되어도 죽게 되고 또 덜 마취가 되어서 이동 도중에 발광을 하면 큰 사고가 나기 때문에 굉장히 어렵다고 합니다. 큰 트레일러에 그 큰 코끼리를 한 마리씩 기절시켜서 이동시키는 모습은 장관이었습니다. 다행스럽게 큰 사고 없이 코끼리들을 무사히 새로운 곳으로 이동시켜서 그 코끼리들이 새로운 곳에서 적응하는 모습을 보았습니다. 아무리 코끼리가 덩치가 크고 힘이 세다고 하여도 자연환경이라는 틀에서는 벗어날 수 없습니다.

그러나 인간은 대단한 존재인 것 같습니다. 비행기나 기차로 공간을 뛰어넘고 또 인터넷과 스마트폰이나 텔레비전으로 엄청난 정보를 들으면서 살아가고 있습니다. 또 지구가 만든 석유를 다 퍼내어서 난

방도 하고 자동차도 굴리고, 우주로 인공위성을 보내고, 금이나 보석도 캐내어서 명품으로 걸치고 다니고 있습니다.

그런데 인간도 모든 것을 다 할 수 있는 존재는 아닙니다. 인간은 시간이라는 환경에 제약을 받고 있습니다. 사람은 나이가 들면 늙게 되고 더 늙으면 죽을 수밖에 없습니다. 사람은 늙어도 생각하는 것은 똑같은데 얼굴이 변하고 호르몬이 나오지 않고 힘이 없어서 자기에게 주어진 시간이 얼마 없다는 것을 알게 되는 것입니다. 젊었을 때에는 시간이 무한정인 것 같은데 어느 시간이 되면 인생이 엄청나게 짧다는 것을 알게 됩니다. 그 짧은 시간 안에 모든 것을 다 가지고 즐기려고 몸부림치고 있는 것입니다. 그러나 결국 인간은 너무나도 엄청난 가치를 가진 존재이지만 한평생 욕심만 부리다가 죽고 마는 것입니다.

욥은 지금으로 본다면 전형적으로 예수 잘 믿고 복을 받은 사람이었습니다. 철저하게 경건하고 죄짓지 않는 생활을 했는데 하나님으로부터도 칭찬을 받을 정도였습니다. 또 재산도 어마어마했고 종도 많았고 자식도 열 명이나 되었고 신앙도 좋았습니다. 그러다가 갑자기 아주 몰락하게 되었습니다. 모든 재산 다 잃고 자식들도 다 죽고 온몸에는 심한 질병까지 생기게 되었습니다. 그것은 사람의 눈으로 보기에는 철저한 패망이고 몰락이었습니다.

그런데 이야기는 여기에서부터 시작됩니다. 욥의 가장 친했던 세 친구가 먼 데서 찾아와서 비참한 욥의 모습을 보고는 울고 같이 있으면서 위로했습니다. 그리고 그들은 조심스럽게 욥에게 네가 이렇게 망한 것은 교만과 죄 때문이라고 하면서 지금이라도 죄를 버리고 하나님께 두 손을 들면 하나님이 너를 회복시켜줄 것이라고 권면했습니다. 세 친구 모두 다 비슷한 내용이었습니다.

그러나 욥의 생각은 달랐습니다. 욥은 자신의 고난은 교만이나 죄 때문에 아니라 하나님이 주신 것이고 하나님의 무슨 뜻이 있다는 것이었습니다. 왜냐하면 이렇게 정확하게 자기를 망하게 하는 것은 하나님이 아니면 불가능하기 때문입니다. 이것은 완전히 조준사격이었던 것입니다. 그것도 완전 정조준 최고의 스나이퍼가 아니면 할 수 없는 일이었던 것입니다.

욥의 세 친구는 욥 자신이 죄인이라는 것을 인정하고 새 출발하기를 원했지만 욥은 이 환난을 통해서 하나님을 만나기를 원했습니다. 예를 들어서 어떤 두 사람이 망했는데 한 사람은 그 환난을 통해서 절망과 좌절만 건졌는데 다른 사람은 절망을 통해서 하나님을 건졌던 것입니다. 그러면 결국 환난당하지 않고 세상적인 것만 잔뜩 가지고 있는 사람과 차라리 세상 것을 다 잃어버리더라도 확실히 하나님을 찾은 사람이 있다면 어떤 사람이 더 복되다고 할 수 있을까요? 아마 세상 사람들은 환난을 당하지 않은 사람이라고 할 것입니다. 그러나 욥은 망하더라도 하나님을 만난 사람이 더 복되다고 주장하고 있는 것입니다. 그래서 우리는 눈에 보이는 것만 가지고 어떤 사람이 더 잘 되었고 복 받았다고 말할 수는 없는 것입니다.

1. 인간의 판단 기준

욥은 자기가 망한 주제에 세 친구의 말을 다 듣고 난 후 그들을 책망했습니다.

12:1-2, "욥이 대답하여 이르되 너희만 참으로 백성이로구나 너희가 죽으면 지혜도 죽겠구나"

이 구절이 옛 개역성경에는 "욥이 대답하여 가로되 너희만 참으로 사람이로구나 너희가 죽으면 지혜도 죽겠구나"라고 되어 있습니다.

여기서 '사람'이라는 것은 어떤 식견을 가지고 있고 말할 자격을 가지고 있는 사람을 말합니다. 즉 욥이 세 친구들의 이야기를 들어보니까 그들은 자꾸 욥에게 말하지 말고 듣기만 하라는 것이었습니다. 욥은 망했기 때문에 말할 자격이 없다는 것입니다. 이 세상에서 말할 자격이 있는 사람은 돈과 권력이 있고 지위도 있는 사람이지 가난하고 망한 사람은 말할 자격이 없다는 뜻입니다. 그것에 대해 욥은 이 세상은 돈이 있고 성공한 사람만 살 자격이 있는 세상이 아니라고 강조하고 있습니다. 즉 가난하고 망한 사람도 얼마든지 어떤 가치 있는 것을 말할 자격이 있다는 뜻입니다. 욥은 너희들이 죽으면 이 세상의 지혜가 없어지느냐고 말하고 있습니다. 얼마든지 다른 사람들이 있는 것입니다.

가끔 어떤 곳에서 이야기를 할 때 세상에서 성공하고 돈이 있는 사람만 말을 하고 다른 사람은 입을 다물고 있을 때가 거의 대부분입니다. 왜냐하면 그런 사람들이 모든 것을 좌지우지할 수 있다고 생각하기 때문입니다. 그러나 여기에 사실 중요한 오류가 있습니다.

역대하 18장에 보면, 이스라엘의 아합 왕 때 길르앗 라못이 원래 이스라엘 땅인데 아람이 돌려주지 않고 있었습니다. 그래서 아합 왕은 유다 왕 여호사밧이 왔을 때 같이 치러가자고 하니까 여호사밧이 먼저 하나님의 선지자의 말을 들어보자고 했습니다. 그때 선지자 사백 명이 나와서 올라가기만 하면 얼마든지 이길 수 있다고 긍정적인 예언을 했습니다. 왜냐하면 아합은 두 번이나 아람을 이긴 전쟁 영웅이었기 때문입니다. 그러나 사실 그때는 전쟁에 져야 하는데 바알에게 무릎 꿇지 않은 칠천 명 때문에 하나님께서 억지로 이기게 하신 것이었습니다. 그런데 거짓 선지자들은 모두 한결같이 아합에게 올라가기만 하면 전쟁에 이길 수 있다고 그에게 아첨하는 예언을 했습니다. 심지어 시드기야 같은 선지자는 쇠로 뿔을 만들어서 이 뿔로 아람을 무찌를 것이라고 말하기까지 했습니다.

그러니까 유다 왕 여호사밧은 이 사람들 외에는 선지자가 없느냐고 물었습니다. 왜냐하면 모두 똑같은 소리만 하고 있었기 때문입니다. 그때 아합은 미가야라는 선지자가 있는데 그 사람이 나쁜 예언만 하기 때문에 자기는 싫어한다고 했습니다. 그래도 여호사밧이 그 선지자의 말을 들어야 한다니까 데리고 오라고 합니다. 그래서 미가야는 그들 앞에서 예언을 합니다. 자기가 보니까 하나님 앞에서 회의가 열렸는데 하나님이 "이번에 누가 아합을 꾀어 전쟁에 나가서 죽게 하겠느냐?"고 하니까 한 영이 나와서 말하기를 자기가 하겠다는 것입니다. 그래서 어떻게 하겠느냐고 하나님이 물으시니까 자기가 거짓말하는 영이 되어서 모든 거짓 선지자 속에 들어가서 아합을 꾀겠다고 하니까 하나님께서 너는 성공할 것이라고 말씀하셨다는 것입니다. 지금 모든 선지자들이 아합에게 아첨하는 예언을 하는 것은 거짓 영이 들어가서 하는 것이었습니다. 결국 아합은 어떤 병사가 우연히 쏜 화살에 맞아서 죽게 되고 거짓 선지자들은 다 숨게 됩니다. 그래서 우리는 권력이 있거나 없거나 과연 어떤 것이 우리가 살 길인지 같이 찾아봐야지 무조건 크고 성공하고 잘된 사람의 말만 옳다고 한다면 거짓 영에게 속게 되는 것입니다.

12:3-4, "나도 너희 같이 생각이 있어 너희만 못하지 아니하니 그같은 일을 누가 알지 못하겠느냐 하나님께 불러 아뢰어 들으심을 입은 내가 이웃에게 웃음거리가 되었으니 의롭고 온전한 자가 조롱거리가 되었구나"

욥은 하나님을 잘 믿고 똑똑하고 부지런하면 복을 받는다는 것은 나도 충분히 아는 것이라고 말하고 있습니다.

사실 사람이 고생하는 것은 젊었을 때 많이 하게 됩니다. 그 이유는 자기가 성공할 수 있는 길을 찾지 못해서 방황하기 때문입니다. 그런데 자기 길을 찾은 사람들은 대개 성공을 합니다. 그러나 성공하고

난 후 나이가 들어서 망하는 경우에는 과욕을 부렸다거나 혹은 죄에 빠졌거나 남에게 속은 경우가 많습니다. 그러나 욥 같은 경우는 아주 이례적인 것이었습니다. 욥은 과욕을 부린 것도 아니고 남에게 속은 것도 아니고 죄를 지은 것도 아닌데 망한 것입니다. 욥은 여기서 무엇인가를 찾았습니다. 이것은 하나님이 하신 일이고 하나님이 무엇인가를 보여주시려고 하는 것이라는 주장이었습니다. 욥은 이 환난을 통해서 하나님의 실체를 알고 싶었습니다. 그러나 그의 세 친구는 여전히 성공했느냐 실패했느냐 하는 결과만 가지고 이야기를 하고 있었던 것입니다. 그래서 욥은 실패가 반드시 나쁜 것만은 아니라고 말을 하고 있습니다. 왜냐하면 아무래도 잘 살고 어려움이 없으면 그 결과만 가지고 만족하기 쉬운데 환난이 오면 하나님의 실체를 붙잡는 기회가 생기기 때문입니다. 그런데 사람들은 그것을 조롱하고 있다고 말하고 있습니다.

12:5-6, "평안한 자의 마음은 재앙을 멸시하나 재앙이 실족하는 자를 기다리는구나 강도의 장막은 형통하고 하나님을 진노하게 하는 자는 평안하니 하나님이 그의 손에 후히 주심이니라"

누구든지 재앙을 당하지 않은 자는 재앙을 우습게 압니다. 그러나 이 세상에 누군가는 재앙을 당하게 되어 있습니다. 그러나 어떤 경우에는 강도의 장막이 형통하고 하나님을 진노하게 하는 자도 평안할 수 있습니다. 왜냐하면 강도는 자기가 힘이 있고 무기가 있고 하나님을 진노하게 하는 자는 똑똑하고 실력이 있기 때문입니다. 그러나 그들은 진짜 하나님의 맛을 모르는 것입니다. 왜냐하면 진짜 하나님과의 대화는 고난과 환난 중에 시작하기 때문입니다.

2. 자연에게 물어보아라

욥은 세 친구에게 이 세상에서 이루어지는 것만 보지 말고 짐승들이나 새나 자연에게 물어보라고 이야기하고 있습니다.

12:7, "이제 모든 짐승에게 물어 보라 그것들이 네게 가르치리라 공중의 새에게 물어 보라 그것들이 또한 네게 말하리라"

욥은 친구들에게 짐승에게 물어보라고 했는데, 무엇을 물어보라는 것일까요? 너희는 우리 인간에 대하여 어떻게 생각하느냐는 것을 물어보라는 뜻일까요? 아니면 너희들은 무엇을 위해서 세상을 살아가느냐는 것을 물어보라는 뜻일까요? 우리 인간이 사는 이 세상은 마치 비닐하우스와 같아서 사실 자연의 위력을 잘 느끼지 못합니다. 전기를 사용하고 기름이나 가스로 난방하기 때문에 너무나도 편하게 살아가고 있습니다. 사실 우리는 노력한 것에 비하여 너무 많은 것을 가지고 있고 너무 잘 살고 있습니다.

그러나 짐승들은 모은 재산이라고는 없습니다. 그들은 매일 풀을 뜯어 먹든지 아니면 사냥하러 가야 합니다. 그래도 짐승들은 매일매일 진지하게 노력하면서 살아가고 있습니다. 그러나 지금은 이런 들짐승들은 거의 다 멸종하고 자연 공원에만 겨우 살아 있습니다. 이런 짐승들은 굴을 만들어서 생활하고 겨울에는 겨울잠을 자고 먹을 것을 찾아서 먼 곳까지 다닙니다. 그런데 인간이 총을 만들고 올가미를 만들어서 이런 짐승들을 거의 다 멸종시켰습니다. 고래, 물개, 곰도 죽이고 보이는 모두 다 죽였습니다. 공중의 새들에게 물어보면 무엇을 이야기 하겠습니까? 공중의 새는 재산 모은 것 하나 없습니다. 그러나 철새들은 수천 킬로를 날아다니면서 이동을 합니다. 그런데 요즘 새들은 사람들이 만든 고층 건물 유리에 부딪쳐서 많이 죽습니다.

12:8-10, "땅에게 말하라 네게 가르치리라 바다의 고기도 네게 설명하리라 이것들 중에 어느 것이 여호와의 손이 이를 행하신 줄을 알지 못하랴 모든 생물의 생명과 모든 사람의 육신의 목숨이 다 그의 손에 있느니라"

땅은 사람들이 마음껏 밟고 다니고 집을 지으면 집을 받쳐줍니다. 사람들이 더러운 것을 버려도 묵묵히 참습니다. 그런데 땅이 참지 못하는 것은 무죄한 피를 흘리면 그 사람들을 토해버린다고 했습니다. 또 음란한 짓을 하거나 우상숭배를 하거나 약한 사람을 학대해도 그런 사람들을 뱉어버린다고 했습니다. 옛날에 고등어는 영양가도 많고 워낙 싼 물고기였는데 이제는 없어지게 되었습니다. 즉 인간이 교만해서 하나님의 말씀에 불순종하면 자연이 먼저 피해를 입는다는 것입니다. 그것을 인간은 깨닫지 못하고 자기만 똑똑한 줄 알고 있습니다.

모든 생물의 목숨과 인간의 목숨은 하나님의 손에 달려 있습니다. 자연에는 어떤 한 종류만 많아지면 안 된다고 합니다. 뱀을 다 잡아버리니까 들쥐들이 많이 생겨서 강둑에 구멍을 파서 홍수가 나게 됩니다. 또 초식동물이 너무 많으니까 풀을 다 뜯어 먹어서 황폐화가 된다고 합니다. 그래서 늑대도 있어야 한다는 것입니다. 하나님은 자연에 균형을 맞추어주셨습니다. 그런데 인간의 욕심이 이 균형을 다 파괴시켜버린 것입니다. 그래서 지구의 온도가 올라가고 미세먼지가 생기고 바람이 통하지 않고 암 환자가 많이 생기는 것입니다.

12:11-13, "입이 음식의 맛을 구별함 같이 귀가 말을 분간하지 아니하느냐 늙은 자에게는 지혜가 있고 장수하는 자에게는 명철이 있느니라 지혜와 권능이 하나님께 있고 계략과 명철도 그에게 속하였나니"

혀는 음식이 너무 짜도 싫고 너무 싱거워도 싫어합니다. 소금을 너무 많이 넣어도 안 되고 설탕을 너무 많이 넣어도 안 됩니다. 그런데 술은 무한정으로 마시고 담배도 많이 피우고 음식도 너무 많이 먹습니다. 그 대신 귀는 하나님의 말씀을 들으려고 하지 않습니다.

12절을 보면, 오래 사는 사람은 나름대로 다 노하우가 있다는 것입니다. 즉 음식을 싱겁게 먹거나, 과식하지 않고 소식을 하거나, 걷기를 한다든지 하는 노하우가 다 있는 것입니다. 그러나 그것조차도 하나님이 주관하신다고 했습니다.

13절을 보면, 사람이 자기가 똑똑해서 건강관리를 잘 한다고 생각하지만 사실은 하나님이 그런 지혜를 주셨다는 것입니다. 그러나 오래 살아도 하나님을 믿고 영광 돌리면서 오래 살아야지 무조건 오래 사는 것은 복이 아닌 것입니다.

3. 하나님의 절대적인 능력

사실 정권을 가진 사람들이나 그의 참모들은 자기 스스로 대단한 권력을 가졌다고 생각합니다. 그래서 무엇이든지 자신들이 주장하는 것은 옳은 것이고 다른 사람들이 말하는 것은 거짓이라고 주장합니다. 그러나 이것은 하나님께서 이들에게 나라를 위해서 봉사할 수 있는 기회를 주신 것입니다. 그런데 하나님의 점수에 불합격이 되면 사정없이 부수어버리실 것입니다.

12:14, "그가 헐으신즉 다시 세울 수 없고 사람을 가두신즉 놓아주지 못하느니라"

관광지에 가면 오래 전에 허물어진 집인데 그냥 그대로 둔 것을 볼 때가 있습니다. 그런 집을 다시 짓지 않는 이유는 다시 지을 가치가 없기 때문입니다. 마찬가지로 하나님이 보시기에 가치가 없는 정권이나 권력자들의 집은 허물어버리십니다. 그러면 절대로 다른 사람이 그 집을 다시 세우지 않습니다. 왜냐하면 그럴만한 가치가 없기 때문입니다. 그런데 그것도 하나님이 결정하신다고 했습니다. 하나님이 물을 막으시면 온 세상이 사막으로 변하고 하나님이 물을 부으시면 온 세상은 홍수가 나게 됩니다. 하나님이 조금만 바람을 세게 불게 하시면 허리케인이 되어서 온 세상이 태풍으로 피해를 입고 하나님이 온도를 조금만 올리시면 온 세상은 찜통으로 변하게 됩니다.

12:15-16, "그가 물을 막으신즉 곧 마르고 물을 보내신즉 곧 땅을 뒤집나니 능력과 지혜가 그에게 있고 속은 자와 속이는 자가 다 그에게 속하였으므로"

세상에서 사람들끼리 아무리 속이고 속아봤자 전부 다 하나님의 손 안에 있는 것입니다. 하나님이 복을 주시면 속아도 잘 되고 하나님이 치시면 아무리 남을 속여도 망하는 것입니다.

모사는 머리가 아주 뛰어난 사람입니다. 그래서 왕이나 대통령을 도와서 정책을 다 만듭니다. 그러나 하나님은 그런 보좌관을 벌거벗겨서 끌고 갑니다. 왜냐하면 제멋대로 까불었기 때문입니다. 재판장은 범죄한 사람들에게 징역형을 내려서 감옥에 가두고 사형을 언도합니다. 그는 재판에 절대적인 권력을 가지고 있습니다. 그러나 그도 바보가 되는데, 나라가 망하면 재판장이 모두 재판받기 때문입니다. 또 왕이 끌려가게 됩니다. 하나님은 충성된 자의 조언도 아무도 듣지 않게 하시고 귀인도 멸시 당하게 하시고 강한 자들도 힘을 쓰지 못하게 하신다고 했습니다. 왜냐하면 하나님은 사람을 늙게 하시고 병들게 하시고 망하게 하시기 때문입니다. 하나님은 민족을 커지게도 하시고 멸하게도 하시고 넓게 퍼지게도 하시고 도로 포로로 끌려가게 하신다고 했습니다. 만민의 우두머리였던 자도 총명을 잃고 정치를 잘못해서 광야를 헤매게 되고 취한 사람같이 비틀거리게 하신다고 했습니다.

결국 하나님이 복을 주시거나 환난을 주실 때 그것 자체로 만족하거나 비통해해서는 안 되고 한 걸음 더 나아가서 하나님을 찾아서 만나야 하고 하나님의 음성을 직접 들어야 우리 인생이 아름답고 만족스럽게 되는 것입니다. 그렇지 않으면 아무리 이 세상에서 성공하고 똑똑해도 어두운 데를 방황하는 것 밖에 되지 않습니다.

12:24-25, "만민의 우두머리들의 총명을 빼앗으시고 그들을 길 없는 거친 들에서 방황하게 하시며 빛 없이 캄캄한 데를 더듬게 하시며 취한 사람 같이 비틀거리게 하시느니라"

만민의 우두머리도 사실 인생의 답을 알지 못합니다. 그래서 거친 들에서 방황하기도 하고 빛이 없는 캄캄한 데서 실컷 헤매다가 사람들을 많이 죽이고 겨우 살게 됩니다. 중국의 대약진 운동 때 중국 지도자 마오쩌둥은 삼천만 명 이상을 굶어 죽게 했다고 증언하고 있습니다. 그리고 자신은 얼마나 담배를 많이 피웠는지 나중에는 허파가 종이같이 되었다고 합니다. 우리가 하나님을 만나면 남을 죽게 하는 것이 아니라 살리게 하고 행복하게 하고 무엇을 하든지 아름답게 살게 됩니다.

욥은 그 엄청난 환난을 통해서 자기는 그동안 중간에서 맴돌았다는 것을 알게 되었습니다. 이제 욥은 복이나 재물이 문제가 아니라 하나님을 만나려고 하고 있습니다. 왜냐하면 이것이 진정으로 자신의 가치를 찾는 길이기 때문입니다. 우리도 하나님을 만나게 되시기 바랍니다. 모든 것을 다 잃어버리더라도 하나님을 만나면 아름다운 자신을 찾을 수 있을 것입니다.

13
욥이 남은 것

욥기 13:1-28

운동선수들은 춥다고 해서 옷을 잔뜩 입고 있으면 절대로 실력이 나오지 않습니다. 경기를 할 때에는 옷을 다 벗어버리고 아주 간단한 유니폼만 입고 뛸 때 실력이 나오는 것입니다. 마찬가지로 사람들은 왜 기독교가 능력이 없는가라는 질문을 많이 합니다. 그것은 운동을 하지 않는 운동선수들과 다를 바가 없습니다. 너무 살이 쪄서 몸이 뒤뚱거리니까 제대로 운동실력이 나올 수 없는 것입니다.

사도행전 3장에 보면 베드로와 요한이 성전 문에서 구걸하는 장애인에게 "은과 금은 내게 없거니와 내게 있는 이것을 네게 주노니 나사렛 예수 그리스도의 이름으로 일어나 걸으라"고 하니까 그 사람이 벌떡 일어났습니다. 예수님은 그야말로 가진 것이 없으셨습니다. 예수님은 "여우도 굴이 있고 공중의 새도 거처가 있으되 인자는 머리 둘 곳이 없다"(마 8:20)고 하셨습니다. 그리고 예수님이 십자가에 못 박히셨을 때는 입은 옷 외에는 가지신 것이 아무 것도 없었습니다. 예수님은 학벌도, 돈도, 집도 없으셨습니다. 그러니까 사탄의 세력을 부수고 사망의 세력을 부수고 부활하셨던 것입니다. 오늘 교회나 기독교인들은 가진 것이 너무 많습니다. 목사도 박사 학위도 가져야 하고 직책도 너무 많이 가지고 있고, 교회도 교인들이 너무 많고 재산이 너무 많으니까 뒤룩뒤룩해서 제대로 움직이지 못하는 것입니다.

욥은 엄청난 비극 가운데서 인생의 비밀들을 하나씩 하나씩 풀어 나가고 있습니다. 그 중 하나는 이 세상에는 두 종류의 돌이 있는데, 하나는 그냥 잡석이고 다른 하나는 보석이 든 돌인 것입니다. 그런데 잡석은 그냥 크고 잘 생긴 것을 골라서 적당하게 다듬어서 쓰면 되는데, 보석이 든 돌은 반드시 깨어야 한다는 것입니다. 그것도 그냥 깨기만 해서는 안 되고 완전히 박살을 내야하고 거기에 붙어 있는 찌꺼기들까지 다 제거해야 제대로 된 보석으로 빛날 수 있다는 사실이었습니다. 그래서 하나님은 보석이 든 돌들을 두들겨 부수시는 것입니다. 자존심이나 자기 생각이나 세상적인 가치관들을 다 두들겨 부수어야 그 안에 들어있는 믿음의 보석이 나오게 되는 것입니다.

본문 말씀을 보면, 욥이 좌충우돌하면서 친구들을 욕하고 하나님에 대해서도 더 이상 자기에게 손대지 말고 말씀으로만 하시라고 대어드는 모습처럼 보입니다. 어떻게 생각하면 오만한 것 같고 미친 사람처럼 보이기도 합니다. 그런데 이것이 바로 욥이 자신의 껍질을 깐 온전한 모습이라고 할 수 있습니다. 욥이 극심한 환난을 당해서 모든 껍데기가 다 벗겨지고 알맹이만 남았을 때 그에게는 바로 하나님밖에 없었습니다. 이것이 바로 능력 있는 크리스천의 비결이 되는 것입니다.

1. 더 바로 보게 되었다

우리는 욥이 고난당하고 몰락한 것만 생각한다면 그를 불쌍하게 생각할 것입니다. 그러나 욥은 단순히 고난당하고 망하기만 한 것이 아니었습니다. 욥은 오히려 고난을 통해서 자기 몸이나 생각에 붙어 있는 모든 불필요한 것들이 다 떨어져 나가고 오직 하나만 남게 되었습니다. 그것은 바로 하나님이었습니다. 그랬더니 욥은 오히려 모든 것을 더 분명하게 볼 수 있게 되었다고 고백하고 있습니다.

13:1, "나의 눈이 이것을 다 보았고 나의 귀가 이것을 듣고 깨달았느니라"

욥이 고난당하기 전에는 아무리 자신이 하나님을 사랑하고 바로 믿으려고 애를 썼지만 그의 눈은 바른 하나님을 보지 못했고 인간 세계만 보았습니다. 그리고 하나님의 음성을 듣는다고 했지만 세상의 소리나 사람의 소리를 더 많이 듣고 있었던 것입니다. 즉 많은 재산과 자식들을 가지고 있던 욥에게는 그의 눈을 가리는 것이 많았고 그의 귀를 덮는 것들이 너무 많았습니다. 우리가 세상에서 특별한 고난이나 환난 없이 성공하고 높은 자리에 올라가게 되면 언제나 보는 것이 세상 돌아가는 것이고 경제에 대한 정보이고 또 다른 사람들의 인정이나 평판 같은 것들입니다. 그래서 많은 것을 가진 사람들은 결국 사람들의 모임에 쫓아다니느라고 정작 하나님의 음성을 듣거나 하나님의 뜻을 행하는 일을 제대로 할 수 없는 것입니다. 결국 '좋은 것이 좋다'는 식인 것입니다.

그러나 하나님의 말씀은 예리한 검이 되어서 목표를 찔러야 하는 것입니다. 즉 화살이라면 과녁 중심을 딱 맞추는 화살이 되어야 하는 것입니다. 그러나 우리가 그냥 이 세상에서 성공하거나 다른 사람들의 인정을 받으면 예리할 수 없습니다. 왜냐하면 그렇게 하려고 하면 많은 사람이 싫어하게 되기 때문입니다. 그래서 하나님은 우리에게 환난을 주셔서 모든 껍데기가 더 떨어져 나가게 하시는 것입니다.

욥은 이렇게 하나님의 지독한 연단을 받는 가운데 그가 가졌던 모든 것들을 다 잃어버리게 되었습니다. 재산도, 명예도, 자식도 잃어버리고 외모나 평판이나 건강까지 다 잃어버리고 말았습니다. 그리고 욥에게 남은 것은 오직 몸뚱이 하나 그것도 병든 몸뚱이 하나 밖에 없었습니다. 역설적이게 그때 그에게 하나님이 눈에 들어오고 그의 음성이 들리게 되었습니다. 욥에게는 이제 다른 사람들이 전혀 눈에 들어오지 않았습니다. 욥은 이제 남들이 나를 어떻게 생각하며 친구들이 나를 어떻게 생각하는지는 완전히 없어져버렸습니다. 이제 욥에게 중요한 것은 하나님이 살리시면 내가 사는 것이고 하나님이 나를 죽이시면 나는 죽는다는 것입니다. 욥에게는 하나님 한 분 외에는 아무 것도 중요한 것이 없었습니다.

이때 비로소 욥은 모든 것을 잘 볼 수 있었고 모든 것을 더 잘 들을 수 있게 되었습니다. 즉 욥은 평소에 자신의 신앙이라는 것이 얼마나 다른 사람의 눈치에 의해서 좌우되며, 얼마나 자기 체면이나 이름을 내는 것에 의해서 좌우되며, 실제 우리 신앙에 있어서 하나님이 얼마나 뒤로 밀려 있었는가 하는 것을 깨닫게 된 것입니다. 욥은 환난을 당한 후에 자신의 신앙에 얼마나 많은 위선과 거짓과 탐욕이 채워져 있었는가 하는 것을 보게 되었습니다. 욥은 자기가 가졌던 모든 것을 다 잃어버림으로 손해를 본 것이 아니라 엄청난 것을 얻게 되었습니다. 그것은 하나님 한 분만 가지는 신앙을 가지게 된 것입니다.

욥은 자기가 "이것을 듣고 깨달았다"고 고백하고 있는데, 예전 개역성경에는 "이것을 듣고 통달했다"고 했습니다. 이것은 이제 비로소 제대로 하나님의 세계에 눈을 뜨게 되었다는 뜻입니다.

여기서 욥이 "내가 깨닫게 되었다"고 고백하는 것은 다른 뜻이 아니라 '하나님만 알게 되었다'는 의미입니다. 욥은 하나님 앞에서 세상적으로 망하게 되었을 때 하나님을 제대로 알게 되었던 것입니다. 그리고 보니 그동안 그가 잘 믿는다고 생각했던 것들이 모두 다 엉터리였던 것입니다.

우리는 이 세상의 것을 너무나도 많이 가진 것이 문제입니다. 세상 사람들에 비하여 하나도 뒤지지 않고 모든 것을 다 가지려고 하고 더 가지려고 하고 있습니다. 그런데 가만히 생각해 보면 우리가 하나님을 바로 안 것 하나만 해도 얼마나 엄청난 것입니까? 하나님은 하늘을 만드시고 땅을 만드시고 나를 만드신 분이신데, 그 분을 바로 알았다는 것은 온 세상을 다 가진 것이나 마찬가지입니다. 그런데도 세상에서 좋은 것을 더 가지려고 하니까 하나님의 능력이 나타날 수 없는 것입니다. 그래서 하나님을 제대로 믿으려고 하면 거의 미친 사람 취급을 받아야 합니다. 하나님도 의지하지만 돈도 의지하고 세상에서도 성공적인 사람으로 나타나기를 바라는 것이 우리의 문제입니다. 그래서 너무 몸이 둔하게 되고 정신은 흐리멍덩하게 되어서 복음의 능력이 제대로 나타나지 못하는 것입니다.

13:2, "너희 아는 것을 나도 아노니 너희만 못하지 않으니라"

이 말을 잘못 들으면 욥이 너무 건방지게 말을 한다는 식으로 이해하기 쉽습니다. 그러나 욥은 자신의 친구들을 너무 잘 이해하게 되었습니다. 그 이유는 자기 자신이 얼마 전까지만 해도 바로 그들과 똑같은 생각을 가지고 있었기 때문입니다. 욥의 친구들은 하나님을 믿으면 잘 살아야 한다고 생각을 하고 있습니다. 그래야 하나님의 이름에 욕을 돌리지 않고 다른 사람들을 도울 수 있다고 생각했습니다. 그러나 말은 맞는 말이지만 그 속에 들어있는 생각은 자기 욕심입니다. 그것은 내가 잘살겠다는 것입니다. 이것은 위선이고 거짓말입니다. 즉 하나님을 핑계대고 자기 욕심을 채우겠다는 생각입니다.

그런데 하나님께서 모든 것을 다 가져가셨을 때 이제는 더 이상 거짓말할 필요가 없어졌습니다. 이제 더 이상 위선의 탈을 쓸 필요가 없는 것입니다. 이때 비로소 우리가 제대로 믿는 것이 얼마나 어려운지를 깨닫게 되었습니다. 그리고 왜 우리 신앙에 하나님의 능력이 나타나지 않는지 알게 되었습니다. 그 이유가 무엇입니까? 오직 하나님 한 분만 의지해야 능력이 나타나는데, 우리는 너무나도 가진 것이 많고 너무나도 하나님 앞에서 배부른 상태이기 때문입니다.

욥은 무엇이라고 말을 하고 있습니까?

13:3, "참으로 나는 전능자에게 말씀하려 하며 하나님과 변론하려 하노라"

욥이 모든 것을 다 잃어버렸을 때 그에게 마지막으로 남는 것은 오직 하나님 한 분뿐이었습니다. 그래서 이제는 마음껏 하나님에게 말씀드리며 이제 마음껏 하나님께 변론할 수 있게 되었습니다. 이제 더 이상 눈치를 볼 사람들이 없어졌기 때문입니다. 이제는 더 이상 하나님과 욥 사이에 걸림돌이 되는 것이 없었기 때문입니다. 이제는 오직 하나님의 뜻만 생각하면 되고 이제는 그대로 행하기만 하면 되는 것입니다. 여기에서 하나님의 능력이 나타나게 됩니다.

오늘 우리의 질문은 "우리가 오직 하나님만 가질 수 없을까?" 하는 것입니다.

사실 하나님만 가진다는 것이 얼마나 부요한 것입니까? 그리고 하나님만 가진다는 것이 얼마나 홀가분한 것입니까? 그리고 그 신앙의 감격과 은혜의 복이라는 것은 말로 표현할 수 없습니다.

이스라엘 백성들이 진정으로 행복했던 때는 가나안 땅에 들어갔을 때가 아니라 광야에 있을 때였습니다. 이스라엘 백성들은 광야에서 하나님만 가졌습니다. 그리고 다른 것은 아무 것도 가진 것이 없었습니다. 그때 이스라엘은 먹는 것이나 마시는 것이나 병드는 것이나 아무 것도 염려할 필요가 없었습니다. 하나님께서 그들의 공급자가 되어주셨고 하나님이 그들의 치료자가 되어 주셨고 그들의 군대가 되어주셨기 때문입니다. 그런데 가나안 땅이 무엇이기에 이스라엘 백성들은 가나안 땅에 들어가고 난 후에 하나님을 잃어버렸습니다.

사실 사람은 넓은 집보다는 등만 눕힐 수 있는 공간이면 얼마든지 충분한 것입니다. 또 많은 가구나 책보다는 꼭 필요한 것 한두 가지만 가지면 얼마든지 풍족할 수 있습니다. 그러나 아이러니컬하게도 하나님께서 우리에게 너무 많은 복을 주신 것이 우리에게는 독이 된 것입니다. 오늘 기독교인들은 너무 많은 복을 받았기 때문에 복음적인 정신을 잃어버리고 있습니다. 결국 중요한 것은 많은 것을 가지거나 누리는 것이 아니라 정신의 문제입니다. 하나님 한 분만 가져야 가장 행복할 수 있습니다.

2. 친구들에 대한 욥의 변론

본문 두 번째 부분에서는 욥이 친구들을 향해 공격하는 내용이 나옵니다. 욥의 친구들은 참으로 그 당시에 너무나도 모범적이고 훌륭한 신앙을 가진 사람들이었습니다. 그러나 욥이 변화되고 난 후에 친구들의 신앙을 보니까 아직까지 너무나도 허영이 많고 인간적이라는 것을 알게 된 것입니다.

처음에 욥의 세 친구들은 욥이 완전히 끝장났다고 생각했습니다. 그러나 욥이 깨닫고 난 후에 보니까 끝장난 것은 욥이 아니라 오히려 그 친구들의 신앙이 그야말로 문제투성이였던 것입니다. 우리가 친구들에게 신앙적인 문제를 두고 이런 이야기를 할 수 있다는 것은 정말 어려운 일입니다. 이런 이야기를 한다는 것은 너무나도 친구의 자존심을 상하게 하는 것이고 의리를 끊게 만들기 때문입니다. 그러나 욥은 이런 말을 할 수 있었습니다. 즉 욥의 친구들이 자기 나름대로 잘 믿는다고 생각하고 세상적으로 성공했다고 생각하고 있지만 욥은 그들의 거짓과 위선을 꾸짖고 책망하는 것입니다.

예수님 당시에 유대인들에게는 세례 요한이 그런 사람이었습니다. 세례 요한 앞에서는 이 세상에 어떤 성공한 사람들도 모두 다 죄인으로 나타났고 야단을 맞았습니다. 심지어 그 당시에 신앙이 가장 좋다고 하던 바리새인들이 왔을 때 세례 요한은 그들을 향해 '독사의 자식들'이라고 책망을 했습니다. 그런데 유대인들은 세례 요한의 그 힐난한 책망을 달게 들었습니다. 그 이유는 세례 요한이 실제로 그렇게 살았기 때문입니다.

욥은 먼저 친구들의 잘못된 신앙의 관점부터 책망했습니다.

13:4, "너희는 거짓말을 지어내는 자요 다 쓸모없는 의원이니라"

욥은 친구들이 거짓말을 지어내어서 말하고 있다고 책망했습니다. 그것은 그들이 인생의 끝을 알지 못하고 지금 눈앞에 보이는 현상만 보고 말하고 있기 때문입니다. 만약 어떤 사람이 나중에 엄청나게 욕을 얻어먹고 망하게 될 텐데 그것도 모르고 남을 비판하고 있다면 그는 거짓말하는 사람인 것입니다. 그리고 "쓸모없는 의원"이라는 말은 병은 고칠 줄 모르고 진통제만 주는 의사라는 뜻입니다. 의사는 환자의 증세와 말을 들어보고 병의 원인을 찾아서 처방을 하든지 수술을 해야 하는데, 진통제만 주거나 해열제만 주면 병이 고쳐지지 않는 것입니다.

그 이유가 무엇입니까? 욥의 친구들은 일단 욥의 외모를 보고 판단하고 있었기 때문입니다. 욥이 이 정도로 심판받은 것은 그의 죄 때문이라고 판단하고 있는 것입니다. 그래서 친구들은 어떻게 해서든지 망한 욥이 하나님 앞에 회개하고 다시 힘을 낼 수 있도록 위로를 하려고 권면하고 있습니다. 그러나 이것은 병의 원인을 찾는 것이 아니라 진통제나 해열제를 주는 것에 불과한 것입니다.

욥은 환난을 통해서 하나님과 더 가까워지게 되었습니다. 욥에게는 다른 것은 다 없어지고 하나님만 남게 되었습니다. 이것에 대해서 욥의 친구들이 정말 제대로 된 신앙을 가졌다면 동정하고 야단을 칠 것이 아니라 오히려 기뻐하고 축하를 해야 한다는 것입니다.

13:5-7, "너희가 참으로 잠잠하면 그것이 너희의 지혜일 것이니라 너희는 나의 변론을 들으며 내 입술의 변명을 들어 보라 너희가 하나님을 위하여 불의를 말하려느냐 그를 위하여 속임을 말하려느냐"

원래 욥의 친구 엘리바스는 욥이 망했기 때문에 더 이상 다른 사람에게 말할 자격이 없다고 했습니다. 왜냐하면 교훈이라는 것은 성공한 사람이 실패한 사람에게 하는 말이기 때문입니다. 이것에 대해서 욥은 "도대체 성공이 뭐냐?"고 묻고 있는 것입니다. 이 세상에서 돈이 많아지고 유명해지는 것이 성공이냐 하는 것입니다. 하나님께서 우리에게 진정으로 원하시는 것이 바로 이것이냐 하는 것입니다. 욥은 오히려 진정으로 다른 사람들에게 말할 자격이 있는 사람은 하나님으로 인하여 고난을 겪고 가난해진 사람이라고 말하고 있습니다. 왜냐하면 그렇게 해야 하나님을 제대로 볼 수 있기 때문입니다.

그들은 정확한 하나님의 뜻을 모르면서 하나님의 뜻이라고 말하고 있습니다. 그런데 이런 것들이 하나님의 복이라고 떠들어대면 그것은 하나님의 이름을 팔아서 불의를 이야기하는 것 밖에 안 되는 것입니다. 하나님의 이름을 가지고 설교해서 성공하는 목회자들이 많이 있습니다. 이런 사람들이 다른 사람은 속일 수 있을지 몰라도 그것은 하나님을 빙자해서 사기를 치고 있는 것입니다. 그런데 구름떼와 같이 많은 사람들이 그런 사기꾼들의 말을 추종하고 있는 모습을 보게 됩니다.

우리는 부라고 하는 것이 얼마나 우리를 둔하게 만들며 미련하게 만들며 불순하게 만드는지 바로 알아야 합니다. 명예가 얼마나 우리를 거짓되게 만드는지 제대로 알아야 합니다.

> 13:8-9, "너희가 하나님의 낯을 따르려느냐 그를 위하여 변론하려느냐 하나님이 너희를 감찰하시면 좋겠느냐 너희가 사람을 속임 같이 그를 속이려느냐"

여기서 "하나님의 낯을 따른다"는 것은 자기들이 하나님의 뜻을 따르고 있다고 생각하고 있는 것입니다. 욥의 친구들은 정말 바른 신앙을 가지고 있고 하나님의 뜻대로 살고 있다고 믿고 있었습니다. 그리고 그 결과 그들은 많은 복과 명성을 누리고 있었습니다. 그런데 욥은 진짜 하나님의 은혜가 뭐냐고 묻고 있습니다. 진짜 하나님의 은혜는 적당하게 믿어서 사람들에게 존경받고 부자가 되는 것이냐 하는 것입니다. 그러나 이것은 자기 자신을 속이는 것 밖에 되지 않는 것입니다.

욥은 친구들에게 도대체 하나님이 너희들에게 무엇을 원하는지 알기는 하느냐고 책망하고 있습니다. 너희들이 나를 위로하려고 하는데 누가 누구를 위로해야 하는가라고 묻고 있는 것입니다. 사실 오늘 우리 한국교회를 철저하게 하나님 앞에서 벌거벗겨 놓으면 무엇이 남겠습니까? 우리는 하나님 앞에서 얼마나 쓸데없는 쓰레기들을 쌓아 놓고 이것이 하나님의 복이라고 떠들어대고 있는지 모릅니다.

> 13:10-11, "만일 너희가 몰래 낯을 따를진대 그가 반드시 책망하시리니 그의 존귀가 너희를 두렵게 하지 않겠으며 그의 두려움이 너희 위에 임하지 않겠느냐"

참으로 무서운 말입니다. 우리가 모두 하나님 앞에서 설 때에 얼마나 많은 거짓과 위선을 가지고 서게 되겠습니까? 얼마나 하나님의 뜻이 아닌 것을 하나님의 뜻이라고 고집을 부리고 억지를 부렸습니까? 그 뒷감당을 누가 어떻게 하겠습니까? 그러니까 진정한 복음의 기적과 능력이 나타나지 않는 것입니다. 하나님의 능력을 되찾으려면 가나안 땅이 아니라 광야로 가야 하는 것입니다. 전갈과 독사가 있는 그 광야에서 하나님을 찾아야 합니다.

친구들의 신앙은 굉장히 멋진 신앙이었습니다. 전혀 그 신앙에는 오류가 없었습니다. 그러나 딱 한 가지 빠진 것이 있다면 그것은 '파워'였습니다. 하나님의 능력이 없었던 것입니다.

13:12, "너희의 격언은 재 같은 속담이요 너희가 방어하는 것은 토성이니라"

그들의 격언은 재 같이 가치가 없었습니다. 그냥 불면 날아가 버리는 것이었습니다. 그리고 그들의 성은 토성이었습니다. 비가 많이 오면 다 부서지는 논리였던 것입니다. 그러나 욥은 겁날 것이 없었습니다. 왜냐하면 엉터리는 다 없어지고 하나님만 남았기 때문입니다.

3. 욥의 소원

욥은 이제 사람들의 눈치를 보거나 남을 위해서 믿어주는 것은 다 없어졌습니다. 이제 하나님께 무엇을 더 바라겠습니까? 욥은 하나님께 두 가지를 바라고 있습니다. 그 첫 번째는 이제 나를 그만 치시라는 간구입니다. 그리고 두 번째는 나를 불러서 말씀해 달라는 요청입니다.

13:20-22, "오직 내게 이 두 가지 일을 행하지 마옵소서 그리하시면 내가 주의 얼굴을 피하여 숨지 아니하오리니 곧 주의 손을 내게 대지 마시오며 주의 위엄으로 나를 두렵게 하지 마실 것이니이다 그리하시고 주는 나를 부르소서 내가 대답하리이다 혹 내가 말씀하게 하옵시고 주는 내게 대답하옵소서"

지금까지 하나님은 욥에게 많은 고통을 주셨습니다. 그런데 욥은 이제 나를 그만 치시라고 부탁을 합니다. 그 이유가 무엇입니까? 욥은 하나님이 고난을 주시는 이유를 알았기 때문입니다. 우리가 고난을 당했는데 도저히 그 이유를 모를 때는 아직 더 맞아야 합니다. 그런데 충분히 깨달았을 때에는 이제 그만 맞아도 되는 것입니다.

욥은 하나님을 믿노라고 하면서도 돈 욕심이나 세상적인 명예의 욕심을 버리지 못했던 것 같습니다. 아마 욥은 자식 사랑도 어느 누구보다 특별했던 것 같습니다. 그런데 하나님은 욥에게서 모든 것을 다 가져가 버리셨습니다. 처음에 욥은 이것이 이해가 되지 않았습니다. 왜 하나님은 우리를 사랑하신다고 하면서 이렇게 비참하게 하시고 이렇게 고통스럽게 하시는 것일까? 그러다가 욥은 깨닫게 되었습니다. 하나님께서 이 모든 쓸모없는 군더더기를 다 치우시고 오직 하나님 한 분만 붙들라고 하시는구나 하는 것을 깨닫게 되었던 것입니다. 이 때 욥은 고난의 의미를 알게 되었습니다. 그래서 더 이상 맞을 필요가 없었던 것입니다.

그리고 욥은 하나님께 자기 이름을 불러 주시고 말씀해 달라고 부탁하고 있습니다. 사람은 너무 미련해서 매만 맞아가지고서는 절대로 깨닫지 못합니다. 우리는 하나님의 말씀을 들어야 깨달을 수 있습니다.

욥의 소원은 더 인격적으로 하나님을 가까이 하기를 원하는 것입니다. 이제는 자발적으로 하나님께 나아가서 하나님이 하시는 말씀을 듣고 싶었습니다. 이제는 사람들이 하는 그 욕심과 허영에 찬 소리들은 다 없어지고 순수한 하나님의 말씀만 듣고 싶었던 것입니다.

욥은 자신이 하나님 앞에서 얼마나 가치 없는 자인지 고백하고 있습니다.

13:25, "주께서 어찌하여 날리는 낙엽을 놀라게 하시며 마른 검불을 뒤쫓으시나이까"

이는 '하나님은 왜 바람에 날리는 낙엽을 놀라게 하시며 마른 검불을 상대하십니까?' 하는 뜻입니다. 욥에게 이해가 되지 않는 것이 바로 이것이었습니다. 왜 하나님은 상대할 가치가 없는 나 같은 인간을 표적으로 삼으시고 끝까지 붙잡고 늘어지실까 하는 것입니다. 우리는 하나님의 관심이나 사랑을 받을 가치도 없고 자격도 없습니다. 그런데 왜 하나님은 끝까지 우리를 추격하셔서 하나님을 붙잡게 하시고 믿음을 가지게 하실까요? 그 이유를 알 수가 없습니다. 그저 신기할 뿐입니다.

우리가 늘 이해가 안 되는 것이 있는데, 정말 하나님이 나 같은 것에게 그렇게 많은 관심을 쓰실까 하는 것입니다. 사실 우리에게 가장 힘든 것이 바로 이것입니다. 하나님이 이렇게 신경을 쓰신다면 우리는 아무 죄도 지을 수 없습니다. 우리는 하나님만 생각해야 할 것입니다. 그러나 우리는 하나님보다 죄를 더 생각하고 죄짓는 것을 더 좋아합니다.

13:27-28, "내 발을 차꼬에 채우시며 나의 모든 길을 살피사 내 발자취를 점검하시나이다 나는 썩은 물건의 낡아짐 같으며 좀 먹은 의복 같으니이다"

하나님은 욥이 아무데도 가지 못하도록 그의 발을 차꼬에 채우셨습니다. 그는 이제 하나님 앞에서 꼼짝도 못하고 있어야 합니다. 그런데 욥은 너무 죄가 많아서 어떻게 해야 할지 알 수 없었습니다.

우리는 하나님 앞에서 썩은 물건이 부패한 것 같습니다. 우리는 하나님 앞에서 모두 쓰레기 같은 인생인 것입니다. 그런데 하나님은 이 쓰레기들을 보석으로 만들어 주셨습니다. 이것이 말씀의 위대한 점입니다.

우리는 믿는다고 하면서도 너무 많은 것을 가지고 있고 너무 쓸데없는 것을 붙잡고 신앙생활을 하고 있습니다. 이제 우리는 진정 하나님 앞에서 나의 참된 모습을 보아야 할 필요가 있습니다. 우리는 너무 많은 돈을 움켜쥐고 탐욕스럽게 살아가고 있지 않습니까? 우리는 너무 많은 사람들의 눈치를 보느라고 하나님을 우리의 우선순위에서 밀어내고 있지 않습니까? 사실 우리가 진정 하나님만 가진다면 우리에게는 혁명적인 변화가 일어날 것입니다.

14
인생의 숙제

욥기 14:1-22

학생들은 학교를 마쳤다고 해서 마음대로 놀 수 없습니다. 왜냐하면 선생님들이 숙제를 내주기 때문입니다. 학생들이 숙제를 해가지 않으면 선생님에게 야단을 맞든지 아니면 성적이 나쁘게 나오게 됩니다. 대학생들이나 대학원생들도 텀페이퍼 같은 것을 내기 위해서는 책을 읽어야 하고 조사를 해야 하기 때문에, 어떤 때는 밤을 새우면서 숙제를 해야 합니다. 마찬가지로 우리 인생에도 숙제가 있습니다. 이런 숙제를 하지 않고 놀기만 하면 좋겠지만 그러면 멍텅구리 인생이 되고 말 것입니다.

그리스 신화에 '스핑크스'라는 괴물이 나오는데 머리는 여자 머리이고 몸은 사자의 몸이고 독수리의 날개를 가진 괴물입니다. 스핑크스는 지나가는 사람들마다 붙잡고 수수께끼를 내었는데 그것을 풀지 못하면 모두 물어 죽였습니다. 그 수수께끼는 "아침에는 네 발로 걷고 낮에는 두 발로 걷고 저녁에는 세 발로 걷는 짐승이 무엇이냐?" 하는 것이었습니다. 지나가던 사람들은 그 수수께끼를 풀지 못해서 모두 스핑크스에게 물려 죽었습니다. 그러다가 오이디푸스가 거기를 지나가게 되었는데, 오이디푸스는 그 수수께끼를 듣고 "그 짐승은 사람이라"고 대답을 합니다. 사람은 어려서는 네 발로 기고 자라서는 두 발로 뛰어다니고 늙어서는 지팡이를 짚고 다니기 때문에 정답은 사람이라는 것입니다. 그랬더니 스핑크스는 오이디푸스가 알아맞히니까 화가 나서 절벽에서 떨어져 죽어버렸습니다. 그런데 요즘은 할머니들이 보행보조기를 밀고 다니기 때문에 그 답이 틀릴 수도 있습니다.

결국 우리에게 있어서 "우리 인생이 무엇이냐?" 하는 질문은 너무 어렵고도 중요한 질문인 것 같습니다. 욥은 본문에서 그 인생에 대한 질문에 대하여 답을 찾고 있습니다. 그런데 욥이 너무 정확하게 인생에 대해 파고 들어가고 있기 때문에 아마 스핑크스가 있었더라면 화가 나서 한 번 더 절벽에서 떨어져 죽었을지도 모르겠습니다.

우리가 본문 말씀을 그냥 읽어보면 욥이 인생의 허무함에 대하여 이야기를 하고 있는 것 같습니다. 그러나 욥은 단순히 인생의 허무함에 대해서만 말하고 있지 않습니다.

우선 본문에서 욥은 인생의 두 가지 모순되는 것에 대하여 언급하고 있습니다. 그 하나는 인생의 아름다움입니다. 인생은 이 세상에서 꽃처럼 아름다운 존재입니다. 아마 이 세상에서 인간처럼 아름다운 존재는 없을 것입니다. 그러나 우리 인간에게는 문제가 또 하나 있습니다. 그것은 바로 인간의 그 아름다움은 오래가지 않고 다 죽는 존재라는 것입니다. 즉 인간이라는 존재는 인생의 아름다움과 죽음 이 두 가지 사이에서 엄청나게 갈등을 하게 된다는 것입니다. 우리 인간이 아름답지 않든지 아니면 죽지 않든지 하면 고민할 것이 없을 텐데, 너무 뛰어나고 아름답지만 죽어야 하고 죽으면 영원히 없어져야 한다는 것입니다. 그러면서 욥은 우리가 이 세상에 살면서 반드시 이 문제에 대하여 해답을 얻어야 한다고 했습니다.

우리는 이 세상에 살면서 해보고 싶은 것도 많고 가보고 싶은 곳도 많을 것입니다. 그러나 그것은 모두 잘못된 길로 들어서는 것입니다. 우리는 이 세상사는 동안 하나님을 상대로 해서 죄 용서를 받아야 합니다. 그래야 우리의 문제가 풀릴 수 있는 것입니다.

1. 인생의 아름다움

무엇보다 욥은 인생이 참 아름답다고 말하고 있습니다. 욥은 인생의 그 아름다움을 꽃에 비유하고 있습니다.

> 14:1-2, "여인에게서 태어난 사람은 생애가 짧고 걱정이 가득하며 그는 꽃과 같이 자라나서 시들며 그림자 같이 지나가며 머물지 아니하거늘"

2절에 "그는 꽃과 같이 자라나서"라고 했습니다. 이 세상에 피는 꽃들은 모두 다 아름답습니다. 꽃들 중에는 장미도 있고 벚꽃도 있고 진달래도 있고 양란도 있습니다. 저는 싱가포르에서 가장 인상적으로 보았던 것은 식물원에 있는 오키드라는 양란이었습니다. 그 오키드 중에는 마가렛 대처라는 이름을 가진 양란도 있었습니다. 어린아이들은 어렸을 때 참 귀엽습니다. 어른들은 아이들이 너무 예뻐서 아이들이 자라지 않았으면 좋겠다고 말하기도 합니다. 우리 인간은 젊음이 아름답습니다. 그리고 그 이상과 꿈이 아름답습니다. 우리 인간은 또 사랑이 아름답습니다. 우리 인간에게는 아름다운 것들이 너무 많이 있습니다. 그래서 욥은 우리 인생은 자라는 것이 꽃과 같이 아름답다고 감탄하고 있습니다. 그러나 우리 인간에게는 아름다움만 있는 것이 아니라 또한 많은 문제가 있습니다.

우리 인간 한 사람 한 사람을 먼데서 볼 때에는 마치 꽃처럼 아름답고 싱싱한 것 같습니다. 그러나 가까이에서 자세히 보면 우리 모든 인생은 너무나도 많은 고통들을 안고 살아가고 있는 것입니다. 겉으로 보기에는 한 사람 한 사람이 너무 멋있고 아름다운 것 같은데 그들의 이야기를 자세히 들어보면 과거에 엄청나게 고생을 했고 지금도 마음에 상처가 있으며 병을 가지고 살아가고 있는 것을 알게 됩니다. 그래서 우리는 어떤 때 사람을 자세히 모르는 것이 더 좋겠다는 생각을 하게 됩니다. 참으로 아름답고 멋있게 생긴 여인인데 실제로는 너무 가난하기도 하고 암이 있다든지 남편이 의처증이 있다든지 해서 많은 고통을 받고 있는 모습을 보게 됩니다.

 우리 인간은 꽃처럼 아름답지만 꽃 같이 연약해서 병도 잘 걸리고 고통도 잘 받고 먹고 살아야 하고 열등감도 심하고 마음에 상처도 잘 받고 사회적으로도 인정받지 못하고 그 뿐만 아니라 죄를 지으면서 살아가고 있는 것입니다.

 14:3-4, "이와 같은 자를 주께서 눈여겨 보시나이까 나를 주 앞으로 이끌어서 재판하시나이까 누가 깨끗한 것을 더러운 것 가운데에서 낼 수 있으리이까 하나도 없나이다"

 그런데 인간 스스로도 깨닫지 못하는 것은 인간은 마음속에 죄를 가지고 살아가고 있다는 것입니다. 우리 인간 한 사람 한 사람의 기억과 뇌를 파고 들어가 보면 끔찍한 죄가 없는 사람은 하나도 없습니다. 우리는 가끔 신문이나 텔레비전에서 겉으로는 멋있고 멀쩡하게 생긴 사람이 끔찍한 죄를 지은 것을 보면 놀라게 됩니다. 우리 인간은 우리들이 보기에도 이토록 심각한데 하물며 하나님의 눈으로 보면 얼마나 더 끔찍하겠습니까?

 여기서 우리는 욥이 주장하는 논리를 잘 이해해야 합니다. 욥이 말하는 것은 인간이 무조건 나쁘다거나 의미가 없다는 것이 아닙니다. 우리 인생에는 정말 아름답고 소중한 것들이 많이 있습니다. 그러나 인간은 그 아름다운 것들에 비하여 잡아매고 있는 것들이 너무 많아서 그 아름답고 소중한 것들을 제대로 피워보지도 못하고 시들어 버린다는 것입니다.

그 문제가 어디에 있습니까? 욥은 죄 때문이라고 주장하는 것입니다.

4절에 "누가 깨끗한 것을 더러운 것 가운데에서 낼 수 있으리이까 하나도 없나이다"라고 했습니다.

인간 속에는 분명히 깨끗한 부분도 있습니다. 그러나 인간은 속이 완전히 썩어 있어서 겉으로는 깨끗해도 이 깨끗한 것을 꺼낼 수가 없는 것입니다. 그래서 결국 인간은 품꾼들처럼 하루 일해서 임금을 받고 집으로 돌아갈 수밖에 없다는 것입니다.

14:5-6, "그의 날을 정하셨고 그의 달 수도 주께 있으므로 그의 규례를 정하여 넘어가지 못하게 하셨사온즉 그에게서 눈을 돌이켜 그가 품꾼 같이 그의 날을 마칠 때까지 그를 홀로 있게 하옵소서"

하나님은 사람들이 이 세상에 사는 연수까지 다 정해놓으셨기 때문에 결국 우리 인간은 아무 것도 제대로 하지 못하고 일이나 하고 품삯이나 받고 살다가 죽는 수밖에 없는 것입니다.

그러나 우리에게 남는 강한 아쉬움이 하나 있습니다. 그것은 그렇게 하기에는 우리 인간의 아름다움이 너무 아깝다는 것입니다. 인간의 영혼은 너무 아름답고 귀하다는 것입니다. 그러나 인간이 자신을 찾지 못하면 결국 돈이나 벌다가 죽는 품꾼의 인생에 불과한 것입니다.

우리 인간에게 많은 문제가 있음에도 불구하고 우리 인간의 영혼은 아름답습니다. 우리 인간에게는 죄가 있고 병이 있고 경쟁이 있지만 그럼에도 불구하고 그 영혼은 너무나도 아름답고 이렇게 썩어 없어지기에는 너무나도 아까운 존재라는 것입니다.

그리고 또 하나는 이런 인간에 대하여 하나님은 많은 관심을 가지고 계신다는 사실입니다. 우리 인간이 아무 것도 아니라면 하나님은 상관하실 필요가 없을 것입니다. 하나님은 우리 인간을 그냥 포기하시면 되는 것입니다. 그러나 하나님은 우리를 계속 살피고 계시고 우리에게 특별한 관심을 가지고 계신 것입니다.

여기서 결론부터 말씀을 드리면, 우리 인간이 자신의 영혼 문제를 두고 고민을 하는 것이 엄청나게 중요하다는 것입니다. 우리는 이 세상에서 해결 받아야 할 것들이 많이 있습니다. 하루하루 먹고 살 것도 있어야 할 것이고 살 집도 있어야 할 것입니다. 또 현실적으로 해결해야 할 많은 문제들이 있습니다. 그러나 그보다 더욱 중요한 것은 우리 인간 안에 있는 아름다움에 대한 생각입니다. "내 안에 있는 아름다움은 누가 준 것이며 왜 이것이 내 안에 있을까?" 하는 것입니다. 즉 하나님께서 우리에게 주신 꽃에 대한 고민인 것입니다.

우리가 자신의 영혼에 대하여 깊이 고민할 때 우리는 하나님을 만나게 됩니다. 모든 인간은 품꾼같이 살아가고 있습니다. 전부 일하고 돈 받고, 먹고 마시고 놀고 끝나는 것입니다. 그러나 하나님은 분명히 우리에게 품꾼 이상이 되는 길을 준비해 놓고 계시는 것입니다. 그래서 아무 것도 아닌 인생에게 관심을 가지고 계시며 욥 같은 사람을 자꾸 불러서 심문하시는 것입니다.

본문에서 욥이 던지는 문제는 아주 심각한 것입니다. 그것은 우리 인생이 이 세상에서 그냥 이대로 살다가 죽기에는 너무 아까운 존재라는 것입니다. 이것은 아마 모든 사람이 다 공감할 것입니다. 그러면 이렇게 살다가 죽지 않는 길이 있을까 하는 것입니다. 그것에 대한 성경의 대답은 있다는 것입니다. 그 하나는 자기 영혼에 대한 관심을 가지고 하나님 앞에서 죄 용서를 받는 것입니다. 그렇게 하지 않는 사람의 인생은 모두 이 세상에서 품꾼의 인생과 같게 될 것입니다.

우리 사회는 세상만 바라보고 정신없이 뛰어야 겨우 따라갈까 말까한 세상입니다. 학교에서 공부하는 것이나 직장 생활하는 것 외에 다른 것을 생각할 정신적인 여유가 없습니다. 죽어라고 이 세상이 요구하는 것을 향하여 달려가야 겨우 따라갈 수 있을 것입니다. 그러나 그것은 속임수입니다.

우리는 이 세상을 따라가는 것을 멈추어야 합니다. 다른 사람들은 모두 떼를 지어서 세상을 향하여 넓은 길로 달려가지만 우리는 그 자리에 멈추어 서야 합니다. 그리고 우리는 방향을 틀어서 다른 길로 가야 합니다. 그 길은 좁은 길입니다.

그 첫 번째 관문이 무엇입니까? "너는 하나님 앞에서 죄인이다"라는 것입니다. 하나님은 나의 죄를 속속들이 보시면서 그 모든 죄를 도대체 어떻게 할 것이냐고 물으시는 것입니다. 그때 우리의 대답은 우리는 할 수 있는 것이 아무 것도 없다는 것입니다.

"누가 깨끗한 것을 더러운 것 가운데에서 낼 수 있으리이까 하나도 없나이다"(4절).

이처럼 우리가 하나님 앞에 고백할 수 있는 것은 내 안에는 선한 것이 없나니 하나도 없다는 고백입니다. 그때 하나님은 나의 실패한 인생을 가져가시고 새로운 인생을 주십니다. 이 인생은 죄가 해결된 새로운 인생입니다.

2. 인간의 소생

여기서 '소생'이라는 것은 죽었다가 다시 살아나는 것을 말합니다. 본문 말씀은 두 가지 소생에 대해서 말씀하고 있습니다. 하나는 식물의 소생입니다. 나무는 말라서 죽은 것 같은데도 나중에 수분이 공급되면 다시 싹이 나면서 살아납니다. 그리고 두 번째는 사람의 소생입니다. 사람은 아깝게도 일단 한번 죽으면 다시 살아날 수 없습니다. 모든 것이 끝장나는 것입니다.

14:7-9, "나무는 희망이 있나니 찍힐지라도 다시 움이 나서 연한 가지가 끊이지 아니하며 그 뿌리가 땅에서 늙고 줄기가 흙에서 죽을지라도 물 기운에 움이 돋고 가지가 뻗어서 새로 심은 것과 같거니와"

나무는 정말 놀라운 생명력을 가지고 있습니다. 어떤 나무는 누군가가 도끼나 톱으로 나무 등지를 잘라버린 것 같습니다. 그러면 나무는 죽어야 하는데 나중에 수분이 공급이 되면 잘려진 줄기에서 싹이 나면서 나무가 다시 자랍니다. 그리고 또 하나는 나무가 너무 말라서 뿌리가 흙 속에서 죽었고 줄기도 죽었는데 수분이 공급이 되니까 다시 가지가 생기면서 나무가 살아나는 것입니다. 여기에 보면 "물 기운"이라고 했습니다. 영어 번역에는 '물 냄새'라고 번역하고 있습니다. 식물은 말라 죽은 것 같다가도 물 냄새만 맡아도 살아난다는 것입니다.

호주의 어떤 곳에는 몇 년 동안 비 한 방울 내리지 않는 곳도 있다고 합니다. 그러면 벼락이 들판에 떨어져서 대화재가 일어나게 됩니다. 그러면 수많은 양들이 죽고 나무들이 불에 타 죽고 풀들도 다 죽습니다. 그러다가 비가 쏟아지기 시작하면 풀들이 다시 살아난다는 것입니다.

그러나 사람은 아무리 용사라 하더라도 일단 한번 죽으면 다시 살아날 수가 없습니다.

14:10-12, "장정이라도 죽으면 소멸되나니 인생이 숨을 거두면 그가 어디 있느냐 물이 바다에서 줄어들고 강물이 잦아서 마름 같이 사람이 누우

면 다시 일어나지 못하고 하늘이 없어지기까지 눈을 뜨지 못하며 잠을 깨지 못하느니라"

사람은 너무나도 아까운 것이 살아있는 동안에는 운동도 하고 노래도 부르고 말도 하고 책도 쓰고 신적인 존재인 것 같은데, 일단 한 번 죽어버리면 하나의 살덩어리에 불과한 것입니다. 죽은 사람은 아무 것도 할 수 없습니다. 아무리 돈이 많아도 쓸 수 없고 아무리 지식이 있어도 말할 수 없고 아무리 권력이 있어도 아무도 알아주지 않습니다. 사람이 죽으면 급격하게 부패하면서 구더기가 생기게 되기 때문에 빨리 태우든지 땅에 파묻어야 하는 것입니다. 그리고 그 사람은 이 세상에서 영원히 없어지게 됩니다.

"인생이 숨을 거두면 그가 어디 있느냐"

사람은 죽으면 너무 빨리 잊히게 됩니다. 즉 그 사람 없이도 세상은 너무 잘 돌아가는 것입니다.

여기 11절에 "물이 바다에서 줄어들고 강물이 잦아서 마름 같이"라고 했습니다. 이 말을 이해하려면 이곳의 지리를 알 필요가 있습니다. 여기에서는 호수나 큰 못도 바다라고 부릅니다. 여기는 덥고 건조한 곳이어서 우기 때 생긴 못이나 강이 건기가 되면 완전히 말라서 없어져버립니다. 이와 마찬가지로 사람은 살아있을 때가 의미 있는 것이지, 죽으면 말라서 없어져버린다는 것입니다. 나중에는 그의 모든 기억까지도 말라서 없어져버리게 됩니다. 그래서 인간은 이 세상에 살아있을 때 무슨 해결을 봐야 합니다. 그렇지 않고 그냥 죽어버리면 하늘이 없어질 때까지 다시 눈을 뜨지 못하게 됩니다.

그러면 이 세상에 살아있는 동안 무엇을 해야 합니까? 우리는 하나님을 만나야 하고 인생의 목적을 찾아야 하는 것입니다. 그렇지 않은 사람은 나무보다 못한 존재입니다. 그래서 차라리 이 세상에서 환난을 당하더라도 인생의 문제로 고민을 하는 것이 사는 길인 것입니다.

14:13-14, "주는 나를 스올에 감추시며 주의 진노를 돌이키실 때까지 나를 숨기시고 나를 위하여 규례를 정하시고 나를 기억하옵소서 장정이라도 죽으면 어찌 다시 살리이까 나는 나의 모든 고난의 날 동안을 참으면서 풀려나기를 기다리겠나이다"

원래 "스올"은 죽음을 의미하지만 여기서는 환난의 고통을 당하는 것을 말합니다. 욥은 차라리 이 세상에서 사람들로부터 죽은 사람 취급을 당하는 한이 있다 하더라도 죽었다 생각하고 끝까지 참아서 하나님을 만나고야 말겠다고 고백하고 있습니다.

우리는 하나님의 연단을 받으면서 세상적으로 낙오자가 되고 쓸모없는 사람이 되고 맙니다. 사람들은 이 세상에서 좋은 직장을 가지고 열심히 돈을 벌면서 뛰는 사람들을 알아주고 인정해 줍니다. 그러나 우리는 이 세상에서 살아있기는 한데 죽은 것이나 마찬가지인 것입니다.

그러나 이것이 바로 사람으로 소생할 수 있는 유일한 길입니다. 우리가 이 세상에 있는 동안 하나님 앞에 죄를 회개하고 새 사람 되는 것이 다시 사는 길입니다. 욥은 "나를 스올에 감추시며 주의 진노를 돌이키실 때까지 나를 숨겨 달라"고 간청하고 있습니다. 이것이 바로 하나님의 손에 연단을 받는 것입니다.

우리는 죄 용서받는 것으로 충분하지 않습니다. 우리 안에는 아직 세상적인 습관과 사고방식이 그대로 남아 있기 때문입니다. 그래서 우리는 하나님이 주시는 연단을 받아야 합니다. 하나님의 연단을 받으면서 우리는 이 세상에 대하여 한 번 죽습니다. 그리고 우리는 결사적으로 하나님만 붙잡게 됩니다. 그때 하나님의 능력이 임하면서 다시 살게 됩니다. 이때 우리는 진짜 아름다운 인생의 꽃으로 피어나는 것입니다.

우리 안에는 하나님의 능력이 있습니다. 우리 안에는 하나님의 사랑이 있습니다. 우리에게는 하나님의 복이 있습니다. 이것이 이 세상 사람들이 보기에도 너무나도 아름답고 너무나도 귀한 것입니다. 이것이 우리가 다시 소생하는 것입니다.

그래서 우리가 이 세상에서 정말 영원히 멸망하지 않으려고 하면 절대로 남들이 하는데서 세상으로 달려가서는 안 됩니다. 세상에서 실패를 각오해야 합니다. 세상에서 완전히 버림받은 자가 되어야 합니다. 그 대신 하나님의 능력으로 새로 태어나야 합니다.

3. 하나님의 결심

14:20, "주께서 사람을 영원히 이기셔서 떠나게 하시며 그의 얼굴 빛을 변하게 하시고 쫓아보내시오니"

본문을 보면 "주께서 사람을 영원히 이기신다"는 말씀이 나옵니다. 하나님이 사람을 이기신다는 것은 무슨 뜻일까요? 이것은 결국 하나님의 의지가 우리를 이긴다는 뜻입니다. 야곱은 아주 고집이 센 사람이었고 자기가 하려고 하는 것은 다 해야 직성이 풀리는 사람이었습니다. 그러나 하나님은 야곱이 하나님을 믿고 의지하기를 원하셨습니다. 결국 하나님과 야곱은 얍복강가에서 아주 격렬한 씨름을 하게 됩니다. 야곱은 밤새 지지 않고 버티다가 결국 허벅지 관절의 뼈가 탈골이 되어서 이길 수 없게 됩니다. 그때 그는 천사에게 울면서 축복을 부탁합니다. 그때 하나님은 야곱이 이겼다고 인정해주셨습니다. 결국 우리가 하나님에게 지는 것이 이기는 것입니다.

사람에게는 자기 고집대로 살고 싶은 강한 욕망과 의지가 있습니다. 더욱이 사람들은 눈에 보이는 이 세상의 출세와 영광에 마음이 끌려서 절대로 딴 것은 보지 않으려고 합니다. 거기에 비하여 하나님은 눈에 보이지 않고 하나님의 말씀도 손에 잡히는 것이 없습니다. 그래서 우리 인간은 하나님의 손에 붙잡히지 않고 자기 욕심대로, 자기 정욕대로 살아갑니다.

그러나 이것은 하나님이 이기시는 것이 아니고 인간이 이기는 것입니다. 인간이 이기면 우리 인생은 파멸입니다. 그러나 우리 인간이 하나님에 대하여 믿음을 가진다는 것은 불가능한 일입니다. 그런데 놀라운 것은 하나님께서는 우리를 꺾으셔서 우리로 하여금 우리의 생각이나 이 세상을 바라보지 않고 하나님을 믿고 살게 하시는 것입니다. 이런 믿음의 사람이 생기는 것이 기적입니다. 이것이 하나님께서 이기시는 것입니다.

그리고 최종적으로 하나님께서는 끝까지 세상만 바라보고 산 자들은 반드시 심판하십니다. 그때는 아무리 이 세상에 학벌이 좋고 지위가 높아도 하나님은 인정사정 보시지 아니하십니다. 왜냐하면 이미 그 인생 자체가 썩었고 병들었기 때문입니다.

14:18-19, "무너지는 산은 반드시 흩어지고 바위는 그 자리에서 옮겨가고 물은 돌을 닳게 하고 넘치는 물은 땅의 티끌을 씻어버리나이다 이와 같이 주께서는 사람의 희망을 끊으시나이다"

오랜 세월이 지나면 강산도 변하게 됩니다. 산도 흩어지고 바위도 옮겨지고 물은 돌을 닳게 합니다. 그런데 이런 산이나 바위나 돌보다도 더 변하기 어려운 것이 인간의 마음입니다. 그러나 하나님은 아주 놀라운 계획을 하나 가지셨습니다. 그것은 바로 이 돌보다 더 단단한 인간의 마음을 바꾸어서 하나님을 믿는 믿음으로 살게 하시겠다는 계획입니다. 이 세상에서 자신의 머리나 돈이나 권력을 의지하지 않고 하나님을 믿고 사는 사람들이 생기는 것입니다.

여기에서 가장 어려운 것이 사람의 죄를 없애는 것입니다. 그런데 하나님은 이 일을 하셨습니다.

14:16-17, "그러하온데 이제 주께서 나의 걸음을 세시오니 나의 죄를 감찰하지 아니하시나이까 주는 내 허물을 주머니에 봉하시고 내 죄악을 싸매시나이다"

우리가 연단 받으면 우리 생각에는 하나님께서 우리의 죄를 일일이 다 헤아리시는 것 같습니다. 왜냐하면 아무리 회개하고 또 회개해도 하나님이 용서하시지 않는 것 같기 때문입니다. 그러나 하나님은 우리 죄를 갚으시려고 헤아리시는 것이 아니라 전부 다 치우시려는 것입니다. 그래서 하나님은 우리 죄를 전부 주머니에 넣어서 봉해버리십니다. 우리의 모든 죄를 다 싸매십니다. 그것은 나중에 다시 펼쳐 보시려고 그렇게 하시는 것이 아니라 완전히 치워버리시려는 것입니다. 이것이 우리가 이 세상에서 해야 하는 가장 중요한 일입니다. 죄가 해결되지 않은 인생은 실패한 인생입니다.

우리는 이 세상에 있는 명예나 돈이 자신의 것이라고 생각하면 속는 것입니다. 우리가 이 세상에서 해야 할 것은 우리 죄를 하나님 앞에서 해결 받는 것입니다. 그렇게 죄 용서받고 나면 어떻게 됩니까? 하나님께서 우리를 부르십니다.

우리는 이 세상에서 할 수 있으면 모든 것을 다 갖추고 살고 싶어 할 것입니다. 몸도 건강하고 집도 좋은 집이고 다른 모든 조건들도 완전하기를 바랍니다. 그러나 이것은 우리의 욕심입니다. 우리에게 중요한 것은 불완전한 가운데 하나님을 믿는 믿음으로 살아가는 것입니다. 이것이 하나님의 승리입니다. 우리가 지는 것이 하나님께서 이기시는 것입니다. 야곱이 천사에게 굴복하고 무릎을 꿇었을 때 하나님은 야곱에게 승리자라는 이름을 주셨습니다.

우리 인간은 영생의 가능성을 가지고 있는 꽃입니다. 그러나 이

꽃은 제대로 피지도 못하고 죄와 탐욕으로 시들어버립니다. 우리는 우리 영혼의 문제를 두고 고민해야 합니다. 그리고 하나님을 만나서 죄 용서 받고 새로운 인생을 받아야 합니다. 그러면 우리는 다시 살게 됩니다. 죽었던 나무가 물기를 받아서 새로 싹을 내고 줄기를 내어서 사는 것처럼 우리의 삶은 다시 새롭게 살게 됩니다. 우리는 다시 이 세상에서 아름답게 꽃피게 될 것입니다. 그리고 이 꽃은 영원히 시들지 않고 영원히 없어지지 않고 하나님 앞에 남아 있게 될 것입니다.

15
실패의 유익
욥기 15:1-35

스티브 잡스는 스탠포드 대학 졸업식에서 연설하면서 자기는 세 번 실패를 했는데, 이것이 인생에 큰 도움이 되었다고 했습니다. 하나는 자기가 대학을 졸업하지 못한 것이었습니다. 그 대신 자기가 하고 싶었던 글씨체를 공부해서 매킨토시 컴퓨터를 완성시켰다고 했습니다. 그리고 또 하나는 자기가 세운 애플사에서 쫓겨나는 것이었는데 그 바람에 아이 패드 기술을 개발할 수 있게 되었다고 했습니다. 그리고 암에 걸리게 되었는데 그 바람에 모든 욕심을 내려놓을 수 있게 되었다고 했습니다. 그럼에도 불구하고 스티브 잡스는 자신의 성공을 위해서는 수단과 방법을 가리지 않았던 야비한 성품의 소유자로 기억되고 있습니다.

세상에서 실패해서 큰 어려움에 빠진 성도들을 볼 때 우리는 과연 그 사람이 인생에서 실패한 사람인가 하는 생각을 하게 됩니다. 어떤 사람이 신앙은 참 좋은데 사업에도 실패하고 진로도 잘 열리지 않고 결혼도 하지 못해서 가난하고 비참하게 살아간다면, 과연 실패한 사람일까요? 아마 세상 사람들의 눈으로 보면 틀림없이 실패한 사람이고 자신도 틀림없이 인생에 실패한 사람이라고 생각할 것입니다.

예를 들어서 사무엘상 25장에 보면, 다윗이 사울 왕에게 쫓겨나서 도망을 다니고 있을 때의 일입니다. 사람들이 보기에 다윗은 틀림없이 실패한 사람이었습니다. 다윗 자신도 자신을 그렇게 생각하고 있는데, 나발이라는 사람에게 도움을 청했다가 무시당하고 거절당하자 화가 머리끝까지 나서 나발을 죽이려고 군사를 출동했습니다. 이것은 다윗 자신도 자신에 대하여 보잘것없는 자아상을 가지고 있었다는 뜻입니다. 그러나 나발을 죽이려고 가는 다윗 앞에 나발의 부인인 아비가일이 나타납니다. 다윗에게 제발 자신을 그렇게 사용하지 말라고 하면서 지금 나발을 죽이면 나중에 왕이 되었을 때 흠이 될 것이라고 하면서 자기가 준비해온 음식을 받고 화를 풀라고 권합니다. 그때 다윗은 하나님께 감사를 하게 됩니다. 다윗 자신도 자칫 잘못했으면 욱하는 성질에 불량배 같은 행동을 할 뻔 했던 것입니다. 다윗은 실패자가 아니었던 것입니다. 그 증거가 다윗의 많은 시로 남아 있습니다. 다윗은 어려움을 통하여 하나님께 더 가까이 가고 있었던 것입니다.

그래서 우리는 어떤 사람이 성공했는가 실패했는가 하는 것은 세상적으로 어떻게 사느냐에 달린 것이 아니라 그 사람 안에 하나님의 말씀이 있느냐 없느냐 하는 것으로 보아야 한다는 것입니다. 즉 세상적으로 아무리 성공하고 잘 살아도 그 사람 안에 하나님의 말씀이 없으면 그는 허망한 사람이고, 아무리 세상적으로 가난하고 인생 밑바닥에 있다 하더라도 그 사람 안에 하나님의 말씀이 있으면 그는 성공하고 있는 사람인 것입니다.

본문은 욥의 친구 엘리바스의 두 번째 말입니다. 엘리바스는 욥을 인생에 실패한 사람으로 보았습니다. 사실 누가 보아도 욥은 인생에 실패한 사람이었습니다. 욥의 재산은 다 없어지고 자식들은 다 죽고 몸에 심한 병까지 가지게 되었으니 그는 인생에 실패한 사람에 틀림

없었습니다. 그런데 문제는 욥이 자신을 인생의 실패자라고 인정하지 않는다는 것이었습니다. 이것을 보고 엘리바스는 욥이 아주 허황된 자만심에 빠져서 인정할 것을 인정하지 않는다고 생각했습니다. 그래서 엘리바스는 욥에게 어떻게 인간이 하나님 앞에서 완전할 수 있느냐고 하면서 자신의 패배를 인정하지 않으면 허황된 결과가 기다리고 있게 될 것이라고 책망조의 말을 하고 있습니다. 이것을 보면 엘리바스는 아주 지적이고 학자 같은 사람인 것을 알 수 있습니다.

그러나 엘리바스는 하나님의 백성들이 인생의 밑바닥에서 무엇을 배우고 어떤 일이 일어나는지 알지 못하고 있었습니다. 예수님도 지옥의 밑바닥에서 사망을 이기고 죄를 이기셨던 것입니다. 인생 밑바닥에서 일어나는 비밀을 알지 못하면 기독교 신앙은 하나의 사상이나 도덕에 불과하고 말 것입니다.

1. 엘리바스의 안타까움

엘리바스와 그의 친구들이 먼 곳에서 시간을 정해서 욥을 찾아온 것은 욥과 논쟁이나 하고 말로 위로나 하고 가겠다는 뜻이 아니었습니다. 그들은 모두 진정으로 욥이 다시 일어서기를 원했습니다.

15:1-3, "데만 사람 엘리바스가 대답하여 이르되 지혜로운 자가 어찌 헛된 지식으로 대답하겠느냐 어찌 동풍을 그의 복부에 채우겠느냐 어찌 도움이 되지 아니하는 이야기, 무익한 말로 변론하겠느냐"

엘리바스는 "지혜로운 자가 어떻게 헛된 지식으로 대답하겠느냐?"고 했습니다. 여기서 엘리바스는 '지혜자'의 말은 다른 사람과 달라야 한다고 했습니다. 즉 사람 중에는 책임감이 전혀 없는 사람들이 있습니다. 이런 사람들은 전혀 어떤 책임감도 없이 그냥 무작정 어려운 사람을 찾아와서 자기 자랑이나 자기 이야기만 실컷 하고 가는데, 어려운 사람의 성질만 건드려놓고 도움을 줄 생각을 전혀 하지 않는 것입니다. 엘리바스에게 이런 사람은 지혜자가 아닌 것입니다. 적어도 지성인이라고 하면 다른 사람에게 도움이 될 생각을 하고 말을 해야 하고 자기가 도움이 되지 않는다고 생각되면 입을 다물고 가만히 있어야 하는 것입니다. 우리는 어려운 사람 옆에서 아무 소리하지 않고 가만히 있기만 해도 도움이 될 때가 많이 있습니다. 그러나 무책임한 사람은 와서 쓸데없는 욕이나 실컷 하고 가기 때문에 더 사람을 화나게 만드는 것입니다.

또 엘리바스는 "어찌 동풍을 그의 복부에 채우겠느냐?"고 했습니다. 여기서 '동풍'이라는 것은 아주 뜨겁고 건조한 아라비아 사막에서 불어오는 바람을 말합니다. 이 바람이 불어오면 모든 식물들은 다 말라서 죽어버립니다. 이 당시 에돔 땅에서 도움이 되는 비는 지중해에서 불어오는 비를 머금은 서풍이었습니다. 이 비를 가진 바람이 불어오면 땅에 비를 뿌리게 되고 농사를 지을 수 있기 때문에 도움이 되는 것입니다. 마찬가지로 욥의 세 친구가 여기까지 와서 욥을 만난 이유는 그에게 비를 가진 바람이 되어주려는 생각이 있었던 것입니다. 즉 그들은 욥을 완전히 원상회복 시킬 수는 없지만 모두 말로 욥에게 용기를 내라고 하고 그를 도와줄 생각을 가지고 있었던 것입니다. 그래서 우리 같은 지혜자들이 어떻게 도움이 되지 않는 이야기나 무익한 이야기만 하고 돌아갈 수 있겠느냐는 것이었습니다.

그런데 그들이 막상 욥을 만나고 보니까 그는 도움 받을 생각이 전혀 없었습니다. 오히려 욥은 망한 주제에 자기들을 가르치려고 하고 있었던 것입니다. 만약 욥이 우는 소리를 하면서 "내가 그 동안 신앙생활을 잘못해서 이렇게 되었다. 이제 뭐라도 도움을 주면 다시 한 번 성실하게 살아보겠다"는 투의 말을 했다면 친구들은 얼마든지 욥을 도와주었을지 모릅니다. 그러나 욥은 펄펄 살아있었고 오히려 친구들의 잘못된 신앙을 꾸짖고 있었습니다. 욥은 친구들에게 아주 긴 설교를 하고 있었습니다. 그러자 엘리바스는 욥이 너무 자존심을 내세운 나머지 진실하지 못하고 하나님 앞에서도 정직하지 못하다고 생각하게 되었습니다.

15:4, "참으로 네가 하나님 경외하는 일을 그만두어 하나님 앞에 묵도하기를 그치게 하는구나"

엘리바스는 욥이 하나님 앞에서 깊이 회개하고 자기들이 하는 권면을 잘 받아주었으면 모두 하나님 앞에서 기도하는 심정으로 유익하고 좋은 이야기를 할 수 있었겠는데, 그는 절대로 그렇게 하지 않았던 것입니다. 욥은 오히려 자기가 하나님을 만나서 따지고 싶다고 하고 친구들은 모두 무익한 치료자라고 강변하고 있었던 것입니다.

실패했을 때 하나님의 말씀을 가진 자와 세상을 가진 자는 다릅니다. 세상을 가진 자는 인생에 실패했을 때 할 말이 없습니다. 그는 고개를 푹 숙이고 남들이 자기에게 하는 말을 듣는 체 하고 도와주는 돈이나 주면 받아서 챙길 것입니다. 그리고 그는 변하지 않습니다. 그런데 하나님의 말씀을 가진 자는 고난을 당하면 그동안 자기가 덮어쓰고 있던 세상의 껍질을 다 벗어버리게 됩니다. 더 하나님께 대하여 깨달은 것이 많고, 더 세밀한 하나님의 체험을 하기 때문에 너무나도 할 말이 많게 되는 것입니다. 그래서 하나님이 이런 체험을 주셨고 이런 저런 놀라운 일이 있었다고 친구들에게 말하는데, 전통적인 생각을 가진 사람은 그것이 이해가 되지 않는 것입니다. 즉 망한 사람이 왜 이렇게 말이 많고 경건하지 못하게 자기 자랑만 떠벌려댈까 하는 생각을 하게 되는 것입니다.

그래서 엘리바스는 "너는 하나님을 경외하는 일을 못하게 하고 하나님을 묵도하는 일을 못하도록 네 이야기만 떠들어대고 있다"고 책망하고 있는 것입니다.

15:5-6, "네 죄악이 네 입을 가르치나니 네가 간사한 자의 혀를 좋아하는구나 너를 정죄한 것은 내가 아니요 네 입이라 네 입술이 네게 불리하게 증언하느니라"

그는 욥에게 네 속에 교만한 마음을 품고 그 교만한 마음이 너의 입을 조종해서 아주 간사한 혀를 놀리고 있다고 책망하고 있습니다. 그러나 욥이 이렇게 말이 많은 것은 환난 가운데 무엇인가를 발견하고 붙잡았기 때문입니다. 그것은 바로 하나님이었습니다. 욥은 이 환난의 중심에는 하나님이 계신데 하나님의 뜻을 확실히 알고 싶었던 것입니다.

2. 욥의 신앙에 대한 도전

엘리바스의 신앙은 아주 전통적인 신앙이었습니다. 그래서 확실히 나이가 많은 사람은 아무래도 지식이 많고 많은 것을 바로 알고 있다는 생각을 갖고 있었습니다. 어떻게 생각해보면 엘리바스는 옛 어른들의 지식을 존중하는 입장이라고 할 수 있습니다. 그래서 엘리바스는 욥이 아직 최고 연장자가 아니기 때문에 모르는 것이 많이 있다고 말하고 있습니다.

15:7-8, "네가 제일 먼저 난 사람이냐 산들이 있기 전에 네가 출생하였느냐 하나님의 오묘하심을 네가 들었느냐 지혜를 홀로 가졌느냐"

엘리바스는 욥에게 "네가 제일 먼저 난 사람이냐?"고 묻고 있습니다. 이것은 네가 인간 중에서 가장 나이가 많은 사람이냐는 뜻입니다. 산들이 있기 전에 출생할 정도로 네가 나이가 많으냐고 묻고 있습니다. "하나님의 오묘하심"을 옛 개역한글 번역에는 "하나님의 모의를 들었느냐"고 해석하고 있습니다. 즉 선지자의 중요한 자격이 하나님의 회의에 참석해서 하나님의 모의를 듣는 것입니다. 왜냐하면 거기서 모든 것이 다 결정되기 때문입니다. 우리나라나 미국 같은 경우에는 대통령과 그의 참모들이 나누는 대화에서 모든 것이 결정되게 되는 것입니다. 만일 거기에 있게 되면 나라가 돌아가는 것이나 미래의 비밀들을 다 알게 될 것입니다.

또 "너만 지혜를 가졌느냐?"라고 말하고 있습니다. 그러나 유감스럽게도 하나님의 지혜는 비밀인 경우가 많이 있습니다. 그래서 하나님은 이스라엘 백성들에 대하여 그들은 눈이 있어도 보지 못하고 귀가 있어도 듣지 못하며 생각이 있어도 깨닫지 못한다고 책망했습니다(사 43:8). 우리는 하나님의 말씀이 아무리 있어도 아무 것도 깨닫지 못할 때가 많이 있습니다. 그러다가 인생 밑바닥에서 하나님의 말씀을 하나씩 하나씩 자신에게 적용하면서 눈을 뜨게 되고 귀가 열리게 되는 것입니다.

그러나 엘리바스는 이 비밀을 알지 못했습니다.

15:9-10, "네가 아는 것을 우리가 알지 못하는 것이 무엇이냐 네가 깨달은 것을 우리가 소유하지 못한 것이 무엇이냐 우리 중에는 머리가 흰 사람도 있고 연로한 사람도 있고 네 아버지보다 나이가 많은 사람도 있느니라"

엘리바스는 하나님의 지혜는 학교에서 배우거나 연장자에게서 배우는 것으로 생각했습니다. 그래서 네가 아는 것 중에 우리가 배우지 못한 것이 무엇이 있으며 우리 중에는 머리가 흰 자도 있고 네 아버지보다 나이가 많은 자도 있다고 했던 것입니다.

그러면서 엘리바스는 욥이 하나님 앞에 공손하지 못하다고 지적하고 있습니다.

15:11-13, "하나님의 위로와 은밀하게 하시는 말씀이 네게 작은 것이냐 어찌하여 네 마음에 불만스러워하며 네 눈을 번뜩거리며 네 영이 하나님께 분노를 터뜨리며 네 입을 놀리느냐"

사실 친구들은 욥을 위로하려고 애를 많이 썼습니다. "네 시작은 미약하지만 나중은 창대하리라"는 것도, "하나님께 징계 받는 것이 복이라"고 말한 것도 다 위로의 말이었습니다. 그런데 욥은 이런 위로의 말에 위로를 받지 못했습니다. 오히려 욥의 눈은 번뜩였습니다. 욥의 눈은 살아 있었고 욥의 눈은 광채가 있었는데 이것을 보고 엘리바스는 하나님에 대하여 반항하는 것으로 생각했던 것입니다. 물론 친구들의 말 속에는 하나님의 위로의 말씀이 있었습니다. 그러나 욥은 그 말들로 만족할 수 없었습니다. 그는 확실한 하나님의 육성을 듣고 싶었던 것입니다. 즉 욥은 하나님의 존재 자체를 확인하고 싶었던 것입니다.

모세도 이스라엘 백성들이 만든 금송아지 우상을 부순 후에 하나님께 하나님의 영광을 보여 달라고 했습니다. 이제는 사람의 말로는 위로가 안 되고 돌비로도 안 되고 시내산 불로도 안 되니 하나님의 영광을 직접 보게 해 달라고 요청했습니다. 엘리야도 하늘에서 불이 떨어지고 삼년 반 동안 오지 않던 비가 내려도 이스라엘이 변하지 않는 모습을 보고 낙망하여 하나님께 죽여 달라고 했습니다. 그때 하나님은 엘리야를 호렙산에 보내신 후 바람이나 지진이나 불이 지나가게 한 후 세미한 음성 가운데서 그를 만나주셨던 것입니다. 사람의 마음은 그만큼 완악하고 변하기 어려운 것입니다.

엘리바스는 욥에게 "사람이 어떻게 하나님 앞에서 깨끗할 수 있겠느냐?"고 질문합니다.

15:14-16, "사람이 어찌 깨끗하겠느냐 여인에게서 난 자가 어찌 의롭겠느냐 하나님은 거룩한 자들을 믿지 아니하시나니 하늘이라도 그가 보시기에 부정하거든 하물며 악을 저지르기를 물 마심 같이 하는 가증하고 부패한 사람을 용납하시겠느냐"

사람은 본성이 부패하기 때문에 완전히 거룩할 수 없습니다. 모든 사람의 마음 안에는 미쳐가는 병이 있습니다. 아무리 거룩한 자라 하더라도 그 안에는 죄가 있습니다. 하나님의 일을 한다고 하지만 그 안에는 야망과 욕심이 있습니다. 하늘도 하나님이 보시기에는 깨끗하지 못합니다. 그런데 우리는 거짓말을 밥 먹듯이 한다고 하는데 여기에는 물마시듯 한다고 했습니다. 여기 사람들은 우리보다 악을 더 자주 저지르는 것 같습니다. 이것은 맞습니다. 인간은 정말 죄를 짓지 않을 때가 없습니다.

그러나 중요한 것은 그렇다고 해서 하나님이 용납하시지 않는 것은 아닙니다. 하나님은 죄인들을 용납하십니다. 오히려 하나님은 의인들보다 죄인들을 더 사랑하십니다. 이것이 우리가 하나님에 대하여 이해할 수 없는 부분입니다. 그래서 죄인들은 무조건 하나님을 믿고 가기만 하면 됩니다.

3. 악인의 허망한 결과

엘리바스는 옛 어른들로부터 악인들이 어떻게 허망하게 망하는지를 배웠습니다. 그래서 엘리바스는 욥에게 자기가 어른들에게 배웠던 악인의 멸망에 대하여 이야기를 합니다.

15:17-22, "내가 네게 보이리니 내게서 들으라 내가 본 것을 설명하리라 이는 곧 지혜로운 자들이 전하여 준 것이니 그들의 조상에서 숨기지 아니하였느니라 이 땅은 그들에게만 주셨으므로 외인은 그들 중에 왕래하지 못하였느니라 그 말에 이르기를 악인은 그의 일평생에 고통을 당하며 포악자의 햇수는 정해졌으므로 그의 귀에는 무서운 소리가 들리고 그가 평안할 때에 멸망시키는 자가 그에게 이르리니 그가 어두운 데서 나오기를 바라지 못하고 칼날이 숨어서 기다리느니라"

엘리바스는 아주 옛날 어른들에게 배운 지식이 옳은 진리라고 믿었습니다. 그리고 그 땅은 외인들이 들락거리지 않아서 아주 순수한 땅이라고 했습니다. 역시 외부인들이 들락거리지 않는 땅은 순수할 수 있습니다. 그러나 꼭 그런 것은 아닙니다. 오히려 자기들끼리만 갇혀 있기 때문에 완전히 고립되어서 억압으로 누를 수 있습니다. 그래서 한 사회에서 여성에 대한 처우와 태도가 아주 중요합니다. 복음이 들어가지 않은 곳에는 여성들을 억압하고 학대합니다.

엘리바스는 악한 자는 한평생 고통을 당하고 포악자가 사는 햇수도 정해져 있다고 했습니다. 그리고 그들의 귀에는 무서운 소리가 들리고 평안할 때도 멸망시키는 자가 온다고 했습니다. 포악자의 햇수가 정해져 있는 것은 사실입니다. 즉 하나님의 모래시계가 있어서 실컷 못된 짓 하다가 때가 되면 망하는 것입니다. 악인의 귀에는 무서운 소리가 들린다고 했는데 실제로는 아무 소리도 들리지 않습니다. 그 대신 악한 자는 언제나 다른 사람을 의심하는데 이것은 의심의 생각이 드는 것입니다. 그리고 평안할 때도 불안하기 때문에 마음이 평안할 때가 없는 것입니다.

15:23-30, "그는 헤매며 음식을 구하여 이르기를 어디 있느냐 하며 흑암의 날이 가까운 줄을 스스로 아느니라 환난과 역경이 그를 두렵게 하며 싸움을 준비한 왕처럼 그를 쳐서 이기리라 이는 그의 손을 들어 하나님을 대적하며 교만하여 전능자에게 힘을 과시하였음이니라 그는 목을 세우고 방패를 들고 하나님께 달려드니 그의 얼굴에는 살이 찌고 허리에는 기름이 엉기었고 그는 황폐한 성읍, 사람이 살지 아니하는 집, 돌무더기가 될 곳에 거주하였음이니라 그는 부요하지 못하고 재산이 보존되지 못하고 그의 소유가 땅에서 증식되지 못할 것이라 어두운 곳을 떠나지 못하리니 불꽃이 그의 가지를 말릴 것이라 하나님의 입김으로 그가 불려가리라"

악한 자는 망하게 되면 음식을 구하러 돌아다녀야 하고 흑암의 날이 가까운 줄을 스스로 안다고 했습니다. 이것은 죽는 날을 말하는 것입니다. 환난과 역경이 준비된 왕처럼 악한 자를 쳐서 이길 것이라고 했습니다. 그러나 악한 자는 하나님께 항복하지 않고 손을 들어 반항하며 전능자에게 자기 힘을 과시하고 장닭이나 독사 같이 목을 세우고 덤벼드는 것입니다. 그의 얼굴은 살찌고 그의 허리는 기름이 엉기고 그는 황폐한 곳 사람이 살지 않는 곳에 있다가 결국 하나님의 불꽃에 타게 됩니다. 그의 결국은 스스로 허무한 것을 믿었기 때문인데 그것은 바로 자기 자신의 운을 믿었던 것입니다. 자기 일이 잘 되고 돈이 잘 벌리는 것이 오히려 자기가 하나님을 찾을 기회를 놓치는 것인데 그것을 깨닫지 못한 것입니다.

결국 악한 자는 악한 열매만 잔뜩 맺고 죽게 됩니다. 그의 인생은 돈이 전부이고 세상이 전부였기 때문입니다. 엘리바스는 악한 자는 열매가 익기도 전에 다 떨어진다고 했는데, 사실은 독이 든 열매만 맺히게 되는 것입니다. 그가 오래 살면 오래 살수록 더 악한 열매를 많이 맺게 됩니다(33절).

15:35, "그들은 재난을 잉태하고 죄악을 낳으며 그들의 뱃속에 속임을 준비하느니라"

이것은 "욕심이 잉태한즉 죄를 낳고 죄가 장성한즉 사망을 낳느니라"(약 1:15)라는 말씀과 같습니다. 하나님의 백성들의 실패는 결코 실패가 아닙니다. 그것은 진액이 바뀌는 것입니다. 즉 세상의 악한 진액에서 하나님의 선한 진액으로 바뀌는 것이며, 이것은 선한 열매를 맺기 위한 하나님의 과정입니다. 우리는 욥처럼 눈빛이 살아있어야 합니다. 우리는 기가 죽으면 안 되고 인생의 실패자라고 생각해서는 안 됩니다. 선한 진액을 빨아 들여서 선한 열매를 가득 맺으시기 바랍니다.

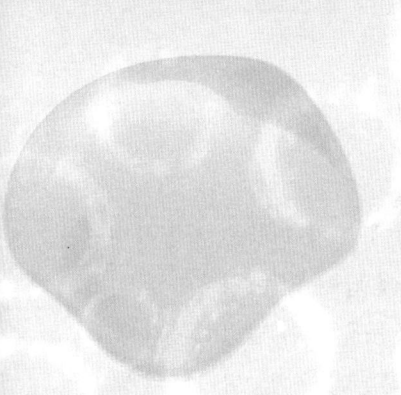

16
고통을 주는 위로자
욥기 16:1-22

어느 해 수능 시험에서 한 문제가 수험생 수준으로는 도저히 풀 수 없는 문제가 나왔다고 해서 언론에서는 난이도 조절에 실패했다고 많이 떠들었습니다. 적어도 시험 문제라고 하면 학생 수준에서 풀 수 있는 수준의 문제가 나와야 하는데, 전문가들도 잘 모르는 문제를 낸다면 학생들이 애를 먹을 것입니다.

우리는 보통 한 해 한 해를 살아가면서 나름대로 무엇인가를 준비하려고 합니다. 학생들은 시험에 대비하여 참고서를 사고 학원에 등록해서 공부를 시작하든지 하고, 운동선수 같으면 본격적인 경기가 시작되기 전에 동계 훈련에 들어가게 됩니다. 운동선수들의 성적은 체력으로 나타날 때가 많습니다. 어떤 선수들은 처음에는 잘 하다가 시간이 조금 지나면 부상을 당하든지 슬럼프에 빠지는 바람에 성적이 나빠져서 탈락을 하고 마는 경우도 있습니다. 학생들 경우에도 공부에 습관을 들여야 하는데 그냥 공부하는 폼만 잡다가 시간을 다 허비해버리고 나중에 나쁜 성적을 거두게 되는데, 공부도 결국 꾸준하게 하는 학생이 이기게 되는 것입니다.

그런데 우리 크리스천의 경우에는 어떻게 해야 인생을 성공하며 좋은 점수를 거둘 수 있을까요? 사실 여기에 답이 없는 경우가 많이 있습니다. 우리가 세상적인 기준으로 보면 돈을 많이 벌었다든지 좋은 성과를 얻었다든지 하면 성공했다고 말할 수 있지만, 하나님의 백성들에게는 성공과 실패의 답이 없는 경우가 많습니다. 학생들이 문제를 풀면서 가장 힘들 때가 바로 이럴 때입니다. 즉 전혀 배우거나 공부하지 않은 데서 문제가 나오는 바람에 아무리 머리를 싸매고 고민을 해도 답이 없는 경우입니다.

우리는 인생을 살아가면서 답이 없어서 고민을 할 때가 많이 있습니다. 이런 경우 사람들은 '정답이 없다' 라고 하거나 '노답이다' 라고 말하기도 합니다. 우리나라에서 정치하는 사람들이나 기업하는 사람들 중에서 답이 없는 문제를 가지고 씨름하는 것을 많이 볼 수 있습니다. 과연 정답이 없는 문제를 풀 수 있는 사람이 있을까요? 욥은 드디어 그 사람을 찾게 되었습니다. 그는 점쟁이도 아니었고 도가 통한 사람도 아니었습니다. 그는 사실 우리와 가장 가까운 데 있는 사람이었습니다. 그러니 그것을 우리는 고난당하기 전에는 몰랐던 것입니다.

1. 일반인들이 당하는 사고

우리는 이 세상을 살아가면서 정말 아차 하는 사이에 큰 사고를 당하게 되는데 한번 사고가 나고 나면 돌이킬 수가 없습니다. 예를 들어서 교통사고가 나서 사람이 크게 다치든지 죽든지 하면 아무리 후회를 한들 사고가 난 것은 돌이킬 수 없습니다. 그때 할 수 있는 것은 되도록 빨리 다친 사람을 병원으로 옮겨서 죽지 않게 하는 수밖에 없는 것입니다. 사고가 난 후에 사고 낸 사람에게 '왜 운전을 했느냐, 왜 그 차를 탔느냐?' 아무리 따져 봐도 이미 사고 난 것은 돌이킬 수 없는 것입니다. 이미 엎질러진 물이고 다시 담을 수 없는 것입니다. 이때 만일 우리가 시간을 사고 나기 전으로 돌이킬 수만 있다면 얼마나 좋겠습니까? 그러나 우리는 미래 일을 알 수 없습니다. 그래서 아차 하는 순간에 돌이킬 수 없는 사고를 당해서 죽기도 하고 다치기도 하는 것입니다.

이 점에 있어서 하나님의 백성들과 하나님을 믿지 않는 자들 사이에는 큰 차이가 있습니다. 우리 하나님의 백성들은 하나님께서 우리의 걸음을 천사들을 통해서 아주 정교하게 인도하시는 것을 믿습니다. 예를 들어서 전자동 전자시스템으로 운행되는 자동차처럼 다른 차가 가까이 오면 속도를 줄이기도 하고 탈선하면 경보음을 울리기도 하고 앞에 차가 서 있으면 자동적으로 서기도 하는 장치와 같은 것입니다. 우리는 이것을 실제로 체험을 할 때가 많이 있습니다. 사고가 났는데 마치 하나님이 천사를 통하여 막으시는 것처럼 다른 차가 돌진하는 것을 막으셔서 크게 다치지 않게 보호하시는 것입니다.

그런데 이해가 되지 않는 것은 하나님의 백성들도 교통사고를 당하기도 하고 암에 걸리기도 하고 사업에 실패해서 망하는 경우도 있다는 것입니다. 이때 우리는 하나님께서 하시는 일이 이해되지 않고 다른 사람들이 하는 말도 위로가 되지 않는 것입니다.

그래서 욥은 친구들의 말에 이렇게 대답을 하고 있습니다.

16:1-2, "욥이 대답하여 이르되 이런 말은 내가 많이 들었나니 너희는 다 재난을 주는 위로자들이로구나"

욥은 내가 이런 말을 많이 들었다고 합니다. 그것은 이미 사고가 터진 후에 친구나 친척들이 찾아와서 왜 그렇게 했느냐고 하면서, 그래도 네가 죽지 않은 것이 큰 다행이라고 위로해 주었다는 것입니다.

사실 사람은 이 이상 더 위로해줄 말이 없습니다. 욥의 친구들도 먼 곳에서 찾아와서 욥이 망한 것은 잘 믿는다고 하면서도 하나님 앞에 부족한 것이 있었고 이제라도 하나님 앞에 회개하고 항복하면 하나님은 앞으로 너를 더 창대하게 해 줄 것이라고 위로를 해준 것입니다. 사실 욥의 친구들의 말은 모두 다 신앙적인 권면이었고 사람이 어려운 사람에게 해 줄 수 있는 최상의 말들이었습니다.

그러나 욥은 친구들을 모두 "재난을 주는 위로자"라고 말하고 있습니다. 이것을 옛 개역한글 번역에는 "번뇌케 하는 안위자"라고 했습니다. 욥은 사고가 터진 후에 친구나 친척들이 몰려와서 "왜 그렇게 했느냐? 지금이라도 바로 믿으면 하나님이 복 주실 것이다"라고 하는 말을 많이 들었다고 합니다. 하나님의 일을 다 알지 못하는 우리 인간은 사고가 터진 후에 찾아가서 수습을 하고 위로해주는 수밖에 없습니다. 그러나 욥의 수준은 그 단계가 아니었습니다. 욥은 하나님은 나의 삶을 정교하게 인도하고 계신데 왜 이런 일이 일어났으며 이런 일이 일어나게 하신 뜻은 무엇일까 하는 것을 아는 것이었습니다. 즉 욥은 하나님의 뜻을 알려고 하니까 도무지 자기 머리로는 해결이 되지 않고 답이 나오지 않았던 것입니다. 그런데 친구들은 누구든지 할 수 있는 말로 위로를 하니까 도움이 되기보다는 오히려 더 번민하게 하고 머리가 정리가 되지 않는다는 뜻이었습니다.

16:3, "헛된 말이 어찌 끝이 있으랴 네가 무엇에 자극을 받아 이같이 대답하는가"

욥은 친구들이 하는 말은 자기에게는 도움이 되지 않는다고 했습니다. 왜냐하면 욥이 듣고 싶었던 말은 이런 위로가 아니었기 때문입니다. 그는 하나님의 음성을 듣고 싶었던 것입니다. 욥은 친구들이 하나님의 말씀을 가지고 말했으면 위로를 받았을 텐데 끊임없이 인간적인 처지에서 말을 하고 있다고 도리어 그들에게 책망을 하고 있습니다. 우리는 어떤 때 하나님의 말씀만이 위로가 될 때가 있습니다. 왜냐하면 그것은 하나님이 책임을 지시는 말씀이기 때문입니다. 하나님은 장애인에 대해서도 "내가 입을 만들고 눈을 만들었다"고 말씀하셨습니다. 그래서 장애도 내가 만들었다고 말씀하시는 것입니다. 내 인생은 왜 이렇게 되었을까요? 그것은 하나님이 내가 그렇게 만들었다고 말씀하시는 것입니다. 사람들은 왜 죽습니까? 하나님은 내가 불렀다고 말씀하시는 것입니다. 그런데 요즘 교회는 하나님의 말씀은 위로가 안 된다고 생각해서 자꾸 인간적으로 위로를 해주려고 하는데 그것을 헛된 말이라는 것입니다.

그리고 어디서 자극을 받았기에 그런 말이 자꾸 나오느냐고 책망을 하고 있습니다. 욥은 그런 말은 자기도 얼마든지 할 수 있다고 했습니다.

16:4-5, "나도 너희처럼 말할 수 있나니 가령 너희 마음이 내 마음 자리에 있다 하자 나도 그럴 듯한 말로 너희를 치며 너희를 향하여 머리를 흔들 수 있느니라 그래도 입으로 너희를 강하게 하며 입술의 위로로 너희의 근심을 풀었으리라"

욥도 인간적인 말로 훈계하고 야단을 치고 위로하고 축복하는 것을 얼마든지 할 수 있다고 했습니다. 사실 바로 이것이 오늘 우리나라 교회나 기독교의 가장 큰 문제입니다. 성경을 읽고 난 후에 얼마든지 세상적인 예화나 좋은 교훈으로 사람을 위로하고 감동을 주고 있다는 것입니다. 그러나 그것은 하나님의 말씀이 아닙니다. 하나님의 말씀이 아니면 죽은 영혼이 살아날 수 없고 불 같은 기도나 부흥의 역사가 일어날 수 없고 기적이 일어날 수 없는 것입니다.

욥은 자신의 처지에 대하여 이렇게 말하고 있습니다.

16:6, "내가 말하여도 내 근심이 풀리지 아니하고 잠잠하여도 내 아픔이 줄어들지 않으리라"

욥은 자신의 심정을 친구들에게 말을 해도 그의 마음이 시원해지지 않았습니다. 그렇다고 해서 입을 다물고 참고 있어도 마음의 아픔이나 육신의 아픔이 줄어들지 않았습니다. 그 이유는 정답을 모르고 있기 때문입니다. 욥이 고난을 주신 하나님의 뜻을 모르니까 말을 해도 시원하지 않고 침묵해도 아픔이 줄어들지 않았습니다. 욥의 고난에는 답이 보이지 않았던 것입니다.

2. 욥의 고통

욥은 자신이 환난을 당하면서 겪은 고통을 네 가지로 표현했습니다. 그 하나는 자신이 생각했던 하나님의 모습이고, 두 번째는 이웃의 모습이며, 세 번째는 고난 자체의 모습이고, 네 번째는 자기 자신의 모습이었습니다.

우선 욥이 발견한 하나님은 너무나도 자기를 미워해서 노려보시고 뺨을 치시며 망하게 하시는 너무 무서운 하나님의 모습이었습니다.

16:7-8, "이제 주께서 나를 피로하게 하시고 나의 온 집안을 패망하게 하셨나이다 주께서 나를 시들게 하셨으니 이는 나를 향하여 증거를 삼으심이라 나의 파리한 모습이 일어나서 대면하여 내 앞에서 증언하리이다"

욥은 이제 병과 가난으로 너무 지쳤고 마른 풀처럼 시들어버렸다고 고백하고 있습니다. 풀은 마르고 꽃은 시드는 것처럼 욥의 인생은 파리하게 되었습니다. 하나님은 "이것이 바로 인생의 모습이다"라고 말씀하시는 것 같다는 것입니다. 즉 인간이 아무리 똑똑하고 잘났다고 하지만 결국은 이런 식으로 해서 죽는다는 것을 보여주시려는 것 같다는 것입니다. 사실 오래 병들어 고생하시면 너무 말라서 파리해지고 뼈만 남아서 돌아가실 때가 많이 있습니다. 우리 인간은 결국 뼈와 가죽만 남아서 흙으로 돌아갈 수밖에 없는 것입니다. 그래서 우리는 병들어서 돌아가시려고 하는 분들을 보면서 자신의 미래의 모습을 대면하게 되는 것입니다. 즉 언젠가는 나도 저런 모습으로 뼈만 남아서 죽겠구나 하는 생각을 하게 되는 것입니다. 뼈만 남아서 죽을 때 무슨 생각을 하겠습니까?

요즘 우리나라 김 모 교수는 정말 장수의 복을 받아서 백 살이 넘어서도 방송에도 나오고 책도 쓰고 강의도 하고 인기가 아주 높다고 합니다. 정말 그는 하나님으로부터 특별한 은혜를 받은 것 같습니다. 그러나 다른 사람들은 거의 대부분 그렇지 못합니다. 나이가 들면 치매가 오기도 하고 중풍이 오기도 하고 병상에 누워서 꼼짝 못하고 코로 음식을 먹으면서 정신없이 살다가 돌아가는 경우가 많은 것입니다. 이것이 인간의 마지막인 것입니다. 그래서 시간이 있을 때 죽음을 준비해야 합니다.

이때 욥은 하나님의 모습을 생각해 보았습니다.

16:9, "그는 진노하사 나를 찢고 적대시 하시며 나를 향하여 이를 갈고 원수가 되어 날카로운 눈초리로 나를 보시고"

욥은 평소에 자기가 하나님을 잘 믿는다고 생각했는데 한번 큰 환난을 당하고 보니까 하나님과 자신의 관계가 엉망이라는 것을 알게 되었습니다. 욥은 사람들의 칭찬만 듣고 그것이 자신의 모습이라고 생각했는데 망하고 병든 후에 자신을 보니까 자기 자신의 모습이 너무나도 엉망이었던 것입니다. 욥은 자신의 이런 모습을 보면서 하나님도 결코 좋게 보시지 않을 것이라고 생각했습니다. 즉 하나님께서 자기를 노려보시고 이를 가시며 원수가 되어 있는 모습을 보았던 것입니다.

욥은 다른 사람들이 자기를 어떻게 생각하는지 돌아보게 되었습니다. 평소에 사람들은 욥을 보면 웃었고 존경했으며 자기를 사랑하는 줄 알았습니다. 그러나 실제로 사람들은 욥을 시기하고 있었고 그가 못되기를 바랐으며 욥이 너무 잘 난 체 한다고 생각하고 있었던 것입니다.

16:10, "무리들은 나를 향하여 입을 크게 벌리며 나를 모욕하여 뺨을 치며 함께 모여 나를 대적하는구나"

욥은 막상 자기가 망하고 나니까 사람들이 평소에 자기에게 하지 못했던 말들을 쏟아놓게 되는데 얼마나 자기를 무시하고 모욕적으로 대하며 뺨까지 치고 함께 모여서 수군거리고 대적하는 것을 알게 되었습니다. 사람이 높은 자리에 있을 때에는 거래처 사람들이나 부하들이 감히 무시하지 못하고 순종하는 체 하지만 그 자리를 떠나서 냉하게 되면 그때는 엄청나게 설움을 주고 무시하는 말을 하고 우습게 아는 것입니다.

욥은 마치 불행이 검투사가 자기를 죽으려고 끝까지 덤벼드는 것으로 생각을 했습니다.

16:11-12, "하나님이 나를 악인에게 넘기시며 행악자의 손에 던지셨구나 내가 평안하더니 그가 나를 꺾으시며 내 목을 잡아 나를 부숴뜨리시며 나를 세워 과녁을 삼으시고"

하나님은 드디어 욥을 격투기하는 곳에 가장 악질적인 사람의 상대로 집어 던지셨습니다. 옛날 로마 시대에 검투사도 있었고 불법으로 이루어지는 격투기하는 곳도 있었습니다. 이때 돈을 걸고 상대방을 죽이면 돈을 버는 것입니다. 그런데 욥의 운명은 얼마나 사나운 상대였는지 모릅니다. 욥을 잡아서 허리를 꺾어서 일어서지 못하게 만들고 목을 잡아서 맨땅에 패대기를 치는 것입니다. 그리고 몸을 가누지도 못하는 욥을 쇠사슬로 감아서 세워놓고 활을 쏘는 과녁으로 만들었던 것입니다.

16:13-14, "그의 화살들이 사방에서 날아와 사정 없이 나를 쏨으로 그는 내 콩팥들을 꿰뚫고 그는 내 쓸개가 땅에 흘러나오게 하시는구나 그가 나를 치고 다시 치며 용사 같이 내게 달려드시니"

욥을 쇠사슬로 감아놓고 인정사정없이 화살을 쏘니까 화살이 콩팥을 통과하고 간을 통과해서 쓸개즙이 배에서 흘러 땅으로 흐르는 것입니다. 그런데도 상대방은 욥을 봐주지 않고 때리고 또 때리고 끝없이 때리려고 덤벼드는 것입니다. 결국 이 운명의 검투사는 욥이 죽을 때까지 때리려고 하는 것입니다. 서양에서는 운명의 신을 여성으로 표현해서 여신이 아주 변덕스럽고 사납다고 했습니다. 그런데 욥에게 운명은 너무나도 사납고 강한 검투사나 살인 격투기를 하는 사람이었던 것입니다. 그래서 욥이 자신의 모습을 보니까 정말 비참하기 짝이 없었습니다.

16:15-16, "내가 굵은 베를 꿰매어 내 피부에 덮고 내 뿔을 티끌에 더럽혔구나 내 얼굴은 울음으로 붉었고 내 눈꺼풀에는 죽음의 그늘이 있구나"

욥의 얼굴은 너무 맞아서 눈을 뜰 수 없었고 얼굴은 너무 울어서 빨갛게 부었고 그의 피부는 다 찢어져서 너덜너덜하게 되었던 것입니다. 그리고 그의 자존심이 뿔인데 그 뿔은 이미 부러져서 땅바닥에 뒹굴고 있었던 것입니다. 욥의 눈에는 죽음이 찾아오고 있었고 더 이상 살 가능성이 없었습니다.

3. 욥이 만난 중보자

여기까지의 욥만 보면 욥은 망한 사람이었고 재수가 없는 사람이며 운명의 여신을 잘못 만나서 깨어질 대로 깨어진 사람으로 생각됩니다. 그런데 욥은 이런 환난과 시련 가운데서 놀라운 한 분을 보게 되었습니다. 그 분은 바로 하늘에 계신 욥의 주님이었습니다. 그 분은 욥의 모든 사정을 다 알고 계시며 그의 의로움을 밝혀주실 분이었습니다. 그리고 욥과 하나님 그리고 욥과 다른 사람들 그리고 욥과 자기 자신의 관계를 화해시켜주실 분이었습니다.

16:19, "지금 나의 증인이 하늘에 계시고 나의 중보자가 높은 데 계시니라"

욥이 지금까지 모든 것을 다 잃어버린 대가는 하늘에 계신 중보자를 알게 되었다는 것입니다. 예수님도 부자 청년에게 말씀하실 때 "네 가진 것을 다 팔아서 가난한 자에게 주고 너는 나를 따르라"고 하셨습니다(마 19:16-22). 또 예수님은 "누구든지 나를 따라오려거든 자기를 부인하고 자기 십자가를 지고 나를 따를지니라"고 말씀하셨습니다(마 16:24).

우리가 하나님의 아들을 아는 것은 결코 쉬운 일이 아닙니다. 우리는 이 세상에서 모든 것을 다 잃어버리는 대가를 지불하고서야 하늘에 계신 나의 중보자를 만날 수 있는 것입니다. 모세 같은 경우에는 바로의 딸의 양자의 자격을 상실하고 무려 사십 년 동안 미디안 들에서 방황한 후에 떨기나무 불붙는 가운데 그의 중보자를 만나게 됩니다.

욥은 이제 드디어 답을 찾게 되었습니다. 즉 하나님께서는 욥으로 하여금 그가 이 세상에 가진 모든 것을 다 잃어버리게 하신 후에 높은 데 계신 그의 중보자를 보게 하셨습니다. 그는 우리 삶의 중인이 되십니다. 그는 우리가 언제 방황했으며 언제 무슨 짓을 했는지 다 알고 계십니다. 그러나 그는 우리의 모든 죄를 다 가져가신 중인이신 것입니다. 우리가 하나님 앞에서 의로우며 하나님의 사랑받는 자녀인 것을 증거하시는 중인이십니다. 그는 우리의 중보자가 되셔서 우리의 모든 죄를 하나님 앞에서 다 해결하시며 이 세상의 풀리지 않는 문제도 다 풀어주시는 해결자이신 것입니다.

욥은 환난 당한 후에 진짜 기도를 많이 했습니다. 왜냐하면 기도 외에는 할 것이 없었기 때문입니다. 욥은 환난 때 기도한 것이 정말 깨끗하다는 것을 알게 되었습니다.

16:17-18, "그러나 내 손에는 포학이 없고 나의 기도는 정결하니라 땅아 내 피를 가리지 말라 나의 부르짖음이 쉴 자리를 잡지 못하게 하라"

우리가 환난 당하면 평소에 하지 않던 기도를 다 하게 됩니다. 왜냐하면 아프니까 누워서 기도하는 것 외에는 할 것이 없었기 때문입니다. 이 기도는 가장 정결한 기도입니다. 욥은 환난 중에 기도한 것은 헛되지 않다고 했습니다. 그리고 욥은 이런 기도를 계속 할 것이라고 고백하고 있습니다.

18절에 보면, 욥은 기도하면서 피를 토했던 것 같습니다. 그리고 땅에 뒹굴면서 기도하느라고 땅에 피가 묻기도 했던 것 같습니다. 욥은 그 피를 지우지 말라고 했습니다. 우리는 기도하면서 눈물을 흘립니다. 그 기도는 가장 거룩하고 깨끗하고 아름다운 눈물입니다. 그리고 욥은 부르짖음이 쉬지 못하게 하라고 강조하고 있습니다. 그것은 그는 계속 부르짖으면서 기도하겠다는 것입니다.

그러면 우리는 꼭 환난을 당해야 중보자를 만나게 될까요? 그렇지 않습니다. 하나님의 말씀을 듣고 은혜 받아서 눈물 흘릴 때 우리는 망하지 않고 우리 중보자를 만나는 것입니다. 그래서 말씀을 듣고 은혜 받는 것이 얼마나 큰 행운이며 얼마나 큰 축복인지 알아야 합니다.

사람은 우리를 돕는데 한계가 있습니다.

16:20-21, "나의 친구는 나를 조롱하고 내 눈은 하나님을 향하여 눈물을 흘리니 사람과 하나님 사이에와 인자와 그 이웃 사이에 중재하시기를 원하노니"

사실 친구가 조롱하지 않는데도 우리 자신은 그렇게 느낄 때가 많습니다. 우리 자신의 처지가 비참하기 때문에 본인이 그렇게 느끼는 것입니다. 그러나 사람과 하나님 사이에 인자가 있습니다. 그분은 우리의 중보자이시며 하나님의 아들이십니다. 하나님의 아들은 모든 어려운 문제의 해답이 되십니다. 우리가 이런 중보자 주님을 먼저 앞세우고 한 걸음 한 걸음 나아간다면 반드시 한 해를 승리할 수 있을 것입니다.

17
욥의 현실
욥기 17:1-16

스티브 잡스에게는 두 사람의 아버지가 있었습니다. 한 분은 그의 친아버지였습니다. 그러나 그의 친아버지는 시리아 사람이라 미국계 아이를 가질 수 없다고 해서 스티브 잡스를 버렸습니다. 또 한 사람은 그의 양아버지였습니다. 그는 스티브 잡스를 입양할 때 대학까지는 보내겠다고 약속했기 때문에 학교에 적응하지 못하는 스티브 잡스를 위하여 여러 번 전학하였고 나중에는 비싼 사립학교까지 보냈습니다. 그리고 그가 대학에 흥미를 붙이지 못하고 창업하겠다고 했을 때 차고를 빌려주어서 애플사를 시작할 수 있게 해주었습니다. 그래서 스티브 잡스는 자기 양아버지야말로 진짜 아버지라는 말을 했고, 친아버지는 생전에 절대로 만나지 않았습니다. 만일 누군가가 나의 재능과 가능성을 믿어주어서 미리 학비를 빌려주고 창업할 수 있는 자금을 빌려준다면 나중에 성공해서 얼마든지 갚아줄 수 있을 텐데 사실 세상에는 다른 사람의 재능을 알아주고 미리 투자하는 사람은 거의 없습니다.

그런데 크리스천의 경우에는 하나님의 연단을 받느라고 거의 폐인이 되어 있는 경우가 많이 있습니다. 사람들 중에서 이렇게 인생 밑바닥까지 굴러 떨어진 폐인이나 죄수의 가능성을 보고 미래를 투자할 사람은 아무도 없을 것입니다. 욥은 그의 모든 재산과 자녀들과 건강이나 명성까지 다 잃어버리고 하늘에 있는 중보자를 찾았습니다. 욥이 하늘의 중보자를 찾았다고 하는 것은 이 세상 어떤 보물을 찾고 어떤 권력이나 지식을 가진 것과 비교가 되지 않는 대성공이었습니다. 그러나 사람들 중에서 욥의 성공을 믿어주는 사람은 아무도 없었습니다. 이것은 오늘 우리에게도 마찬가지입니다. 우리는 세상의 명성이나 돈이나 성공을 다 포기하고 그리스도를 찾았습니다. 우리가 그리스도를 찾았다고 하는 것은 이 세상의 어떤 성공이나 어떤 부자와도 비교가 되지 않는 대성공인 것입니다.

사도 바울은 말하기를 자기가 과거에 자랑하던 모든 것을 배설물로 생각하고 버리는 것은 예수 그리스도를 아는 지식이 가장 고상하기 때문이라고 했습니다(빌 3:8). 그러나 세상에는 그것을 알아주는 자가 아무도 없고 우리는 다시 이 세상에서 멋진 정상적인 생활을 할 가능성조차 없는 것입니다. 직장을 가질 것 같지 않고 결혼을 할 것 같지 않고 유명하게 될 것 같지도 않습니다. 이것이 바로 우리의 현실입니다. 우리는 위대한 보물을 찾았습니다. 그러나 이 세상에서는 여전히 아무 것도 아닌 것입니다. 우리의 숙제는 어떻게 하면 이 엄청난 보물인 그리스도를 아는 지식을 현실화할 수 있느냐 하는 것입니다.

1. 욥의 어려운 현실

욥이 하늘에 계신 그의 중보자를 찾은 후의 형편이 어떠했을까요? 하늘에 계신 그의 중보자가 하나님께 욥의 좋은 이야기를 자꾸 해주고 천사들이 오르락내리락하면서 복을 퍼부어주었을까요? 결코 그렇지 못했습니다. 욥은 망한 상태 그대로 있었고 그의 건강은 더 나빠지게 되었습니다. 그리고 욥의 신경은 더 예민해지게 되어서 친구들도 오해하고 자신에 대해서도 심한 무력감을 가지고 나중에는 곧 죽을 것 같은 우울증 증세까지 생기게 되었습니다. 우리는 보통 하나님의 큰 은혜를 받으면 독수리의 날개처럼 힘을 얻어서 저 높은 하늘을 향하여 자꾸 날개 치며 올라갈 것 같은데 욥은 오히려 정반대로 무덤을 향하여 내려가고 있었던 것입니다.

17:1, "나의 기운이 쇠하였으며 나의 날이 다하였고 무덤이 나를 위하여 준비되었구나"

욥은 자신의 중보자를 발견하고 굉장히 기뻤습니다. 이미 하늘에서는 이 중인이 욥의 의로움을 다 증언해주었기 때문에 욥은 복 받은 것으로 인정받고 있었습니다. 그러나 이 세상에서는 아직 전혀 인정을 받지 못하고 있었습니다. 욥은 병이 깊어져서 기운이 다 빠져버려서 말하는 것도 힘들어졌고 여전히 가난했으며 이런 식으로 가면 오래 살지 못하고 곧 죽을 것 같았습니다. 즉 하늘에서 일어나는 것과 땅에서 일어나는 것 사이에는 너무나도 큰 간격이 있었습니다. 하늘에서는 최고로 복 받은 자가 세상에는 가장 가난하고 비참하며, 하늘에서는 가장 높은 자가 이 세상에는 가장 비참한 자리에 있는 경우가 많은 것입니다.

모세 같은 경우에도 그가 바로의 왕궁을 나와서 사십 년 동안 미디안 광야에서 장인의 양을 치다가 떨기나무에서 하나님의 사자를 만났을 때 그는 참으로 존귀한 자가 되어 있었습니다. 그러나 모세는 도망자였고 가진 것은 지팡이 하나 밖에 없는데다가 말까지도 제대로 하지 못하는 어눌한 자였던 것입니다. 요셉은 어렸을 때부터 하나님의 꿈을 꾼 뒤에 하나님의 놀라운 비전을 가지게 되었습니다. 그러나 요셉은 애굽에 노예로 팔려가고 나중에는 감옥에서 죄수들의 시중이나 드는 비천한 처지에 있게 되었던 것입니다. 이것이 우리의 현실입니다.

17:2, "나를 조롱하는 자들이 나와 함께 있으므로 내 눈이 그들의 충동함을 항상 보는구나"

물론 욥의 친구들이 욥을 조롱하는 것은 아니었습니다. 그러나 아무리 욥의 친구들이 신앙이 좋다 하더라도 인간적인 눈으로 보면 욥이 망한 것은 틀림없었습니다. 그러니까 친구들이 무슨 말을 하더라도 욥은 친구들이 자기를 조롱하는 소리로 들렸던 것입니다. 그래서 "그들의 충동함을 항상 보는구나"라고 했습니다. 친구들이 하는 말들이 욥의 속을 다 뒤집어 놓았던 것입니다. 이것을 보면 욥도 상당히 예민했고 우울증 증세도 심했던 것 같습니다. 우울증이 바로 이런 증세입니다. 속에서부터 분노가 치밀어 올라서 전혀 다른 뜻으로 말을 했는데도, 본인은 그것이 화가 나서 견디지 못하는 것입니다.

17:3, "청하건대 나에게 담보물을 주소서 나의 손을 잡아 줄 자가 누구리이까"

여기서 "담보물"은 미리 돈을 주는 것입니다. 욥이 하늘의 중보자를 발견했기 때문에 복을 받고 성공할 것은 틀림없습니다. 그러나 지금은 그것을 믿어주는 자도 없고 인정해주는 자가 아무도 없는 것입니다. 그래서 하나님께서 나에게 미리 담보물을 주셔서 일어설 수 있게 해주시고 내 손을 잡아서 일으켜 달라고 요청하고 있습니다. 참, 우리에게 담보물이라도 있으면 얼마나 좋겠습니까? 앞으로 훌륭한 학자가 될 것을 누군가가 알아보고 하버드라든지 좋은 대학에서 공부할 수 있는 돈을 미리 준다면 나중에 성공해서 얼마든지 갚아줄 수 있을 텐데, 이 세상은 가능성이 있는 사람의 손을 잡아 일으켜주는 사람이 없는 것입니다. 이것이 바로 우리의 현실이고 우리가 풀어야 할 과제입니다.

17:4-5, "주께서 그들의 마음을 가리어 깨닫지 못하게 하셨사오니 그들을 높이지 마소서 보상을 얻으려고 친구를 비난하는 자는 그의 자손들의 눈이 멀게 되리라"

친구들은 아직까지 눈이 가리어져서 중보자를 만나지 못했습니다. 우리가 이 세상을 살면서 중보자를 만나지 못했다는 것은 우리 인생에 가장 중요한 핵심이 빠진 것입니다. 그만큼 그리스도는 보물 중의 보물이요 지혜의 핵심인 것입니다. 하나님의 보물을 모르는 사람이 높아질 수 없습니다. 그래서 세상에서 아무리 좋은 것을 가지고 산다 하더라도 이 보물을 모르는 사람의 인생은 헛것입니다.

5절에 보면, 욥의 친구들이 욥을 비난함으로써 누구에게 무슨 대가를 받는 것은 아니었습니다. 오히려 욥의 친구들은 욥을 사랑하기 때문에 욥에게 정신을 차리라고 그를 책망하는 것이었습니다. 가끔 보면 가족들이 교회 다니는 자녀나 형제를 미워할 때가 있습니다. 그것이 꼭 나쁜 뜻으로 그렇게 한다기보다는 교회에서 시간을 다 보내지 말고 그 시간에 공부를 해서 더 훌륭한 사람이 되라고 견책한다는 것입니다. 그러나 그들이 말하는 핵심에는 돈이 있고 세상이 있습니다. 그래서 서로 더 힘들어지게 되는 것입니다.

욥의 앞으로의 숙제는 그리스도를 찾은 것까지는 대단한데 그것을 어떻게 현실로 나타나게 할 것인지가 풀어야 하는 과제인 것입니다. 모세 같은 경우에는 지팡이로 열 가지 재앙이 일어나게 하고 홍해가 갈라지게 하고, 여호수아는 요단강이 끊어지게 하며 여리고성이 무너지게 했습니다. 엘리야는 하늘에서 불이 떨어지게 하고 삼년 반 동안 내리지 않던 비가 쏟아지게 했습니다. 그런데 욥은 아직 중보자의 능력이 현실이 되지 못하는 것입니다.

2. 욥의 혼동

욥은 틀림없이 자기 인생의 답을 찾았습니다. 그것은 바로 하늘에 있는 중보자를 찾은 것이었습니다. 하늘에 있는 중보자는 풀지 못할 어려움이 없습니다. 그는 우리 인생의 모든 어려움의 답이 되시는 분입니다. 그래서 우리는 우리 인생에 대하여 책임을 질 필요가 없습니다. 왜냐하면 중보자가 다 책임을 지시기 때문입니다. 그런데 현실에서는 이것이 나타나지 않는 것이 욥에게 가장 답답한 문제였습니다.

17:6, "하나님이 나를 백성의 속담거리가 되게 하시니 그들이 내 얼굴에 침을 뱉는구나"

욥도 사람이었기 때문에 이 세상에서 아름답고 멋있게 살고 싶었고 좋은 일을 많이 하고 싶었습니다. 나중에 보면 알게 되지만 욥은 자신의 부를 가지고 좋은 일을 무척 많이 했던 것을 알 수 있습니다. 그러나 하나님께서는 욥이 좋은 일을 하고 다른 사람들에게 인정받는 것보다 더 중요하게 생각하는 것이 있었습니다. 그것은 그가 바로 하나님 앞에서 겸손한 것이었습니다. 그래서 하나님은 마치 욥이 중보자를 만났으면 됐지 더 이상 뭐가 필요하냐 하는 식으로 그를 계속 비천한 상태로 내버려두셨습니다. 그래서 욥은 사람들에게 덕이 되지 못했습니다. 그는 사람들에게 말거리가 되었는데 좋은 말거리가 아니라 나쁜 말거리가 되었습니다. 즉 사람들은 만나기만 하면 욥이 망한 것을 가지고 왈가왈부했던 것입니다. 그리고 심지어는 욥이 자기들이 알지 못했던 숨은 죄가 있는 위선자였다고 생각해서 침을 뱉고 가는 사람도 있었습니다. 욥은 사람들에게 가장 경멸받는 존재가 되고 말았습니다.

그런데 사실 사람은 경멸도 받아봐야 합니다. 왜냐하면 사람은 정말 대단한 존재가 아니기 때문입니다. 사람은 모두 대단한 존재가 되고 싶어 하지만 하나님이 주신 축복 때문에 대단하게 보이는 것이지 축복을 빼버리면 아무 것도 아닌 알몸에 불과한 것입니다. 사람이 목욕탕에 가보면 부자도 없고 가난한 자도 없습니다. 오직 몸에 용 문신을 한 조폭만 멋있게 보일 뿐입니다. 그런데 우리 인간은 하나님의 복 때문에 대단하게 보이는데 하나님은 별로 중요하게 생각하지 않는 것입니다. 감사하지도 않고 영광 돌리지도 않고 경배하지도 않고 자기가 최고라고 생각하는 것입니다.

17:7-8, "내 눈은 근심 때문에 어두워지고 나의 온 지체는 그림자 같구나 정직한 자는 이로 말미암아 놀라고 죄 없는 자는 경건하지 못한 자 때문에 분을 내나니"

욥은 근심 때문에 눈이 어두워진다고 했습니다. 욥이 중보자를 발견했으면 그때부터 인생을 멋있게 살아야 하는데 나이가 너무 들어버리고 회복의 가능성도 없으니까 하나님의 지식을 제대로 써 먹지도 못하고 죽는 것이 아닐까 하는 의심이 든 것입니다. 예를 들어서 어떤 사람이 연극을 하려고 열심히 노력을 했습니다. 그런데 너무 노력하는 동안에 나이가 많이 들어버리고 사람들은 아무도 알아 주지 않으니까 결국 무대에 서보지도 못하고 인생을 끝내는 것이 아니냐 하는 생각이 드는 것입니다.

욥은 자기 몸은 그림자 같다고 했습니다. 즉 불만 끄면 그림자는 없어지게 되는데 자기가 바로 그런 존재라는 것입니다. 욥은 자기가 너무 늦게 중보자를 알게 된 것이 아니냐 하는 것입니다. 이것은 사실입니다. 우리 인간은 너무 오랜 시간을 공부하는데 쓰고, 취직해서 돈 버느라고 쓰고 세상에서 안정된 자리를 확보하느라고 다 써버립니다. 그리고 인생이 무엇인지 좀 알만 하면 시간이 얼마 남지 않게 되는데 노인이 되어서 죽을 날만 기다려야 합니다. 이것은 모든 인생을 돈으로만 보고 세상 성공으로만 봐서 그런 것입니다. 그런데 평소에 욥의 사상을 추종하는 자들이 많이 있었습니다. 이 사람들은 욥의 환난으로 큰 혼란에 빠지게 되었습니다.

여기 8절에서 "정직한 자"나 "죄 없는 자"는 욥의 신앙을 본받아서 따르는 사람들이었습니다. 그들은 욥이 갑자기 망하는 것을 보고 욥의 신앙이 틀린 것이 아닌가 해서 크게 놀라고, 또 경건하지 못한 자들은 '거 봐라. 하나님을 잘 믿어봐야 아무 소용이 없다'고 하면서 더 날뛰는 바람에 마음속으로 화가 났습니다. 그들은 욥처럼 잘 믿는 것이 아무 소용이 없단 말인가 하면서 절망이 되었던 것입니다.

그런데 욥은 이미 답을 찾았습니다.

17:9, "그러므로 의인은 그 길을 꾸준히 가고 손이 깨끗한 자는 점점 힘을 얻느니라"

의인은 그 길을 꾸준히 가면 되는 것입니다. 즉 욥이 자기가 찾은 중보자를 의지해서 꾸준히 살아가면 되는 것입니다. 그리고 손이 깨끗한 자는 아무리 병들고 아무리 가난하다 하더라도 꾸준히 살아가다보면 점점 건강해지고 생활도 윤택해지고 자기도 모르는 사이에 복을 받게 되는 것입니다. 그러나 우리는 당장 무엇이 좋아지고 당장 하늘에서 복이 떨어지는 것을 원하기 때문에 참지 못하는 것입니다. 하나님은 이슬같이 복을 주시고 우리가 모르는 가운데 힘을 주시는 분이신데 우리는 그것을 기다리지 못해서 마음이 조급해지는 것입니다. 우리가 길을 찾았으면 그 길대로 꾸준히 살아가기만 하면 됩니다. 그러나 인간은 변덕이 심해서 길을 찾고 난 뒤에는 또 딴 길을 가고 싶어서 호기심이 발동을 하는 것입니다. 그래서 한번 밑바닥까지 낮아지고 나면 아무리 호기심이 발동을 해도 꾸준히 말씀의 길을 가게 됩니다. 왜냐하면 딴 길은 다 끊어져버렸기 때문입니다.

3. 욥의 희망

욥은 재산만 잃고 자녀들만 잃고 육체만 병든 것이 아니었습니다. 욥은 이런 일을 당하면서 하나님에 대하여 크게 실망하게 되었고, 자기 자신에 대해서나 친구들이나 이웃들에 대해서도 크게 분노하게 되었습니다. 이것이 결국 욥의 마음의 병이 되었습니다.

우리나라 사람들에게는 화병이라는 것이 있습니다. 이것은 억울한 일을 당하거나 화나는 일을 당했는데 그것을 말하지 못하고 오래 참기 때문에 생기는 병입니다. 그러면 결국 이것이 감정을 다 갉아 먹어서 나중에는 감정 조절이 안 되게 되는 것입니다. 시도 때도 없이 분노의 감정이 폭발하려고 하고 이것이 온몸에도 병을 가져오게 됩니다.

그래서 요즘은 우리 사회에서 우울증이나 공황장애라는 말을 많이 듣게 되는 것 같습니다. 이 모든 것이 마음의 병이 육체의 병으로 발전한 것이고 스스로 통제가 안 되기 때문에 결국 자살을 하는 경우도 많게 됩니다.

욥은 친구들과 대화를 나누는 가운데 저절로 화가 나는 것을 참을 수 없었습니다. 사실 욥의 친구들의 이야기는 다 좋은 내용들이고 욥에게 도움을 주려고 하는 이야기들이었습니다. 그러나 욥은 이미 마음이 병들어서 친구들과 말하면서 화가 폭발하려고 했습니다. 그래서 욥은 친구들에게 이번에는 그만 돌아가고 다음에 다시 와서 이야기를 했으면 좋겠다고 합니다.

17:10, "너희는 모두 다시 올지니라 내가 너희 중에서 지혜자를 찾을 수 없느니라"

우리가 욥의 이 말을 들어보면 상당히 친구들에게 무례한 것 같다는 생각이 듭니다. 그러나 욥은 이미 환자이고 자기 분노를 많이 누르고 하는 소리였던 것입니다. 그래서 오늘은 여기까지만 이야기하고 다음에 다시 와서 이야기를 계속 했으면 좋겠다고 한 것입니다. 왜냐하면 욥도 아직 정리가 되지 않았기 때문입니다. 그것은 바로 왜 나는 중보자를 찾았는데 이것이 나에게 현실로 나타나지 않을까 하는 것이었습니다.

그리고 친구들 중에 "지혜자가 없다"는 말은 '진정한 지혜는 무엇이냐?' 라고 하는 의미와 같습니다. '진정한 지혜는 돈을 버는 것이나 세상에서 성공하는 것이냐 공부를 해서 지식이 많은 것이냐?' 그것이 아니라는 것입니다. 그러나 친구들은 여전히 돈으로 판단하고 있고 세상 성공으로 판단을 하고 있다는 것입니다. 진정한 지혜는 그리스도의 능력을 현실로 나타나게 하는 것입니다. 그러나 욥은 그것은 서로 토론한다고 알 수 있는 것이 아니고 또다시 개인적으로 자기가 하나님을 체험해야 한다고 생각했던 것입니다.

17:11-12, "나의 날이 지나갔고 내 계획, 내 마음의 소원이 다 끊어졌구나 그들은 밤으로 낮을 삼고 빛 앞에서 어둠이 가깝다 하는구나"

욥은 세상에서 자신의 삶은 끝이 났다고 생각하고 있습니다. 왜냐하면 세상의 모든 것은 아무리 좋은 것이라 하더라도 죽으면서 다 끝나기 때문입니다. 욥은 이 죽음을 이미 경험했습니다. 그는 아픈 것이나 사람들이 욕하는 것이나 숨을 제대로 쉴 수 없었던 경험들을 통해서 한번 죽어봤습니다. 그리고 욥은 이 세상에서 무슨 희망을 가질 수 없었습니다. 세상에서는 아무리 좋은 것들도 다 헛것이고 모든 복도 하나님의 것이기 때문입니다.

그리고 세상은 진실하지 않습니다. 세상은 밤을 낮으로 삼고 빛이 있어도 어둠이 더 좋다고 합니다. 밤을 낮으로 삼는다는 것을 보면 이 때도 밤에 불을 환하게 켜서 밤을 낮같이 해서 무슨 잔치를 했던 것 같습니다. 그리고 사실 낮보다는 밤에 불을 켜서 환하게 하는 것이 더 무드가 있을 수도 있습니다. 욥은 세상에서 희망을 찾을 수 없었습니다. 그래서 욥은 이 세상에 더 살아봐야 시간만 보내는 것이라고 생각했습니다. 그래서 욥은 죽음이 자기에게 더 가깝게 느껴지게 되었습니다.

17:13-14, "내가 스올이 내 집이 되기를 희망하여 내 침상을 흑암에 펴놓으매 무덤에게 너는 내 아버지라, 구더기에게 너는 내 어머니, 내 자매라 할지라도"

"스올"은 '음부'를 말합니다. 욥은 이 세상에는 희망이 없기 때문에 자기는 이제 음부에 들어가는 일만 남았다고 생각했습니다. 음부에 들어가면 사람들 앞에서 더 창피하고 여러 가지 복잡한 생각을 하지 않아도 되니까 이제 무덤에 들어가면 된다고 생각했던 것입니다. 무덤을 내 아버지라고 부르고 구더기를 어머니라고 부르고 자매라고 부르겠다는 것입니다. 왜냐하면 이제는 무덤과 구더기와 오래 살 것이기 때문입니다.

욥은 자기에게는 희망이 없다고 했습니다. 그러나 희망은 하나님이 주시는 것이며 하나님이 조금 치료만 해주시면 이런 생각이 없어집니다. 죽고 싶다는 것은 살고 싶지 않다는 말인데 이것이 마음의 병이고 호르몬 영향인 것입니다. 희한한 것이 좀 쉬고 약을 먹으면 이런 마음이 싹 사라지고 분노도 없어지게 됩니다. 그리고 기도가 자꾸 응답되면서 희망이 생기게 됩니다. 또 하나님이 재미있는 일들을 많이 만들어주십니다. 구더기와 사는 것보다 이 세상에 살아있는 것은 훨씬 더 가치가 있습니다.

17:16, "우리가 흙 속에서 쉴 때에는 희망이 스올의 문으로 내려갈 뿐이니라"

욥의 솔직한 말이 이제는 좀 쉬고 싶다는 것입니다. 사실 욥은 너무 많은 일을 했고 너무 많은 가족이 있었고 너무 많은 사람들을 돌보면서 쉬지 못했습니다. 하나님은 욥이 병들고 가난해지면서 욥에게 쉬는 시간을 주시고 사람들에게 덜 주목받는 시간을 주신 것입니다. 음부의 문에 내려가는 것이 우리 희망이 될 수 없습니다. 하나님은 이 세상에서도 우리에게 얼마든지 희망을 주시는 분입니다. 의인들은 자기 길을 꾸준히 가면 하나님의 기적은 나타나게 되어 있습니다.

욥은 환난을 당하면서 엄청난 규모의 위로의 성경인 욥기를 남겼습니다. 하나님은 우리에게도 희망을 주실 것입니다. 끝까지 잘 인내하셔서 열매를 거두시는 성도들이 다 되시기 바랍니다.

18
대속자는 살아계시고

욥기 18:1-19:29

큰 사고나 화재나 전쟁으로 죽은 줄 알았던 가족 특히 아버지나 형이 살아서 당당하게 문 앞이나 마당에 서 있는 것을 보게 된다면 얼마나 놀라고 반갑겠습니까? 사람이 살아서 서게 되면 이제 더 이상 그에 대해서는 걱정 할 필요가 없습니다. 더 이상 그를 찾을 필요도 없고 법적인 문제도 필요가 없습니다. 왜냐하면 그가 이제 살아 있기 때문입니다.

그런데 진짜 놀라운 일이 예수님의 제자 눈앞에서 벌어졌습니다. 예수님이 십자가에 못 박혀서 죽으셨는데 당당하게 제자들이 모인 한 가운데 서서 "너희에게 평안이 있을지어다"라고 말씀하신 것이었습니다. 예수님은 십자가에 못 박혀서 진짜 죽으셨습니다. 예수님은 모든 사람들이 보는 앞에서 죽으셨고 장사까지 지낸 바 되었습니다. 그러나 죽으신 지 삼일 후에 예수님은 살아나셨습니다. 막달라 마리아에게 보이시고 제자들에게도 나타나셨습니다. 그때 제자들은 예수님이 진짜 살아나신 것을 믿지 못하고 유령이 나타났는가 해서 두려워하였습니다. 더욱이 제자들은 예수님이 살아나신 의미가 무엇인지 생각하지도 못했습니다. 그 의미가 무엇입니까? 이제 사망의 권세는 깨어졌고 우리의 모든 죄는 씻음 받았으며 우리는 하나님의 자녀의 신분을 얻게 된 것입니다.

헨델의 〈메시야〉에서 소프라노 솔로곡 '내 주는 살아계시고'는 바로 이 내용을 노래한 것입니다. 헨델의 그 곡을 들어보면 가장 비참한 가사가 '그는 버림을 받으시고 모욕을 받으셨네'라는 내용입니다. 어떤 곡에서는 그가 침 뱉음을 당하시고 머리털 뽑히는 부분을 생생하게 노래하기도 합니다. 그리고 합창 중에서 최고는 역시 44번 '할렐루야'일 것입니다. 어떻게 '할렐루야'라는 말만 사용해서 이렇게 위대한 곡을 만들 수 있는지 놀라지 않을 수 없습니다. 예수님은 죽으셨지만 죽음을 이기고 부활하셔서 영원히 온 세상을 다스리실 것입니다. 그리고 그 후에 나오는 소프라노 곡이 바로 본문 욥기 19장 25절을 내용으로 한 '내 주는 살아계시고'입니다. 물론 번역에 따라서 차이가 있는데 개역개정 성경에는 "내가 알기에는 나의 대속자가 살아 계시니 마침내 그가 땅 위에 서실 것이라"로 되어 있습니다.

오늘 이 세상을 살아가는 그리스천들에게 가장 심각한 문제가 바로 여기에 있습니다. 그것은 과연 우리 주님이 어디에 살아계신가 하는 것입니다.

우리는 주님이 부활하셔서 살아계신다는 것을 부인하지 않습니다. 그러나 그것은 어디까지나 머리로만 그렇게 생각하는 것이지 실제로 많은 목회자나 크리스천들의 삶에 주님은 존재하지 않습니다. 오늘을 사는 사람들에게 중요한 것은 세상의 권력과 돈이나 명예이지 주님은 안 계시는 것과 같고 아무 영향력도 미치지 못하고 있는 것 같습니다. 예수 믿는 것이 이 세상의 운명과는 아무 상관이 없는 것처럼 보이는 것입니다. 세상의 정치인이나 기업가들 중에서 누가 주님의 뜻을 생각합니까? 그들의 머리에 주님은 죽어 있는 것이나 마찬가지입니다. 그런데 어느 날 주님이 이 세상 위에 서 계신 것을 본다면 모든 사람들은 놀라게 될 것입니다. 그때 주님을 인정하지 않았던 모든 자들이 도망을 치면서 "산아 내 위에 무너져라 바위야 내 위에 무너져라"고 하면서 숨을 것입니다.

본문은 욥기 18장과 19장, 두 장입니다. 이렇게 두 장을 본문으로 택한 이유는 욥기 18장을 19장에 들어가기 위한 서론으로 보기 때문입니다. 그런데 본문 말씀의 핵심은 우리 주님 즉 나의 대속자가 살아계신다는 것입니다. 우리 주님이 살아계셔서 땅에 서실 때 모든 거짓 말하던 자들과 세상 것을 가지고 큰 소리를 치던 자들은 모두 놀라게 될 것입니다. 왜냐하면 주님이 진짜 살아계시기 때문입니다. 그리고 그 바보 같은 자들이 믿던 것이 옳았기 때문입니다.

1. 가치를 알아보지 못하는 빌닷

우리가 그 흔한 돌멩이는 그냥 길에 버려두어도 아무도 가져가지 않지만 루비나 사파이어나 다이아몬드 같은 보석은 그냥 땅에서 얻지도 못할 뿐 아니라 그 아름다움과 그 가치라는 것은 말로 표현할 수 없을 것입니다. 만일 어떤 사람이 아주 비싼 보석을 그냥 돌인 줄 알고 버렸다면 그는 나중에 너무나도 아까워서 그 보석을 찾으려고 온갖 쓰레기통을 다 뒤질 것입니다. 그런데 사람들 중에도 돌멩이가 있는가 하면 보석도 있습니다. 즉 하나님의 말씀을 듣고 연단되고 있는 사람들은 보석인 것입니다. 그러나 사람들은 이 보석의 가치를 알지 못합니다.

흔히 다른 사람의 가치를 판단할 때 그 사람의 외모를 보고 판단하게 됩니다. 그래서 그가 가지고 있는 재산이나 지위나 외모를 가지고 생각하지, 그 사람이 속으로 어떤 생각을 하고 어떤 성품을 가지고 있는지는 생각하지 않습니다. 단지 돈이 없어서 가난하고 직책이나 실권이 없으면 별 볼 일 없는 사람이라고 판단해버리는 것입니다. 사람을 외모로 판단하는 데는 텔레비전이 미친 영향이 아주 큰 것 같습니다. 어떤 사람이 텔레비전에서 한번 떴다고 하면 그 사람은 그때부터 유명한 사람이 됩니다. 반대로 우리 사회에서 한번 나쁜 사람으로 낙인이 찍히게 되면 그 사람은 고개를 들 수 없게 되고 어느 곳에 가든지 욕을 먹게 됩니다.

그런데 욥이 망한 것은 이 당시에도 큰 사건이었던 것 같습니다. 그래서 욥의 실패는 사람들의 입에서 입으로 전해지면서 욥에 대하여 아주 나쁜 이야기들이 많이 퍼졌던 것 같습니다. 욥의 세 친구들이 직접 욥을 만났을 때 그가 나쁜 짓을 한 것은 없다는 것은 알았지만 그것만으로는 그의 실패를 설명할 수 없었습니다. 그래서 친구들은 욥에게 네가 마음으로는 죄지은 것이 있지 않으냐 하는 식으로 몰아붙였던 것입니다. 사실 이 세상에서 마음으로 죄짓지 않은 사람이 어디에 있겠습니까? 그런 식으로 한다면 모든 사람들이 다 망해야 할 것입니다. 욥은 '나는 죄짓지 않았다'고 당당하게 대답을 했습니다. 이것은 욥이 하나님 보시기에 완전했다는 뜻이 아니라 숨어서 죄짓는 행동은 하지 않았다는 뜻이었습니다.

그런데 사람을 외모로 판단하는 것이 가장 심했던 사람은 욥의 친구 수아 사람 빌닷이었습니다. 빌닷은 일단 욥이 망한 것 자체가 그가 죄인이라는 것을 말해주는 것이라고 판단했습니다. 그래서 죄인이면 입을 다물고 다른 사람의 책망을 듣고 새 사람이 될 생각을 해야 하는데, 욥이 계속 자기주장을 하고 말대꾸를 하니까 "너는 우리를 짐승으로 보느냐?"고 하면서 본격적으로 욥을 향해 비난하기 시작했습니다.

18:1-4, "수아 사람 빌닷이 대답하여 이르되 너희가 어느 때에 가서 말의 끝을 맺겠느냐 깨달으라 그 후에야 우리가 말하리라 어찌하여 우리를 짐

승으로 여기며 부정하게 보느냐 울분을 터뜨리며 자기 자신을 찢는 사람
아 너 때문에 땅이 버림을 받겠느냐 바위가 그 자리에서 옮겨지겠느냐"

빌닷이 보기에 욥은 자기 스스로 분통을 터트리며 그 성질을 이기지 못해서 자기 자신을 갈기갈기 찢는 사람이었습니다. 사람이 아무리 큰 바위 앞에서 악을 쓴다고 해서 바위가 옮겨지겠느냐고 말하고 있습니다. 즉 네가 아무리 성질이 나서 떠들어대어도 세상은 요지부동이라는 것입니다.

그러면서 빌닷은 악인이 당할 수밖에 없는 결과를 강조하고 있습니다. 그는 악인의 불은 꺼진다고 했습니다. 이것은 악인의 성공이나 인기는 오래가지 않는다는 뜻입니다. 그리고 그들은 스스로 피곤해져서 비틀거리다가 결국 그 발이 올무에 걸려서 넘어지거나 함정에 빠지게 되어 있다고 했습니다. 왜냐하면 이 세상에는 수많은 함정과 올무가 있기 때문입니다. 결국 사람이 욕심을 부리면 올무에 걸리게 되어 있습니다. 결코 이 세상이 만만하지 않기 때문입니다.

그런데 빌닷은 하나님이 모든 것을 판단하신다고 하지 않고 '공포의 왕'이 잡아간다고 말하고 있습니다.

18:14, "그가 의지하던 것들이 장막에서 뽑히며 그는 공포의 왕에게로 잡혀가고"

사실 공포의 왕이라는 것은 마귀나 사탄을 의미하는 것 같습니다. 결국 마귀나 사탄은 악한 자를 실컷 이용해 먹고는 나중에 그 영혼을 빨아먹고 지옥으로 끌고 간다는 것입니다. 이것을 하나님을 믿지 않는 자들은 운명의 악신이라고 생각합니다. 사실 이 세상에는 공포의 왕 역할을 하는 사람들이 있습니다. 그들은 자기 자신을 대단하게 보이려고 일부러 악역을 도맡아서 합니다. 그리고 사람들은 이런 권력

의 실세들에게 굽실굽실해서 살아남으려고 하는데 그들이 살아남는 것은 진짜 살아남는 것이 아닙니다. 왜냐하면 결국은 자기 영혼을 파는 것 밖에 되지 않기 때문입니다. 의인은 자기 길을 꾸준히 가면 되는 것입니다. 즉 누가 뭐라고 하든지 상관하지 않고 자기가 발견한 진리의 길을 꾸준히 가면 더 풍성한 하나님의 복에 도달하게 되는 것입니다.

빌닷은 악한 자는 공포의 왕에게 걸려서 결국 뿌리가 망하고 가지는 시든다고 했습니다. 그의 처소에는 유황이 뿌려져서 모든 것을 다 태울 것이며 빛과 세상에서 쫓겨날 것이라고 했습니다.

빌닷의 말이 일부는 맞는 것 같지만 고난당하는 성도에게는 위로가 되지 않고 고통을 주는 말입니다.

2. 하나님이 나를 잡으셨다

욥은 빌닷의 말을 듣고 너무 마음이 괴로웠고 그 말에 짓부수어졌다고 했습니다.

19:1-2, "욥이 대답하여 이르되 너희가 내 마음을 괴롭히며 말로 나를 짓부수기를 어느 때까지 하겠느냐"

욥의 친구들은 하나님이 자기 백성을 연단하기 위하여 인생 밑바닥까지 끌어내리고 많은 고통과 환난을 주는 것을 이해하지 못했습니다. 그래서 욥의 친구들은 욥이 잘 되라고 자극하는 말을 했습니다. '너는 왜 이렇게 망했느냐?' '너는 왜 이렇게 못 사느냐?' '너는 왜 이렇게도 지지리도 복을 못 받았느냐?' '너는 무엇을 잘못했기에 이렇게 거지꼴이 되었느냐?' 라는 식으로 말을 한 것입니다. 그러나 친구들은 욥이 얼마나 예민하며 얼마나 상처를 잘 받는지 모르고 있었습니다.

사실 고난 받는 성도에게 필요한 것은 위로의 말입니다. 고난을 당하지 않는다 하더라도 모든 성도에게는 위로가 필요합니다. 그런데 욥의 친구들은 욥을 너무 강한 자로 생각해서 이 정도로 센 충격을 주어야 반응이 있을 것이라고 생각했던 것입니다. 그러나 욥은 친구들의 말에 심한 고통을 받았고 그의 영혼은 짓이겨졌습니다.

19:3-4, "너희가 열 번이나 나를 학대하고도 부끄러워 아니하는구나 비록 내게 허물이 있다 할지라도 그 허물이 내게만 있느냐"

친구들은 욥을 열 번이나 학대했다고 했습니다. 이것은 무수히 그를 공격했다는 뜻입니다. 물론 친구들은 정의감과 좋은 뜻에서 공격했지만 욥은 그 모든 말에서 고통만 받았던 것입니다. 그 이유는 하나님이 욥을 낮추셨기 때문입니다. 그래서 하나님이 우리를 낮추실 때는 낮아져야 하는데 그래도 우리는 사람들이 하는 말에서 고통을 받는 것입니다. 이것이 바로 인간의 마지막 남은 자존심입니다. 욥은 자기에게도 허물이 있다는 것을 알았습니다. 그럼에도 불구하고 막상 사람들에게서 좋은 소리를 듣지 못하니까 마음이 상했던 것입니다. 사실 우리가 다른 사람들에게 정당한 이유도 없이 욕을 먹는 것은 엄청나게 덕을 보는 것입니다. 왜냐하면 그런 욕은 우리가 진짜 들어야 할 욕의 천분의 일 만분의 일도 안 되기 때문입니다. 그런데도 우리는 기분이 나쁘고 속이 상하며 다른 사람이 미워지는 것입니다. 사실은 엄청나게 덕 보는 것인데 감사가 안 나오는 것입니다.

욥은 하나님이 그물로 나를 잡으셨다고 말하고 있습니다.

19:6, "하나님이 나를 억울하게 하시고 자기 그물로 나를 에워싸신 줄을 알아야 할지니라"

욥은 자기가 망한 것이 운명의 여신의 불장난이라고 생각하지 않았습니다. 운명의 여신이 있다고 해도 그렇게 정확할 수가 없기 때문입니다. 이것은 너무나도 정확한 조준사격이고 하나님 외에는 자기를 이렇게 정확하게 조준할 수 있는 사람이 없기 때문입니다. 그런데 욥은 그 이유를 알 수가 없었습니다.

19:7-12, "내가 폭행을 당한다고 부르짖으나 응답이 없고 도움을 간구하였으나 정의가 없구나 그가 내 길을 막아 지나가지 못하게 하시고 내 앞길에 어둠을 두셨으며 나의 영광을 거두어가시며 나의 관모를 머리에서 벗기시고 사면으로 나를 헐으시니 나는 죽었구나 내 희망을 나무 뽑듯 뽑으시고 나를 향하여 진노하시고 원수 같이 보시는구나 그 군대가 일제히 나아와서 길을 돋우고 나를 치며 내 장막을 둘러 진을 쳤구나"

하나님은 욥의 이런 기도에 응답하지 아니하셨습니다. 이것이 고난당할 때 우리가 가장 많이 겪게 되는 경우입니다. 폭행을 당했고 도움을 간구하지만 정의도 없고 하나님의 응답도 없고 침묵만 있는 것입니다. 그리고 하나님은 욥이 나아갈 수 있는 모든 길을 막으셨습니다. 그래서 하나님은 욥으로 하여금 아무 일도 하지 못하게 하셨습니다. 그의 길을 막으시고 그의 앞에 어둠을 두셔서 앞으로 가지 못하게 하신 것입니다. 그래서 하나님의 백성들은 전혀 미래를 예측할 수가 없고 계획을 세울 수가 없고 앞으로 나아갈 수가 없습니다. 이 세상 사람들은 미래를 향하여 얼마나 빨리 달려갑니까? 그런데 우리는 나이는 드는데 인생의 진도가 나가지 않는 것입니다. 거기에다가 하나님은 이미 가지고 있는 영광도 다 빼앗아가셨습니다. 그래서 관모를 벗기셨다고 했습니다.

하나님은 욥에게 희망을 나무 뽑듯이 뽑아가셨습니다. 그래서 어려움에 빠진 성도에게는 희망이라는 것이 없습니다. 희망만 있으면 참기라도 하겠는데 이 세상에 재미있는 것이라고는 없고 희망을 가질 수 없는 것입니다. 거기에다가 하늘 군대가 와서 길을 돋우었다는 것은 공격하려고 대를 쌓았다는 것입니다. 이제는 도망칠 구멍조차 없게 된 것입니다. 옛날에는 잘 믿는다고 하면서도 사실 미꾸라지 같이 잘도 도망을 쳤는데, 이제는 완전히 하나님의 손에 붙들려서 꼼짝달싹 못하게 된 것입니다.

욥은 주위 사람들로부터도 많이 무시를 당했습니다. 그래서 그의 형제나 아는 자들도 다 그를 떠났고 친척들은 그를 버렸으며 심지어는 종들도 그를 외국인처럼 대했습니다. 그 이유는 아무도 욥을 이해할 수 없었기 때문입니다. 욥의 아내도 욥의 숨결을 싫어해서 숨 냄새를 맡으려고 하지 않았습니다. 욥의 입에서 냄새가 많이 났기 때문입니다. 아마도 속이 타니까 속에서 단내가 났던 것 같습니다. 친구들도 다 욥을 싫어했는데 도와 달라고 할까봐 두려웠기 때문입니다. 그래서 욥이 얼마나 말랐던지 피부와 살이 뼈에 붙었고 남아있는 살이라고는 잇몸밖에 없다고 했습니다. 아무리 사람이 말라도 잇몸은 남아있는 것 같습니다.

19:20-22, "내 피부와 살이 뼈에 붙었고 남은 것은 겨우 잇몸뿐이로구나 나의 친구야 너희는 나를 불쌍히 여겨다오 나를 불쌍히 여겨다오 하나님의 손이 나를 치셨구나 너희가 어찌하여 하나님처럼 나를 박해하느냐 내 살로도 부족하냐"

이 정도로 말랐으면 그야말로 죽기 직전이라고 해야 할 것입니다. 그래도 욥이 말을 할 수 있고 정신력이 온전한 것을 보면 대단하다고 생각됩니다.

21절 이하를 보면, 욥은 친구들 앞에서 모든 자존심을 다 내려놓습니다. 그리고 나를 불쌍히 여겨달라고 하면서 하나님이 한 분이시면 되지 너희들까지 하나님이 되면 나는 이제 죽어야 하는 것이 아니냐 라고 불만을 토로하고 있습니다.

3. 나의 대속자는 살아 계시니

하나님이 욥을 그렇게 부수시고 길을 막으시며 철저하게 잡으신 이유가 어디에 있을까요? 그것은 욥이 미워서 그렇게 하신 것이 아니었습니다. 하나님은 바로 욥으로 하여금 그의 대속자를 보게 하기 위해서였습니다. 이 세상에서 인간이 창조주 하나님을 바로 안다는 것은 엄청난 기적입니다. 온 세상을 창조하신 하나님이 성경의 하나님이라는 것을 아는 것보다 더 놀라운 일이 없습니다. 마찬가지로 인간에게 가장 위대한 것은 창조주 하나님을 아는 것입니다.

그러나 인간이 아무리 창조주 하나님을 알게 되었다고 하더라도 더 큰 문제는 하나님에게 갈 수 있는 방법이 없다는 것입니다. 우리 인간은 하나님께 갈 길이 없습니다. 그런데 하나님께서는 욥에게 모든 길을 다 막으시고 모든 사람에게 미움을 당하게 하시고 그를 인생 밑바닥까지 낮아지게 하신 후에 하나님께로 갈 수 있는 길이 있다는 것을 가르쳐주셨습니다. 그것은 바로 또 다른 하나님이 계시다는 것입니다. 그 분은 바로 우리의 '대속자' 입니다. 대속자라는 것은 우리의 모든 죗값을 대신 치루시고 우리를 하나님께로 데리고 가시는 분입니다. 즉 길이신 예수님을 말하는 것입니다. 예수님은 우리를 천지 창조하신 하나님께로 가게 하는 길이십니다. 그 분이 바로 진리이시고 그 분이 바로 생명이십니다.

19:25, "내가 알기에는 나의 대속자가 살아 계시니 마침내 그가 땅 위에 서실 것이라"

나의 대속자가 땅에 서신다고 하는 것은 세 가지 의미가 있습니다. 하나는 그가 인간으로 이 세상에 오신다는 것입니다. 창조주가 피조물의 형상이 되어서 이 세상에 오신다는 것은 우리에게는 엄청난 은총이고 사랑입니다. 그리고 두 번째는 그가 인간으로 죽으시고 죽음을 이기신 후에 살아서 다시 땅에 서신다는 것입니다. 그때 우리의 죄는 다 씻기고 우리의 죽음의 문제는 해결되게 됩니다. 우리는 하나님의 아들로 입양되게 되는 것입니다. 그리고 세 번째는 그가 다시 이 세상에 오셔서 세상을 심판하신다는 것을 의미합니다. 우리가 이 길을 알기 위해서는 세상의 모든 것을 다 버릴 각오를 해야 하는 것입니다. 비록 우리가 욥같이 되지는 않는다 하더라도 이 길을 찾기 위해서는 버릴 각오를 해야 하는 것입니다. 즉 세상 모든 것을 다 가지고 누릴 것을 다 누리고는 그 길을 찾을 수 없는 것입니다.

욥은 이 진리가 얼마나 중요한지 철필과 납으로 기록이 되었으면 좋겠다고 했습니다.

19:23-24, "나의 말이 곧 기록되었으면, 책에 씌어졌으면, 철필과 납으로 영원히 돌에 새겨졌으면 좋겠노라"

우리가 잘못 생각하면 욥의 탄식과 그 고통의 말이 책으로 씌어졌으면 좋겠다고 생각하기 쉬운데 그것이 아닙니다. 욥은 하나님께 가는 길이 있다는 것을 알게 되었습니다. 그것은 바로 그의 대속자가 살아 계시다는 것이었습니다. 그런데 욥은 그 분이 땅에 서실 것이라고 했습니다. 그것은 이 대속자가 이 세상에 오신다는 것입니다. 그 분은 인간의 몸으로 이 세상에 오실 것입니다. 이 대속자는 세상에 오셔서 우리가 천국에 갈 수 있는 길을 활짝 열어 놓으실 것입니다. 그는 실제로 이 세상에 오셔서 이 땅에 서셨습니다. 우리는 지금 얼마나 위대한 일을 알고 있는지 모릅니다. 우리의 대속자는 땅에 서셨고 십자가 위에서 죽으시고 하늘 보좌 우편에 앉아계십니다.

그 옛날 야곱은 들판에서 돌을 베개하고 잠을 자다가 하늘에 사닥다리가 세워지고 그 위에 천사들이 오르락내리락하며 그 꼭대기에 하나님이 서 계신 것을 보았습니다. 그때 야곱은 잠에서 깨어서 두려워 떨면서 "두렵도다 이 곳이여 이것은 다름 아닌 하나님의 집이요 이는 하늘의 문이로다"라고 했습니다(창 28:10-22). 그런데 실제로 그 하나님은 이 세상에 오셔서 서셨습니다. 그는 이 세상에 오시기만 하신 것이 아니라 우리의 죗값을 다 갚으셨습니다. 우리는 이제 마음껏 하나님 앞에 나아가서 모든 것을 다 간구할 수 있게 되었습니다. 욥은 나의 대속자가 땅에 오실 것을 보았습니다. 이것은 성령의 감동이 아니면 절대로 알 수 없는 내용입니다. 욥은 고난받는 중에서 비밀 중의 비밀을 알게 되었던 것입니다. 그런데 욥은 우리가 죽고 난 후에 어떻게 되는 것까지 알게 되었습니다.

19:26, "내 가죽이 벗김을 당한 뒤에도 내가 육체 밖에서 하나님을 보리라"

가죽이 벗김을 당한다는 것은 죽어서 시체가 썩는 것을 말합니다. 그런데 우리 성도들은 썩어서 없어지는 것이 아니라 다시 눈으로 주님을 보게 되는 것입니다. 사실 모든 인간이 주님을 다 만나야 합니다. 그리고 그 입으로 자기가 산 것을 고백해야 할 것입니다. 내가 이 세상에서 주님께 충성했는지 아니면 내 자신과 세상만을 위해서 살았는지 고백해야 할 것입니다. 그때 주님이 "잘 하였도다 착하고 충성된 종아"라고 칭찬하셔야 진짜 이 세상에서 성공을 한 것입니다.

19:27, "내가 그를 보리니 내 눈으로 그를 보기를 낯선 사람처럼 하지 않을 것이라 내 마음이 초조하구나"

욥은 자기 눈이 주님을 만났을 때 낯선 사람 같지 않을 것이라고 했습니다. 이 세상에서 매일 가까이 했고 의지하고 붙들었기 때문입니다. 욥은 주님을 빨리 만나고 싶어서 마음이 초조하다고 했습니다. 이것은 마치 신부가 신랑을 빨리 만나고 싶어서 마음이 조급해지는 것과 같습니다.

그러나 악한 자는 주님을 알아보지 못합니다. 주님을 보고 "당신은 누구십니까?"라고 이야기를 할 것입니다. 왜냐하면 이 세상에서 세상만 가까이 했지 주님은 가까이 한 적이 없었기 때문입니다.

19:28-29, "너희가 만일 이르기를 우리가 그를 어떻게 칠까 하며 또 이르기를 일의 뿌리가 그에게 있다 할진대 너희는 칼을 두려워 할지니라 분노는 칼의 형벌을 부르나니 너희가 심판장이 있는 줄을 알게 되리라"

악한 자는 주의 백성들을 치려고 하고 아예 뿌리까지 뽑으려고 합니다. 그러나 우리 주님은 악한 자들에게 분노할 것이고 그들을 칼로 칠 것입니다. 세상 사람들은 자기가 모든 것을 심판하려고 합니다. 자기 마음이 안 들면 마구잡이로 욕을 퍼붓고 저주를 합니다. 주먹질을 하고 돌을 던지고 전쟁의 위협을 합니다. 그러나 내 주는 살아계셔서 모든 권력자들을 심판하실 것입니다. 예수님이 살아계시고 하나님이 살아계십니다. 하나님이 모든 권력자들과 강한 자들을 심판하실 것입니다. 하나님을 믿고 끝까지 믿음을 지키는 성도들이 다 되시기 바랍니다.

19
악인의 가치
욥기 20:1-21:34

이 세상에는 악한 사람도 있고 착한 사람도 있습니다. 사람들을 괴롭게 하거나 마음대로 죽이는 사람은 악한 사람이고, 남을 도와주고 어려운 사람을 구제해주는 사람은 착한 사람인 것이 틀림없을 것입니다. 그러나 가끔 악한 사람들 중에서도 엄청난 일을 하는 사람들이 있습니다. 예를 들어서 중국의 진시황제는 중국을 통일하기는 했지만 굉장히 악하고 잔인한 사람이었습니다. 그러나 그는 중국의 유명한 문화재를 많이 남겼습니다. 그 중에 대표적인 것이 만리장성이고 또 하나는 병마용입니다. 이것은 그가 악한 독재를 했기 때문에 가능했던 것입니다. 그 당시 중국 사람들은 만리장성을 만들기 위해서 수도 없이 죽었다고 합니다.

영화도 재미가 있으려고 하면 악한 자가 반드시 있어야 합니다. 주인공은 악한 자와 싸울 때 모든 관객은 긴장을 하고 스릴을 느끼며 악한 자가 오래 가면 오래 갈수록 영화나 드라마의 스케일은 더 커지게 됩니다.

미국인들은 어렸을 때부터 늑대는 약한 노루나 사슴들을 잡아먹는 악한 동물로 생각했습니다. 그래서 그들은 와이오밍 주에서 약 이십만 마리의 늑대를 무차별로 사냥해서 죽였습니다. 그러자 옐로스톤 공원은 늑대가 없는 행복한 공원이 되었을까요? 그렇지 않았습니다. 늑대가 없으니까 노루나 사슴 같은 초식동물들이 너무 많아져서 모든 풀을 다 뜯어 먹는 바람에 공원은 황폐화되어서 다람쥐는 물론 새도 없고 물고기도 없는 황량한 곳이 되고 말았습니다. 그제야 주 정부는 캐나다에서 늑대를 수십 마리 사서 공원에 풀어 놓았더니 어느 정도 노루나 사슴의 수가 줄어들면서 풀도 다시 자라고 새도 돌아오고 물고기도 있는 곳이 되었다고 합니다. 이것은 우리나라도 마찬가지입니다. 그래서 모든 것이 균형을 이루고 자연의 섭리를 따르는 것이 좋습니다.

예를 들어서 하나님의 백성들이 하나님도 알고 물질적인 복도 받고 머리도 좋아서 좋은 학교는 나오는 것이 당연할 것 같습니다. 실제로 하나님께서 그렇게 해보니까 하나님의 백성들도 절제를 하지 못하는 것입니다. 그 대표적인 예가 솔로몬이었습니다. 하나님은 솔로몬을 사랑하셔서 지혜도 주시고 물질도 주시고 많은 복을 주셨습니다. 그랬더니 솔로몬은 세계에 있는 금이란 금은 다 긁어모으고 식사도 하루에 소 이십 마리에다가 양은 백 마리씩 먹는 사치를 부리고 부인도 천 명이나 두었습니다. 결국 이방 신이 이스라엘 땅에 뿌리를 내리게 되었습니다.

욥기 20장과 21장은 다 같이 악인에 대하여 소발과 욥이 이야기를 하고 있는데 그 관점이 많이 다른 것을 볼 수 있습니다. 소발은 악한 자는 다 망해야 하고 하나님의 심판을 받아서 빨리 죽어야 한다고 주장했습니다. 거기에 비해서 욥은 악인도 얼마든지 잘 살 수 있고 오래 살 수 있다고 주장했습니다. 단지 욥은 악인과 의인은 그 가치에 차이가 있다고 말하고 있습니다. 하나님은 주의 백성들을 이 세상에서 연단하신 후에 복을 주셔서 행복하게 살게 하십니다. 그러나 우리는 잘 사는 것이나 못 사는 것만 보고서 그 사람이 의인인지 악인인지 판단해서는 안 됩니다. 또 악인이 잘 살고 장수하는 것에 대하여 시기를 해서도 안 됩니다. 왜냐하면 악한 자도 나름대로 행복하게 살 권리가 있기 때문입니다.

1. 악인의 가치

소발은 이미 한번 욥과 논쟁을 한 적이 있습니다. 욥기 11장에 보면, 소발은 욥에게 말이 많은 사람이라고 했습니다(2절). 욥에게 할 말이 너무 많아서 입을 다물 수 없다고 했습니다. 사실 모든 것을 다 잃고 망해버린 욥이 무슨 할 말이 있겠습니까? 욥은 입이 열 개라도 아무 말도 할 수 없었을 것입니다. 그러나 하나님은 욥에게서 모든 가축과 재물과 자녀들을 가져가신 후 그 대신에 그에게 엄청난 영감을 주셨습니다. 그래서 욥의 입에서는 쉴 새 없이 하나님의 지혜가 쏟아져 나왔습니다.

우리 믿는 형제나 자매들도 처음에는 세상 사람들에 비하여 좀 더 깨끗하고 좀 더 열정적이지만 마음속으로는 세상 성공에 대한 욕심이 가득 차 있고 그것을 당연하게 생각합니다. 그러다가 한번 하나님이 주시는 큰 환난을 당해서 망하게 되면 그때는 너무 기가 죽어버려서 아무도 만나지 않으려고 하고 또 만나더라도 입을 꾹 다물고 있습니다. 그러나 놀라운 것은 하나님의 백성들은 망하고 난 그때부터 귀에 하나님의 말씀이 들리기 시작한다는 것입니다. 그리고 이것이 마음속에서 멋있게 정리가 됩니다. 그러다가 하나님께서 그를 높이시거나 말할 기회를 주실 때가 생기게 되면 그야말로 끝없이 담대하게 자신의 신앙과 체험에 대하여 간증하게 됩니다. 욥이 모든 것을 다 잃고

난 뒤에 흘러넘치는 영감을 얻은 것은 꼭 손해라고 할 수 없습니다. 오히려 엄청난 이익이었던 것입니다. 그러나 다른 사람들이 보기에는 마치 재산을 다 잃고 자식들을 다 잃고 난 후에 정신을 놓아버린 미친 사람처럼 보였던 것입니다.

20:1-3, "나아마 사람 소발이 대답하여 이르되 그러므로 내 초조한 마음이 나로 하여금 대답하게 하나니 이는 내 중심이 조급함이니라 내가 나를 부끄럽게 하는 책망을 들었으므로 나의 슬기로운 마음이 나로 하여금 대답하게 하는구나"

소발은 지금 욥에게 말해주기 위해서 마음이 조급해서 견딜 수 없다고 했습니다. 왜냐하면 욥이 이렇게 알거지가 된 것은 너무나도 분명한 그의 악 때문이라고 생각했기 때문입니다. 그래서 그가 앞으로 어떻게 될 것인지 빨리 알려주는 것이 친구로서의 의무라고 생각했던 것입니다.

소발이 지금 초조한 이유는 악한 자의 말로는 너무나도 잘 알고 있었기에 욥이 조금이라도 더 늦기 전에 그 악에서 벗어나게 해야 한다고 생각했기 때문입니다.

소발이 욥에게 이야기한 것을 세 가지로 요약할 수 있습니다.

그 **첫 번째**는 똥 이론입니다.

20:4-7, "네가 알지 못하느냐 예로부터 사람이 이 세상에 생긴 때로부터 악인이 이긴다는 자랑도 잠시요 경건하지 못한 자의 즐거움도 잠깐이니라 그 존귀함이 하늘에 닿고 그 머리가 구름에 미칠지라도 자기의 똥처럼 영원히 망할 것이라 그를 본 자가 이르기를 그가 어디 있느냐 하리라"

'똥'은 사람이 살기 위해서 음식을 먹어야 하지만 모든 것이 다 필요한 것이 아니기 때문에 소화시키고 난 찌꺼기입니다. 사실 '똥'

은 냄새가 지독하고 또 더러운 것이기 때문에 이것을 없애는 것이 인간의 문명 유지에 아주 중요하고 심각한 문제였습니다. 아마 옛날 사람들은 아무데나 배설을 했던 것 같습니다. 그러나 이것은 파리를 끓게 하고 병의 원인이 되고 냄새가 지독했기 때문에 따로 공간을 마련해서 구덩이를 파서 배설을 하기 시작했습니다. 옛날 시골에서는 돼지우리 위에 화장실을 만들어서 그 배설물을 돼지가 먹었다고 합니다. 요즘은 수세식으로 해서 정화조로 모으니까 냄새도 나지 않고 깨끗하게 일을 볼 수 있습니다. 소발은 세상에서 악한 자가 이길 때도 있고 즐거워할 때도 있고 그 명성이 하늘에 닿고 그 머리가 구름까지 올라갈 때도 있겠지만, 이것은 결국 똥을 쌓는 것과 같기 때문에 언젠가는 치워야 한다는 주장입니다.

그리고 똥을 치우고 난 뒤에 그것이 아까워서 도로 찾는 사람은 아무도 없습니다. 오히려 서로 치우지 않으려고 미루다가 누군가가 치우고 나면 속이 다 시원하다고 말할 것입니다. 그런 것을 보면 엄마들은 참 대단한 것 같습니다. 아기들이 똥을 싸면 삼촌은 코를 쥐고 딴 방으로 비겁하게 도망을 치는데 비하여 엄마들은 담대하게 똥을 치우고 버리기까지 하는 것입니다. 만약 아기가 똥을 쌌는데 그것을 치우지 않고 온몸에 바르고 있다면 결코 아기는 예쁘고 귀여울 수 없을 것입니다. 마찬가지로 소발은 악인이 이 세상에서 아무리 성공하고 명성이 하늘을 찌를 것 같이 높아도 결국 배설물이기 때문에 서로 치우지 않으려고 하는 것뿐이지 냄새가 나고 더러워서 아무도 쳐다보려고 하지 않는다고 말하고 있습니다. 결국 하나님이 세상의 똥을 치우시는 분이라는 것입니다.

두 번째는 독 이론입니다.

소발은 악한 자들은 자기 악이 아까워서 혀 밑에 모아놓고 입천장에 붙여두지만, 결국은 독사의 독처럼 되어서 남의 눈을 멀게 하고 결국 자기 자신의 창자도 썩게 한다고 말하고 있습니다.

20:12-14, "그는 비록 악을 달게 여겨 혀 밑에 감추며 아껴서 버리지 아니하고 입천장에 물고 있을지라도 그의 음식이 창자 속에서 변하며 뱃속에서 독사의 쓸개가 되느니라"

혀 밑에 감추고 입천장에 붙여 놓는다고 하니까, 옛날에 껌 씹는 사람들 생각이 납니다. 평소에 열심히 씹다가 밥 먹을 때나 어디에 갈 때에는 밥상 밑이나 창문 밑에 붙여 두었다가 돌아와서는 다시 찾아서 씹곤 했습니다. 그러나 지금은 껌을 그렇게 씹는 사람이 아무도 없을 것입니다. 그러나 껌은 좀 시끄러울 뿐이지만 독사의 독은 문제가 심각합니다. 독사는 이빨 밑에 독을 모아놓는데 한번 물리면 그 독이 온몸에 퍼져서 심하면 죽게 됩니다. 독사 중에서는 독을 쏘는 것도 있는데 눈에 들어가면 눈이 멀게 됩니다.

여기서 독이라는 것은 악한 자들이 내는 교만한 자랑과 남에게 터트리는 분노를 말하는 것입니다. 화가 난 사람의 말 속에는 독이 있어서 그 말을 듣는 사람의 마음은 아프게 됩니다. 화가 나서 한 말은 마치 끓는 물과 같아서 그것을 마시면 속이 다 데이게 됩니다. 그래서 빨리 뱉어 버려야 하는데 악한 자들은 그 말을 뱉을 데가 없는 것입니다. 그래서 옛날 한국 여자들은 다듬이질이 필요했습니다. 홍두깨로 다듬이질을 하면서 시어머니 욕을 다 하는 것입니다. 그렇지 않으면 화를 분출하는 곳이 없을지 모릅니다. 악한 자들은 자기가 남에게 화를 내면서 말을 했다는 것을 잘 모릅니다. 왜냐하면 자기 기분은 시원하기 때문입니다. 그러나 이것이 습관이 되면서 자기 자신도 아주 악한 사람으로 변하게 됩니다.

20:15-17, "그가 재물을 삼켰을지라도 토할 것은 하나님이 그의 배에서 도로 나오게 하심이니 그는 독사의 독을 빨며 뱀의 혀에 죽을 것이라 그는 강 곧 꿀과 엉긴 젖이 흐르는 강을 보지 못할 것이요"

악한 자는 자기만 똑똑한 줄 알았는데 그보다 더 악한 자들이 있는 것입니다. 그래서 자기보다 더 높은 악한 자에게 엄청나게 당하게 되고 먹은 것까지 다 토해놓게 되고 그 악한 자가 토해놓은 독을 빨면서 결국 그 악한 말을 들으면서 병들어 죽게 된다는 것입니다. 이 세상에는 수많은 천적들이 있습니다. 쥐에게는 뱀이 있고 뱀에게는 독수리가 있습니다. 그렇게 먹이사슬을 이루며 자연이 유지되고 있습니다.

세 번째는 구멍 난 배 이론입니다.

우리 속담에도 "밑 빠진 독에 물 붓기"라는 말이 있습니다. 밑바닥이 깨어져서 물이 새는 독에는 아무리 물을 부어도 차지 않고 다 새어버립니다. 마찬가지로 탐욕스러운 사람은 아무리 가져도 허전하고 만족감이 없는 것입니다. 그러다가 성격은 아주 나빠지고 나중에는 얼굴마저도 심술궂은 얼굴로 변해가는 것을 자신은 잘 알지 못합니다. 그러다가 나중에 생각하지도 못한 큰 병이 생기게 되면 그 많던 돈도 소용이 없고 아무 것도 먹지 못하고 죽게 되는 것입니다.

20:20-21, "그는 마음에 평안을 알지 못하니 그가 기뻐하는 것을 하나도 보존히지 못하겠고 남기는 것이 없이 모두 먹으니 그런즉 그 행복이 오래 가지 못할 것이라"

역시 악한 자의 특징은 남의 먹을 것을 남겨두지 않고 자기 혼자 모든 것을 다 먹어치워 버린다는 것입니다. 사람도 비만해지면 비만해질수록 점점 더 위가 커지게 되기 때문에 눈에 보이는 것은 닥치는 대로 다 먹어치우게 됩니다. 영화〈대부〉의 주인공 말론 브란도는 집안 문제로 스트레스를 받아서 엄청 먹는 바람에 몸무게가 이백 킬로그램이 넘게 되었습니다. 그래서 그는 먹지 않으려고 냉장고에 열쇠를 채워놓았는데 결국 그 열쇠를 부수고 그 안에 있는 것을 다 먹어치워야 직성이 풀렸다고 합니다. 이와 마찬가지로 인간의 욕망은 먹어도 먹어도 배가 차지 않고 아무리 돈을 벌어도 만족감이 없다는 것입니다. 그러다가 어느 순간 누군가가 쏜 화살이 몸에 박히게 되는데 빼 보니까 그 화살촉이 쓸개에 박혀서 쓸개즙이 같이 나오게 된다는 것입니다.

> 20:23-25, "그가 배를 불리려 할 때에 하나님이 맹렬한 진노를 내리시리니 음식을 먹을 때에 그의 위에 비 같이 쏟으시리라 그가 철 병기를 피할 때에는 놋화살을 쏘아 꿰뚫을 것이요 몸에서 그의 화살을 빼낸즉 번쩍번쩍하는 촉이 그의 쓸개에서 나오고 큰 두려움이 그에게 닥치느니라"

이 세상에는 탐욕스러운 자를 노리는 놋화살이 많이 있습니다. 악한 자는 열심히 다른 사람의 철 병기를 막는다고 했는데 이것은 그냥 돈 버는 데만 정신이 다 팔려 있는 것을 말합니다. 그러다가 자기도 모르는 사이에 화살이 날아와서 몸에 박힌다고 했는데 이것은 몸에 몹쓸 병이 생기게 된다는 것입니다. 이 놋화살이 얼마나 깊이 박혔는지 쓸개에 박혀서 쓸개즙이 화살촉에 묻어나오게 됩니다. 이 사람은 돈 버는 데 정신을 팔았지, 자기 몸이 병드는 것은 알지 못했던 것입니다. 그는 이 아까운 인생을 살면서 돈을 모으는 것 외에는 아무 것도 하지 못하고 죽는 것입니다.

2. 인간의 무게

소발이 여기서 이야기한 것은 하나의 인간의 희망사항이었습니다. 사람의 마음속에는 정의감이라는 것이 있어서 악인은 망하고 의인은 복을 받는다는 생각이 있습니다. 즉 악인은 잠시 성공하고 즐거워하지만 망한다는 것이었습니다. 그러나 실제로는 그렇지 않습니다.

악한 자도 얼마든지 잘 살 수 있고 오래 살 수 있습니다. 그 이유는 하나님은 악한 자도 사랑하시기 때문입니다. 즉 악한 사람도 마음속 어디엔가는 좋은 부분이 있고 하나님의 사랑으로 변할 수 있기 때문입니다. 그러므로 진짜 악한 자는 죽을 때까지 악한 것을 버리지 않는 사람입니다. 그래서 하나님의 백성들은 악한 자가 잘 되는 것을 시기해서는 안 되고 오히려 그것을 인정해주는 것이 필요합니다.

욥은 자기도 말하고 싶어서 조급하다고 했습니다. 그 이유는 소발이 말하는 것은 어디까지나 인간의 생각이지 실제로 꼭 그렇게 되지 않기 때문입니다.

21:1-4, "욥이 대답하여 이르되 너희는 내 말을 자세히 들으라 이것이 너희의 위로가 될 것이니라 나를 용납하여 말하게 하라 내가 말한 후에 너희가 조롱할지니라 나의 원망이 사람을 향하여 하는 것이냐 내 마음이 어찌 조급하지 아니하겠느냐"

욥이 조급하게 생각한 것은 이 세상 일이 공식처럼 되지 않기 때문입니다. 악한 사라고 해서 조금 잘 되는 것 같다가 망하고, 착한 사람이라고 해서 꼭 성공하고 잘 되고 병이 안 드는 것은 아니기 때문입니다. 그리고 사실 악한 사람과 선한 사람의 기준도 모호할 때가 많습니다. 즉 나에게는 좋지 않은 관계에 있다고 하지만 다른 사람들에게는 좋은 일을 많이 하는 사람일 수도 있기 때문입니다. 하나님은 비록 하나님을 믿지 않고 악한 성향의 사람이라 할지라도 이 세상에 사는 동안에는 많은 복을 누리게 하십니다. 대개 악한 자가 망하는 것은 너무 욕심을 과하게 부리기 때문일 경우가 많습니다. 오히려 하나님은 하나님의 자녀들에게 더 엄격하게 대하실 때가 많습니다. 그래서 하나님은 사랑하는 자녀들에게 병에도 걸리게 하시고 더 물질적으로도 가난하게 하시는 것입니다. 그 이유는 이 세상에서 누리고 있는 것보다는 그 속사람이 더 중요하기 때문입니다.

그래서 욥은 악한 자들 중에서도 얼마든지 복 받고 오래 장수하고 자식들도 잘 되는 사람이 많이 있다고 말하고 있습니다.

21:7-13, "어찌하여 악인이 생존하고 장수하며 세력이 강하냐 그들의 후손이 앞에서 그들과 함께 굳게 서고 자손이 그들의 목전에서 그러하구나 그들의 집이 평안하여 두려움이 없고 하나님의 매가 그들 위에 임하지 아니하며 그들의 수소는 새끼를 배고 그들의 암소는 낙태하는 일이 없이 새끼를 낳는구나 그들은 아이들을 양 떼 같이 내보내고 그들의 자녀들은 춤추는구나 그들은 소고와 수금으로 노래하고 피리 불어 즐기며 그들의 날을 행복하게 지내다가 잠깐 사이에 스올에 내려가느니라"

욥은 악인이라고 해서 반드시 못 살고 언제나 하나님의 매에 두들겨 맞으면서 고통 받아야 하는 것은 아니라고 말하고 있습니다. 악인도 세상에서 얼마든지 잘 되고 장수하는지 수소가 새끼를 밸 정도라고 했습니다. 수소는 새끼를 배지 않지만 대개 새끼를 배게 하려고 종자용으로 키웁니다. 그런데 너무나도 씨가 좋아서 새끼를 잘 배게 한다는 것입니다. 암소도 낙태하지 않고 새끼를 낳습니다. 그리고 악인들의 자녀들은 양떼같이 많이 태어나서 모두 유치원에 가서 노래를 배우고 춤을 배워서 집에 와서 어른들 앞에서 노래를 부르고 그리고 악인들이 죽을 때에도 큰 고통 없이 빨리 죽는다는 것입니다.

그런데 이들은 하나님을 믿지 않습니다.

21:14-15, "그러할지라도 그들은 하나님께 말하기를 우리를 떠나소서 우리가 주의 도리 알기를 바라지 아니하나이다 전능자가 누구이기에 우리가 섬기며 우리가 그에게 기도한들 무슨 소용이 있으랴 하는구나"

악인은 오히려 이 세상에서 부족한 것이 없기 때문에 하나님을 믿을 필요를 느끼지 못하는 것입니다. 차라리 악인에게 많은 환난이 있었다면 그들도 마음을 낮추어서 하나님께 돌아와서 하나님의 말씀을 믿고 변화될 텐데, 이 사람들은 이 세상에서 부족한 것이 없기 때문에 하나님을 믿을 필요를 느끼지 못하는 것입니다. 그 대신에 하나님의 백성들은 얼마나 어려움이 많은지 단 일분도 하나님이 안 계시면 살 수 없을 때가 많습니다. 그러나 사람의 가치는 다릅니다.

21:17-18, "악인의 등불이 꺼짐과 재앙이 그들에게 닥침과 하나님이 진노하사 그들을 곤고하게 하심이 몇 번인가 그들이 바람 앞에 검불 같이, 폭풍에 날려가는 겨 같이 되었도다"

하나님은 악한 자들에게도 이 세상의 위기나 어려움을 통해서 경고하시지만 그들은 그런 것으로는 잘 깨닫지 못합니다. 그저 그 어려움만 넘기면 그만인 것입니다. 그래서 악한 자는 이 세상에서 많은 것을 가지고 마음대로 행복하게 살지만 그들의 가치는 바람 앞의 검불 같고 날려가는 겨 같이 가벼운 것입니다. 거기에 비해서 하나님의 백성들은 많은 고난도 당하고 또 하나님의 말씀을 속에 넣었기 때문에 묵직하게 나타나게 됩니다.

하나님은 모든 사람들의 무게를 재어본다고 했습니다. 어떤 사람은 하나님의 저울에 묵직하게 나오는데 비하여 어떤 사람은 너무 가볍게 나오게 됩니다. 그러면 하나님의 저울에 무거운 사람의 특징은 무엇일까요? 일단 그 사람에게는 다른 사람에 대한 사랑이 있습니다. 인간에 대한 사랑이 있기 때문에 모든 것을 돈으로 보지 않습니다. 또 겸손하고 정직하기 때문에 말을 함부로 하지 않습니다. 이들은 할 수 있는 대로 다른 사람이 들어서 기분 나쁘게 할 말은 하지 않습니다. 왜냐하면 내가 다른 사람을 판단한 그대로 언젠가는 자신에게 돌아오게 된다는 것을 알기 때문입니다. 하나님의 백성들은 속사람이 무거워야 합니다.

중국의 사마천은 "어떤 사람의 인생은 태산같이 무거운데 비하여 어떤 사람의 인생은 깃털보다 더 가볍다"고 했습니다. 그래서 그는 친구를 왕으로부터 변호하다가 거세되는 형을 당했지만 역사를 위해서 실제로 많은 곳을 다니면서 검증해서 《사기》라는 위대한 책을 집필했고 또 위인에 대한 바른 평가를 하고자 노력했습니다.

사람이 자신을 보기에는 모든 것이 의로운 것 같지만 사람들의 객관적인 평가는 아주 냉담할 때가 많습니다. 자기 스스로 정의롭다고 말하는 사람은 정의롭지 않다고 했습니다. 진정으로 의로운 사람은 하나님의 심판 앞에 두려워해야 합니다. 우리가 이 세상에서도 아름다운 삶을 살고 하나님 앞에서도 의롭다고 인정받으려고 하면 많은 지혜가 필요합니다.

> 21:30, "악인은 재난의 날을 위하여 남겨둔 바 되었고 진노의 날을 향하여 끌려가느니라"

악인들은 이 세상에서는 재주가 있고 유능하기 때문에 자기 마음대로 잘 살고 말도 마음대로 하지만 결국 그는 하나님의 심판의 불에 타고 마는 것입니다. 그러나 의인은 하나님의 영광을 보게 될 것입니다.

3. 악의 문제

하나님의 백성들에게 가장 이해가 되지 않는 것은 왜 하나님의 백성들이 이 세상에서 성공해서 잘 살지 못하고 하나님을 안 믿는 사람들이 성공하고 잘 사는 경우가 많은가 하는 점입니다. 더욱이 이 세상에서 악한 사람들이 권력을 가지고 의로운 약한 자들을 박해할 때면 인간의 세계가 야생의 세계와 다를 것이 뭐가 있는가 하는 의문을 가지게 됩니다.

이 악의 문제를 두고 아주 심각하게 고민을 한 선지자가 있었는데, 바로 하박국입니다. 하박국 선지는 왜 하나님의 백성들이 모여 있는 예루살렘에 폭행이 자행되고 악이 만연해있는지 도무지 이해가 되지 않았습니다. 이 당시 예루살렘에는 강포가 자행되고 있었습니다. 강포라는 것은 억지와 폭력을 말하는 것입니다. 왜 하나님의 백성들이 이렇게 싸워야 하고 욕심을 부려야 할까요? 그것은 하나님의 백성들도 죄성을 가진 인간이기 때문입니다. 우리가 천사 같으면 돈도 필요 없고 집이나 명예도 필요 없을 텐데 인간이기 때문에 가정이 필요하고 또 미래를 위해서 돈도 준비를 해 두어야 하는 것입니다. 그리고 재물은 아무리 많이 가져도 많이 가질수록 편하고 좋은 것이기 때문에 절제라는 것을 알지 못합니다. 즉 사람은 저절로 편하고 행복한 생활에 대하여 욕심이 생기는 것입니다.

이때 이스라엘 백성들에게 암이 생기게 됩니다. 그 암은 바로 바벨론이었습니다. 하나님은 하박국 선지에게 바벨론 군대가 쳐들어와서 이스라엘 백성들을 모두 다 끌고 갈 것이라고 했습니다. 이때 하박국 선지는 하나님을 향하여 엄청나게 항의하게 됩니다. "하나님, 우리가 물고기입니까? 야생동물들입니까? 왜 하나님께서는 이런 힘만 가진 무식한 나라를 끌고 와서 예루살렘을 망하게 하십니까?" 하고 항변했습니다. 그런데 결국 하박국은 하나님을 찬양하게 됩니다. 그는 무화과나무에 열매가 없고 외양간에 소가 없어도 나는 즐거워할 것이라고 했습니다. 왜냐하면 이것이 하나님의 백성들의 바른 모습이기 때문입니다. 우리가 하나님도 믿고 돈도 많고 세상의 권력도 가지고 있다면 우리는 절대로 절제를 하거나 겸손할 수 없습니다.

그래서 하나님은 인간의 의지를 상당히 존중하십니다. 비록 이 세상에서 하나님을 믿지 않는 자라 하더라도 잘 살게 하시고 공부도 잘하게 하시고 권력도 가지게 하십니다. 그러나 하나님을 믿지 않는 자들이 성공했을 때 절제한다는 것은 불가능하기 때문에 결국 암에 걸려서 망하게 됩니다. 그러나 하나님을 믿지 않는 자들이라고 해서 반드시 욕심을 부려서 망하게 되는 것은 아닙니다. 하박국이 깨달았던 것은 하나님의 백성들은 하나님 한 분만으로 만족하고 즐거워해도 충분하다는 사실이었습니다. 왜냐하면 하나님 한 분만 해도 너무나도 크신 분이시기 때문입니다. 그러나 우리는 인간이기 때문에 하나님 한 분 만으로 만족할 수 없습니다. 그래서 꼭 세상 사람들처럼 살려고 하는 것입니다. 유다 백성들이 바벨론에 망하는 것은 암을 수술하는 것과 같았습니다. 그들이 세상 욕심을 버리고 하나님으로 만족하는 데는 무려 칠십 년이라는 세월이 걸렸습니다.

지금 우리 사회에는 너무나도 많은 암 덩이들이 모든 부분에 퍼져 있습니다. 이것은 우리가 한없는 욕심을 부린 결과입니다. 사람이 욕심을 부리는 것은 자유입니다. 그러나 그 결과는 이런 사회적인 암 덩이인 것입니다. 우리는 이것을 놓고 하나님께서 수술해주시도록 기도하고 또 수술을 받을 각오를 해야 합니다.

결국 우리의 선택은 이 세상의 행복이냐 아니면 하나님 앞의 영광이냐 하는 것으로 나타나게 됩니다. 그러나 우리는 세상에서 얼마든지 아름답게 살 수 있습니다. 자신에게 주어진 것에 만족하고 하나님의 말씀을 넘어가지 않을 때 얼마든지 아름다운 삶을 살 수 있는 것입니다. 어떻게 하든지 하나님의 말씀을 가득 담아서 하나님의 저울에 묵직한 자들로 다 나타나시기를 바랍니다.

20
하나님과 화해하라

욥기 22:1-30

　나라끼리 '화해한다'는 것은 참으로 중요합니다. 예전에 우리나라는 베트남에 가서 전쟁을 했습니다. 그때 우리나라 군인은 물론 베트콩들도 많이 죽었습니다. 그 후에 베트남과 화해를 하고 나니까 많은 기업들이 그곳에 가서 공장을 세우고 또 지금은 한국의 축구감독을 모셔 가서 베트남에서 엄청나게 축구 돌풍을 일으키고 있습니다. 그래서 베트남 사람들은 자기나라 경기하는데도 우리나라 국기까지 들고 열심히 응원하는 것을 볼 수 있습니다. 또 베트남의 여러 도시들도 유명한 관광지로 각광을 받고 있습니다.

　우리는 아직 북한에는 마음대로 갈 수 없습니다. 그것은 아직 두 나라가 화해되지 않았기 때문입니다. 얼마 전 한 미국 청년이 북한을 여행했다가 주검이 되어서 돌아왔습니다. 그러나 나라끼리 화해했을 때에는 많은 사람들이 여행할 수도 있고 장사나 사업을 할 수 있습니다. 그러나 나라들끼리 원수가 되면 총을 겨누게 되고 잘못하면 전쟁까지 치르게 됩니다.

이것은 하나님과의 관계에서도 마찬가지입니다. 우리 인간이 하나님과 원수되어 있는 한 하나님의 나라를 갈 수도 없고 하나님의 모든 복을 받을 수 없습니다. 그러나 우리가 하나님과 화해를 하게 되면 하나님의 나라에 들어갈 수 있고 많은 복을 받을 수도 있습니다. 욥의 친구 중에서 엘리바스는 욥의 태도가 하나님에 대하여 적대적인 것으로 생각되었습니다. 그래서 엘리바스는 욥에게 하나님과 화해하라고 권면하고 있습니다.

신약성경에서 청년 사울은 하나님을 아주 잘 믿는 것 같았습니다. 자기 자신도 그렇게 생각하고 있었습니다. 그러나 실제로 그는 하나님을 대적하고 있었고 하나님과 원수 된 관계에 있었습니다. 그가 다메섹 도상에서 부활하신 예수님을 만나고 난 후 자신의 생각과 고집과 야망을 그분에게 굴복시켰을 때 그는 하나님과 화해할 수 있었습니다.

욥기 22장부터는 욥기의 후반부에 들어가게 됩니다. 욥기 후반부는 엘리바스의 서론이 나오고, 욥의 긴 독백이 나오게 됩니다. 그리고 마지막 부분에 엘리후라는 젊은이가 나와서 하나님을 대신해서 이야기를 하고, 마지막에 하나님이 직접 나오셔서 욥에게 말씀하시고 욥을 회복시켜주시고 욥이 친구들을 위해서 기도하게 하심으로 욥기를 마치게 됩니다. 결국 욥은 자기가 원하던 하나님을 만나게 되고 하나님의 음성을 직접 듣게 됩니다.

우리나라 교회에도 이것은 그대로 적용될 수 있을 것입니다. 우리나라 교회는 하나님을 믿는데 있어서 특별한 열심을 가지고 있습니다. 누가 물어도 우리나라 교인들은 하나님을 사랑한다고 말할 것입니다. 그러나 그리스도 중심이 되지 못하고 그리스도에게 우리의 모든 야망이나 욕심이 굴복되지 못한다면 그것은 하나님과 화해한 것이 아니고 대적하고 있는 것입니다.

1. 우리가 하나님께 어떤 유익을 드릴 수 있는가?

우리는 사실 예배를 드리면서도 자신이 하나님의 은혜를 받고 하나님의 도움을 받기에 급급하지, 내가 하나님께 무슨 도움을 드릴 수 있다고 생각하지 않습니다. 그래서 할 수 있으면 은혜로운 설교를 들어서 용기를 내려고 하고 내 기도가 하나님의 응답을 받아서 병이 낫고 어려움이 해결되기를 바라지, 내가 하나님께 영광을 돌리고 내가 하나님께 무슨 도움이 될 수 있다고는 잘 생각하지 않습니다. 그래서 늘 언제나 내가 생각하는 하나님이나 나의 문제에 빠질 때가 많은 것입니다.

22:1-3, "데만 사람 엘리바스가 대답하여 이르되 사람이 어찌 하나님께 유익하게 하겠느냐 지혜로운 자도 자기에게 유익할 따름이니라 네가 의로운들 전능자에게 무슨 기쁨이 있겠으며 네 행위가 온전한들 그에게 무슨 이익이 되겠느냐"

하나님은 이 세상에 많은 복을 주셨습니다. 아름다운 자연을 주셨고 넓은 땅과 나라를 주셨고 무진장의 식물과 양식과 물을 주셨습니다. 사람들은 이런 것들을 많이 가진 자를 복 받은 자라고 하여 너도 나도 복을 받으려고 엄청나게 노력을 합니다. 그런데 하나님을 믿는 자들은 이 모든 복의 근원이 하나님으로부터 온다는 것을 알게 되었습니다. 그래서 하나님을 믿는 자들은 더 복을 받으려고 노력하는 것입니다. 그런데 하나님은 그냥 복만 주시는 분이 아닙니다. 하나님은 사람을 쓰시려고 하시는 것입니다. 그런데 사람은 사랑보다는 정의라든지 이념을 더 중요하게 생각하게 되었습니다. 그래서 사람들은 사랑하는 것은 더 멀리 치워버리고 서로 열심히 정죄하고 싸우게 되었습니다. 왜냐하면 사랑을 하려고 하면 자기를 희생해야 하고 손해를 봐야 하는데 정의나 이념을 앞세우고 다른 사람들을 공격하고 판단하면 자기는 손해를 보지 않으면서 엄청난 명예나 이익을 얻을 수 있다는 것을 알게 되었기 때문입니다. 다시 말해서 사람들의 존경을 받고 심지어는 권력을 손에 넣을 수 있게 된 것입니다.

엘리바스는 욥이 자기가 의롭다고 주장하지만 그것이 하나님께 무슨 도움이 되고 무슨 유익이 되느냐고 하면서 결국 그것도 다 자기 자신을 위한 것이 아니냐고 날카롭게 지적하고 있습니다.

지혜로운 자도 자기 머리 좋아서 공부를 잘 해서 좋은 자리를 차지하는 것인데 그것이 하나님에게 무슨 도움이 되겠으며, 또 욥이 자꾸 자신이 의롭다고 하는데 이것이 하나님에게 무슨 기쁨이 되겠느냐고 말하고 있습니다. 그러나 엘리바스의 이 말은 하나님을 너무 무관심한 분으로 생각하고 있는 것입니다. 실제로 하나님은 우리 한 사람 한 사람에게 깊은 관심을 가지고 계십니다. 그래서 우리가 조금이라도 하나님을 가까이 하고 믿음으로 살려고 한다면 그것이 하나님에게 유익이 되는 것은 아니지만 하나님은 굉장히 기뻐하시고 좋아하십니다. 하나님은 우리에게 어떤 큰 것을 요구하시는 것이 아니라 작은 것을 원하고 계십니다.

그러나 하나님이 우리에게 궁극적으로 원하시는 것은 '사랑' 입니다. 예수님께서도 하나님이 원하시는 것은 제사가 아니라 긍휼이라고 하셨습니다. 즉 하나님은 우리가 예배드려주는 것으로 만족하시는 분이 아니라 다른 사람을 동정하고 사랑해주는 것을 원하시는 것입니다. 그러나 우리가 처음부터 남을 동정하고 사랑하는 것은 안 되기 때문에 조금이라고 하나님께 나아가는 것을 하나님을 기뻐하시는 것입니다. 그러나 인간은 사랑이나 동정보다는 이념이나 정의나 사상을 좋아해서 자기희생보다는 서로 싸우고 정죄하는 쪽으로 나가기를 좋아합니다.

엘리바스는 하나님이 욥을 책망하시고 징계하시는 것은 경건이 부족하기 때문이 아니라고 말하고 있습니다.

22:4-5, "하나님이 너를 책망하시며 너를 심문하심이 너의 경건함 때문이냐 네 악이 크지 아니하냐 네 죄악이 끝이 없느니라"

엘리바스는 하나님께서 친구들을 사용해서 욥을 책망하고 심문한다고 생각했습니다. 사실 이것은 맞는 말입니다. 하나님은 사람을 통해서 말씀하실 때가 많습니다. 그러나 하나님의 말씀은 무조건 책망하시고 심문하시는 것이 아닙니다. 우리가 하나님의 말씀을 들으면 하나님이 내 마음을 너무 잘 알고 계신다는 느낌이 듭니다. 그리고 하나님은 나를 치료하시고 위로하시는 말씀을 하시는 것입니다. 그러나 어떤 때는 하나님의 말씀을 한다고 하면서 다른 사람의 마음을 정죄하고 산산이 찢어 놓는 것은 하나님의 말씀이 아니라 사탄의 말입니다.

예수님이 예루살렘에 올라가서 십자가에 못 박혀 죽으셨다가 사흘 만에 살아나리라고 말씀하셨을 때 베드로는 예수님을 책망하면서 절대로 그런 일이 일어나지 않을 것이라고 장담했습니다. 그때 예수님은 베드로에게 "사탄아 내 뒤로 물러가라. 너는 나를 넘어지게 하는 자로다"고 하시면서 "너는 하나님의 일을 생각하지 아니하고 도리어 사람의 일을 생각한다"고 하셨습니다(마 16:21-23). 우리가 입으로 하나님의 말씀을 한다는 것은 이적 중의 이적입니다. 그러나 자칫 잘못하면 남을 도와준다고 하지만 하나님의 말씀과 인간의 말이 혼합된 말을 하는데 이것은 사람을 헷갈리게 하는 것입니다.

요즘은 사람의 말이 독이 되어서 너무 많은 사람들이 마음에 병이 들어가고 있습니다. 부모의 지나친 기대도 독이 될 수 있습니다. 위에 있는 사람이 화가 나서 하는 말은 독이 됩니다. 사람들이 전부 입에서 독을 뿜어내고 있기 때문에 미세먼지 이상으로 공기는 독으로 가득

차 있습니다. 이때 모든 사람에게 필요한 것은 사랑입니다. 우리는 사랑을 하기 위해서 태어난 천사라는 사실을 기억해야 합니다. 사랑을 하는 데는 사람보다 더 뛰어난 존재가 없습니다. 사람은 천사보다 더 사랑이 많습니다. 짐승보다 더 사랑을 잘할 수 있습니다. 그런데 요즘 사람들은 개로부터 사랑을 받는 처지가 되었습니다.

엘리바스는 욥의 경건함에 대해서는 "하나님도 책망하시는 것은 아니다. 그러나 너는 너무 차가운 사람이 아니었느냐? 혹은 너의 자녀들만 너무 사랑했던 것이 아니냐?" 하는 이야기를 하고 있는 것입니다.

2. 엘리바스의 판단

엘리바스는 욥이 부자가 되는 과정에서 그가 했을 수도 있는 행동을 가정해서 이야기하고 있습니다.

22:6-7, "까닭 없이 형제를 볼모로 잡으며 헐벗은 자의 의복을 벗기며 목마른 자에게 물을 마시게 하지 아니하며 주린 자에게 음식을 주지 아니하였구나"

옛날에는 부자가 되는 방식이 고리채를 하고 남에게 인색하게 하는 것이 주된 방법이었던 것입니다. 그래서 엘리바스도 욥이 그렇게 부자가 된 것은 남들과 같은 방법을 쓴 것이 아닌가 생각해서 욥을 꾸짖었습니다. 즉 욥이 부자가 된 것은 정당한 이유 없이 다른 사람에게 바가지를 씌워서 폭리를 취하고 담보물로 옷을 빼앗으며 목마른 자에게 물을 주지 않고 배고픈 자에게 음식을 주지 않는 인색한 삶을 살았기 때문이라고 생각했습니다. 사실 가난한 사람이 가난하게 사는 것은 부자가 책임질 일일까요? 아니면 본인의 능력이 부족하거나 혹은 머리가 뛰어나지 못해서 그런 것일까요? 사람들은 거의 대부분 다른 사람들이 가난한 것은 본인의 책임이라고 생각하지, 내가 책임을 져야 한다고 생각하지는 않습니다.

예를 들어서 목마른 자는 자기가 물을 준비하지 않았기 때문이지 부자인 사람이 다른 사람의 물까지 챙겨주어야 한다고 생각하지 않는 것입니다. 물을 챙겨주면 음식도 달라고 할 것이고 음식을 주면 잠까지 재워달라고 할 것이고 일자리까지 구해달라고 할 것이기 때문에 아예 처음부터 잘라버리고 비빌 구석을 없애는 것이 부자의 습성이었던 것입니다. 그래서 엘리바스는 욥도 그렇게 인색하게 살았을 것이라고 생각했습니다. 왜냐하면 그는 엄청난 부자였기 때문입니다.

욥은 너무 부자였기 때문에 오해를 사게 되었습니다. 엘리바스는 욥이 그 정도로 부자가 되려고 하면 담보물을 빼앗았을 것이며 인색했을 것이라고 생각하는 것입니다. 나중에 욥은 절대로 그렇게 하지 않았고 오히려 어려운 사람들 중에서 도와주지 않은 사람이 없었다는 말까지 합니다.

22:8-9, "권세 있는 자는 토지를 얻고 존귀한 자는 거기에서 사는구나 너는 과부를 빈손으로 돌려보내며 고아의 팔을 꺾는구나"

권세 있는 자는 법을 잘 아니까 결국 가난한 자들의 땅을 차지하게 되고 지위가 높은 자들이 거기에 살게 되는 것입니다. 엘리바스는 욥이 과부가 무슨 부탁을 하러 와도 그냥 돌려보내고 고아는 팔을 비틀어서 그가 가진 것을 빼앗았을 것이라고 말하고 있습니다. 왜냐하면 그렇게 하지 않고서 욥이 그렇게 부자가 될 수 없다고 생각했기 때문입니다. 결국 욥은 부자였던 것이 사람들에게 미움의 대상이 되었고 공격의 이유가 되었던 것입니다. 그래서 너무 잘살고 너무 높아지고 너무 똑똑한 것은 다른 사람들의 시기심이나 미움의 대상이 되는 것입니다.

22:10-11, "그러므로 올무들이 너를 둘러 있고 두려움이 갑자기 너를 엄습하며 어둠이 너로 하여금 보지 못하게 하고 홍수가 너를 덮느니라"

욥이 부자로 있으면서 아무래도 가축을 중요하게 생각하고 자녀들을 중요하게 생각한 것은 부인할 수 없을 것입니다. 엘리바스는 사람들이 몰라서 그렇지 인생의 주위에는 올무들이 있고 두려움이 있으며 어둠이 깔려 있고 홍수가 준비되어 있어서, 언제든지 올무에 걸릴 수 있고 어둠에 빠지며 홍수가 모든 것을 다 쓸어갈 수 있다고 말하고 있습니다. 그래서 사람은 가난해도 걱정이고 부자가 되어도 걱정인 것입니다.

특히 사람들의 문제는 하나님을 너무 멀리 계신 하나님으로 생각한다는 것이라고 했습니다.

22:12-13, "하나님은 높은 하늘에 계시지 아니하냐 보라 우두머리 별이 얼마나 높은가 그러나 네 말은 하나님이 무엇을 아시며 흑암 중에서 어찌 심판하실 수 있으랴"

이때도 사람들은 하나님의 존재를 부정하지는 않았습니다. 그러나 하나님은 너무 높은 하늘 더 큰 별 뒤에 계시기 때문에 인간의 세세한 일은 아시지 못한다고 생각했습니다. 오늘날도 사람들은 하나님은 존재하지 않는다고 생각하거나 아니면 존재해도 우리 인간들로부터는 멀리 떨어져 계신다고 생각합니다. 현대인들은 신 중심의 세상을 인간 중심의 세상으로 바꾸었고 이제는 인간 중심의 세상에서 나 중심의 세상으로 바꾸어버렸습니다. 그래서 이제 사람들은 내가 가장 중요하게 되었고, 내가 성공하고 편하게 사는 것이 인생의 목적이 되었습니다.

엘리바스는, 욥이 하나님께서 빽빽한 구름에 가려서 세상을 보지 못하시고 둥근 하늘을 걸어 다니시기 때문에 인간의 일은 모른다고 생각한다고 했습니다. 사실 우리는 하나님이 멀리 계신다고 느낄 때가 많습니다. 그리고 우리는 하나님이 나에게 관심이 없으셔서 나를 이렇게 고통 가운데 내버려두신다고 생각하는 것입니다. 우리는 믿음에 갇혀 있기 보다는 세상으로 뛰쳐나가서 내 마음대로 하고 싶은 일을 하면서 성공하고 싶은 생각이 들 때가 많이 있습니다.

22:17-18상, "그들이 하나님께 말하기를 우리를 떠나소서 하며 또 말하기를 전능자가 우리를 위하여 무엇을 하실 수 있으랴 하였으나 하나님이 좋은 것으로 그들의 집에 채우셨느니라"

우리가 보기에 세상에는 너무 좋은 것들이 많이 있습니다. 거기에는 부와 명성, 학문, 권력, 인기가 있고 성공이 있습니다. 그래서 사실 세상에 이렇게 좋은 것이 많은데 젊은이들이 교회에 붙어있는 것은 기적입니다. 그들은 이 세상 것보다 자기를 찾기를 원하고 있고 인생을 살아야 할 목적을 찾고 있는 것입니다. 그러나 사람이 성공을 생각하면 하나님께 "우리를 떠나소서. 하나님이 해주실 수 있는 것이 뭐가 있습니까?"라고 말하게 되는 것입니다.

3. 하나님과 화해하라

여기서 엘리바스는 가장 중요한 이야기를 합니다. 그것은 우리 인간에게 가장 중요한 것은 부나 명예나 성공이 아니라 하나님과 화해하는 것이라는 말입니다.

22:21, "너는 하나님과 화목하고 평안하라 그리하면 복이 네게 임하리라"

　사람들이 이 세상의 좋은 것만 생각하면 하나님을 찾을 이유도 없고 그것은 시간 낭비하는 것으로 보일 것입니다. 그러나 우리가 이 세상 모든 것을 다 가져도 그 안에 내 자신이 없습니다. 그리고 우리는 내 자신을 만드신 하나님과 계속 원수 된 상태에 있는 것입니다. 사람이 자신을 찾지 못하고 나를 찾을 수 있는 하나님과 원수 된다는 것은 계속 자기와 싸우고 있는 것입니다. 사람은 돈을 벌면 벌수록, 공부를 하면 할수록, 세상에서 부자가 되면 될수록 점점 더 마음에 허무함을 느끼게 되고 자기 속에 불만이 생기고 다른 사람들에 대해서도 자꾸 불만이 생기게 됩니다. 그 이유는 자기 자신을 찾지 못했기 때문입니다.
　우리가 자신을 찾는 방법은 하나님 앞에서 두 손 두 발을 다 들고 내 야망과 자아와 욕심을 굴복시키는 것입니다. 원시인들은 멧돼지를 잡으면 네 발을 다 묶어서 작대기에 꿰어서 들고 갑니다. 우리가 이 세상에서 하나님을 멀리하고 성공하려고 하면 할수록 더욱더 자기를 잃어버리고 내면이 황폐해지게 됩니다. 그래도 사람들은 자존심 때문에 하나님께 돌아오지 않으려고 합니다. 왜냐하면 아직 하나님을 만날 준비가 안 되어서 하나님을 만나기가 부끄럽기 때문이라는 것입니다. 하나님은 우리 인간에게 자존심이라는 것을 주셨습니다. 그런데 우리는 하나님과 대등하게 되는 것이 자존심이라고 생각합니다. 그러나 실제로는 우리가 하나님 앞에 완전히 굴복할 때 오히려 더 자존심이 살게 됩니다.
　사람들은 누구든지 병이 들어서 죽게 되면 결국 내가 하나의 흙덩이에 불과하다는 것을 깨닫고 하나님 앞에 두 손 두 발을 다 들게 됩니다. 그렇지 않고 경제적인 어려움만 가지고는 좀처럼 하나님 앞에서 자신이 피조물이라는 것을 인정하지 않습니다.

우리가 하나님 앞에 무릎을 꿇는 순간보다 더 위대한 순간은 없습니다. 이것이 바로 하나님이 우리를 처음 창조하셨던 모습으로 돌아오는 것입니다. 즉 하나님이 무엇을 하라고 하시든지 순종할 자세인 것입니다. 그 때 하나님은 무서운 심판자에서 나를 사랑하는 아버지로 변하게 되는데, 그러면 우리는 미래가 두렵지 않습니다. 온 세상을 만드신 분이 내 아버지인데 무엇을 두려워하겠습니까? 그리고 나는 참으로 사랑받는 자라는 것을 알게 됩니다. 하나님은 우리에게 사랑을 가르쳐주시는 것입니다. 그때 우리는 다른 사람도 모두 사랑 받을 필요가 있는 존재라는 것을 알게 됩니다. 이것이 바로 내 자신을 찾는 것입니다.

22:22-23, "청하건대 너는 하나님의 입에서 교훈을 받고 하나님의 말씀을 네 마음에 두라 네가 만일 전능자에게로 돌아가면 네가 지음을 받을 것이며 또 내 장막에서 불의를 멀리 하리라"

이때도 하나님의 말씀을 가르쳐주는 선지자들이 있었던 것 같습니다. 여기서 두 가지가 동시에 필요합니다. 하나는 하나님의 말씀의 교훈을 배우는 것이고, 또 하나는 하나님의 말씀을 내 마음에 두는 것입니다. 그런데 우리가 하나님의 말씀을 배우고 하나님의 말씀을 읽으면 하나님이 믿어집니다. 그리고 하나님이 아주 가까이 계신 것이 느껴지게 됩니다. 그리고 하나님이 내 삶에 자주 놀라운 일을 행하시는 것을 체험하게 됩니다.

23절에 "네가 만일 전능자에게로 돌아가면 네가 지음을 받을 것이며"라고 했습니다. 이것은 우리가 새 사람으로 지음을 받는다는 뜻입니다. 하나님은 우리에게 새 인생을 만들어주시는 것입니다.
그리고 여기에 엘리바스는 아주 중요한 이야기를 합니다.

22:24-25, "네 보화를 티끌로 여기고 오빌의 금을 계곡의 돌로 여기라 그리하면 전능자가 네 보화가 되시며 네게 고귀한 은이 되시리니"

그런데 여기는 옛 개역성경 번역이 좀 더 직설적으로 표현합니다. "네 보배를 진토에 버리고 오빌의 금을 강 가의 돌에 버리라 그리하면 전능자가 네 보배가 되시며 네게 귀한 은이 되시리니"라고 했습니다. 즉 우리가 붙들고 있는 보배를 진토에 버리라고 했습니다. 또 오빌의 금은 가장 비싸고 좋은 금인데 골짜기 돌 사이에 버리라고 했습니다. 왜냐하면 그런 것을 가지고 있으면 자꾸 그런 것들을 생각하게 되어 있기 때문입니다. 우리나라 사람들은 돈이나 집을 그냥 가지고 있는 것을 참지 못합니다. 그저 그것을 불려서 더 큰 부자가 되려고 못 참는 것입니다. 그런데 현실적으로 보배나 금이나 은을 갖다 버리는 사람은 없기 때문에 그렇게 생각하라고 번역하고 있습니다.

그러나 돈이나 공부나 세상 명예는 우리 생명에 아무 도움이 되지 않습니다. 그리고 우리 정신에 나쁜 영향을 줍니다. 그런데 우리가 오직 하나님만 붙들 때 하나님이 나의 보배가 되어주시고 은이 되어주신다는 것입니다. 여기서 은은 돈을 말합니다. 과연 하나님이 우리의 보배가 되어주시고 돈이 되어주실까요? 하나님은 은도 내 것이고 돈도 내 것이라고 하셨습니다.

우리에게 영원한 생명보다 더 가치 있는 것이 어디에 있겠습니까? 우리가 이 세상에서 하나님의 사람으로 살아가는 것이 얼마나 큰 보배입니까? 하나님은 우리 마음에 보배를 채워주셔서 존귀하게 하시고 우리에게 필요한 은을 채워주십니다. 이제 우리는 하나님을 기뻐하게 되고 하나님은 우리의 기도를 응답해주십니다. 기도가 응답이 된다는 것이 얼마나 엄청난 복입니까? 기도가 없는 인생은 캄캄한 밤과 같습니다. 캄캄함 밤에 우리가 어디가 길인 줄 알며 어디로 가겠습니까? 그러나 기도의 응답은 우리 마음에 별빛과 같습니다.

22:28, "네가 무엇을 결정하면 이루어질 것이요 네 길에 빛이 비치리라"

옛 개역성경에는 "네가 무엇을 경영하면 이루어질 것이요 네 길에 빛이 비춰리라"고 했습니다. 우리가 무엇을 생각하고 시도할 때 거기서 보물을 찾게 됩니다. 그것은 하나님이 나를 기뻐하신다는 증거입니다. 하나님이 나를 기뻐하시고 좋아하시는데 무엇을 두려워하겠습니까?

여기에서 엘리바스는 하나님께 겸손한 것이 무엇인지 말해주고 있습니다.

22:29, "사람들이 너를 낮추거든 너는 교만했노라고 말하라 하나님은 겸손한 자를 구원하시리라"

다른 사람들이 나쁜 말을 하고 욕할 때 내가 잘못했다고 하면 분노도 일어나지 않고 이것이 바로 겸손이고 하나님은 이런 자를 도와주셔서 마음에 상처도 입지 않고 형통하게 하신다는 것입니다.

하나님은 다른 사람을 통해서 나를 낮추십니다. 그때 그 사람과 싸우려고 하지 말고 나를 낮추어서 고맙다고 말할 때 우리는 진정으로 겸손한 자가 되는 것입니다. 욕해주어서 감사하고 결점을 가르쳐 주어서 고맙다고 말하면 싸우거나 원수가 될 이유도 없는 것입니다. 하나님은 이런 사람을 어려움에서 건져주신다고 하셨습니다. 우리 모두 사람들의 말에 상처받지 말고 승리하시기 바랍니다.

21
순금 같이 되리라

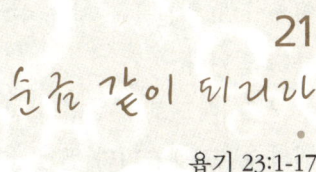
욥기 23:1-17

우리나라 한 축구 선수가 영국에서 계약을 했는데 그는 일주일에 이억 원 이상씩 받는다고 합니다. 그가 일 년에 받는 돈은 백억 원이 넘습니다. 이것을 보면 이 선수는 금덩어리보다 훨씬 낫다는 것을 알 수 있습니다. 어떤 사람이 아무리 순금을 가지고 있다 하더라도 그 순금이 일주일에 이억 원씩을 만들어내지는 못할 것입니다.

우리나라 경제가 비약적인 발전을 하게 된 계기는 포항제철이 만들어지면서라고 합니다. 포항에 가보면 바닷가에 엄청난 자리를 포항제철이 차지하고 있는데, 거기서 우리나라에서 쓰는 철판들이 만들어지고 외국에 수출까지도 하게 됩니다. 철판을 만들고 쇠를 만드는데 가장 중요한 것은 고철이나 철광석을 녹여서 만드는 뻘건 쇳물입니다. 이것이 용광로에서 흘러나오면서 거기서 만든 철판을 가지고 배와 버스도 만들고 고층건물을 짓는 철근도 만드는 것입니다. 우리에게 궁금한 것은 바로 이것입니다. 우리 예수 믿는 사람들이 하나님이 주시는 연단을 받으면 순금이 되거나 순금을 만들 수 있는 사람이 될 수 있느냐 하는 것입니다. 더욱이 예수 믿는 사람들이 연단을 받으면 쓸모도 없는 고철이나 철광석을 녹여서 뜨거운 쇳물을 만들어서 배나 버스나 고층건물을 지을 수 있는 무진장의 철판을 만들 수 있느냐 하는 것입니다.

사도 베드로는 우리의 신앙은 "불로 연단하여도 없어질 금보다 더 귀하다"고 했습니다(벧전 1:7). 금반지나 금 목걸이를 불에 넣어서 가열하면 녹아서 황금 물처럼 됩니다. 이것을 가지고 다른 모양으로 만들 수 있습니다. 만일 우리가 매주 몇 억씩 만들어내는 금이 되고, 모든 고철이나 철광석을 가지고 새 철판을 만들어내는 제철소가 된다면 엄청난 갑부 중의 갑부가 될 것입니다. 그러나 불행하게도 우리는 돈을 만들어내는 데는 별 재주가 없는 것 같습니다.

그러나 욥은 본문에서 욥기 전체의 주제를 언급하고 있습니다. 그것은 10절입니다.

"그러나 내가 가는 길을 그가 아시나니 그가 나를 단련하신 후에는 내가 순금 같이 되어 나오리라"

욥은 지금 자기가 하나님의 연단을 받고 있는데 이 연단을 통과한 후에는 돈으로 가치를 매길 수 없는 순금이 되어 있을 것이라고 단언하고 있습니다. 과연 이것이 인간에게 가능한 일이며, 우리 크리스천에게 가능한 일일까요? 우리가 돈을 벌려고 하면 어렸을 때부터 열심히 축구나 배구 또는 야구를 하든지 해서 뛰어난 운동선수가 되든지 바이올린이나 피아노를 치든지 해서 세계적인 연주자가 되어야지, 하나님의 연단만 받는다고 해서 세계적으로 유명한 사람이 될 수 있을까요?

그러나 그렇게 된 사람이 있습니다. 모세는 40년 동안 연단을 받았는데 그가 연단을 받고 난 후에는 지팡이 하나를 가지고 열 가지 재앙을 일으키고 바다를 갈랐으며 반석을 쳐서 생수가 터져 나오게 하는 기적을 일으켰습니다. 그는 이백만 명 이상 되는 사람들을 살리는 능력을 행한 것입니다. 엘리야는 기도로 하늘 문이 닫히게 해서 3년 반 동안 비가 오지 않다가 그 후에 다시 기도해서 하늘 문이 열려서 비가 쏟아지게 했습니다. 히스기야 때에는 밤에 한 천사가 내려와서 예루살렘 성을 포위했던 앗수르 군대 십팔만 오천 명을 죽게 만들었습니다. 신약시대 사도 바울은 로마서를 위시해서 무려 13편의 서신을 쓰게 되는데 그것을 가지고 무수한 박사 논문들이 만들어지고 있습니다. 특히 로마서는 시대를 불문하고 설교되는 곳마다 부흥이 일어나게 했습니다. 이런 것을 보면 하나님의 순금은 세상의 돈벌이 순금과는 비교가 안 된다는 것을 알 수 있습니다.

1. 욥이 하나님께 하고 싶은 말

우리는 어떤 사람을 만나기 전에 이것만은 꼭 말해주어야 하겠다고 생각하는 것들이 있습니다. 다른 사람에 대하여 어떤 원한을 가지고 있는 사람은 그 사람을 만나게 되면 "그때 너는 나에게 크게 잘못했었다"라는 말을 하고 싶을 것입니다. 또 어떤 사람이 다른 사람을 사랑하고 있었지만 그 말을 할 용기가 없었다면 이번에 만나면 꼭 "사랑하고 있었다"는 말을 하려고 할 것입니다. 그러나 사실은 만나지 못할 때가 많고 어떤 때에는 만나더라도 다른 말을 하느라 하고 싶은 말을 꺼내지도 못하고 헤어질 때가 많습니다. 그런데 만일 우리가 하나님을 만나게 된다면 무슨 말을 하겠습니까? 하나님께 무엇을 해 달라는 말을 하겠습니까? 아니면 감사하다는 말을 하겠습니까? 아니면 어떤 사람의 복수를 해 달라고 하겠습니까? 욥은 하나님을 만나면 꼭 하고 싶은 말이 있었습니다. 그런데 욥은 그 말을 다른 사람에게 말하고 싶지는 않고 하나님을 꼭 만나서 말하고 싶은데, 문제는 자기가 살아서는 하나님을 만날 수 없다는 것이었습니다.

23:1-2, "욥이 대답하여 이르되 오늘도 내게 반항하는 마음과 근심이 있나니 내가 받는 재앙이 탄식보다 무거움이라"

이것이 옛 개역성경에는 이렇게 되어 있습니다. "내가 오늘도 혹독히 원망하니 받는 재앙이 탄식보다 중함이니라"

욥은 자기 친구들이 자기를 위해서 하는 권면의 말들을 하나도 받아들일 수 없다고 말하고 있습니다. 욥은 그들의 말을 들으면 들을수록 반발하는 마음만 혹독하게 터져 나오게 되는 것입니다. 그 이유는 그들이 하는 말이 욥의 생각과 너무 거리가 멀었기 때문입니다. 욥은 자기가 아무리 탄식을 한다고 하지만 재앙보다는 못하다고 했습니다. 이것은 자기가 아무리 친구들과 변론하고 이야기를 한다고 해도 자신의 고통을 다 표현할 수가 없다는 뜻입니다. 그 대신 욥은 하나님 앞에서 딱 한 마디 묻고 싶은 것이 있었습니다. 욥은 그 말만 하나님으로부터 직접 들으면 속이 시원하겠다는 것입니다. 그러나 욥의 걱정은 자기가 하나님께 나아가는 길을 모른다고 호소하고 있습니다.

23:4-5, "어찌하면 그 앞에서 내가 호소하며 변론할 말을 내 입에 채우고 내게 대답하시는 말씀을 내가 알며 내게 이르시는 것을 내가 깨달으랴"

욥이 하나님을 직접 만나서 묻고 싶었던 것은 간단한 것이었습니다. 즉 "내 모든 가축들을 다른 사람들이 다 빼앗아가게 하시고 내 아들들과 딸들을 다 죽게 하시며 내 몸에 병이 생기게 하신 것은 하나님이 하신 것이 아니냐? 그리고 이것이 죄에 대한 심판이 아니고 하나님의 뜻이 있어서 그렇게 하신 것이 아니냐?" 하는 것이었습니다. 욥은 자신의 고난은 사람들이 불쌍히 여길 성질의 것이 아니라 하나님이 하신 것이고, 죽은 아이들에 대해서도 하나님의 뜻이 있고 나에 대해서도 하나님의 뜻이 있다는 것을 하나님께 직접 묻고 싶었습니다. 그런데 욥은 살아서는 하나님께 나아가는 방법을 알지 못했습니다. 그래서 욥은 내가 어찌하면 하나님을 발견하고 하나님의 처소에 나아가서 호소할 수 있겠느냐고 묻고 있습니다.

그리고 동시에 욥은 걱정이 하나 있었습니다. 그것은 인간은 하나님 앞에서 개미보다 못한 존재라는 것을 잘 알고 있었습니다. 만일 우리가 개미들이 있는 것을 보고 손가락으로 잡는다면 개미는 살려달라고 몸부림을 칠 것입니다. 개미와 사람은 힘에 있어서 엄청난 차이가 있습니다. 하물며 하나님과 우리 사이에는 개미와 사람 이상의 차이가 있습니다. 우리는 하나님이 죽이시면 죽을 수밖에 없고 발로 밟으시면 밟혀 죽을 수밖에 없습니다. 그러나 우리가 하나님에 대하여 믿는 것은 하나님께서 우리를 사랑하신다는 사실입니다. 그래서 욥은 하나님이 나를 만나셨을 때 '왜 쪼그만 인간이 내가 하는 대로 가만히 있을 것이지, 왜 그렇게 말이 많아?' 라고 하시겠는가 생각했다가 '아니야, 하나님은 사랑의 하나님이서. 하나님은 내 말을 전부 다 들으실거야' 라고 확신을 가지게 됩니다.

욥은 하나님을 만나기만 하면 자신의 모든 억울함과 원통함을 다 해결할 수 있으리라고 믿었습니다. 왜냐하면 하나님이 하셨으면 하나님이 다 책임을 지시기 때문입니다.

23:7, "거기서는 정직한 자가 그와 변론할 수 있은즉 내가 심판자에게서 영원히 벗어나리라"

욥이 하나님을 만나기만 하면 하나님은 그 모든 재앙은 내가 내린 것이고 너의 책임이 아니라고 말씀하실 것이기 때문에, 욥은 모든 심판자로부터 벗어날 것이라고 생각하고 있습니다. 그런데 욥은 하나님은 영이시기 때문에 하나님이 아무리 나에게 가까이 오신다고 해도 내가 느낄 수 없다는 것이 걱정이었습니다.

23:8-9, "그런데 내가 앞으로 가도 그가 아니 계시고 뒤로 가도 보이지 아니하며 그가 왼쪽에서 일하시나 내가 만날 수 없고 그가 오른쪽으로 돌이키시나 뵈올 수 없구나"

하나님이 우리 인간처럼 보일 수 있고 만질 수만 있다면 우리는 얼마든지 안심할 수 있을 것입니다. 우리가 하나님의 옷자락만 붙잡으면 병이 다 떠날 것이고 우리가 하나님의 손만 붙잡고 있으면 악한 자들이 감히 우리를 공격하지 못할 것입니다. 그러나 하나님은 영이시기 때문에 앞에 계셔도 하나님을 볼 수 없고 내 뒤에 계셔도 하나님을 느낄 수 없습니다. 하나님은 내 눈에도 보이지 않고 다른 사람들의 눈에도 보이지 않습니다. 그래서 우리는 하나님이 계신지 안 계신지조차도 알 수 없는 것입니다.

그러나 욥이 잘못 생각한 것이 하나 있습니다. 그것은 욥이 그의 중보자 주님의 존재를 알았다고 하면 굳이 주님을 보려고 할 필요가 없을 것입니다. 그리고 욥은 굳이 하나님 앞에 나아가려고 할 필요가 없을 것입니다. 그냥 그 중보자를 통해서 하나님께 말씀하기만 하면 되는 것입니다. 욥은 자신이 깨달은 주님을 향해서 "친구들이 와서 나를 불쌍히 여기고 자꾸 회개하라고 하는데 이 모든 것을 하나님이 하신 것을 깨닫게 해 주십시오."라고 말을 하면 되는 것입니다. 그리고 "하나님이 가까이 계시지만 나는 하나님을 느낄 수가 없습니다. 하나님이 내 오른편에 계시고 왼편에 계신 것을 느낄 수 있게 해 주십시오."라고 기도하면 되는 것입니다. 그러나 이때까지만 해도 욥이나 하나님을 믿는 자들은 하나님의 임재하는 경험을 별로 해보지 못한 것 같습니다.

기드온은 하나님께 하나님의 임재를 느낄 수 있도록 부탁을 했습니다. "하나님, 내 힘으로는 도저히 미디안 군대를 이길 자신이 없습니다. 만일 하나님이 내 가까이 계시면 양털에만 이슬이 내리는 것을 통해서 하나님의 임재를 보여 주십시오."라고 기도했습니다. 그랬더니 양털에만 이슬이 내렸습니다. 그러나 기드온의 마음에는 곧 의심이 들었습니다. 우연히 이럴 수도 있겠다는 것입니다. 그래서 기드온은 "하나님, 표적이 나타났지만 의심이 생깁니다. 한 번 더 하나님의 임재를 보여주십시오. 이번에는 양털에는 이슬이 내리지 않고 주위에만 이슬이 내리게 해 주십시오."라고 했더니 또 그렇게 되었습니다. 기드온과 같은 이런 모습을 영적인 자폐증이라고 합니다. 즉 바로 옆에 하나님이 계신데도 그것을 느끼지 못하는 것입니다.

그런데 욥의 감각이 통하는 곳은 손바닥이었습니다. 그는 손바닥의 양털을 통해서 하나님의 임재를 구체적으로 느끼기 원했던 것입니다. 그래도 기드온은 완전한 믿음이 생긴 것은 아니었습니다. 그래서 하나님은 기드온에게 밤에 적진에 들어가게 하셔서 적들이 서로 이야기하는 것을 통해서 확신을 가지게 하셨습니다. 그것은 보리떡 한 개가 굴러 와서 미디안 진을 친다는 것이었습니다. 보리떡은 기드온의 인생이었습니다. 천대받고 멸시 받는 보리떡을 통해서 하나님은 미디안을 치신다는 것을 적의 입을 통해서 기드온에게 말씀해 주셨던 것입니다.

오늘 우리가 지금 이렇게 된 것은 하나님이 하신 것이고 우리 책임이 아닙니다. 이것을 우리가 책임을 지려고 하기 때문에 정신병이 생기는 것입니다. 내가 이렇게 된 것은 하나님이 하신 것이고 하나님이 책임을 지실 것입니다. 우리는 하나님이 가까이 계신 것을 느끼는 훈련을 해야 합니다. 그래서 우리 주위에 우연이라고 하는 것은 없습니다. 예수님은 참새 한 마리를 통해서도 하나님을 느꼈습니다. 우리가 아프다가 약을 먹고 기분이 좋아지는 것이나 혹은 우연히 기분 좋은 일이 생기는 것이나 갑자기 기분이 좋아지는 것을 통해서도 하나님의 임재를 느껴야 합니다. 하나님의 백성들이 하나님의 임재를 느끼기만 하면 자신감이 생기면서 능력이 수백 배가 생기게 됩니다.

2. 내가 순금이 되리라

하나님의 백성들이 어려움을 당했을 때 그 이유를 이해하려고 하면 더 깊은 침체와 불신에 빠지게 됩니다. 왜냐하면 우리의 머리로는 그 고통이 생긴 이유를 도무지 이해할 수 없기 때문입니다. 고통은 우리에게는 시간낭비인 것 같고 전혀 불필요한 불행인 것 같습니다. 왜냐하면 우리는 모두 이 세상에서 행복하기를 원하는데 육체적인 고통이나 정신적인 고통은 너무나도 큰 불행이기 때문입니다. 바로 이 점에서 하나님과 우리의 생각이 아주 다른 것입니다.

우리는 원래 잡석이었습니다. 잡석은 아무 가치가 없이 굴러다니는 것인데 잘 사용되어봐야 건축 자재로 쓰이면 잘 쓰이는 것입니다. 가장 나쁘게 쓰이는 것은 다른 사람을 치는 짱돌이 되는 것입니다. 잡석은 깨어봐야 잡석입니다. 그래서 도로를 만들 때에는 잡석들을 눌러서 편편하게 하는 것이 가장 잘 하는 것입니다. 어떤 동네는 개울 옆이어서 자갈이 너무 많이 떠내려 오니까 모든 동네 집 담을 자갈돌로 만든 것을 본 적이 있습니다. 그러나 우리가 하나님의 말씀을 듣는 그 순간부터는 우리 안에는 금 성분이 있고 보석 성분이 있는 원석으로 변하게 됩니다. 금 성분이 있는 돌은 그 돌 자체로서는 아무 가치가 없습니다. 그 돌은 깨어서 녹여서 순금으로 만들어야 가치가 있게 됩니다. 그래서 하나님께서는 때가 되면 우리의 인생을 부수기 시작하십니다. 왜냐하면 돌로는 아무 가치가 없기 때문입니다.

그래서 욥은 큰 환난을 당하면서 하나님의 뜻을 고민하고 또 고민하는 가운데 이것은 하나님이 나를 단련하시는 것이고, 이 단련 끝에는 순금으로 변할 것이라는 것까지 깨닫게 되었습니다.

23:10, "그러나 내가 가는 길을 그가 아시나니 그가 나를 단련하신 후에는 내가 순금 같이 되어 나오리라"

욥은 자신이 가는 길을 알지 못합니다. 자기가 언제 죽을지 자신의 병이 나을지 아니면 더 악화가 되어서 얼마 후에 죽을지 알지 못합니다. 요셉 같은 경우에는 노예로 팔려가면서 그의 미래를 알지 못했습니다. 다윗은 사울 왕에게 쫓겨 도망 다니면서 그의 미래를 알지 못했습니다. 우리는 우리의 미래를 알지 못합니다. 청년들은 자신들의 미래를 알지 못하고 나이가 드신 분들도 미래를 알지 못합니다. 그러나 우리가 환난과 연단을 당하면 그 환난이나 연단으로 망하거나 죽는 것이 아니라 그것을 이기고 승리하게 된다는 것입니다. 우리는 환난이나 연단으로 망하지 않습니다. 우리는 그것을 반드시 이길 것이고 그것을 이긴 후에는 우리가 순금으로 변하게 됩니다. 즉 자기 몸만한 보석으로 변하게 되는 것입니다.

예를 들어서 우리 몸만한 금덩이가 있다면 가치가 수천억 원이 넘을 것입니다. 만일 우리가 우리 몸만한 다이아몬드나 루비나 사파이어가 된다면 그 가치는 수천억 원이 넘을 것입니다. 그래서 이 세상에서 가장 가치 있는 보석은 환난을 당한 성도들입니다. 우선 이들은 순결합니다. 이들은 겸손하고 따뜻합니다. 이들에게는 하나님의 임재가 있습니다. 이들에게는 하나님의 말씀이 살아있습니다. 환난을 통과한 성도들이야말로 잠자던 하나님의 말씀을 깨운 사람들입니다.

모세는 사백년 동안 잠자던 하나님의 말씀을 깨우고 기적을 일으켰습니다. 엘리야는 수백 년 동안 잠자던 하나님의 말씀을 깨우고 하늘 문을 열고 닫았습니다. 또 하늘에서 불이 떨어지게 했습니다. 예수님은 십자가 위에서 죽으시고 하늘 문을 여셨습니다. 그리고 성령의 불이 떨어지게 하셨습니다. 그래서 우리에게 어려움이 생겼을 때 우리는 이 고난이 온 이유를 생각하면 안 됩니다. 나는 이 고난을 통과할 것이고 나는 순금으로 변할 것이라는 것만 믿으셔야 합니다.

3. 욥의 회상

욥은 지금까지 자기가 살아온 길을 생각해 보았습니다. 욥은 다른 것은 몰라도 하나님의 말씀의 길로 쭉 따라온 것만은 사실이었습니다. 그런데 이해가 되지 않는 것이 있으니 하나님의 말씀을 따라온 결과가 파멸이었다는 것입니다.

23:11-12, "내 발이 그의 걸음을 바로 따랐으며 내가 그의 길을 지켜 시우치지 아니하였고 내가 그의 입술의 명령을 어기지 아니하고 정한 음식보다 그의 입의 말씀을 귀히 여겼도다"

욥도 인간이기 때문에 하나님의 길을 한 번도 벗어난 적이 없다고 볼 수는 없습니다. 체조선수들의 경기 중에 평균대라는 것이 있습니다. 선수들은 평균대 위를 걷기도 하고 뛰기도 하고 그 위에서 돌기도 합니다. 그런데 우리가 처음 평균대 위에 올라가면 균형을 잡지 못해서 비틀거리다가 곧 떨어지고 말 것입니다. 마찬가지로 아무리 좋은 신자라 하더라도 처음부터 한 번도 하나님의 말씀에서 벗어나지 않고 말씀대로만 걷는 사람은 없을 것입니다. 모두 비틀거리기도 하고 방황하기도 하고 헤매기도 하는데 실컷 헤매다 보니까 결국 하나님의 말씀으로 돌아와 있는 것입니다.

아브라함 같은 경우도 애굽으로 내려가기도 하고 부인을 빼앗기기도 하고 사라의 여종을 첩으로 얻어서 이스마엘을 낳기도 했습니다. 그러나 아브라함은 결국 하나님의 말씀의 길을 걸어가고 있었습니다. 모세도 태어나면 사내아이는 모두 죽이는 시대에 갈대상자에 들어가서 살아서 기적적으로 바로의 공주의 아들로 입양되기도 하고 무려 사십년 동안 바로의 왕궁에서 호의호식을 했지만 결국 애굽의 노예 감독을 죽이고 사십년 동안 미디안 광야에서 방황하다가 하나님을 만났을 때 결국 하나님의 말씀의 길을 걷고 있었던 것입니다. 욥은 이해가 되지 않았던 것이 왜 하나님의 말씀의 길을 그대로 따라가는데 이렇게 끝이 비참하게 망하는 것이냐 하는 것이었습니다. 그러나 이것은 결과가 아니고 잠시 거치는 과정이었던 것입니다. 즉 하나님이 우리의 신앙을 더 업그레이드시키기 위하여 통과하게 하시는 과정인 것입니다. 그러나 결국 욥은 모든 것이 하나님의 뜻대로 된다는 것을 깨달았습니다.

23:13-14, "그는 뜻이 일정하시니 누가 능히 돌이키랴 그의 마음에 하고자 하시는 것이면 그것을 행하시나니 그런즉 내게 작정하신 것을 이루실 것이라 이런 일이 그에게 많이 있느니라"

하나님이 누구를 병들게 하시면 그는 병들 수밖에 없고 하나님이 누구를 불러가시기로 하시면 그는 죽을 수밖에 없는 것입니다. 그 위대한 하나님의 종 세례 요한은 그 많은 사람들에게 회개의 세례를 주고 예수님까지 소개한 사람이지만 그가 여자 아이의 춤 값으로 목이 베임당해서 죽게 되었다는 것을 우리는 이해할 수 없습니다. 그리고 우리는 예수님이 그렇게 사랑하셨던 제자 중 하나였던 야고보가 오순절 성령이 오신 후 헤롯 아그립바에 의해 목이 베임당해서 죽는 것을 이해할 수 없습니다. 하나님은 베드로에게 천사를 보내어 감옥에서 나오게 하셨지만 야고보는 일찍 죽게 하셨던 것입니다. 그러나 하나님이 부르시는 자는 죽을 수밖에 없고 하나님이 살게 하시는 자는 기적적으로 살게 됩니다.

 요한복음 21장에서 베드로는 부활의 주님이 그가 원하지 않는 죽음을 죽을 것이라고 하셨을 때 요한은 어떻게 되느냐고 물었습니다. 그때 예수님은 "내가 올 때까지 그를 머물게 하고자 할지라도 네게 무슨 상관이냐 너는 나를 따르라"고 말씀하셨습니다. 그 말씀 그대로 베드로는 로마에서 십자가에 거꾸로 못 박혀서 죽고, 요한은 밧모섬에 유배되어갔지만 살아서 돌아와서 다시 말씀을 전하게 됩니다. 그러나 모두 다 죽었습니다. 우리는 결국 하나님께서 나에게 정하신 시간 안에 하나님의 일을 하다가 죽어야 하는 것입니다. 그 시간을 우리는 알 수 없습니다. 그러나 그 시간이 많지 않은 것은 사실이고 조금만 잘못하면 하나님께 욕을 돌리게 됩니다.

 23:16-17, "하나님이 나의 마음을 약하게 하시며 전능자가 나를 두렵게 하셨나니 이는 내가 두려워하는 것이 어둠 때문이나 흑암이 내 얼굴을 가렸기 때문이 아니로다"

 하나님은 욥이 환난을 겪는 것을 통해서 그의 마음을 약하게 하셨고 그를 두렵게 하셨습니다. 왜냐하면 사람이 나이가 들어갈수록 너무 정력이 뻗치면 하나님의 뜻보다는 자기 욕심대로 행할 가능성이 많기 때문입니다. 사람이 아무래도 늙으면 마음이 약해지고 힘도 빠져서 일을 많이 하지 않고 조심을 해서 아름답게 자신의 마지막을 마무리하는 것이 필요합니다. 그림을 그리는 자나 음악을 연주하는 자들이 처음에는 힘차게 연주를 하고 그림을 그리지만 끝부분에 가서는 섬세하게 마쳐야 하는 것과 같습니다. 어떤 사람은 나이가 많이 들었는데도 너무 정력이 넘쳐서 아무 것도 포기하지 않고 모든 것을 욕심대로 하다가 결국 자기가 한평생 이룬 것을 다 더럽히는 것을 많이 보게 됩니다.

욥은 아직 자기는 하나님의 뜻을 잘 모른다고 했습니다. 그렇지만 흑암이 자기 얼굴을 덮고 있는 것은 아니라고 했습니다. 즉 이제는 많은 것을 알게 되었지만 그럼에도 불구하고 아직 자기는 모르는 것이 많다고 고백하고 있습니다. 우리는 죽을 때까지 인생을 처음 살아봅니다. 역시 젊었을 때에는 힘차게 뻗어가는 것이 중요하고 열정을 다 쏟는 것이 필요합니다. 이것이 중년까지 가야 합니다.

그러나 아무리 하나님의 말씀대로 걸어가도 환난이 오고 병이 올 수 있습니다. 자녀들에게도 어려움이 생길 수 있습니다. 이때 우리는 한 템포를 늦추어서 자신의 인생에 대하여 많은 생각을 하고 끝을 아름답게 마치는 성도들이 다 되시기 바랍니다.

22
왜 세상은 공평하지 않은가?

욥기 24:1-25

우리는 때때로 세상이 너무 공평하지 않다는 생각이 들 때가 있습니다. 예를 들어서 돈이 많은 부자들은 겨울에는 스키를 타고 여름에는 세계 여행을 다니고 학교도 비싼 외국에 가서 유학을 하지만 가난한 사람들은 막노동을 하다가 높은 데서 떨어질 때도 있고 학생들은 그 아까운 시간에 공부를 하지 못하고 편의점이나 커피숍 같은 데서 아르바이트 해서 약간의 돈을 마련해야 합니다. 이런 것을 보면 세상이 너무 불공평한 것 같지만 사실 시각의 차이일 때가 많습니다. 왜냐하면 가난하다고 해서 절대로 불리한 것만은 아니기 때문입니다. 오히려 그만큼 인생 공부를 일찍 하는 것이라고 생각할 수도 있는 것입니다.

우리나라는 작은 나라입니다. 그러나 어떤 여행가가 남미 에콰도르를 가보았는데 그 시골에서도 꽤 많은 젊은이들이 우리나라 방탄소년단의 음반을 애지중지 듣고 있고 한국말로 노래를 부르고 있는 모습을 보았다고 했습니다.

우리는 가끔 절대적으로 옳다고 믿었던 것이 사실이 아니라는 것을 깨닫고는 놀랄 때가 많이 있습니다. 그 중의 하나가 만유인력의 법칙입니다. 사람들은 늘 나무에서 사과가 떨어지는 것을 보았습니다. 사과가 나무에서 떨어지는 것을 모든 사람들이 다 보았지만 뉴턴은 이것을 두 물체 사이에 당기는 인력으로 생각했고, 결국 이것 때문에 지구가 태양 주위를 돌고 달이 지구 주위를 돈다는 원리를 알아낸 것입니다.

또 서양 사람들은 콜럼버스를 통해서 신대륙을 발견했다고 합니다. 그러나 신대륙은 이미 인디언이 살고 있었기 때문에 이것은 발견이 아닙니다. 단지 지구가 편편하지 않고 둥글다는 것이 확인되었다고 보는 것이 옳을 것입니다. 유럽 사람들은 신대륙에서 황금도 가져왔지만 감자와 담배도 가져왔습니다. 한때는 이것이 인기가 있었는데 요즘 와서 담배는 폐암을 일으키고 감자는 살이 찌게 하는 주범이라고 비난을 받고 있습니다. 옛날 사람들은 모두 지구는 편편하며 지구 끝에는 엄청난 낭떠러지가 있어서 떨어진다고 생각했지만 콜럼버스에 의해서 지구는 둥글다는 것을 알게 된 것입니다. 사람들은 지구가 우주의 중심이라고 생각했습니다. 그러나 지구는 태양을 돌고 있는 위성에 불과하고 우주에는 태양 같은 별이 수천억 개가 있다는 것을 알게 되었습니다.

우리가 집 안에 있을 때에는 내가 집주인이고 모든 것이 내 마음대로 되는 것 같지만, 가까이에 있는 산꼭대기에 올라가보면 동네나 차나 사람은 너무 작고 나라는 존재가 너무 작은 것을 깨닫게 됩니다. 그러나 사람들은 너무나도 분명한 사실을 믿지 않으려고 하고 있습니다. 그 하나는 나도 늙으며 죽는다는 사실입니다. 우리 주위에는 나이가 많이 드신 노인들이 계십니다. 그 분들이 원래 노인은 아니었습니다. 그 분들도 어린이나 청년일 때가 있었습니다. 물론 옛날에 연애도 했고 멋을 부릴 때도 있었습니다. 그러나 세월이 흐르면서 노인이 되신 것입니다. 그리고 우리도 얼마 지나지 않으면 노인이 되게 됩니다. 그리고 더 시간이 지나면 죽게 됩니다. 우리는 너무나도 분명한 이 사실을 인정하지 않으려고 합니다.

우리는 자기는 영원히 늙지 않고 죽지 않는 것처럼 생각해서 마음대로 말도 하고 행동도 하는 것을 보게 됩니다. 늙으면 아무래도 친구가 없어지게 되고 아무도 가까이 하려고 하지 않습니다. 그리고 사람이 죽고 나면 없어지게 됩니다. 사람들은 단지 그 사람에 대한 추억만 하게 되는데 거의 기억할 가치가 없는 사람이 대부분입니다. 그래서 우리는 죽기 전에 이 세상에 무엇을 남길 것인지 그리고 사람들에게 어떤 평가를 받을 것인지 생각을 해야 합니다. 그런데 안타까운 것은 사람들의 평가와 하나님의 평가가 상반될 때가 많다는 것입니다. 이 세상에서는 별 볼일 없는 것 같은데 하나님 앞에서는 보석 같고, 세상에서는 대단한 것 같은데 하나님 앞에서는 전혀 가치가 없는 경우가 많이 있다는 것입니다.

욥은 이렇게 말을 했습니다.

"내가 가는 길을 그가 아시나니 그가 나를 단련하신 후에는 내가 순금 같이 되어 나오리라" (23:10).

욥은 이 세상에서는 모든 것이 다 심판되지 않고 평가도 되지 않는다고 했습니다. 단지 이 세상의 성공으로 만족하고 이 세상에서 자기 마음대로 사는 사람들은 바보인 것입니다. 왜냐하면 이 세상은 순금이 되기 위해서 연단을 받는 기간이라고 말씀하고 있기 때문입니다. 이 세상에서 인정받지 못하고 내 마음대로 살지 못해서 순금이 된 사람은 성공한 것이고 이 아까운 세상을 살면서 자기 하고 싶은 대로 하다가 순금이 되지 못한 사람은 바보인 것입니다. 그래서 우리는 세상에서 성공할 것인가 아니면 순금이 될 것인가, 사람에게 인정을 받을 것인가 하나님 앞에서 인정을 받을 것인가 하는 것을 미리 생각하고 살아야 하는 것입니다.

1. 때를 정하지 않으신 하나님

축구 경기를 하든지 아니면 수능시험을 치든지 전부 시간이 정해져 있습니다. 단지 야구 경기는 시간을 정하지 않고 하기 때문에 오래 할 때도 있고 빨리 끝날 때도 있습니다. 그런데 하나님은 사람들로 하여금 이 세상에서 끝나는 시간을 정해놓지 않으셨습니다. 그래서 어떤 사람은 빨리 죽기도 하고 어떤 사람은 오래 살기도 합니다. 하나님께서 모든 사람에게 죽는 시기를 똑같이 정해놓으셨다면 인간은 좀 더 진지해지고 심각할 텐데 사람은 죽는 시기가 제각기 다릅니다. 거기에다가 인간의 능력도 전부 다 달라서 유능한 사람은 마음대로 부를 넓히고 약한 자를 압제하기도 하지만 무능한 사람은 늘 가난하고 비참하게 사는 경우가 많습니다. 그런데 하나님은 이 세상을 억지로 공평하게 하지 않으십니다. 그래서 부자는 부자로 살고 가난한 자는 가난하게 사는 것입니다.

24:1, "어찌하여 전능자는 때를 정해 놓지 아니하셨는고 그를 아는 자들이 그의 날을 보지 못하는고"

만약 하나님께서 인간이 이 세상에 살 수 있는 시간을 다 똑같이 정해놓으셨다면 인간은 자기 앞에 죽음이 있다는 것을 알고 죽을 준비를 할 것입니다. 만약 똑같이 죽는 것은 아니라 하더라도 죽을 시간만 미리 알려주셔도 인간은 죽을 시간이 다가올수록 죽음을 준비하고 마음이 겸손하게 될 것입니다. 어차피 죽을 것이니까 욕심도 덜 부리고 자기가 가지고 있던 것도 남에게 줄 것입니다. 그리고 죽음에 대비해서 자신의 인생에 대하여 조금 더 진지하게 생각해보려고 할 것입니다.

그러나 하나님은 인간에게 죽는 시간을 전혀 알려주지 않으셨습니다. 그래서 마치 자기가 죽지 않을 것처럼 착각에 빠지게 됩니다. 죽음이 찾아오기 전까지는 모든 것이 멀쩡하기 때문입니다. 그러다가 갑자기 죽음이 찾아오면 왠지 속은 것 같은 생각이 들면서 어떻게 해서든지 살아보려고 몸부림을 치게 됩니다. 그러나 인간은 자기가 늙어가는 것을 잘 느끼지 못하고 죽는 것에 대해서도 별로 생각을 하지 않습니다.

24:2-3, "어떤 사람은 땅의 경계표를 옮기며 양 떼를 빼앗아 기르며 고아의 나귀를 몰아가며 과부의 소를 볼모 잡으며"

'땅의 경계표'는 땅 소유의 표시를 말합니다. 율법에는 땅의 경계표를 절대로 옮기지 못하게 했습니다. 모든 땅은 하나님의 것이고 가난한 자든 부자든 자기 땅을 가지고 행복하게 살 권리가 있기 때문입니다. 그러나 힘이 있고 돈이 있는 자들은 남의 땅을 사서 자기 땅으로 합병을 시켜버립니다. 땅이 넓어야 농사도 크게 지을 수 있고 집도 크게 지을 수 있기 때문입니다.

그리고 고아 주제에 나귀를 몰고 다니는 것이 꼴 보기 싫은 것입니다. 그래서 고아를 살살 구슬려서 그 나귀를 빼앗아 버립니다. 그리고 과부 주제에 소를 가지고 농사를 짓는 것은 꼴 보기 싫으니까 수단과 방법을 가리지 않고 그 소를 빼앗아버리는 것입니다. 그래서 고아는 나귀가 없고 과부는 소를 키우지 못합니다. 왜냐하면 부자는 자기가 아주 오래오래 살 줄 알고 할 수 있는 대로 세상에 있는 것들을 다 긁어모아야 직성이 풀리기 때문입니다. 그리고 가난한 자들은 길에서도 몰아내고 세상에서도 몰아내어버립니다. 가난한 자들이 가까이 있으면 자꾸 무엇을 달라고 해서 귀찮기 때문입니다.

24:4, "가난한 자를 길에서 몰아내나니 세상에서 학대 받는 자가 다 스스로 숨는구나"

하나님은 인간의 의지나 감정이나 생각을 존중하셔서 죽는 시간도 알리지 아니하시고 자기가 할 수 있는 것은 마음껏 할 수 있게 하셨습니다. 그랬더니 역시 인간은 자기에게 주어진 시간이나 힘을 가지고 욕심을 향하여 나아가는 것입니다. 그러나 이것은 분명히 손해입니다. 왜냐하면 사람이 이 세상에 사는 기간은 연단을 받아서 순금이 되고 보석이 되는 기간이기 때문입니다. 결국 부자는 땅을 넓히고 돈을 더 많이 가지려고 하는 바람에 이 세상에 사는 아까운 시간을 허비하고 마는 것입니다. 그래서 정말 지혜로운 부자는 돈에 빠지는 것은 시간을 허비할 수 있기 때문에 어떻게 하든지 돈 모으기보다 남에게 주는데 목표를 두고 하나님의 말씀을 가지고 씨름을 합니다. 그래서 자기 마음에 경계표를 정해야 합니다. 즉 나는 이것 이상은 더 부자가 되지 않고 올 한해에 이 정도는 남에게 주겠다고 정해놓아야 하는 것입니다. 그러나 그런 사람은 말씀의 가치를 아는 사람이고 참으로 그런 사람은 하나님 보시기에 드문 것입니다.

그리고 이 당시 가난한 사람들은 그야말로 입는 옷조차도 없고 먹을 것도 없고 잠을 자는 곳도 없이 살았습니다.

24:5-8, "그들은 거친 광야의 들나귀 같아서 나가서 일하며 먹을 것을 부지런히 구하니 빈 들이 그들의 자식을 위하여 그에게 음식을 내는구나 밭에서 남의 꼴을 베며 악인이 남겨 둔 포도를 따며 의복이 없어 벗은 몸으로 밤을 지내며 추위도 덮을 것이 없으며 산중에서 만난 소나기에 젖으

며 가릴 것이 없어 바위를 안고 있느니라"

가난한 사람들은 들나귀 같아서 무조건 들판으로 나가서 일을 해서 조금 먹을 것을 얻어오고 포도도 남은 것을 따가지고 오게 됩니다. 그런데 문제는 옷이 없고 추위를 견딜 수 없는 것이었습니다. 그래서 밤에 옷도 없고 덮을 것이 없어서 떨면서 밤을 지내야 하고 소나기를 만나면 젖어야 하고 바람이 불면 어느 한쪽이라도 바람을 막아야 하니까 바위를 안고 잠을 잔다고 했습니다. 노숙자들은 밤에는 추워서 도저히 잘 수 없으니까 밤새 걸어 다니다가 아침이 되어서 해가 뜨면 긴 의자에 누워서 잠을 잔다고 합니다. 또 신문지를 덮든지 바닥에서 찬 기운이 올라오니까 골판지 같은 것을 깔고 덮고 하면서 잠을 잔다고 합니다.

못된 사람들은 빚을 갚지 않는다고 아기를 엄마 품에서 빼앗아가고 가난한 자의 옷을 볼모 잡는다고 했습니다.

24:9, "어떤 사람은 고아를 어머니의 품에서 빼앗으며 가난한 자의 옷을 볼모 삽으느로"

아기를 빼앗긴 엄마는 아기가 굶어서 울고 있을 것이 분명하기 때문에 굉장히 고통스러워합니다. 그리고 옷을 빼앗긴 가난한 사람은 추위서 고통을 견뎌내지 못합니다. 어떤 사람은 기름을 밟고 포도주 틀을 밟으면서도 한 모금도 마시지 못합니다. 왜냐하면 그것을 건드렸다가는 죽도록 두들겨 맞을 것이기 때문입니다. 그러나 하나님은 이런 차별을 못 본체 하시는 것입니다.

24:12, "성 중에서 죽어가는 사람들이 신음하며 상한 자가 부르짖으나 하나님이 그들의 참상을 보지 아니하시느니라"

하나님은 왜 가난한 자를 보고서도 못 본체 하시며 내버려두실까요? 그것은 가난한 것이 유익이 많이 있기 때문입니다. 물론 가난한 것 자체만 생각하면 너무나 고생이 되고 고통스러울 수 있습니다. 그러나 우선 가난하면 죄를 덜 짓게 되는 유익이 있습니다. 돈이 없기 때문입니다. 그리고 교만할 수 없습니다. 성 범죄를 저지를 수 없습니다. 그리고 신앙이 있는 사람은 아무래도 하나님을 가까이 하고 기도할 시간이 많습니다. 그리고 하나님의 말씀을 들으면 그대로 믿습니다. 그래서 야고보 사도는 가난한 자는 자신의 부요함을 자랑하라고 했습니다. 사람이 가난하다고 해서 반드시 불리한 것은 아닙니다. 믿음에 있어서 얼마든지 부요할 수 있습니다. 예수님은 가난한 자에게 복음이 증거된다고 하셨습니다. 그래서 하나님은 굳이 이 세상의 빈부의 차이를 없애지 않으시는 것입니다. 오히려 가난을 통해서 더 연단 받아서 보석이 되기를 바라시는 것입니다.

2. 광명을 배반하는 자들

사람들은 아무래도 빛을 좋아하고 낮에 활동하게 되어 있습니다. 그러나 빛을 싫어하고 어둠을 좋아하는 자들이 있습니다. 이 사람들이 바로 광명을 배반하는 자들입니다. 밤에 활동하는 자들은 뻔합니다. 도둑이나 살인자나 도박하는 자들입니다. 어떤 사람은 3박 4일을 한숨도 안자고 도박을 했더니 눈에 핏발이 서서 무섭더라고 했습니다. 그런데 이런 사람들이 경찰에 붙들려오면 자기 얼굴을 보여주지 않으려고 모자를 눌러쓰고 입에 마스크를 하고 또 경찰도 죄를 지은 사람들의 인권을 보호해야 한다고 해서 옷으로 가려주는 것입니다. 죄를 지었으면 떳떳하고 얼굴을 들고 웃으면서 붙들려가야 하는데 그런 사람은 한 명도 없습니다.

24:13, "또 광명을 배반하는 사람들은 이러하니 그들은 그 도리를 알지 못하며 그 길에 머물지 아니하는 자라"

빛을 싫어하는 자도 마음속에는 죄가 부끄럽다는 생각은 가지고 있습니다. 그들이 하는 짓이 떳떳하면 빛을 싫어할 이유가 없는 것입니다. 결국 이들은 인생을 쉽게 살려고 하는 자들이고 가짜로 살려고 하는 자들이기 때문에 붙들려가서 죽든지 감옥에 갇히는 것입니다.

24:14-17, "사람을 죽이는 자는 밝을 때에 일어나서 학대 받는 자나 가난한 자를 죽이고 밤에는 도둑 같이 되며 간음하는 자의 눈은 저물기를 바라며 아무 눈도 나를 보지 못하리라 하고 얼굴을 가리며 어둠을 틈타 집을 뚫는 자는 낮에는 잠그고 있으므로 광명을 알지 못하나니 그들은 아침을 죽음의 그늘 같이 여기니 죽음의 그늘의 두려움을 앎이니라"

사람을 죽이는 자는 양심이 마비되어 가난하고 학대받는 자들을 아무렇게나 죽이고 도둑은 밤에 다른 사람의 집을 털고 음행하는 자는 밤을 기다린다고 했습니다. 그리고 아무도 자기를 보지 못한다고 하지만 사실은 누군가는 그가 하는 짓을 보는 사람이 있는 것입니다. 이 사람들은 점점 자신들의 얼굴이 흉악해지고 양심이 더러워져서 괴물이 되고 있는 것을 깨닫지 못합니다. 어떤 날 거울을 보면 정말 자기 얼굴이 자기도 보기 싫게 되어 있는 모습을 보게 될 것입니다.

결국 인생은 돌이킬 수 없고 결국 인간은 자기 자신을 만들어야 하는 것입니다.

24:18-19, "그들은 물 위에 빨리 흘러가고 그들의 소유는 세상에서 저주를 받나니 그들이 다시는 포도원 길로 다니지 못할 것이라 가뭄과 더위가 눈 녹은 물을 곧 빼앗나니 스올이 범죄자에게도 그와 같이 하느니라"

악한 자들은 사람을 죽이고 도둑질하고 음란한 짓도 해서 포도원도 사고 많은 재산을 모았습니다. 그런데 그는 더 이상 그 포도원 길을 가지 못합니다. 갑자기 죽음이 찾아왔기 때문입니다. 아무리 눈 녹은 물이 시원하게 콸콸 내려간다 해도 더위가 오면 물이 다 마르고 마는 것처럼 결국 악한 자도 죽게 됩니다. 살인자는 살인자로 죽고 도둑은 도둑으로 죽고 간음한 자는 간음한 자의 죽음을 맞게 되는 것입니다. 놀라운 것은 아무도 이런 사람의 죽음을 아까워하지 않는다는 사실입니다.

24:20, "모태가 그를 잊어버리고 구더기가 그를 달게 먹을 것이라 그는 다시 기억되지 않을 것이니 불의가 나무처럼 꺾이리라"

물론 자식들은 아버지라고 해서 죽으면 울지 모르지만 사실 자식들도 아버지의 그런 짓을 부끄러워할 것입니다. 그리고 오히려 아버지의 떳떳하지 못한 삶에 대하여 많은 분노와 마음의 상처만 남아있을 것입니다. 그들은 아버지를 원망하고 욕할 것입니다. 그리고 그의 아내는 그가 사람도 아니었다고 말할 것입니다. 또 돈이라고는 벌어 온 적이 없다고 말할 것입니다. 그는 이 아까운 인생을 살면서 너무 쉽게 살려고 하는 바람에 너무나도 부끄러운 인생만 살다가 양심은 더러울 대로 더럽게 되어 죽는 것입니다.

3. 결국 세상 것은 빼앗긴다

만일 우리가 이 세상에 가지고 있는 것들이 언젠가는 모두 다 다른 사람에게 빼앗기게 된다는 것을 안다면 빼앗기기 전에 남에게 주려고 할 것입니다. 어느 나라에서는 인플레가 너무 심하게 일어나서 돈이 전부 휴지 조각이나 마찬가지가 되었다고 합니다. 그것을 미리 알았다면 그 돈을 남들에게 주든지 유익한 물건으로 바꾸었을 것입니다. 그러나 사람들은 그것을 알지 못하기 때문에 쓸모없는 것을 끝까지 붙들고 있습니다. 이 세상에서 사람들이 가지고 있는 것은 언젠가는 모두 하나님에게 다 빼앗기게 되어 있습니다. 그러나 그것을 모르기 때문에 죽을 때까지 돈이나 명예나 재물을 끝까지 붙들려고 하고 더 가지려고 합니다. 그리고 자기가 가진 것을 자식에게 물려주는 것을 성공이라고 생각합니다.

24:21, "그는 임신하지 못하는 여자를 박대하며 과부를 선대하지 아니하는도다"

여기서 임신하지 못하는 여자는 자기 부인을 말합니다. 자기 부인이 아이를 낳지 못하면 버젓이 다른 여자를 데려다가 아이를 낳든지 아니면 자기 부인을 쫓아내버립니다. 왜냐하면 자기 후손을 낳아야 하고 자기 핏줄이 중요하다고 생각하기 때문입니다. 그래서 그는 평생 모은 재산을 자기 자식에게 물려주는 것이 성공이라고 생각합니다. 그러나 이 세상에 어느 누구도 다른 사람의 인생을 대신 살아줄 사람이 없습니다. 부모의 인생이 따로 있고 자식의 인생이 따로 있는 것입니다. 그래서 신앙이 있는 부모는 자식에게 자신의 인생을 살라고 가르쳐야 합니다.

그들은 과부를 멸시합니다. 왜냐하면 과부는 아무 힘이 없기 때문입니다. 그러나 돈이 있고 힘이 있는 사람은 약한 자를 돌봐주기 위해서 있는 것입니다. 그래서 남의 자식이라도 똑똑하고 성실하면 과부 자식이라도 그를 공부 시키든지 도와주어서 훌륭한 사람이 되게 한다면 그것은 자기 자식에게 잘 해주는 것보다 더 잘하는 것입니다. 왜냐하면 이런 사람은 자기가 남에게 받은 은혜를 언젠가는 다른 사람에게 갚기 때문입니다.

　결국 하나님은 인간을 그 소굴에서 끄집어내어서 자신의 본질을 보게 하십니다.

　24:22-24, "그러나 하나님이 그의 능력으로 강포한 자들을 끌어내시나니 일어나는 자는 있어도 살아남을 확신은 없으리라 하나님은 그에게 평안을 주시며 지탱해 주시나 그들의 길을 살피시도다 그들은 잠깐 동안 높아졌다가 천대를 받을 것이며 잘려 모아진 곡식 이삭처럼 되리라"

　이 세상에서 다른 사람에게 폭력을 행한 자는 언젠가는 그 권력의 자리에서 끌려 나가게 되어 있습니다. 이 세상에 영원한 권력은 없기 때문입니다. 그러면 금방 죽는 것은 아니라 하더라도 재기할 수는 없습니다. 하나님은 악한 자를 바로 죽이시지 않을 때가 많습니다. 왜냐하면 바로 죽게 하면 사람들이 악한 짓을 금방 잊어버리기 때문입니다. 그래서 할 수 있으면 오래오래 살게 해서 그 추한 모습을 보게 해야 하는 것입니다.

　23절에 보면, 하나님은 악한 자라도 승승장구할 때에는 평안하고 아무도 그를 건드릴 수 없게 하십니다. 그래서 그들은 권력이 자기 손에 있기 때문에 모든 것을 마음대로 합니다. 그러나 이것은 바로 자기 스스로 속는 것입니다. 왜냐하면 그는 스스로에게 속아서 너무 월권을 많이 하기 때문입니다. 하나님이 평안을 주시고 길을 지켜주실 때 더 조심해야 하는데 그렇게 하지 않았던 것입니다.

　24절에 보면, 악한 자들은 잠깐 동안 높아지지만 곧 권력을 잃으면서 멸시와 천대와 욕을 먹게 되고, 잘려진 이삭처럼 아무 소용없는 쭉정이가 되고 만다고 했습니다. 옛날에는 벼 이삭을 털고 남은 줄기를 가지고 새끼를 꼬았는데, 요즘은 그것을 논이나 밭에서 숙성을 시켜서 소 여물로 쓰는 것을 볼 수 있습니다. 옛날에 벼 줄기로 새끼 꼬는 것을 보는 것은 참 재미있었습니다. 발로 기계를 돌리면서 벼 줄기를 넣으면 새끼가 꼬여져 나오는 것입니다. 옛날에는 그것으로 짚신을 만들기도 하고 지붕을 잇기도 했습니다. 그러나 가치에서는 알곡과는 비교가 되지 않습니다.

우리는 이 세상의 영화에 속으면 안 됩니다. 우리는 이 세상에 시간이 있는 동안에 하나님의 말씀으로 씨름을 해서 보석이 되어야 하고 순금이 되어야 합니다. 가난을 사랑하고 부를 너무 좋아하지 말고 가치 있는 인생이 되시기 바랍니다.

23
하나님의 위대하심

욥기 25:1-26:14

얼마 전에 세계적인 명품인 샤넬 디자이너였던 사람이 86세의 나이로 죽었습니다. 그에게는 이천억 원이 넘는 재산이 있었는데 가족도 없고 결혼한 사람도 없었습니다. 그에게는 오직 슈페트라는 고양이 한 마리뿐이었습니다. 그는 이 고양이를 좋아해서 평소 두 명의 보육인을 쓰고 한 명의 경호원을 고용했는데, 이 고양이가 이천억 원이 넘는 주인의 유산을 상속할지 관심을 가지고 있다고 합니다. 만약 이 고양이가 이천억 원이나 되는 유산을 물려받는다면 그것을 다 어디에 쓸까요? 또 잘생긴 고양이를 찾아서 결혼을 할까요? 아니면 고양이 전용 자가용을 살까요? 아니면 고양이 별장을 살까요? 그리고 그렇게 한다고 해서 그 고양이가 과연 행복할 수 있을까요? 아마 그 고양이는 돈이나 집이나 차도 필요 없고 자기를 알아주고 사랑해주던 주인이 살아있을 때가 가장 행복했을 것입니다.

사람에게는 의심이라는 것이 있습니다. 의심은 상대방을 믿지 못할 때 생기는 것입니다. 다른 사람을 의심하게 되면 그가 하는 모든 말을 다르게 해석하게 될 것입니다. 만약 부인이 남편을 의심한다면 남편이 하는 모든 말이나 행동을 다르게 생각할 것입니다. 그리고 가까운 사람들이 서로 의심한다면 아무리 돈이 있고 집이 좋고 직책이 화려해도 행복하지 못할 것입니다. 그러나 가까운 사람들이 서로 신뢰를 한다면 무슨 말이나 행동을 해도 믿을 것이고 서로 마음이 든든하고 큰 도움이 될 것입니다.

우리 인간은 정말 어마어마한 세계 가운데 살아가고 있습니다. 우리 주위에 날마다 놀라운 일이 일어나고 있는데 하늘에는 태양이 떠오르고 밤에는 달이 뜨고 별이 떠오릅니다. 하늘에서는 비가 내리고 또 좋은 공기를 마시면서 살아가고 있습니다. 그런데 우리가 누리고 있는 이 모든 것은 한마디로 말해서 조물주의 사랑입니다. 하나님이 우리를 사랑하시는 것입니다.

그런데 우리 인간은 거의 대부분 하나님을 믿지 않습니다. 하나님을 의심하는 정도가 아니라 아예 하나님의 존재 자체를 인정하지 않습니다. 우리가 하나님을 의심하거나 하나님의 존재를 인정하지 않으면 어떤 인생을 살게 될까요? 우리는 눈에 보이는 모든 것을 움켜쥐고 놓지 않으려고 할 것입니다. 그러다가 결국은 죽고 말 것입니다. 그러나 우리가 하나님을 믿는다면 이 모든 것을 통해서 하나님의 사랑을 느낄 수 있고 행복할 것입니다.

욥기 24장에서 하나님은 인간에게 죽는 시간을 알려주시지 않았다고 했습니다. 그래서 모든 사람들은 마치 자기는 죽지 않고 영원히 사는 것처럼 착각을 합니다. 그래서 부자는 돈을 많이 모으는데 한평생을 쓰고 가난한 자는 고생하면서 한평생을 살아가게 됩니다. 그러나 욥은 우리가 이 세상을 사는 시간은 성공을 위한 시간이 아니고 순금이 되는 시간이라고 말하고 있습니다. 우리가 하나님께 가기만 하면 순금이 되겠는데, 하나님께 갈 수 있는 방법을 아직 확실히 알지 못한다는 것입니다. 만약 우리가 하나님께 갈 수 있고 내 자신이 순금이 될 수 있다면 잘 살거나 못 사는 것이나 잘 생긴 것이나 못 생긴 것은 문제가 되지 않을 것입니다.

오늘의 본문인 욥기 25장과 26장은 욥의 친구 빌닷과 욥이 서로 상반된 이야기를 하는 것 같은데, 실제로는 같은 이야기를 하고 있는 것입니다. 바로 하나님의 높고 위대하심을 이야기하는 것입니다. 그렇지만 그들은 그 높으신 하나님께 나아가는 길을 알지 못하고 있는 것입니다. 틀림없는 것은 그들이 토론한다고 해서 하나님께 갈 수 있는 것은 아니라는 것입니다. 우리가 이 세상을 살다보면 틀림없이 하나님이 살아 계심을 알 수 있습니다. 하나님이 안 계시면 자연도 있을 수 없고 계절도 있을 수 없습니다. 또 하나님은 우리 인간의 삶에 한 번씩 개입을 하는 것도 틀림없습니다. 인간의 머리로 전혀 생각하지 못했던 일들이 일어나고 있기 때문입니다. 더욱이 하나님을 믿는 자들에게는 계속 생각하지 못한 일이 일어납니다. 우리 인생은 마치 욥처럼 하나님에 의해서 어디론가 떠밀려 가는 것 같습니다.

그런데 우리는 하나님께 가는 길을 알지 못합니다. 그래서 우리 인생에는 답이 없을 때가 많습니다. 즉 문제는 있는데 답이 없다는 것입니다.

1. 하나님의 주권

욥은 자기가 이렇게 망한 것은 하나님이 망하게 하셨기 때문이라고 계속 주장을 해 왔습니다. 그런데 욥의 세 친구들이 보기에는 욥은 아무 것도 아닌 인간인 주제에 하나님을 상대로 해서 싸우려고 하는 것 밖에 보이지 않았던 것 같습니다.

욥의 세 친구들은 욥에게 아직 시간이 있을 때 하나님께 고개를 숙이고 잘못했다고 빌라고 하지만, 욥은 계속 자기는 잘못한 것도 없는

데 하나님이 자기를 망하게 했다고 주장했습니다. 그러니까 수아 사람 빌닷이 드디어 하나님이 얼마나 크고 위대하신 분이신지 욥은 하나님을 상대할 수 없다고 그의 말을 막습니다.

25:1-2, "수아 사람 빌닷이 대답하여 이르되 하나님은 주권과 위엄을 가지셨고 높은 곳에서 화평을 베푸시느니라"

여기서 빌닷은 하나님께서 주권을 가지신 분이라고 말하고 있습니다. 하나님은 모든 것을 하나님의 뜻대로 하실 수 있는 분입니다. 하나님은 어떤 사람은 오래 살게 하기도 하시고, 일찍 죽게도 하시고, 장애를 가지고 살게 하시고, 멋진 외모를 주시기도 하시고, 얼마든지 성공하게 하시는 분입니다. 하나님은 위엄을 가지고 계시기 때문에 아무도 그의 뜻을 거역할 수 없습니다. 인간은 하나님이 죽으라고 하시면 죽을 수밖에 없고 망하라고 말씀하시면 망할 수밖에 없는 존재입니다.

그런데 우리 인간은 마치 자기가 하나님과 대등한 것처럼 하나님께 이유를 따지려고 하고 왜 자신의 의사를 무시하느냐고 반발을 하는 것입니다. 사실 우리 인간과 하나님은 상대가 되지 않는 존재입니다. 그런데 우리는 우리의 인생이 자기가 원하는 방향으로 잘 되기를 바라고 또 모든 것을 자기가 이해할 수 있기를 바라는 것입니다. 그런데 우리가 도저히 이해되지 않고 생각하지 못한 일이 우리에게 터질 때는 하나님을 원망하기도 하고 하나님께 대어들기도 하는 것입니다.

그래서 빌닷은 하나님은 주권자이시기 때문에 우리는 하나님의 뜻대로 될 수밖에 없다고 주장하고 있습니다. 거기에 대해서 우리는 이러쿵저러쿵 하면서 따질 수 없다는 것입니다. 그래도 다행스러운 것은 하나님은 "높은 곳에서 화평을 베푸신다"는 것입니다. 즉 하나님은 인간이 하는 것이 귀찮다고 해서 모든 것을 다 부수어버리시지 않고 세상을 평안하도록 지켜주신다는 것입니다. 만약 하나님이 과격한 분이시라면 인간이 하는 것이 마음에 들지 않으면 쇠몽둥이로 모든 것을 다 부수어버리실 것입니다. 그러나 하나님은 사랑이 많으셔서 모든 인간이 다 행복한 것은 아니지만 세상을 그렇게 부수지는 않으시고 지켜주신다고 했습니다.

사실 사람들이 빌닷 만큼만이라도 하나님을 안다면 인간 세상은 너무나도 달라질 것입니다. 그러나 인간은 아예 하나님의 존재를 인정하지 않고 모든 것을 자기 뜻대로 다 하려고 고집을 피우는 것입니다. 그래서 힘이 있거나 권력이 있으면 모든 것을 다 차지하고 자기 뜻대로 되지 않으면 반항하고 남을 괴롭게 하면서 인생을 살아가는 것입니다. 그런데도 불구하고 하나님은 이 세상을 부수지 아니하시고 화평을 지켜주시는 것입니다.

25:3, "그의 군대를 어찌 계수할 수 있으랴 그가 비추는 광명을 받지 않은 자가 누구냐"

하나님의 군대는 '천사'를 말하기도 하고, '별들'을 말하기도 합니다. 사실 하나님의 천사는 어마어마하게 숫자가 많습니다. 히스기야 왕 때에는 천사 하나가 내려와서 앗수르 군대 십팔만 오천 명을 죽게 했는데 천천만만의 천사가 이 세상에 쳐들어오면 어떤 군대나 나라나 왕들이라도 다 죽일 수 있을 것입니다. 요즘 우리는 강대국의 군사력의 경쟁을 보게 됩니다. 미군의 폭격기 같은 경우에는 어마어마한 무기를 실고 폭격하면 쑥대밭을 만들어버립니다. 거기에다가 이제는 핵무기로 무장이 되어 있어서 핵무기를 터트리면 지구에 있는 모든 사람을 한꺼번에 죽일 수 있습니다. 하나님에게는 천사 하나가 핵무기 같은 능력을 가지고 있습니다. 그러나 하나님은 인간을 멸망시키는 대신에 햇빛으로 온 세상을 환하고 따뜻하게 하십니다.

"그가 비추는 광명을 받지 않은 자가 누구냐"

이 세상에 태양빛을 받지 않고 사는 사람이 어디에 있습니까? 태양빛은 그야말로 핵무기 수억 개 이상의 에너지를 매일 지구에 보내고 있습니다. 만일 태양이 조금만 더 가까워진다면 인간이나 식물들은 다 타 죽을 것입니다. 만일 태양이 조금만 더 멀어진다면 지구에 있는 모든 생명체는 다 얼어 죽을 것입니다.

그러나 태양은 항상 그 자리를 지키고 있습니다. 단지 인간이 이산화탄소를 너무 많이 배출하는 바람에 지구가 온난화 되면서 폭우도 쏟아지고 맹추위도 오고 허리케인 같은 폭풍도 부는 것입니다. 하나님은 가만히 계신데 인간 스스로가 이런 일을 자초하고 있는 것입니다. 너무 차를 많이 타고 너무 전기를 많이 쓰니까 이런 일이 일어나는 것입니다. 그렇다고 해서 자기가 편리한 것을 포기할 생각은 조금도 없습니다. 인간은 앞으로 어떻게 되든지 간에 지금 당장 편한 것은 포기할 생각이 없습니다. 우리가 만일 차를 타지 않고 아파트 대신에 움막 같은 데서 춥게 살면 어떨까요? 아마 모두 그럴 생각이 없다고 말할 것입니다.

25:4, "그런즉 하나님 앞에서 사람이 어찌 의롭다 하며 여자에게서 난 자가 어찌 깨끗하다 하랴"

인간은 자기 손해는 하나도 보지 않으려고 하면서 조금만 불편하고 불행하면 하나님을 원망하고 불평하는 것입니다. 그래서 빌닷은 어떻게 그렇게 이기적이고 자기 밖에 모르는 인간이 하나님 앞에서 언제나 복만 받을 수 있겠느냐고 주장하는 것입니다. 여기서 "여자에게서 난 자"라는 말은 천사가 아니라는 뜻입니다. 우리가 천사 같으면 언제든지 하나님 앞에 의롭다 할 수 있겠지만 자기 밖에 모르는 인간이 어떻게 하나님 앞에서 깨끗하다 하겠느냐는 것입니다.

빌닷은 달도 하나님이 보시면 얼어붙어서 빛을 발하지 못한다고 했습니다.

25:5-6, "보라 그의 눈에는 달이라도 빛을 발하지 못하고 별도 빛나지 못하거든 하물며 구더기 같은 사람, 벌레 같은 인생이랴"

달도 해가 뜨면 빛을 잃고 별들도 지기 시작합니다. 빌닷은 그것을 하나님의 눈이라고 생각했습니다. 때로는 밤에도 달이 없을 때가 있고 별들도 구름이 낀 날은 빛을 발하지 못합니다. 그만큼 하나님의 눈은 무섭고 빛나는 눈인 것입니다. 우리는 태양을 이 눈으로 볼 수조차 없습니다.

보통 별이 아름다운 이유는 전혀 이 세상에 오염되지 않았기 때문입니다. 달도 세상에 오염이 되지 않았지만 달은 그래도 별보다는 지구와 가깝기 때문에 사람들은 달이 밤에 일어나는 일들을 보고 있다고 생각합니다. 밤에 일어나는 도둑질이나 강도질, 살인이나 불륜을 달은 보고 있다고 생각합니다. 그래서 늑대는 달만 보면 짖어댑니다. 서양에서는 사람들이 달을 보면 미친다고 생각했습니다. 그래서 달은 별에 비해서는 덜 깨끗한 것입니다. 그러나 별은 정말 이 세상 사람들이 영원히 가까이 갈 수 없는 순수성을 가지고 있습니다.

그런데 인간은 똥이나 먹고 사는 구더기이고 꾸물거리면서 기어가는 벌레에 불과한 것입니다. 옛날에 저희들이 어렸을 때에는 소나무에 송충이가 아주 많았습니다. 송충이는 정말 징그럽고 사람들이 밟아도 전혀 아깝지가 않습니다. 벌레 중에서 가장 더러운 벌레가 구더기입니다. 그래서 빌닷은 우리 인생은 하나님 앞에서 죽어도 아무것도 아까울 것이 없는 구더기에 불과하다고 했습니다.

2. 하나님의 사랑

빌닷이 하나님에 대하여 말한 것은 다 옳습니다. 그러나 빌닷의 말 중에서 빠진 것이 하나 있습니다. 그것은 바로 하나님이 구더기 같은 인간을 사랑하신다는 사실입니다. 이것은 우리 머리로는 도저히 이해할 수 없습니다. 왜 하나님처럼 위대하신 분이 우리 인간을 사랑하시는 것일까요? 하나님이 우리 인간을 사랑하시는 것은 그냥 장난으로 해보시는 것이 아니라 진심이신 것입니다. 하나님은 모든 인간을 진지하게 사랑하십니다. 놀라운 것은 하나님은 의인이나 악인이나 모두 사랑하신다는 것입니다. 그래서 모든 인간은 사랑을 받기 위해서 태어난 것이 맞습니다.

하나님이 우리를 사랑하시는 표시는 모든 사람에게 태양빛을 주시고 비를 주시며 아름다운 외모를 주시고 좋은 머리를 주시고 가족을 주신 것입니다. 사람들은 가족만 행복하기만 하면 부족할 것이 아무 것도 없습니다. 그리고 하나님은 우리 마음에 사랑의 감정을 주셨습니다. 사랑받지 못한 사람의 마음은 냉방과 같고 얼음과 같습니다. 그러나 사랑을 받으면 그 마음이 따뜻한 방으로 변하게 됩니다.

26:1-2, "욥이 대답하여 이르되 네가 힘없는 자를 참 잘도 도와주는구나 기력 없는 팔을 참 잘도 구원하여 주는구나"

우리 생각에는 빌닷이 욥에게 참 바른 말을 하였고 또 하나님은 정말 위대한 주권자이시고 우리는 벌레와 같다고 한 말은 옳은 것 같은데 욥은 빌닷의 말을 비꼬고 있습니다. 욥은 왜 빌닷이 진심으로 자신을 위해 주는 말을 했는데도 고맙다고 말하지 않고 마치 속이 비뚤어진 사람처럼 "네가 힘없는 자를 참 잘도 도와주는구나. 아주 큰 도움이 되었다"는 식으로 비꼬아서 말을 했을까요?

26:3, "지혜 없는 자를 참 잘도 가르치는구나 큰 지식을 참 잘도 자랑하는구나"

욥은 빌닷이 하는 말이 다 맞지만 그의 말 속에는 하나님의 사랑이 빠져 있는 것을 알았기 때문입니다. 하나님은 우리를 사랑하십니다. 하나님은 우리를 사랑하셨기 때문에 엄청난 마음의 고통을 받으셨고 나중에는 더 엄청난 비극이 일어나게 됩니다. 그런데 하나님은 우리 인간을 너무 뛰어나게 만드셨고 우리를 너무 사랑하셨습니다. 물론 하나님은 우리 인간의 일에 개입하시고 특히 우리 믿는 자들의 삶을 우리가 이해할 수 없는 방향으로 몰고 가시기도 합니다. 그 이유는 하나님께서도 우리의 사랑을 받고 싶어서 그렇게 하시는 것입니다. 그리고 우리에게 더 큰 사랑을 주고 싶어 하시는 것입니다. 즉 하나님의 복을 다 보여주시고 그것들을 다 주시려고 우리를 고통으로 몰아가시는 것입니다.

26:4, "네가 누구를 향하여 말하느냐 누구의 정신이 네게서 나왔느냐"

옛 개역성경에는 "뉘 신이 네게서 나왔느냐"고 했습니다. 즉 욥은 빌닷이 하는 말은 옳지만 그의 말의 정신이 하나님의 영이 아니라는 것입니다. 왜냐하면 하나님의 말씀에는 사랑이 들어있기 때문입니다. 하나님의 말씀은 우리가 단지 틀렸다고 말하시지 않고 우리를 치료하시고 회복시켜 주시는 말씀을 하십니다.

사도 요한은 "하나님은 사랑이심이라"(요일 4:8)고 했습니다. 하나님은 어린이도 사랑하시고 가난한 자, 여성들, 노인들도 사랑하시고 돈 없는 자도 사랑하시고 방탕하게 살아온 자, 술주정뱅이, 악한 자도 사랑하십니다. 그들이 하나님의 사랑을 믿으면 하나님의 사랑은 백배 이상으로 커지게 됩니다. 우리는 하나님의 사랑을 믿기만 하면 됩니다. 우리가 아무리 부족해도 하나님은 우리를 사랑하십니다. 오히려 부족하면 부족할수록 하나님은 우리를 더 사랑하십니다. 하나님은 우리가 완전하기 때문에 사랑하시는 것이 아닙니다. 하나님은 애당초 우리를 부족하게 만드셨기 때문입니다.

3. 사탄을 이기시는 하나님

하나님은 인간을 사랑하시고 모두 복을 주시기를 원하시지만 인간은 하나님의 사랑을 믿을 수 없었습니다. 그 이유는 사탄이 인간의 마음에 하나님에 대한 불신을 넣어주었기 때문입니다. 그래서 이미 수많은 인간이 하나님의 사랑을 받지 못하고 죽음의 세계에 빠져 있습니다.

> 26:5-6, "죽은 자의 영들이 물 밑에서 떨며 물에서 사는 것들도 그러하도다 하나님 앞에서는 스올도 벗은 몸으로 드러나며 멸망도 가림이 없음이라"

옛 개역성경에는 "음령들이 큰 물과 수족 밑에서 떠나니"라고 했습니다. '음령'은 죽은 자의 영들을 말합니다. 이미 죽은 자들이 살아있을 때 하나님의 사랑도 받고 복도 받았는데 끝까지 하나님의 사랑을 믿지 못해서 음부에서 떨고 있다는 것입니다. 여기 음부를 물 밑이라고 해서 물로 말하고 있는데 여기는 끝없는 무저갱을 뜻합니다. 인간이 이 세상에 살 때에는 대단한 줄 알았는데 죽고 나니까 아무 것도 아니라는 것입니다. 그들의 정신과 몸은 수치스럽고 그들의 모든 욕심과 악한 삶이 다 드러나는데 두려워서 떠는 것입니다. 죄인들은 자신들이 지은 모든 죄가 다 드러나고 폭로될 때 두려워 떨게 됩니다.

얼마 전에 어느 정치인이 미투에 걸려서 그 모든 음란한 짓이 다 드러났을 때 그는 두려워 떨었습니다. 고개를 들 수 없었습니다. 그리고 감옥에 들어갔는데 감옥에는 비밀이 없습니다. 모든 사생활이 철창을 통해서 다 보게 되어 있고 그가 무슨 죄를 지었다는 것도 다 드러나기 때문입니다. 인간은 이 세상에서는 죄를 숨기고 감추지만 죽는 순간 전부 다 드러나게 됩니다. 그러나 그 모든 것이 사탄에게 속았고 자신의 고집과 교만 때문이라는 것을 알게 됩니다.

그러나 하나님은 놀라운 능력으로 사탄의 세력을 죽이시고 우리를 구원하십니다.

25:7, "그는 북쪽을 허공에 펴시며 땅을 아무것도 없는 곳에 매다시며"

여기서 욥은 놀라운 지식을 나타냅니다. 그것은 우주가 끝이 없다는 것입니다. 옛날 사람들은 지구가 우주의 중심이라고 생각했습니다. 그런데 욥은 우주가 끝이 없다는 것을 알았습니다. 옛날 사람들은 동서남북 중에서도 북쪽 하늘이 가장 멀다고 생각했습니다. 욥은 하나님이 북쪽 하늘을 허공 가운데 펴셨다고 했습니다. 즉 우주는 끝이 없다는 것입니다. 그리고 지구를 공중에 매달았다는 것을 알았습니다. 개역성경에는 "땅을 공간에 다시며"라고 했습니다. 하나님은 지구를 우주 공간에 매다시는 능력을 가지고 계십니다. 그리고 하나님은 물을 구름으로 싸셨는데 구름이 찢어지지 않는다고 했습니다. 그렇지 않으면 물 폭탄이 되어서 사람들이 물에 깔려 죽었을 텐데 대신에 비가 되어 내리는 것입니다.

25:9, "그는 보름달을 가리시고 자기의 구름을 그 위에 펴시며"

이것을 개역성경에는 "그는 자기의 보좌 앞을 가리우시고 자기 구름으로 그 위에 펴시며"라고 했습니다. 번역의 차이는 보름달이냐 하나님의 보좌냐 하는 것인데 하나님의 보좌가 맞는 번역이라고 합니다. 하나님은 구름으로 보좌나 천국을 가려서 보이지 않게 하시는 것입니다. 왜냐하면 인간이 죄인의 눈으로는 하나님의 보좌를 볼 수 없기 때문입니다. 하나님은 그 엄청난 능력으로 사탄을 찌르셔서 우리 인간을 구원하십니다.

25:12-13, "그는 능력으로 바다를 잔잔하게 하시며 지혜로 라합을 깨뜨리시며 그의 입김으로 하늘을 맑게 하시고 손으로 날렵한 뱀을 무찌르시나니"

'라합'은 보통 바다의 괴물을 말합니다. 바다에 폭풍이 일어나는 것은 바다의 괴물이 날뛰기 때문이라고 생각했습니다. 그러나 여기서는 폭풍을 의미합니다. 하나님은 폭풍을 잔잔하게 하셔서 사람들을 다 죽이지 못하게 하시고 날렵한 손으로 뱀을 잡아서 죽이시는데 그 뱀이 바로 마귀인 것입니다.

우리는 능력의 하나님을 알지만 하나님께 갈 수 없습니다. 욥처럼 토론이나 명상으로 하나님께 갈 수 없습니다. 그러나 놀라운 것은 하나님이 우리에게 찾아오셨다는 것입니다. 그리고 뱀을 죽이시고 우리를 구원하셨습니다. 우리는 어떤 처지에 있든지 어떻게 살아왔든지 하나님의 사랑을 믿으면 됩니다. 하나님의 사랑을 믿으면 하나님은 우리를 백배나 더 사랑해주십니다. 하나님의 사랑을 믿고 음부와 사탄의 세력에서 벗어나서 하나님을 찬양하고 영광 돌리는 성도들이 다 되시기 바랍니다.

24
경건하지 않은 자가 남긴 것

욥기 27:1-23

세계적인 문인 200명에게 가장 좋아하는 책을 추천하라고 했더니 가장 많이 추천한 책이 놀랍게도 세르반테스의 《돈키호테》였습니다. 그래서 그 책을 다시 사서 읽어보았습니다. 그런데 아무리 읽어봐도 주인공 돈키호테는 정신병자이고 미친 사람인데 세계 문인들이 그렇게 많이 추천한 것이 놀라웠습니다. 돈키호테는 기사 책을 많이 읽어서 자기가 기사라고 생각해서 정의를 실현하기 위해 다 찌그러진 투구와 갑옷을 입고 늙은 말을 타고 종을 데리고 모험을 떠납니다. 그러다가 풍차가 악인이라고 생각해서 말을 타고 공격하다가 풍차에 맞아서 쓰러지기도 하고, 여관주인을 성주라고 생각해서 기사 작위를 받기도 합니다. 아마도 많은 문인들은 돈키호테의 해학 즉 사람을 웃기고 현실을 비꼬는 능력이 뛰어났다고 생각한 것 같습니다.

　미국 문학에 있어서 헤밍웨이의 영향은 절대적이라고 할 수 있습니다. 헤밍웨이 전에는 미국 문학 자체가 별로 없었고, 있다고 해봐야 《톰 소여의 모험》을 쓴 마크 트웨인이라든지, 에드거 앨런 포, 시에는 티 에스 엘리엇 정도였습니다. 그런데 헤밍웨이는 《누구를 위하여 종을 울리나》를 쓴 후에 작품이 나오지 않았습니다. 그 대신 그는 매일 술을 마시는 바람에 알코올 중독에 빠져 있었고 우울증이 더 심해졌습니다. 그래서 이제 헤밍웨이도 끝났다고 생각했는데, 그때 그는 다시 《노인과 바다》를 써서 노벨 문학상을 받게 됩니다. 그가 노벨상을 받을 때는 너무 우울증이 심해서 상을 받으러 가지 못해서 쿠바 대사관에서 대신 받았고, 그 후 얼마 있지 않아서 엽총으로 자신의 생을 마감하게 됩니다.

이 세상에 사람으로 태어나서 산다는 것은 정말 위대하고 멋지고 신나는 일입니다. 그러나 인생을 다 살고 난 후에 죽고 나면 그가 가치 있는 것을 거의 남긴 것이 없다는 것을 알게 됩니다. 아주 드물게 훌륭한 책이나 음악이나 미술품을 남긴 사람들이 있습니다. 그러나 거의 대부분의 사람들은 태어나서 먹고 산다고 한평생을 허비하면서 살았고 겨우 한 것이라고는 자식들을 낳아서 키운 정도에 불과한 것을 보게 됩니다.

우리는 과연 이 세상에 살면서 무엇을 남기고 죽을 것인가 하는 것을 생각해 보아야 합니다. 공부를 많이 해도 자신의 뇌가 썩으면서 없어질 것이고 돈을 모아도 누군가 다른 사람이 다 써버릴 것입니다. 자식을 낳아서 키우는 것이 위대하기는 하지만 자식들도 똑같은 시행착오를 하면서 살다가 죽을 것입니다.

이 세상을 살다보면 의롭고 정직한 자가 늘 잘되는 것은 아니라는 것을 보게 됩니다. 오히려 의롭고 정직한 자는 융통성이 없고 까다로워서 승진에서도 탈락되고 장사도 잘 안 되는 경우가 많습니다. 그래서 늘 가난하게 살아가고 피해를 볼 때가 많은 것입니다. 거기에 비해서 남을 속이고 거짓말하는 자들은 융통성도 있고 아첨도 잘 하기 때문에 승진도 잘 되고 장사도 잘 되는 것을 볼 수 있습니다. 그런데 이 세상 사람들은 과정은 생각하지 않고 결과만 보고 말하기 때문에 어떤 사람이 성공했다든지 혹은 굉장히 높은 자리까지 올라갔다고 하면 그 사람을 칭찬하게 되는 것입니다.

그런데 본문 27장에서 가장 중요한 말씀은 8절이라고 할 수 있습니다.

"불경건한 자가 이익을 얻었으나 하나님이 그의 영혼을 거두실 때에는 무슨 희망이 있으랴"

여기서 "불경건한 자"는 반드시 악한 자라기보다는 하나님을 믿지 않는 모든 세상 사람을 두고 하는 말이라고 생각하면 좋습니다. 이 세상에서는 거짓말하고 아첨하는 자들은 많은 이익을 얻습니다. 그들은 돈을 많이 모으기도 하고 승진하기도 하고 권세 있는 자리에 오르기도 합니다. 그런데 하나님께서 그 영혼을 부르실 때 그의 성공이나 모든 명예나 돈에 무슨 희망이 있겠느냐는 것입니다. 그의 모든 성공이 그에게 아무 도움이 되지 못합니다. 그는 좀 더 넓은 평수의 무덤에서 다른 사람들과 똑같이 썩어갈 수밖에 없는 것입니다. 그런데 그가 그 한평생 부정하고 살았던 하나님이 살아 계시고 하나님 앞에서 그의 모든 부정이 낱낱이 다 밝혀질 때 그는 차라리 성공했기 때문에 더 비참한 멸망에 빠지게 된다는 것입니다.

모든 사람들은 아직도 자신에게는 미래가 있는 줄 생각하고 미래를 향하여 많은 생각을 합니다. 그러나 갑자기 건강이 나빠지게 되었을 때 그는 비로소 자기에게 많은 시간이 주어진 것이 아니라는 것을 알게 됩니다.

1. 하나님이 괴롭게 하시는 사람들

욥은 친구들에게 의미를 잘 알 수 없는 알쏭달쏭한 말로 이야기했습니다.

27:1-2, "욥이 또 풍자하여 이르되 나의 정당함을 물리치신 하나님, 나의 영혼을 괴롭게 하신 전능자의 사심을 두고 맹세하노니"

여기서 "풍자하여"라는 말은 신약성경에는 '비유'로 말하는 것을 의미합니다. 히브리어로 '마샬'이라는 것은 비유적인 말이나 은유적인 표현으로 의미를 금방 알 수 없는 말을 뜻합니다. 욥은 하나님이 자신의 정당함을 물리치셨고 그의 영혼을 괴롭게 하신 전능자라고 부르고 있습니다. 즉 욥이 하나님 앞에서 죄짓지 않고 또 부자라고 해서 하나님께서 욥을 의롭다고 하시지 않았다는 뜻입니다. 욥은 이 세상에서 자랑할 것이 많은 사람이었고 다른 사람에게 의롭게 행동한 것도 많은 사람이었습니다. 거기에다가 욥은 누구보다도 부자였습니다. 그렇다고 해서 하나님께서 욥을 의인으로 받아주시지는 않았다는 것입니다. 욥이 하나님 앞에서 의인으로 받아들여졌던 것은 그가 부자였고 모범적인 사람이어서가 아니라 그가 하나님을 믿은 사람이었기 때문입니다.

그러나 우리는 때때로 하나님의 말씀과 이 세상 현실은 모순되는 때가 많은 것을 보게 됩니다. 즉 우리가 하나님의 말씀대로 살면 성공해서 부자가 되어야 하는데 가난해서 멸시를 받으면서 살 때도 많이 있다는 것입니다. 이때 우리에게 필요한 것은 믿음입니다. 우리 눈에 나타난 결과는 이해되지 않지만 하나님은 살아 계시며 하나님은 나를 사랑하고 계시는 것은 틀림없다는 믿음인 것입니다.

예를 들어서 어떤 사람이 망치를 가지고 돌을 두드린다면 둘 중의 하나일 것입니다. 하나는 그 안에 들어있는 금을 확인하기 위해서인 것입니다. 즉 돌이 황금색을 띠고 있는 것을 보아 틀림없이 그 안에 금이 들어있을 것 같을 때 그 돌을 망치로 부수어서 확인을 하게 됩니다. 그 안에 금이 전혀 들어있지 않다면 버릴 것입니다. 그런데 만일 금 성분이 많이 들어 있다면 더 잘게 부수어서 이번에는 불에 그 돌을 녹여서 액체로 만들어서 불순물을 제거할 것입니다.

욥은 자기가 세상에서 가진 모습 그대로 하나님 앞에 인정받기를 원했습니다. 그러나 하나님은 그것을 거절하셨습니다. 하나님은 욥 안에 금이 많이 있는지 확인하기를 원하셨고 금이 있으면 꺼내기를 원하셨기 때문입니다. 그래서 하나님은 욥의 세상 성공이나 재산을 거부하시고 그를 부수셨습니다. 그리고 하나님은 욥의 영혼을 괴롭게 하셨습니다. 그 이유는 욥 안에는 정말 많은 보석이 있었기에 하나님은 모든 불순물을 다 녹여서 순금으로 만들기를 원하셨기 때문입니다. 그래서 하나님이 우리에게 어려움을 주실 때에는 둘 중의 하나입니다. 하나는 순금이 있는지 확인하시는 과정이고 다른 하나는 완전히 부수어서 순금으로 만드시는 과정인 것입니다.

그래서 하나님의 백성에게 어려움과 환난이 오는 것은 좋은 것입니다. 그런데 어려움이 금방 끝나는 것은 좋은 것이 아닙니다. 왜냐하면 이것이 금이 아니라는 것이 판명되었기 때문입니다. 금이 많이 들어 있을수록 하나님은 우리의 정당함을 물리치시고 우리의 영혼을 괴롭게 하시고 부수어서 가루로 만드시는 것입니다. 우리는 이상하게도 어렸을 때에는 그 순수하던 사람들이 조금만 성공하면 미꾸라지로 변해서 하나님의 손에서 도망을 치고 미끄러져 다닙니다. 미꾸라지를 금으로 만드는 방법은 불붙는 솥에 넣어서 튀기는 수밖에 없는 것입니다.

어렸을 때 어머니가 추어탕을 만드시는 것을 옆에서 구경하곤 했습니다. 남자들이 논 웅덩이에 가서 물을 다 퍼내고 미꾸라지를 잡아오면 어머니는 그것을 몇 시간씩 소금물에 넣고 진흙을 토해내게 합니다. 그리고 난 후에 불에 올려놓은 솥에다 참기름을 부은 후에 미꾸라지를 그대로 넣어서 튀깁니다. 그리고 나중에 물을 붓고 다른 야채들을 넣어서 추어탕을 만드는 것입니다. 우리는 미꾸라지로 남아서는 하나님 앞에서 아무 것도 인정받지 못합니다. 우리는 죽어야 살 수 있는 것입니다. 정치인이나 교육자나 종교인들 중에서 죽으면 살 수 있는 사람들이 있는데 죽지 않으려고 하는 바람에 추악한 사람이 되는 경우가 많습니다.

2. 나는 믿음을 증거하리라

욥은 자기에게 중요한 것은 그런 엄청난 환난을 당하고서도 아직 살아있다는 것이었습니다. 우리에게 지금 살아있다는 것보다 더 중요한 것은 없습니다. 사람들 중에는 고통을 견디지 못해서 스스로 죽는 사람이 많이 있는데 그것은 마귀에게 속은 것입니다. 지금 우리가 많은 환난과 고통을 당하지만 살아있다는 것은 내가 거의 지금 순금으로 변해가고 있는 것이고 마귀는 실패하고 있는 것을 의미하는 것입니다.

27:3, "나의 호흡이 아직 내 속에 완전히 있고 하나님의 숨결이 아직도 내 코에 있느니라"

아마 보통 사람 같으면 욥 같은 환난을 당했다면 자살을 하든지 너무 충격을 받아서 이미 폐인이 되었을 것입니다. 욥은 그 많던 재산 다 없어지고 열 명의 자식들이 한꺼번에 사고로 다 죽었습니다. 그리고 그의 몸에는 보기에 흉한 병까지 걸려 있는데 그는 도저히 사람들을 만날 자신이 없었습니다. 이 절망 중에서 욥이 결사적으로 붙든 것은 하나님이었습니다. 즉 하나님은 모든 것을 아시고 나의 모든 정당한 것을 말해주실 것이라는 믿음이었습니다. 결국 절망과 좌절에 빠져 있던 욥을 살린 것은 믿음이었습니다. 우리는 어떠한 어려움이 오더라도 살아야 합니다. 그런데 그때 사는 것은 잘 생긴 얼굴도 아니고 자존심도 아니고 공부 잘 하는 것도 아닙니다. 오히려 어려움이 왔을 때 세상 것을 많이 가지고 있는 사람일수록 자기 성질을 이기지 못해서 죽습니다.

그런데 우리가 하나님을 붙잡으면 이 어려운 환난 가운데서 살아 있는 것이 놀랍다는 생각이 듭니다. 그리고 하나님이 알아서 나의 삶을 만들어 가실 것이 믿어집니다. 즉 하나님이 나를 부수셨기 때문에 하나님이 다시 나를 만드실 것입니다. 그래서 우리가 많은 환난을 당하고 어려움을 당한 가운데서도 죽지 않고 살아있고 하나님을 믿고 있는 것이 중요합니다. 왜냐하면 이것이야말로 내가 순금이 되고 있다는 증거이기 때문입니다. 환난을 당한 백성들은 세상의 죄와 타협하거나 아첨하지 않습니다. 왜냐하면 어차피 낮아질 대로 낮아졌고 모든 것을 다 잃어버렸고 더 잃을 것이 없기 때문입니다.

27:4-5, "결코 내 입술이 불의를 말하지 아니하며 내 혀가 거짓을 말하지 아니하리라 나는 결코 너희를 옳다 하지 아니하겠고 내가 죽기 전에는 나의 온전함을 버리지 아니할 것이라"

흔히 세상에서 성공한 사람을 보면 그 사람은 신앙이 좋고 하나님의 복을 많이 받았고 의로운 사람이라고 말하기 쉽습니다. 그러나 욥은 결코 사람의 외모나 성공을 보고 그가 의롭다고 말하지 않겠다고 했습니다. 그 이유는 사람의 마음이야말로 그야말로 요물이기에 그 안에 들어가서 하나님의 빛으로 비추어보기 전에는 절대로 그 거짓된 탐욕과 욕심과 거짓을 알 수 없기 때문입니다. 그래서 욥은 자기가 살아있는 동안에는 사람의 외모를 보고 판단하지 않겠다고 했습니다. 왜냐하면 그것은 거짓이기 때문입니다.

그리고 욥의 친구들이 욥이 망한 것을 보고 죄를 지었다고 충고하는 것을 옳다고 말하지 않겠다고 했습니다. 신앙의 눈으로 보면 욥이 망한 것이야말로 축하할 일이고 정말 그에게 일어날 수 있는 가장 좋은 일이었기 때문입니다. 왜냐하면 아무리 신앙이 좋은 욥이라 해도 이런 환난을 당하지 않았다면 그의 신앙은 껍데기 신앙밖에 되지 않았을지 모르기 때문입니다.

그래서 예수님은 부자가 천국 가기가 얼마나 어려운지 낙타가 바늘귀에 들어가는 것보다 더 어렵다고 말씀하셨습니다. 부자와 나사로 비유에서 부자는 아브라함에게 죽은 나사로를 세상에 다시 보내어서 내 형제들이 여기에 오지 않도록 이야기를 좀 해달라고 부탁합니다. 왜냐하면 그의 형제들도 세상의 모든 좋은 것을 다 누리면서 하나님을 믿고 있었기 때문입니다.

27:6, "내가 내 공의를 굳게 잡고 놓지 아니하리니 내 마음이 나의 생애를 비웃지 아니하리라"

이것은 욥이 자기 믿음이 옳다는 것을 말합니다. 욥은 환난을 통해서 자기는 하나님과 더 가까워지게 되었고, 오히려 외식이나 거짓의 껍데기를 더 벗어버렸기 때문에 이 환난은 자기에게 필요한 것이었고 엄청난 유익이었다고 고백하고 있습니다. 그래서 자기에게 이 환난이 온 것은 유익이었고 자기는 이 신앙을 버리지 않겠다고 했습니다.

그래서 하나님의 백성들은 어려움 당했다고 해서 사람들에게 도움을 구하지 않습니다. 왜냐하면 환난을 통해서 하나님을 더 잘 알게 되었고 하나님과 더 가까워지게 되었으며 자기가 더 깨끗해졌기 때문입니다. 그래서 너무나도 유익한 것입니다. 그런데 남이 도와주는 것이 있으면 거절할 필요는 없습니다. 남이 도와주는 것은 받지만 도와달라고 할 필요는 없습니다. 왜냐하면 내 상태가 예전보다 훨씬 더 좋아졌고 도움을 청할 필요가 없기 때문입니다.

3. 믿지 않는 자의 남긴 것

악한 자들은 일단 이 세상일에 하나님이나 양심을 생각하지 않습니다. 그러니까 악한 자들은 수단과 방법을 가리지 않고 돈을 벌고 성공하려고 합니다. 그들은 거짓말도 얼마든지 하고 뇌물도 주고 아첨도 잘 할 수 있습니다. 세상 사람들은 이런 사람들을 좋아합니다. 공무원이나 상관들은 바로 이런 사람들을 좋아하고 혜택을 줍니다. 반대로 모든 것을 너무 정확하게 하고 의롭게 하면 빡빡하고 힘들어서 일이 잘 되지 않습니다. 세상일은 불법인 줄 알지만 가서 사정도 하고 뇌물도 주면 일이 해결될 때 일을 잘하고 유능하다는 칭찬과 인정을 받습니다.

그런데 그 유명하고 똑똑한 사람이 인생을 다 살고 죽었을 때 무엇이 남게 될까요? 그에게 남는 것은 아무 것도 없습니다.

27:8-10, "불경건한 자가 이익을 얻었으나 하나님이 그의 영혼을 거두실 때에는 무슨 희망이 있으랴 환난이 그에게 닥칠 때에 하나님이 어찌 그의 부르짖음을 들으시랴 그가 어찌 전능자를 기뻐하겠느냐 항상 하나님께 부르짖겠느냐"

그는 돈을 많이 모았습니다. 그는 명예와 높은 관직도 얻었습니다. 그러나 그 돈이나 감투가 그의 죽는 것을 막지는 못합니다. 그가 죽었을 때 많은 사람들이 조문하고 영안실 밖에는 조화가 줄을 서 있습니다. 그러나 막상 본인은 그 사실을 알지 못합니다. 그는 시체까지 벗어 놓고 알몸으로 창조자 앞에 서게 됩니다. 그에게는 희망이 없습니다. 왜냐하면 그는 이 세상에서 가장 악하고 야비한 자였기 때문입니다. 그에게는 기도의 응답이 없습니다. 그가 아무리 부르짖어도 하나님은 그의 기도를 듣지 않으시고 하나님은 그 사람을 꼴 보기 싫어하십니다.

이렇게 세상 처세에 능한 사람에게도 환난은 오게 되어 있습니다. 그때 그는 바로 천 길 낭떠러지로 떨어지게 됩니다. 왜냐하면 그의 영혼이 가치가 없기 때문입니다. 그는 세상에서 사람들의 마음을 기분 좋게 하는 것을 배웠지만 하나님을 기쁘시게 하는 법을 배우지 못했습니다. 그는 기도하는 방법을 알지 못했습니다.

27:12, "너희가 다 이것을 보았거늘 어찌하여 그토록 무익한 사람이 되었는고"

그는 자기 밖에 모르는 사람이기 때문에 사실 하나님 앞에 아무 쓸모없는 사람이었습니다. 그는 전적으로 하나님 앞에서 무익한 사람이었습니다. 공부를 하고 돈을 벌고 사회 직책을 가지는 것은 남을 돕기 위한 것인데, 이런 사람들은 자기 돈 벌고 자기 자식 잘 되는 것 밖에 몰랐던 것입니다.

결국 악인은 짧은 시기에는 성공하고 잘 되는 것 같지만 길게 보면 모든 것이 다 망하게 됩니다.

27:14-15, "그의 자손은 번성하여도 칼을 위함이요 그의 후손은 음식물로 배부르지 못할 것이며 그 남은 자들은 죽음의 병이 돌 때에 묻히리니

그들의 과부들이 울지 못할 것이며"

　악한 자들은 돈을 모아서 자손들에게 많이 물려주어서 잘 살게 합니다. 그러나 자손들이 아무리 잘 살아도 전쟁이 나고 칼에 찔려 죽으니까 아무 소용이 없는 것입니다. 환난이 오면 자손들은 배를 굶게 되고 결국 돌림병이 돌아서 죽게 되는 것입니다. 그리고 그 과부들이 울지 못하는 것은 자기들도 전염병에 걸렸기 때문입니다. 결국 하나님이 복을 주시지 않으면 아무리 잘 살고 높은 관직에 있어도 그 후손들도 행복할 수 없습니다.

　27:16-19, "그가 비록 은을 티끌 같이 쌓고 의복을 진흙 같이 준비할지라도 그가 준비한 것을 의인이 입을 것이요 그의 은은 죄 없는 자가 차지할 것이며 그가 지은 집은 좀의 집 같고 파수꾼의 초막 같을 것이며 부자로 누우려니와 다시는 그렇지 못할 것이요 눈을 뜬즉 아무것도 없으리라"

　악한 자가 돈을 많이 쌓아서 땅을 파서 저장하고 옷을 진흙같이 많이 쌓아둔다고 해도 전란이 일어나면 다 가져갈 수 없기 때문에 결국 땅에 파묻고 가든지 아니면 남에게 다 빼앗기고 마는 것입니다. 여기서 의인이나 죄 없는 자는 결국 가난한 사람들을 말합니다. 가난한 난민들이 그 집에 들어가서 은을 찾고 밀을 찾아내고 감춘 옷을 찾아내서 입고 다닌다는 것입니다. 그래서 전쟁 때에는 작은 금 조각이 쓸모 있다고 합니다. 가장 중요한 것은 먹는 식량이나 잠자는 곳인데 큰 금덩이는 바꿀 수 없으므로 작은 금 조각을 가지고 있으면 유용하게 사용할 수 있다는 것입니다.
　18절에 보면, 집은 아무리 으리으리하게 지어도 자꾸 수리나 보수를 해주어야 하는데, 나중에 형편이 어려워지니까 여기저기 부서지고 비가 새면서 낡아서 헌집이 되고 파수꾼의 초막같이 내려앉게 되는 것입니다. 이런 사람은 자고 일어나니까 가난해져 있는 경우가 많이 있습니다.

19절에 보면, 이 사람은 부자로 자리에 누웠습니다. 그러나 그가 잠을 자는 동안에 세상이 바뀌어서 자기가 가진 모든 것은 다 빼앗기고 알거지가 되는 것입니다. 어떤 사람은 반대로 자고 나니까 유명해져 있더라는 말을 합니다. 즉 자식에게 먹일 것이 없어서 남의 일 해주느라고 고생고생 했는데 어떤 작품이 대히트를 치는 바람에 갑자기 유명해지는 사람이 있습니다.

27:20-21, "두려움이 물 같이 그에게 닥칠 것이요 폭풍이 밤에 그를 앗아갈 것이며 동풍이 그를 들어올리리니 그는 사라질 것이며 그의 처소에서 그를 몰아내리라"

악한 자는 약한 사람들 앞에서는 큰 소리를 치지만 자기 미래에 무슨 일이 일어날지 몰라서 늘 두려움에 사로잡혀 있습니다. 그는 바람에 쓰러지고 맙니다. 폭풍에도 모든 것이 날아갈 것이고 동풍이 오면 모든 것이 다 말라버릴 것입니다. 하나님은 그를 아끼지 않고 던져버리실 것입니다. 왜냐하면 그는 아무 가치 없는 인간이기 때문입니다. 그가 하나님의 손에서 도망치려고 하지만 절대로 도망치지 못할 것입니다. 왜냐하면 이제 드디어 하나님의 손에 걸려들었기 때문입니다. 그때 사람들은 드디어 그의 모든 불의가 드러나니까 손뼉을 치면서 그의 고개를 숙인 모습을 보고 조롱하고 욕하게 되는 것입니다. 우리는 이미 이 세상에서도 이런 모습을 많이 보고 있습니다.

우리가 환난당하면서도 살아 있고 믿음 지키는 것은 기적입니다. 우리는 거의 다 순금이 되고 있는 것입니다. 우리의 믿음을 포기하지 말고 세상에서 잘 된 사람들 부러워하지 말고 끝까지 잘 지키시기 바랍니다.

25
보석이 있는 곳
욥기 28:1-28

서부 개척시대 때 미국 사람들에게 골드러시 붐이 일어났습니다. 즉 미국 서부 캘리포니아에 가면 금을 캘 수 있다고 해서 동부의 가난한 사람들이 줄을 지어서 마차를 타거나 걸어서 서부로 몰려갔던 것입니다. 그 중에서는 금광을 발견한 사람도 있었지만 대개는 사탕수수밭 같은 데서 일해야 하는 아주 싸구려 노동자로 전락하고 말았습니다.

존 스타인벡인 쓴《진주》라는 소설을 보면 어느 인디언이 바다에서 아주 큰 진주를 캤는데, 그것을 노리고 이 가족까지 죽이고 그 진주를 빼앗으려고 습격하려는 사람들 때문에 결국 진주를 가지고 도망을 치다가 아기도 죽고 사람도 죽이게 됩니다. 그런 일을 겪은 후에 이 인디언은 이 진주는 나쁜 것이라 생각하고 바다에 도로 던져 버립니다.

사람들은 옛날부터 이 세상에서 가장 비싸고 가치 있는 것은 보석이나 금이라고 생각했습니다. 그래서 바위를 뚫고 땅 속에 내려가서 금을 얻으려 하고 다이아몬드나 보석들을 캐내서 부자가 되려고 애를 썼습니다.

그러나 보석을 찾고 석탄을 캐기 위해서 땅 속을 파고 들어가는 과정은 너무 어렵고 고생스러웠습니다. 옛날에는 지금과 같은 드릴 같은 기계나 엘리베이터나 컨베이어가 없었기 때문에, 금이나 은을 캐기 위해서는 곡괭이를 가지고 일일이 바위를 깨서 파고 들어가야 했습니다. 그리고 그 캐낸 원석들을 일일이 자루에 넣어 어깨에 매여서 옮겨야 했고, 또 수직으로 땅 속으로 내려가는 곳에서는 사닥다리로 내려가든지 아니면 밧줄을 맨 광주리를 타고 내려가야만 했습니다. 그런데 광산을 파고 내려가다가 가장 위험한 때는 광산이 무너져내려 버릴 때입니다. 물론 큰 나무로 받치면서 내려가지만 바위가 내려누르는 힘이 너무 크게 되면 나무가 부러지면서 수천 톤 되는 바위나 흙이 쏟아져서 갱도를 막아버리면 안에 들어가 있는 사람은 다 죽게 됩니다. 그리고 또 무서운 것이 지하수입니다. 땅을 파고 내려가다가 잘못해서 지하수를 건드리게 되면 거기서 어마어마한 물이 쏟아져 나와서 보석을 캐던 사람들이 빨리 빠져나오지 못하면 모두 그 물에 빠져서 죽게 됩니다.

그런데 요즘은 또 다른 보석이 있습니다. 우리나라 전자회사는 죽을 각오를 하고 반도체 개발에 성공했는데 그것으로 전 세계 일위 기업이 되었습니다. 이와 같이 우리 주위에는 우리가 알지 못하는 많은 보물들이 있습니다. 우리가 이것을 찾아내기만 하면 엄청난 부자가 될 수 있습니다.

욥기 28장은 옛날 사람들이 땅 속에 들어가서 보석을 캐내는 과정을 자세히 설명하고 있습니다. 그러면서 보석이 있는 곳을 알아내는 것이 얼마나 어려운지 독수리도 그곳을 알지 못하고 사나운 짐승들도 알지 못하고 농사짓는 사람들도 알지 못한다고 했습니다. 그런데 이런 보석보다 훨씬 더 귀한 것이 하나님의 지혜인데 그 어떤 보석과도 바꿀 수 없다고 했습니다. 그러나 하나님의 지혜는 정말 어디에 있는지 찾을 수 없다고 말하고 있습니다. 심지어는 사망조차도 그 보석이 있는 곳을 알지 못하는데 오직 세상 끝까지 감찰하시는 하나님만 그 길을 알고 계신다고 했습니다. 우리는 이 하나님의 지혜의 보석을 캐내야 멋진 인생을 살 수 있습니다.

1. 보석을 캐내는 법

백화점에서 큰 금반지나 보석을 사려고 하면 돈을 많이 주어야 할 것입니다. 그런데 만일 내가 직접 금이나 은이나 다이아몬드가 나오는 곳을 알아서 캐낼 수 있다면 돈을 어마어마하게 벌 수 있을 것입니다. 그런데 보석은 아무데서나 캐낼 수 있는 것이 아닙니다.

28:1, "은이 나는 곳이 있고 금을 제련하는 곳이 있으며"

금이나 은은 집 가까운 곳에서 나는 것이 아닙니다. 집에서 아주 먼 첩첩산중을 누군가가 은이나 금을 캐낼 목적으로 오래 여행하다가 바위가 은색을 띠고 있다거나 혹은 주위에서 금가루를 발견했다는 말을 듣고는 그 주위에 있는 바위를 캐내어 들어가다가 어느 날 드디어 금맥이나 은맥을 찾게 되는 것입니다. 그러나 은은 비교적 정제하기가 쉬운 반면에 금은 제련하는 것이 아주 까다롭고 어렵다고 합니다. 그래서 "은이 나는 곳이 있고 금을 제련하는 곳이 있다"고 말하고 있습니다.

28:2, "철은 흙에서 캐내고 동은 돌에서 녹여 얻느니라"

처음에 사람들은 철의 가치를 잘 몰랐는데 역시 철을 발견한 사람들도 보석을 캐내던 사람들이었다고 합니다. 그들은 돌이 붉거나 녹이 스는 것을 보고 그 돌을 부수어서 녹여서 철을 만들었는데 처음에는 농기구나 무기용으로 만들었습니다. 동도 처음에는 금 비슷하게 생각했던 것 같습니다. 그런데 동은 금에 비하여 녹이 슬고 철처럼 강하지 못했습니다. 그러나 동으로 만든 것은 단단하고 멋이 있었습니다. 석유는 검은 보석이라 불리는데 사막에서 나오기도 하고 심지어는 바다에서 나오기도 합니다. 석유를 캐내려면 시추라고 해서 땅을 뚫어야 하는데 백 개의 구멍을 뚫어서라도 그 중에 한 개만 나와도 본전을 다 뽑는다고 합니다.

그러나 사람의 재능이 얼마나 대단한지 그 깊은 땅 속에 있는 보석을 캄캄한 땅 속의 바위를 뚫고 들어가서 캐내오는 것입니다.

28:3-4, "사람은 어둠을 뚫고 모든 것을 끝까지 탐지하여 어둠과 죽음의 그늘에 있는 광석도 탐지하되 그는 사람이 사는 곳에서 멀리 떠나 갱도를 깊이 뚫고 발길이 닿지 않는 곳 사람이 없는 곳에 매달려 흔들리느니라"

땅이나 바위를 조금만 파고 들어가도 빛이 들어오지 않아서 캄캄합니다. 그 캄캄한 굴속에 횃불을 켜고는 바위 깊은 곳 끝까지 파고 들어가서 금이나 은이 없다는 것이 확인되어야 포기를 하는 것입니다. 대개 그런 곳은 사람이 사는 곳에서 아주 멀리 떨어진 곳이고 아무도 오지 않는 곳입니다. 그 외로운 곳에 갱도를 깊이 파서 목숨을 걸고 밧줄을 타고 땅 속 깊이까지 내려가는 것입니다. 사람이 보석을 캐내는 일이 그렇게 힘들고 고생이 되지만, 있는 곳만 안다면 벼락부자가 될 수 있습니다. 그러나 보석이 있는 곳을 찾으려면 수없는 모험을 해야 하는 것입니다.

28:5-8, "음식은 땅으로부터 나오나 그 밑은 불처럼 변하였도다 그 돌에는 청옥이 있고 사금도 있으며 그 길은 솔개도 알지 못하고 매의 눈도 보지 못하며 용맹스러운 짐승도 밟지 못하였고 사나운 사자도 그리로 지나가지 못하였느니라"

땅은 희한한 특징을 가지고 있습니다. 사람이 사는 지표는 뜨겁지 않아서 얼마든지 농사를 지어서 그것으로 먹을 것을 만들 수 있지만 땅 속에는 들어갈수록 더워지는 것입니다. 물론 땅을 파고 들어간다고 해서 바로 불이 나오는 것은 아니지만 땅 속 깊은 곳에는 불이 있습니다. 그래서 화산이 폭발할 때 보면 불길이 솟아오르고 불덩어리인 용암이 흘러내리는 것입니다. 그렇지만 모든 보석은 다 땅 속에 있습니다.

6절에 나오는 '청옥'은 사파이어입니다. 그리고 '사금'은 금 조각입니다. 이 모든 보석들은 다 위험한 땅 속에 있습니다. 그런데 사람들은 그 바위 속을 파고 들어가서 금이나 은이나 사파이어나 다이아몬드 같은 보석을 찾아냅니다.

사람에게 아주 비싸고 귀한 대접을 받는 보석은 그렇게 눈이 좋은 솔개도 어디에 있는지 알지 못하고 매의 눈도 땅 속에 있는 보석을 보지 못하고 사자도 그곳을 밟아 본 적이 없는 곳에 있는 것입니다.

그런데 오직 사람만 보석이 있는 곳을 알아내서 바위를 뚫고 거기서 터져 나오는 지하수는 막고 깊이 감추어졌던 보물을 캐내어 밝은 세상으로 가져나오는 것입니다.

28:9-11, "사람이 굳은 바위에 손을 대고 산을 뿌리까지 뒤엎으며 반석에 수로를 터서 각종 보물을 눈으로 발견하고 누수를 막아 스며 나가지 않게 하고 감추어져 있던 것을 밝은 데로 끌어내느니라"

사람은 놀랍게도 보석이 있는 곳을 알아내어서 곡괭이로 바위를 뚫기 시작해서 결국 산 뿌리까지 파고 들어가서 온 산을 다 뒤집고 바위 덩어리에 물을 쏘아서 보석을 찾아내고는, 보석이 물에 쓸려나가지 않게 하고 그것을 자루에 담아서 캄캄한 땅 속에서 환한 세상으로 가져나와서 비싼 보석으로 팔게 됩니다.

2. 진정한 보석

우리가 이 세상에서 보석이라고 생각하는 것은 자신의 외적인 가치를 품위 있게 해주고 부를 과시하는 역할 밖에 하지 못합니다. 그러나 진정한 보석은 그 사람의 인격 전체를 아름답게 해주고 품위를 높여주는 것입니다. 옛날에는 이런 보석을 학문과 도덕에서 찾았습니다. 예를 들어서 중국에서는 공자의 《논어》를 공부하면 사람이 '인'을 가지게 되는데 그것이 옛날 사람들에게는 부귀영화보다 더 가치있는 보석이었던 것입니다. 그래서 장자 같은 사람은 공자를 향해 욕을 했는데 공자는 이 세상에 없는 것을 찾으려고 돌아다니는 영감이라고 했습니다.

아테네의 소크라테스는 한평생 지식을 알기 위해서 끊임없이 사람들과 토론을 하곤 했습니다. 하루는 소크라테스의 친구가 델포스 신전에 가서 이 세상에서 누가 가장 지혜로우냐고 묻자 무녀는 소크라테스라고 대답을 했습니다. 소크라테스는 그 신의 음성이 틀렸다는 것을 증명하기 위해서 아테네의 유명하다는 사람들은 다 찾아가서 그가 아는 것을 가지고 논쟁을 했습니다. 그랬더니 정말 그들이 자기보다 지식이 없다는 것을 알게 되었는데, 소크라테스는 자기는 자기가 모른다는 것은 알았지만 유명한 사람들은 자기가 모른다는 사실조차 모르니까 자기보다 무식하다는 것이었습니다. 결국 소크라테스는 지식을 사랑했기 때문에 청년들을 문란하게 하고 아테네가 섬기지 않는

신을 섬기게 했다고 모함해서 사형판결을 받고 독미나리를 마시고 죽었습니다. 소크라테스는 자기가 죽는 것이 조금도 슬프지 않다고 했습니다.

그리고 현대에 와서는 칸트라고 하는 엄청난 인물이 나타나게 됩니다. 그는 오랫동안 시간 강사를 했던 사람입니다. 그러나 그는 인간이 왜 도덕적이어야 하는지 그 이유를 인간 안에는 도덕률이 있기 때문이라고 했습니다. 그래서 미국의 유명한 학자 마이클 샌들도 자기도 결국은 칸트의 신념을 믿는다고 했습니다.

요즘 사람들은 새로운 지식을 배우기 위하여 미국이나 영국이나 다른 나라로 유학을 많이 갑니다. 왜냐하면 거기에서는 우리나라에서는 배울 수 없는 새로운 많은 지식을 배울 수 있기 때문입니다. 그러나 성경은 이 세상의 지식 이상의 지식이 있다고 말씀하고 있습니다. 그것은 바로 경영의 지식이나 경제의 지식이나 말 잘하는 지식이 아니라 세상을 창조한 지식이고 내 자신의 가치를 높여주는 지식이고 하나님과 통할 수 있는 지식입니다.

그래서 욥기는 이 세상에서 우리를 품위 있게 하고 부를 자랑하게 하는 보석도 중요하지만 내 자신의 인격을 높여주는 보석은 어디에 있느냐고 질문하고 있습니다.

28:12, "그러나 지혜는 어디서 얻으며 명철이 있는 곳은 어디인고"

여기서 말하는 '지혜'는 세상의 지혜나 돈을 잘 버는 지혜를 말하지 않습니다. 그리고 '명철'이라는 것도 바둑을 잘 두는 머리나 축구를 잘 하는 재주를 말하지 않습니다. 왜냐하면 이 세상의 지혜나 지식은 일시적인 것에 불과하기 때문입니다.

옛날에 전 세계 최고의 축구 선수들이 있었습니다. 이들은 정말 신출귀몰한 재주로 공을 몰고 가서 골을 넣곤 했습니다. 그런데 세월이 지난 후 이들의 몸은 둔해지고 비만해지게 되었습니다. 그런데 어느 친선경기에 이 사람들이 경기하는 모습을 보여주었습니다. 그들은 일단 옛날만큼 스피드가 나지 않았고 공의 위력이 없어서 골키퍼들이 다 막아내었고 더욱이 뛰는 것이 뒤뚱뒤뚱 거렸던 것입니다. 그들 자신도 자신들의 모습에 어이 없이 웃었습니다. 사람에게는 모두 전성기라는 것이 있고 전성기가 지나면 아무리 마음이 원하더라도 몸이 움직여주지 않게 됩니다. 마찬가지로 이 세상의 재물들은 처음 가질 때 대단한 것 같은데 시간이 좀 지나면 시시해지고 나중에는 그 가치가 떨어지게 됩니다. 박사학위도 젊었을 때 교수 자리를 얻고 한창 연구를 할 때 가치가 있는 것이지 늙어서까지 가치가 있는 것은 아닙니다. 늙으면 사람들은 모두 다 노인이 되게 되고 암에 걸리면 박사 환자라고 하지 않고 모두 암 환자라고 부르게 됩니다.

그러나 하나님의 지혜나 지식은 늙지 않습니다. 오히려 우리 겉사람은 낡아지나 우리의 속사람은 날로 새롭도다고 했습니다(고후 4:16). 그리고 우리의 몸이나 생각은 질그릇 같이 천박하지만 우리 안에는 하나님의 보화가 가득하다고 했습니다. 결국 우리 인생이 진정으로 가치 있고 행복하게 살려고 하면 세상의 지혜가 아니라 하나님의 지혜를 찾아야 한다는 것을 알 수 있습니다. 그러나 하나님의 지혜를 도대체 어디서 얻을 수 있습니까?

28:13, "그 길을 사람이 알지 못하나니 사람 사는 땅에서는 찾을 수 없구나"

하나님은 이 세상에 보석이 있는 것은 하늘의 보석이 있다는 것을 보여주는 비유라고 말씀하고 있습니다. 즉 이 세상에도 엄청나게 비싸고 아름답고 변하지 않는 보석이 있는 것처럼 우리 영혼에도 그런 보석이 있는데 그것은 바로 하나님의 지혜라는 것입니다. 그런데 우리가 보석을 캐내려고 하면 보석이 있는 곳을 고생하면서 찾아가야 하는 것처럼 우리가 영혼의 보석을 캐내려고 하면 이 보석이 있는 곳을 찾아가야 하는 것입니다. 그런데 우리는 영혼의 보석이 있는 곳은 더 알 수 없고 그 길도 찾을 수 없는 것입니다. 더욱이 사람이 사는 곳에서는 지혜를 가르쳐주거나 알려주는 곳은 없다고 했습니다.

그래서 이 사람은 혹시 깊은 바다 속에 있는가 해서 바다에 물어보았습니다.

28:14, "깊은 물이 이르기를 내 속에 있지 아니하다 하며 바다가 이르기를 나와 함께 있지 아니하다 하느니라"

만일 하나님의 지혜가 깊은 물이나 바다 속에 있다면 우리는 모두 잠수를 배우고 수영을 배워서 깊은 바다 속에 들어가서 진주를 캐내듯이 하나님의 지혜를 캐내어야 할 것입니다. 그러나 다행스럽게도 하나님의 지혜는 깊은 바다 속에 있지 않다고 했습니다. 사람 중에는 바다에서 보물을 찾는 사람들이 있습니다. 그것은 옛날 전쟁이나 폭풍 때문에 금이나 보물을 싣고 가다가 침몰한 배를 찾아내는 것입니다. 그래서 실제로 보물을 찾아내는 사람들도 있지만 그것은 오직 돈에 불과할 따름인 것입니다.

그러나 하나님의 지혜는 세상의 돈이나 어떤 보물과도 바꾸거나 살 수 없습니다.

28:17-22, "황금이나 수정이라도 비교할 수 없고 정금 장식품으로도 바꿀 수 없으며 진주와 벽옥으로도 비길 수 없나니 지혜의 값은 산호보다 귀하구나 구스의 황옥으로도 비교할 수 없고 순금으로도 그 값을 헤아리지 못하리라 그런즉 지혜는 어디서 오며 명철이 머무는 곳은 어디인고 모든 생물의 눈에 숨겨졌고 공중의 새에게 가려졌으며 멸망과 사망도 이르기를 우리가 귀로 그 소문은 들었다 하느니라"

왜 하나님의 지혜는 이 세상의 어떤 돈이나 보석으로도 살 수 없을 정도로 비쌀까요? 그것은 내 영혼과 육체를 보석으로 만들어주고 하늘의 복을 받게 하기 때문입니다. 우리를 하나님 앞에서 존귀한 자로 만들어주는 지혜이기 때문입니다. 우리를 교만하지 않게 하며 우리를 순결하게 하며 우리로 하여금 죄짓지 않게 하고 하나님 앞에 갈 수 있게 하는 지혜이기 때문입니다. 그런데 사람들은 이런 지혜가 있다는 사실 자체를 모르고 더욱이 이 지혜가 어디에 있는지는 더 모르는 것입니다.

지혜가 오는 방향을 안다면 거기에 서 있으면 될 것이고, 어디에 머문다는 것을 알면 거기에 있다가 붙잡으면 될 것입니다. 그러나 아무도 이 지혜가 있는 곳을 알지 못하는 것입니다.

이 세상의 어떤 생물도 하나님의 지혜가 어디에 있는지 알지 못합니다. 새들도 알지 못하고 심지어는 멸망과 죽음에게 물어도 그런 지혜가 있다는 소문은 들었지만 지옥이나 죽음에도 없다고 했습니다. 결국 사람은 죽으면서도 심지어는 죽은 후에 지옥에 가서도 하나님의 지혜가 있는 곳을 알지 못하는 것입니다. 우리 인간이 하나님의 지혜를 알지 못하면 짐승같이 살 수밖에 없습니다.

3. 영원한 지혜를 아는 분

이 세상에는 우리에게 영원한 가치를 주고 영원한 생명을 주는 지혜를 아는 분이 단 한 분 계십니다. 그 분은 바로 하나님이십니다.

28:23, "하나님이 그 길을 아시며 있는 곳을 아시나니"

우리에게 영원한 아름다움과 가치를 주는 지혜는 온 천하를 만드신 하나님만이 알고 계십니다. 그 지혜는 무엇일까요? 혹은 누구일까요? 바로 로고스 이신 예수 그리스도입니다. 그래서 사도 바울은 말하기를 내가 아는 모든 것을 배설물로 여기는 것은 예수 그리스도를 아는 지식이 가장 고상하기 때문이라고 했습니다(빌 3:8).

하나님께서 이 지혜를 말씀하시는 것은 그냥 하시는 것이 아니라 온 세상 땅 끝까지 다 살펴본 후에 하신 말씀입니다.

28:24, "이는 그가 땅 끝까지 감찰하시며 온 천하를 살피시며"

하나님의 눈에는 바다 속이나 땅 속이나 사람의 마음속에 있는 것이나 어떤 것도 감추어질 수 없습니다. 하나님께서 온 세상 모든 것을 다 살펴보셨을 때, 모든 것은 다 액세서리이고 사람들에게 일시적인 부와 만족감을 주지만 진정한 보석은 오직 하나밖에 없었습니다. 그것은 바로 하나님과 함께 인간과 천사와 온 우주를 창조하신 하나님의 아들이신 것입니다.

하나님은 이 세상을 창조하실 때 얼마나 정확하게 하셨습니까? 바람도 무게를 정하셨고 물의 분량도 정하시고 비가 내리는 법칙도 정하시고 비구름의 길도 정하시고 우레의 법칙도 만드셨습니다. 우리는 아직까지 이런 것을 알지 못합니다. 우리는 바람의 무게가 얼마인지 물이 하늘에 어느 정도 있어야 하고 바다에는 얼마나 있어야 하는지 비바람이 어느 경로로 불어 가는지 번개나 뇌성이 울리는 법칙을 잘 알지 못합니다. 그러나 하나님은 그때 모든 것을 다 보시고 정하시고 굳게 세우셨습니다.

28:27, "그 때에 그가 보시고 선포하시며 굳게 세우시며 탐구하셨고"

하나님은 몇 번 실험하신 후에 그 정도면 되었다고 선포하시고 굳게 세우셨습니다. 그리고 하나님은 인간에 대해서도 계속 탐구하셨습니다.

하나님의 지혜를 가진다면 우리는 정말 가치 있는 인간이 되고 자기 자신에게도 만족할 수 있을 것입니다. 하나님은 또 우리가 만족할 만한 것을 주실 것입니다.

28:28상, "또 사람에게 말씀하셨도다"

참으로 놀라운 말씀입니다. 하나님은 그 수많은 피조물들 중에서 오직 사람에게 말씀을 주셨습니다. 이 하나님의 말씀이 바로 하나님의 지혜입니다. 그런데 놀라운 것은 잠언에 보면 이 지혜가 길에서 사람들을 부르고 있고 바겐세일을 하고 있다는 것입니다(잠 1:20). 세상에서는 그렇게 찾기 어려운 지혜가 이스라엘에서는 거리에서 소리를 치고 있다는 것입니다. 예를 들어서 어느 하버드대 교수가 길에서 강의하고 있다면 사람들이 누구나 그 강의를 들을 수 있을 것입니다. 그런데 놀라운 것은 이스라엘 사람들은 하나님의 말씀이 너무 흔해서 그 가치를 알지 못한다는 것입니다. 세상 사람들은 몰라서 망하고 하나님의 백성들은 너무 싸구려로 생각해서 망하는 것입니다.

하나님은 답만 가르쳐주셨습니다.

28:28하, "보라 주를 경외함이 지혜요 악을 떠남이 명철이니라"

이것은 어디까지나 답이지 과정이 아닙니다. 하나님을 두려워하는 것이 지혜이고 악을 저지르지 않는 것이 명철입니다. 그러나 인간에게 하나님을 두려워하는 것은 어렵습니다. 왜냐하면 하나님은 보이지 않기 때문입니다. 그리고 악을 떠나는 것도 어렵습니다. 마음속으로 너무나도 죄를 짓고 싶어 하기 때문입니다. 그러나 하나님의 말씀을 가까이 하면 하나님이 가까이 계신 것이 느껴집니다. 그리고 천사가 와서 나를 지켜줍니다. 그리고 악은 그 결과를 볼 수 있기 때문에 멀리하게 됩니다. 음행이나 거짓말이나 부정은 끝이 더럽고 비참합니다. 우리가 그 결과를 보면 멀리하게 됩니다. 이런 하나님의 지혜가 가득하게 되시기를 바랍니다.

26
과거에 대한 미련

욥기 29:1-25

사람들은 누구나 자신의 아름다웠던 과거에 대한 미련을 가지고 있습니다. 특히 지금 현실이 너무 비참하고 아름답지 못하다면 더 과거에 대한 미련을 가지게 될 것입니다.

군대에서는 장군이 되면 승용차에 별판을 달고 위병소에 들어갈 때에도 헌병들이 큰 소리로 구호를 외치고 경례를 붙입니다. 장군은 모자에도 수가 놓여져 있고 어디에 가든지 비서 대신에 부관이 따라다니고 수많은 부하들을 지휘하게 됩니다. 그런데 이런 장군이 제대하게 되면 더 이상 별판을 단 자동차도 타지 못하고 계급장도 없고 민간인의 신분으로 돌아가게 됩니다. 심지어 무슨 부정이 드러나서 감옥에까지 들어가게 된다면 너무나도 현실이 비참할 것입니다. 그러면 과거에 자신이 장군 계급을 달고 군인들을 지휘하던 때가 그리울 것입니다.

누구나 과거에 한창 잘 나가던 전성기가 있습니다. 학생 중에는 공부를 잘해서 큰 상을 받던 때가 있는가 하면, 기업가 중에는 사업이 잘 되어서 승승장구하여 나라에서 금탑 훈장 같은 것을 받던 때가 있을 것입니다. 또 정치인은 중요한 자리에 있어서 신문이나 텔레비전에 얼굴이 자주 나오던 때가 있는가 하면, 교사는 교장이 되어서 많은 학생들과 선생님들의 존경을 받던 시절이 있었을 것입니다. 그런데 그 좋은 시절은 다 지나가고 평범한 보통 사람이 되었을 때 사람들은 자신의 과거가 그리워지기도 하고 애착이 생기기도 합니다. 그리고 과거의 자신이 현재의 자신보다 훨씬 더 멋있고 좋았다는 생각할 때가 많이 있습니다. 더욱이 하나님의 백성들이 하나님의 많은 연단을 받아서 인생 밑바닥까지 내려가게 되고 아무 것도 아닌 사람이 되었을 때에는 지금 같은 하나님의 많은 비밀을 몰랐지만 세상적으로 잘 나갔던 과거가 그리울 때가 많을 것입니다.

우리는 가끔 과거와 현재를 비교해 볼 때가 있습니다. 과거에는 신앙은 별로 없었지만 세상적으로는 인정받고 잘 나가던 때가 있었습니다. 그때는 돈도 많이 벌었고 친구들과 어울려서 술도 많이 사주었고 외국도 많이 돌아다녔습니다. 그러나 지금의 나는 많은 연단을 받아서 돈도 없고 세상적인 직책도 없고 사람들은 알아주지 않지만, 하나님의 많은 은혜를 받았고 하나님 나라의 많은 비밀을 깨달아 살고 있습니다. 그런데 과연 어느 '나' 가 더 좋으냐 하면 지금의 나보다 세상적으로 잘 나가던 때의 '나' 가 더 좋은 것처럼 느껴질 때가 많은 것입니다. 그래서 많은 그리스도인들이 지금 이렇게 연단 받고 은혜 받은 것을 후회할 때가 있는데, 차라리 은혜 받지 못했다 하더라도 세상적으로 잘 나가던 때가 더 좋았을 것 같다는 생각이 드는 것입니다.

그러나 우리가 과거를 더 그리워하는 것은 아직 지금 자신의 모습을 잘 몰라서 그런 것이고 하나님의 복이 가시적으로 덜 나타났기 때문입니다. 욥은 큰 환난을 당하면서 하나님의 세계에 대하여 많은 것을 깨닫게 되었고, 자기 자신도 과거의 쓸데없는 껍질을 다 벗어버리고 엄청나게 성숙하게 되었습니다. 그는 자신에게 대속자가 있다는 것을 알게 되었습니다. 그럼에도 불구하고 욥도 인간이었기에 과거의 자신이 더 멋있고 지금 이 비참한 모습보다 훨씬 더 낫다고 생각할 때가 있었습니다.

저도 그럴 때가 있었습니다. 저도 하나님의 연단을 받아서 아무것도 없게 되었을 때 과거의 공부로 성공할 길이 있었던 것이 아깝게 느껴졌고 차라리 군대에서 제대하지 않고 더 있는 것이 좋을 뻔했다는 생각을 하기도 했습니다. 잘했으면 대령까지는 달 수 있었을지도 모르는데... 그러나 지금은 그런 생각을 하지 않습니다. 다윗이 말한 것처럼 "내 잔이 넘치나이다"라고 했는데 지금은 너무 많은 은혜를 받은 것에 감사할 뿐입니다.

1. 욥의 전성기

욥은 이 무서운 연단을 받기 전에는 정말 고생이나 비참한 것을 모르던 사람이었습니다. 그는 남에게 거절을 당해본 적도, 무시를 받아본 적도 없었습니다. 욥은 하나님의 특별한 보호를 받았고, 그에게는 항상 하나님의 등불이 있었고, 그의 모든 것에는 하나님이 기름을 발라 주셔서 번쩍번쩍 빛이 나고 있었습니다.

> 29:1-3, "욥이 풍자하여 이르되 나는 지난 세월과 하나님이 나를 보호하시던 때가 다시 오기를 원하노라 그 때에는 그의 등불이 내 머리에 비치었고 내가 그의 빛을 힘입어 암흑에서도 걸어다녔느니라"

욥의 일생은 하나님이 특별히 보호하시던 삶이었습니다. 욥은 위기가 생기려고 할 때마다 하나님께서 특별히 자신을 보호하시는 것을 많이 경험했습니다. 욥에게는 모든 어려움이 비켜가는 것 같았고 머리 위에 하나님의 등불이 있어서 모든 것이 환하게 빛이 났습니다. 욥이 하는 일은 언제나 빛이 났고 무슨 일을 하든지 대성공이었습니다. 그 이유는 욥에게는 항상 하나님의 보호하심이 있었고 하나님의 등불이 그 머리를 비치고 있었기 때문입니다.

그런데 욥은 그런 시절이 다시 돌아오기를 바란다고 했습니다. 왜냐하면 물론 그때 자기가 하나님에 대하여 지금처럼 많은 것을 아는 것은 아니었지만 멋이 있었고 잘 나가고 있었기 때문입니다. 그러나 지금은 하나님에 대해서는 너무나도 많은 것을 깨닫고 새 사람이 되었지만 아무 것도 가지고 있는 것이 없고 너무나도 초라하게 되었기 때문입니다. 그래서 욥은 차라리 은혜 받지 않고 아무 것도 몰랐던 과거가 더 좋았다는 말을 하고 있습니다. 이것이 과연 욥의 진심이었을까요? 이것은 진심이 아닙니다. 단지 그런 마음이 들 때가 있었다는 것뿐입니다.

29:4-6, "내가 원기 왕성하던 날과 같이 지내기를 원하노라 그 때에는 하나님이 내 장막에 기름을 발라 주셨도다 그 때에는 전능자가 아직도 나와 함께 계셨으며 나의 젊은이들이 나를 둘러 있었으며 젖으로 내 발자취를 씻으며 바위가 나를 위하여 기름 시내를 쏟아냈으며"

과거 젊은 시절에 욥은 그야말로 원기왕성 했습니다. 다른 어떤 사람보다 힘이 세었고 지칠 줄 모르는 열정을 가지고 있었습니다. 그래서 욥은 하루 종일 밤늦도록 뛰어다녀도 피곤한 줄 몰랐고 특히 하나님께서는 욥의 장막에 기름을 발라주셔서 비가 와도 물이 새지 않았습니다. 왜냐하면 하나님이 빈틈없이 지켜주셨기 때문입니다.

5절에 보면, 욥이 한창 때에는 전능자의 능력이 그와 함께 있었습니다. 그래서 욥은 자주 초인적인 능력을 가지고 많은 일을 하기도 했고 젊은이들이 그를 에워싸고 있었습니다. 나이가 든 사람에게 젊은

이들이 에워싸고 있다는 것은 그에게 비전이 있고 미래가 있는 지도자였다는 뜻입니다. 이렇게 어른이 젊은이들과 어울리고 하나가 될 수 있다는 것은 그만큼 그의 정신이 젊고 능력이 있었다는 것입니다. 또 그가 가는 곳을 젖으로 씻었다는 것은 그만큼 우유가 많이 공급되었다는 뜻입니다. 바위가 기름 시내를 쏟아내었다는 것은 기름도 그만큼 많이 공급이 되었다는 뜻입니다. 사람들은 그만큼 욥이 하는 일에 많이 공감하고 지지하고 동참을 했던 것입니다.

욥은 잘 나갈 때 사람들로부터도 존경을 많이 받았습니다.

29:7-10, "그 때에는 내가 나가서 성문에 이르기도 하며 내 자리를 거리에 마련하기도 하였느니라 나를 보고 젊은이들은 숨으며 노인들은 일어나서 서며 유지들은 말을 삼가고 손으로 입을 가리며 지도자들은 말소리를 낮추었으니 그들의 혀가 입천장에 붙었느니라"

이때 욥은 전성기였기 때문에 행동에 거칠 것이 없었습니다. 그는 성문에 가서 장로들이나 지도자들이 앉는 곳에 있기도 했습니다. 왜냐하면 자기 자신이 장로였고 지도자였기 때문입니다. 거기가 자기 자리였던 것입니다. 그리고 때로는 거리에 자리를 잡고 앉아서 사람들의 의견을 듣기도 하고 상담을 해주기도 했습니다. 젊은이들은 그를 보면 숨었고 노인들은 일어서고 관리들은 목소리를 낮추었습니다. 왜냐하면 욥이 가장 높은 사람이었기 때문입니다.

2. 마음껏 선행을 베풀던 시절

욥은 높은 자리에 있고 마음대로 결정할 수 있는 위치에 있을 때 자신의 신분을 가지고 거들먹거리거나 잘난 체 하지 않고 마음껏 선행을 베풀었습니다. 바로 이때가 욥에게는 가장 행복한 시기였고 가장 보람을 느꼈던 때였습니다.

29:12-13, "이는 부르짖는 빈민과 도와 줄 자 없는 고아를 내가 건졌음이라 망하게 된 자도 나를 위하여 복을 빌었으며 과부의 마음이 나로 말미암아 기뻐 노래하였느니라"

욥은 높은 자리에 있으면서 고통 가운데 부르짖는 빈민의 어려움을 해결해주었습니다. 그리고 도와줄 자가 없는 고아들을 건져주었습니다. 그리고 망하게 된 자들도 살게 해주었고 남편이 없는 과부의 억울함도 많이 해결해주었습니다. 어려운 사람들은 모두 욥에게 고마워했습니다. 그래서 그들은 욥을 위해서 복을 빌어 주었고 슬픔에 빠져 있을 과부들이 노래를 하게 되었습니다.

욥은 모든 것을 공평하게 했습니다.

29:14, "내가 의를 옷으로 삼아 입었으며 나의 정의는 겉옷과 모자 같았느니라"

대개 권력을 가진 사람들은 자기편의 사람을 실력도 없는데 억지로 높은 자리에 앉게 하고 잘못했을 때에도 부정하게 해서 덮어주려고 합니다. 왜냐하면 그렇게 해야 자기가 보호된다고 생각을 하기 때문입니다. 그러나 그것은 너무나도 자신이 없는 것입니다. 모든 것을 공의롭게 하고 정정당당하게 하면 너무나도 많은 사람들이 그에게 협력하게 됩니다. 결국 자기가 특별하게 봐주었던 사람이 가장 크게 배신을 하게 됩니다. 욥은 의를 옷처럼 입었고 정의를 모자와 겉옷 같이 입었다고 했습니다. 그래서 욥은 항상 정의롭게 일을 처리했습니다.

욥은 한창 잘 나가던 시기에 술이나 마시고 놀러만 다닌 것이 아니라 마음을 다해서 다른 사람을 위하여 선행을 베풀었습니다. 이때가 욥이 가장 행복한 시절이었습니다.

> 29:15-17, "나는 맹인의 눈도 되고 다리 저는 사람의 발도 되고 빈궁한 자의 아버지도 되며 내가 모르는 사람의 송사를 돌보아 주었으며 불의한 자의 턱뼈를 부수고 노획한 물건을 그 잇새에서 빼내었느니라"

욥은 맹인이 있으면 그의 눈이 되어서 모든 불편한 것을 도와주었습니다. 그는 걷지 못하는 사람이 있으면 그의 발이 되어서 모든 심부름을 해주었습니다. 빈궁한 남자나 여자가 있으면 아버지가 되어 주었고 모르는 사람이 있으면 재판 때에 도움을 주었습니다.

욥은 힘도 아주 세고 정의감도 강했던 것 같습니다. 17절에 보면, 욥은 나쁜 사람이 힘없는 사람을 때리거나 물건을 빼앗아 가면 따라가서 그의 턱뼈를 부수어 놓았고, 악한 자가 약한 자의 음식을 빼앗아 먹으면 입을 벌리게 해서 그 음식물을 빼내어서 돌려주었던 것입니다. 이때가 욥이 가장 강할 때였고 가장 행복할 때였고 가장 좋을 때였습니다.

3. 미래를 예측할 수 없는 인간

욥은 자신이 늘 건강하고 힘이 있으며 부족한 것이 없기 때문에 언제나 이런 일을 하다가 죽을 줄 알았습니다. 그러나 욥에게는 전혀 예상하지 못했던 불행이 찾아와서 비참하게 되었고, 언제 죽을지 모르는 연약한 인생이 되고 말았습니다.

> 29:18, "내가 스스로 말하기를 나는 내 보금자리에서 숨을 거두며 나의

날은 모래알 같이 많으리라 하였느니라"

욥은 자신에게 이런 불행한 날이 찾아오게 될 줄은 꿈에도 생각하지 못했습니다. 욥은 모래알 같이 많은 날을 장수하다가 부족한 것이 아무 것도 없는 보금자리에서 편안하게 살다가 죽을 줄 생각했던 것입니다.

욥은 자신의 미래에 대하여도 아주 낙관적으로 생각을 했습니다.

29:19-20, "내 뿌리는 물로 뻗어나가고 이슬이 내 가지에서 밤을 지내고 갈 것이며 내 영광은 내게 새로워지고 내 손에서 내 화살이 끊이지 않았노라"

욥의 뿌리는 아주 깊었기 때문에 날이 갈수록 물을 향하여 내려갔습니다. 그리고 나뭇가지는 아주 번창했기 때문에 밤에 욥의 가지에는 이슬이 흥건하게 내려 있었습니다. 이 이슬이 땅에 떨어져 풀들을 적셨습니다. 욥의 명성은 날이 갈수록 더해지고 욥의 화살은 부족함이 없이 계속 생겼기 때문에 더 강해져 갔습니다. 사람의 눈으로 보면 욥은 이 세상에서 불행할 수 없는 사람이었습니다. 그런데 어느 날 욥에게 불행이 불청객으로 찾아오면서 욥은 인생 밑바닥에 내동댕이쳐지게 되었고 이 세상에서 가장 불쌍한 자가 되고 말았습니다.

우선 욥이 이렇게 항상 모든 일이 잘 되고 사람들의 존경을 받고 칭찬을 받았다는 것 자체는 좋은 것이 아닙니다. 그가 아무리 겸손하다고 해도 그 겸손은 피상적일 수밖에 없고 그가 하나님을 안다고 해도 그 신앙은 피상적일 수밖에 없는 것입니다. 그래서 하나님은 욥을 사랑하셔서 그로 하여금 진정으로 하나님을 알게 하시기 위해서 그를 깨셨던 것입니다. 즉 욥을 박살을 내시고 아무 것도 아닌 사람이 되도록 만드신 것입니다.

우리는 일단 성공하고 나면 나머지 인생이 평안할 것이라고 생각합니다. 그러나 그 미래는 아무도 예측할 수가 없습니다. 산에 오르는 사람은 일단 정상을 정복하고 나면 내려가는 길은 편할 것이라고 생각하지만 사실은 정상에서 내려가는 것이 더 위험할 때가 많다고 합니다. 위를 보면서 올라가는 것과 밑을 보면서 내려가는 것은 또 다른 길이기 때문입니다. 더욱이 나이가 들면 자기도 모르게 판단착오를 일으키기도 하고 무리한 욕심을 부리기도 하기 때문에 결국 높은 데서 떨어지게 됩니다. 결국 높은 데서 안전하게 내려오려고 하면 몸의 자세를 낮추어서 한 발자국 한 발자국씩 내려와야 합니다. 그런데 더 높이 올라가려고 하다가는 결국 떨어지게 되는 것입니다.

결국 우리가 하나님의 말씀을 붙들지 않으면 정상에 올라간 후에 떨어지게 됩니다. 미리 하나님의 손에 깨어져봐야 겸손을 알게 되고 하나님의 세계를 알게 됩니다.

사람들은 욥의 능력만 보고 계속 욥에게 희망을 가졌습니다.

29:21, "무리는 내 말을 듣고 희망을 걸었으며 내가 가르칠 때에 잠잠하였노라"

사람들은 욥이 하는 말이 절대적이라고 생각해서 그의 말에 희망을 걸었고 더 이상 다른 생각을 하지 못했습니다. 그러나 그것은 어디까지나 미숙한 인간의 생각에 불과했던 것입니다.

우리는 아무리 훌륭한 사람이 이야기를 해도 그것은 어디까지나 한 인간의 말이지 절대적인 말은 아니라고 생각을 해야 합니다. 그래서 우리는 사람의 말에 모든 것을 기대할 것이 아니라 자신이 직접 하나님의 말씀을 파고 들어가야 합니다. 그러나 욥 시대의 사람들은 욥의 말에만 만족을 했습니다.

29:22-24, "내가 말한 후에는 그들이 말을 거듭하지 못하였나니 나의 말이 그들에게 스며들었음이라 그들은 비를 기다리듯 나를 기다렸으며 봄비를 맞이하듯 입을 벌렸느니라 그들이 의지 없을 때에 내가 미소하면 그들이 나의 얼굴 빛을 무색하게 아니하였느니라"

이것을 보면 이 당시 욥의 카리스마가 얼마나 대단했는지 알 수 있습니다. 욥이 한 마디를 하면 다른 사람들은 한 마디도 못했고 모두 그의 말을 절대적으로 생각을 했습니다. 그러나 그것은 어디까지나 검증되지 않은 미숙한 욥의 말이었던 것입니다.

그래서 결국 한 사람이 너무 많은 은사와 능력을 가지고 있는 것이 좋지 않다는 것을 알게 됩니다. 사람들은 비를 기다리듯이 욥을 기다렸다고 말하고 있습니다. 그리고 그들이 기대할 것이 없을 때에는 욥이 미소만 지어도 사람들에게는 생기가 살아날 정도였습니다. 이것은 욥이 너무 카리스마가 강했기 때문입니다. 사람은 그저 한 가지 분야에서만 잘 섬기고 끝을 내어야지 전지전능한 것같이 모든 부분에서 능력이 있으면 하나님 대신 그 사람에게 기대하게 됩니다. 사람은 아프기도 하고 가난하기도 하고 좀 못하는 부분도 있어야 사람들은 각자 자기 자신이 하나님을 찾게 되는 것입니다.

욥은 자신의 과거를 그리워했습니다. 욥은 미숙했지만 열정적으로 다른 사람들을 도와주고 인정받던 때가 지금보다 훨씬 더 좋다는 생각을 하게 되었던 것입니다. 그러나 우리의 과거는 얼마든지 왜곡될 수 있고 실제로 다르게 기억될 수 있습니다. 지금은 하나님 앞에서 깨어지고 무능하지만 자신이 더 이상 모든 것이 아니며 하나님을 더 잘 알게 된 지금이 과거보다 훨씬 더 좋은 것입니다. 더 이상 과거를 그리워하지 마시고 지금 현재를 아름답게 꽃피우는 성도들이 다 되시기 바랍니다.

27
회복될 수 없는 상처

욥기 30:1-31

사람이 크게 다치면 상처가 생기게 됩니다. 병원에 가서 치료를 하면 상처는 낫지만 흉터는 오래 남게 됩니다. 제 남동생이 하나 있습니다. 어렸을 때 친척 집에 놀러갔다가 마루에서 뛰놀다가 떨어졌는데 하필이면 신발을 벗는 섬돌 모서리에 이마가 부딪치는 바람에 이마 한 가운데가 찢어지게 되었습니다. 피를 흘리는 애를 업고 병원에 가서 찢어진 부분을 깁기는 했지만 이마에 일자를 달고 다녀야 했습니다. 제 동생은 한평생 일등병이었던 것입니다. 요즘 같으면 성형수술을 해서 흉터를 없앨 수 있지만 옛날에는 성형수술이라는 것은 생각도 하지 못했기 때문에 흉터를 달고 살아야만 했습니다.

제 사촌 하나는 아기 때 시골에서 자랐는데 아무도 아기를 돌봐줄 사람이 없으니까 작은 엄마가 아기를 보행기 대신에 가마솥에 넣어서 놀게 하고 밭에 김을 매러 가셨던 것입니다. 아기가 가마솥 안에서 흔들면서 놀다가 갑자기 가마솥이 뒤집어지면서 손가락을 찧어서 그만 손가락 하나가 잘라지게 되었습니다. 아기가 자지러지게 우는 소리를 듣고 작은 엄마가 달려와 보니까 아기는 보이지 않고 가마솥이 뒤집어져 있었던 것입니다. 그리고 그 사촌은 한평생 손가락 하나 없이 살아야만 했습니다.

몸에 상처가 나서 피가 흐르는데 빨리 치료를 하지 않으면 피가 계속 나오게 되고 나중에는 곪게 되고 살까지 썩게 됩니다. 그것이 낫지 않는 이상 몸은 계속 아프게 되는 것입니다. 그런데 몸의 아픔보다 더 큰 병은 마음의 병일 것입니다. 마음의 병은 치료가 되지 않기 때문에 한평생 계속 아픈 마음을 가지고 살아가게 됩니다. 어떤 사람은 화병으로, 어떤 사람은 우울증으로, 어떤 사람은 정신분열증으로 한평생 고통을 받으면서 살게 되는 것입니다.

헤밍웨이가 쓴《킬리만자로의 눈》을 보면 처음에 "킬리만자로의 꼭대기 부근에 표범의 시체가 하나 있다. 눈밖에 없는 그곳에 왜 표범의 시체가 있는지 아무도 모른다"로 시작됩니다. 거기에 보면 글을 쓰던 작가가 인생의 무료함을 느껴서 아프리카에 가서 자연을 배경으로 활동사진을 찍기 시작합니다. 강에서 하마 떼를 찍는데 하마 떼가 물속을 뛰어다니는 장면은 장관입니다. 그런데 다리에 가시가 찔렸는데 치료를 하지 않고 그냥 두었다가 물에 빠지는 바람에 상처 부위가 썩어서 비행기를 기다리다가 제때에 오지 않는 바람에 죽게 됩니다. 그는 꿈속에 비행기를 타고 킬리만자로 산의 눈 위를 날아가지만 이미 그때는 죽은 것이었습니다.

욥은 하나님의 복을 받아서 그 당시 에돔에서 가장 유명하고 복 받은 사람이 되었습니다. 그러다가 큰 환난을 당하는 바람에 인생의 밑바닥에 떨어지게 되었을 때 그는 도저히 회복할 수 없는 상처를 입었고 말할 수 없는 고통을 받아야 했습니다. 욥은 환난당한 후 집이나 동네에서도 쫓겨난 것 같습니다. 욥은 그 사회에서 가장 질이 떨어지는 사람들에게서도 멸시와 천대를 받게 되었습니다. 거기에다가 욥의 병은 날로 심해져서 피부는 이미 검게 변했고 그의 뼈는 아파서 밤에 잠을 잘 수 없을 지경이었습니다. 육체적으로나 정신적 상처는 너무 깊어서 도저히 치료가 불가능해보였고 그의 명성이나 위신은 회복이 불가능하게 보였습니다.

그런데 놀라운 것은 하나님의 백성들은 아무리 환난을 당해도 깨끗하게 치료되고 회복된다는 사실입니다. 물론 하나님의 백성들이 환난을 당하는 그 당시는 답답해 죽을 것 같습니다. 왜냐하면 하나님께서 환난을 당해야 하는 이유도 설명해주시지 않고 전혀 미래가 보이지 않기 때문입니다. 즉 내가 할 수 있는 일이 아무 것도 없기 때문입니다. 그래서 답답해서 죽을 것 같습니다. 그러나 하나님은 그 모든 상처를 치료해주셔서 그 사람을 보석으로 만들어주십니다. 그리고 고통 받았던 모든 환난을 완전히 치료해주셔서 마치 그런 꿈을 꾸었던 것처럼 희미한 기억만 남게 되는 것입니다.

1. 욥의 떨어진 명예

한창 하나님으로부터 고난을 당할 때에 욥은 다른 사람들로부터 사람 취급을 받지 못했습니다. 이 세상에서 가장 수준 낮은 사람으로부터도 친구 취급받지 못하고 쫓겨나고 침 뱉음을 당하고 심지어는 두들겨 맞기도 했던 것입니다. 욥은 이 세상에서 가장 비참한 사람보다 더 비참한 사람이 되고 말았습니다.

30:1, "그러나 이제는 나보다 젊은 자들이 나를 비웃는구나 그들의 아비들은 내가 보기에 내 양 떼를 지키는 개 중에도 둘 만하지 못한 자들이니라"

욥이 갑자기 망했다는 소문은 삽시간에 온 도시에 퍼지게 되었고 젊은이들은 부모로부터 욥이 망한 이유를 듣게 되었던 것 같습니다. 부모들은 모두 자기 나름대로 욥이 망한 이유를 젊은 자식들에게 설명한 것 같은데 그것은 모두 가지각색이었습니다. 어떤 사람은 욥이 의로운 것 같지만 실제로는 악당이었다고 말하기도 하고, 죄를 많이 지어서 하늘로부터 벌을 받았다고 비방하기도 했던 것입니다. 그러니까 젊은 사람들은 욥을 보기만 하면 비웃고 조롱하고 욕을 했기 때문에 그 동네에서도 다닐 수 없었습니다. 그런데 욥에 대하여 나쁜 말을 하는 사람들도 힘이 없는 사람들이었습니다. 그들은 욥의 양을 지키는 개들만도 못한 사람들이었습니다. 양을 지키는 개들도 자기 밥벌이는 하는데 비하여 욥을 욕하는 노인들은 그야말로 하는 일이 없는 사람들이었던 것입니다. 그러나 그들은 무슨 소문을 하나 들으면 거기에 엄청난 과장을 섞어서 자기들이 대단한 것을 알고 있는 것처럼 떠들어대었던 것입니다.

가끔 노인들이 모여 있는 곳에 가보면 그들이 얼마나 소리를 질러가면서 똑같은 소리를 해대는지 모릅니다. 자세히 들어보면 일사후퇴 때 이야기나 월남전 때의 이야기입니다. 특히 이들은 귀가 잘 들리지 않기 때문에 목청을 돋우어서 소리를 질러대는데 그 옆에서 좀 쉬려고 해도 시끄러워서 쉴 수 없을 정도입니다. 아마 욥 당시에도 할 일 없는 사람들은 욥이 망한 것을 가지고 마치 자기가 옆에서 본 것처럼 그렇게 자식들이나 젊은이들 앞에서 떠들어대었던 것 같습니다.

요즘도 가난한 나라에서는 사람들이 간혹 쓰레기통을 뒤져서 먹을 것을 찾는 것을 볼 수 있습니다. 그래서 남들이 먹다가 버린 햄버거나 피자나 캔 콜라 같은 것을 찾아내어서 먹고 마십니다. 그런데 이들은 위장이 얼마나 튼튼한지 식중독이나 병에도 잘 걸리지 않는 것 같습니다.

여기에 이 당시 가난했던 이들이 무엇을 먹었는지 알 수 있습니다.

30:3-4, "그들은 곧 궁핍과 기근으로 인하여 파리하며 캄캄하고 메마른 땅에서 마른 흙을 씹으며 떨기나무 가운데에서 짠 나물을 꺾으며 대싸리 뿌리로 먹을 거리를 삼느니라"

이 당시 가난한 사람들은 동네에서도 살지 못하고 메마른 땅을 돌아다니면서 흙을 껌처럼 씹었습니다. 아마 흙 중에도 씹으면 쫄깃쫄깃해지는 흙이 있었는지 모르겠습니다. 그리고 마른 떨기나무 가운데 짠 나물이 있는데 그것을 먹었습니다. 아마 이것은 씹을 만하고 영양가도 조금 있었던 것 같습니다. 그리고 대싸리 뿌리를 양식으로 삼았습니다. 대싸리는 우리가 주로 빗자루로 사용하는 나무입니다. 소나 염소 같으면 아무 풀이나 뜯어 먹으면 되겠지만 사람은 그런 것을 소화시킬 수 없고 또 풀독이 있기 때문에 많이 먹을 수 없습니다. 지금도 가난한 나라의 어린이들은 진흙을 가지고 과자를 만들어 먹는다고 합니다. 그러니까 그 옛날에 숲에서 벌집 하나를 발견하면 얼마나 맛이 있었겠습니까?

저희들이 어렸을 때에는 먹을 것이 없으니까 풀 사이에 난 까마중 같은 것을 먹고, 사루비아 꽃을 따면 뒤에 꿀맛 같은 것이 있는데 그것을 빨아 먹었습니다. 제 친구의 집에서 빵 공장을 했는데 그곳에서 오래되어 못 파는 곰팡이 핀 빵을 말려서 주곤 했습니다. 우리는 그것도 맛있게 먹었습니다. 또 콩비지 찌개를 많이 먹었습니다. 그리고 쌈으로는 호박잎을 쪄서 먹었습니다. 그리고 양푼에 보리밥을 넣고 콩나물을 넣고 고추장을 돌리고 참기름을 넣어서 얼마나 맛있게 먹었는지 모릅니다. 또 소나무 위에 피는 부드러운 줄기를 칼로 껍질 벗겨서 먹기도 했고, 산에서 흔히 보이는 칡은 정말 영양가 높은 간식이었습니다.

그런데 욥이 살던 곳의 가난한 사람들은 있을만한 데가 없었습니다.

30:5-7, "무리가 그들에게 소리를 지름으로 도둑 같이 사람들 가운데에서 쫓겨나서 침침한 골짜기와 흙 구덩이와 바위 굴에서 살며 떨기나무 가운데에서 부르짖으며 가시나무 아래에 모여 있느니라"

이런 극빈자들이 동네에 나타나면 사람들은 마치 도둑이나 온 것처럼 소리를 질러서 쫓아내기 때문에 동네에 들어갈 수 없었습니다. 그래서 이 극빈자들은 골짜기에 모여 있기도 하고 흙구덩이가 바람을 막을 수 있으니까 거기에 들어가 있기도 하고, 운이 좋은 사람은 바위 굴에 들어가 있었던 것입니다. 이런 데도 차지하지 못한 사람은 떨기나무 아래에 모여 있고 심지어는 가시나무 아래에 앉아 있거나 누워 있기도 했습니다. 이들은 모두 고향에서 쫓겨난 자들입니다. 문제는 욥이 이런 비천한 사람들로부터도 조롱을 당하고 침 뱉음과 멸시를 당했다는 것입니다.

30:9-10, "이제는 그들이 나를 노래로 조롱하며 내가 그들의 놀림거리가 되었으며 그들이 나를 미워하여 멀리 하고 서슴지 않고 내 얼굴에 침을 뱉는도다"

욥이 그들과 어울려서 무슨 말이라도 하려고 하면 그들은 노래로 조롱을 하고 재수 없다고 하며 피했으며 얼굴에 침을 뱉기까지 했습니다. 욥은 이 세상에서 가장 비참한 자보다 더 비참한 자가 되었던 것입니다. 그래서 우리가 기왕 고난이나 환난을 당해야 한다면 너무 나이가 들거나 유명해지고 난 후에 당하는 것보다는 어렸을 때나 젊었을 때 당하는 것이 그나마 나을 것입니다. 욥처럼 너무 유명해지고 난 후에 환난을 당하면 너무 많이 부서지게 되고 많은 사람들로부터 조롱을 받고 이야기 거리가 되기 때문입니다. 또 젊었을 때 환난을 당하면 그때는 아직 힘이 있으므로 얼마든지 재기할 수 있기 때문입니다. 사람은 이렇게 한번 낮아져봐야 자기 신화를 버릴 수 있습니다. 즉 자기가 별 것이 아니고 티끌로 만들어진 흙덩이이구나 하는 것을 깨닫게 되는 것입니다.

2. 하나님의 무관심

우리가 하나님의 연단을 받을 때 당하는 공통된 경험은 기도가 응답되지 않는다는 것입니다. 이것은 마치 군인들이 신병훈련을 받을 때는 부모나 가족과 전화나 면회를 하지 못하게 하는 것과 같습니다. 신병 훈련받는 군인이 가족과 전화통화 한다면 맨날 죽겠다는 이야기이고 나를 데려가 달라는 것이기 때문에 못하게 막는 것입니다. 하나님께서는 우리를 연단시킬 때에도 일체 모르는 체 하십니다. 그리고 마귀나 악한 자에게 죽지 않는 범위 안에서 마음대로 괴롭게 하라고 하십니다. 그러니까 마귀가 신이 나서 욥의 재산도 다 빼앗고 자식들도 다 죽게 하고 몸에도 엄청난 질병이 생기게 했던 것입니다. 그러나 하나님은 욥에 대하여 잠잠하셨습니다.

30:11, "이는 하나님이 내 활시위를 늘어지게 하시고 나를 곤고하게 하심으로 무리가 내 앞에서 굴레를 벗었음이니라"

사람이 활을 쏠 때에는 활을 팽팽하게 당겨야 하는데 활줄이 늘어지면 활을 쏠 수 없습니다. 욥은 지금 누구를 향하여 활을 쏘려고 하고 있습니까? 욥은 하나님을 향하여 억울함을 호소하는 기도의 활을 쏘려고 하는데 기도할 힘조차도 없었던 것입니다. 욥의 모든 기운과 정신은 다 혼미해져서 도저히 기도할 수 없었습니다. 우리가 어려운 일을 닥치면 기도해야 한다는 것은 알고 있습니다. 그러나 처음에는 정신이 없어서 멍하게 있느라고 기도하지 못합니다. 그리고 조금 시간이 지나서 기도하려고 하면 그때는 너무 힘이 없어서 기도할 수가 없습니다. 그래서 주위에서 기도해주는 것이 매우 중요합니다. 그런데 욥이 너무 심한 환난을 당하니까 주위에서 기도해주고 도와주는 사람들도 포기해버렸습니다. 왜냐하면 욥의 환난은 기도해도 회복될 수 없는 것이라고 생각했기 때문입니다.

11절 끝에 "무리가 내 앞에서 굴레를 벗었음이니라"고 했습니다. 이 사람들은 마지막으로 욥의 굴레를 벗기고 그를 끌어주어야 할 사람들인데 모두 다 그를 포기해버린 것입니다.

그리고 하나님도 욥을 소중하게 생각하시지 않는 것 같았습니다.

30:18, "그가 큰 능력으로 나의 옷을 떨쳐 버리시며 나의 옷깃처럼 나를 휘어잡으시는구나"

이 구절이 옛 개역성경과는 너무 다르게 번역되어 있습니다. 개역성경에는 "하나님의 큰 능력으로 하여 옷이 추하여져서 옷깃처럼 내 몸에 붙었구나"로 되어 있습니다. 지금 개역개정 번역에는 하나님이 나의 옷을 다 떨쳐 버리셔서 옷 안에 있는 돈이나 도장이나 집문서 같은 것을 다 가져가시고 나를 옷깃처럼 휘었다 폈다 하신다는 뜻인데, 개역성경 번역에는 하나님의 큰 능력으로 몸에 진물이 나서 옷이 다 더러워지고 옷이 몸에 붙어버렸다고 되어 있습니다. 지금 번역은 마치 격투기 할 때 상대선수가 나를 잡고 집어던지고 구겨버리는 것으로 묘사하고 있습니다.

30:19-21, "하나님이 나를 진흙 가운데 던지셨고 나를 티끌과 재 같게 하셨구나 내가 주께 부르짖으나 주께서 대답하지 아니하시오며 내가 섰사오나 주께서 나를 돌아보지 아니하시나이다 주께서 돌이켜 내게 잔혹하게

하시고 힘 있는 손으로 나를 대적하시나이다"

하나님이 욥을 얼마나 비참하게 만드셨던지 욥은 그제야 자기가 하나의 진흙덩어리에 불과하고 티끌이나 재보다 나을 것이 없다는 것을 깨닫게 됩니다. 과연 우리의 진정한 모습은 진흙덩어리입니까, 아니면 하나님의 존귀한 자녀들입니까? 우리는 진흙을 통과해야 하나님의 자녀가 될 수 있습니다. 그래서 하나님은 욥이 아무리 의인이고 당대에 완전한 자라 하더라도 그가 낮아지기까지 그의 기도를 듣기는 하시지만 모르는 체 하셨던 것입니다.

20절 이하에 보면, 욥이 아무리 하나님께 부르짖어도 하나님은 침묵하셨고, 욥이 서서 하나님의 응답을 기다렸지만 하나님은 못 본 체 하셨습니다. 오히려 하나님은 욥에게 잔혹하게 대하셨고 그를 대적하는 것 같이 집어던지시고 짓밟으셨던 것입니다. 이것은 욥을 망하게 하려는 것이 아니고 그의 신앙을 업그레이드 시키시려는 것입니다.

그래서 하나님께 재앙을 받는 것은 복입니다. 왜냐하면 하나님은 자녀를 징계하시기 때문입니다. 하나님으로부터 무조건 맞으면 아들인 것입니다. 하나님은 다윗을 징계하셔서 하루에 그 백성 칠만 명을 죽게 하셨습니다. 그것은 그가 아들이기 때문입니다. 하나님은 솔로몬을 아들로 삼으셨습니다. 그러면 솔로몬은 겁날 것이 없습니다. 그러나 그는 금을 너무 많이 모았고 여자들을 너무 많이 모았습니다. 이것은 하나님을 믿지 못하는 행위입니다.

3. 깊어져 가는 욥의 병

교인들이 이구동성으로 대상포진에 걸리면 굉장히 아프다고 합니다. 대상포진에 걸리면 물집도 생길 뿐 아니라 너무 아파서 견디지 못한다고 합니다. 욥이 걸렸던 병이 무엇인지는 알 수 없지만 티푸스 종류가 아니었을까 하는 생각이 듭니다. 왜냐하면 티푸스는 몸에 물집이 생기기도 하고 열도 엄청나게 나기도 하고 또 설사도 해서 피골이 상접해지다가 나중에 죽기까지 하기 때문입니다.

30:12-13, "그들이 내 오른쪽에서 일어나 내 발에 덫을 놓으며 나를 대적하여 길을 에워싸며 그들이 내 길을 헐고 내 재앙을 재촉하는데도 도울 자가 없구나"

욥도 앞으로 나가기를 원했습니다. 그러나 앞으로 나갈 수 있는 길이 없습니다. 왜냐하면 병이 깊어져서 할 수 있는 것이 아무 것도 없었기 때문입니다. 그의 발은 덫에 걸리고 그의 길은 무너졌고 그의 재앙은 재촉하고 있는데 그를 도울 자는 아무도 없었습니다. 우리 성도들이 환난을 당했을 때 가장 답답한 것이 미래가 보이지 않는다는 것입니다. 미래의 길만 보이면 죽으나 사나 한번 달려가 보겠는데 길이 없다는 것입니다. 돈이 없습니다. 취직이 되지 않습니다. 내 전공을 써주겠다는 사람이 아무도 없는 것입니다. 이제 남은 것은 마지막 남은 내 성이 파괴되는 것 밖에 없습니다.

30:14-15, "그들은 성을 파괴하고 그 파괴한 가운데로 몰려드는 것 같이 내게로 달려드니 순식간에 공포가 나를 에워싸고 그들이 내 품위를 바람 같이 날려 버리니 나의 구원은 구름 같이 지나가 버렸구나"

여기서 "그들은"이라고 했지만 욥은 그들이 누군지도 모릅니다. 그것이 마귀인지 운명인지 이 세상인지 알 수도 없습니다. 그들은 마치 점령군처럼 몰려와서 모든 것을 다 빼앗고 마지막 남은 자존심까지 짓밟아버렸던 것입니다. 그래서 욥은 품위가 없어졌습니다. 예전에 욥은 태도도 꼿꼿했고 위엄이 있었으며 멋이 있었습니다. 그러나 이제는 어깨는 축 처지고 눈은 거슴츠레해지고 팔은 늘어져서 흐느적거리고 있었던 것입니다.

30:16, "이제는 내 생명이 내 속에서 녹으니 환난 날이 나를 사로잡음이라"

욥의 생명은 마치 더운 날 얼음이 녹듯이 사라져가고 있었습니다. 이제 거의 생명의 불꽃은 꺼져가고 있고 그의 살날은 얼마 남지 않은 것 같았습니다.

제가 아는 어떤 분은 어렸을 때부터 부모의 집요한 요구 때문에 의사가 되기로 했습니다. 그래서 어려운 프랑스의 유명한 의대에 합격해서 5학년까지 공부했는데 방학 때 와서는 오백 명의 시체를 해부했다고 합니다. 그가 해부한 사람 중에는 어린아이도 있었고 노인도 있었고 자살한 사람도 있었습니다. 그는 결국 인간은 그렇게 죽는다는 것을 깨닫고 의사의 길을 포기하고 수도사의 길을 걸었다고 합니다. 사람은 자신이 죽음을 한번 생각해보는 것이 좋습니다. 가장 야으로는 것은 내가 죽어도 세상은 그대로 흘러간다는 사실입니다. 나 한 사람만 없어지고 가족들은 좀 울다가 모든 것은 다시 일상으로 돌아가는 것입니다. 그러면 도대체 나는 무엇이냐 하는 것입니다. 나는 하나의 기계 부속품인 것입니까?

그런데 욥의 부속품은 고장이 나고 다 낡아버렸습니다.

30:17, "밤이 되면 내 뼈가 쑤시니 나의 아픔이 쉬지 아니하는구나"

밤만 되면 욥의 뼈는 아팠습니다. 즉 뼈를 깎는 아픔이 시작되었습니다. 그래서 밤새 그 고통은 계속되었습니다. 특히 요즘 나이 드신 어른들은 거의 모두 통증을 가지고 살아가게 됩니다. 그런데 통증이라는 것이 얼마나 사람의 삶의 질을 떨어뜨리고 살고 싶은 마음을 없애버리는지 모릅니다. 어떤 사람은 두통으로 주사를 맞아야 하고 어떤 분은 암으로 통증을 가지고 살아가고 어떤 분은 근육통과 허리 통증으로 꼼짝을 못하는 경우가 있습니다. 사람은 이 통증만 없어지면 날아갈 것 같습니다. 사람은 이 통증 때문에 다른 사람에게 소리를 지르게 되고 말을 잘 하지 않게 되며 살고 싶은 생각이 사라지게 됩니다. 이때 사탄이 들쑤시면 자살을 해버리는 것입니다.

그러나 우리가 다른 한 편으로 생각을 해보면 통증이 있다는 것은 살아있다는 것이고 아직은 소망이 있다는 증거입니다. 우리는 통증을 통하여 말할 수 없이 신앙이 깊어지게 됩니다.

욥도 인간이기 때문에 죽음을 생각하고 있었습니다.

30:23, "내가 아나이다 주께서 나를 죽게 하사 모든 생물을 위하여 정한 집으로 돌려보내시리이다"

사람은 죽음을 미리 생각해보는 것이 좋습니다. 사람은 죽음을 생각해봐야 우리가 한평생 얼마나 쓸데없는 것을 위하여 살며 인생을 허비하면서 사는지 생각하게 되기 때문입니다. 사람이 죽으면 돈이나 명예나 옷이나 집이나 차나 그 어느 것도 다 소용이 없습니다. 다른 사람들이 그 사람을 불에 집어넣거나 땅에 묻으면 끝나는 것입니다. 우리는 죽고 난 후에도 남아 있을 것을 찾아야 합니다. 그것이 사랑인가요? 문학인가요? 명예인가요?

사람이 무엇인가 이 세상에 가치 있는 것을 남긴다는 것은 매우 중요한 것 같습니다. 존 칼빈은 《기독교 강요》를 남기고 존 번연은 《천로역정》을 남기고 세종대왕은 한글을 만들어 남겼습니다. 베토벤은 교향곡을 남기고 모차르트는 오페라 음악들을 남겼습니다. 밀레는

〈만종〉이라는 그림을 남겼습니다. 나폴레옹은 자신의 야망을 위해서 수많은 사람들을 죽음으로 몰아넣었습니다. 히틀러는 자신의 권력을 사용해서 수많은 사람들을 죽게 했습니다. 아브라함 링컨은 흑인들에게 자유를 주었습니다. 예수님은 십자가 위에서 인류의 죄를 사하셨고 사망을 이기셨습니다. 우리는 이 짧은 세상을 살면서 무엇을 남길 수 있을까요?

사람은 땅에 넘어질 때에도 손을 뻗게 되어 있고 재앙을 당할 때에도 부르짖게 되어 있습니다.

> 30:24, "그러나 사람이 넘어질 때에 어찌 손을 펴지 아니하며 재앙을 당할 때에 어찌 도움을 부르짖지 아니하리이까"

사람은 넘어질 때에는 넘어지더라도 덜 다치기 위하여 손을 펴게 되어 있고, 넘어졌을 때에는 누군가의 도움을 받기 위하여 소리를 지르게 되어 있습니다. 그래서 욥은 하나님을 향하여 손을 뻗고 하나님을 향하여 부르짖고 있는 것입니다. 욥은 하나님을 향하여 부르짖었기 때문에 흙으로 들어가지 않고 하나님의 능력으로 살게 됩니다. 그는 넘어질 때 하나님을 향하여 손을 뻗었기 때문에 하나님께서 그의 손을 잡아 주셨던 것입니다.

사람은 고난을 당하지 않으면 보석이 될 수 없습니다. 그런데 할 수 있으면 빨리 당하는 것이 낫습니다. 그래야 덜 다치기 때문입니다. 평지에서 넘어지면 조금 다치지만 아주 높은 절벽에 올라갔다가 떨어지면 박살이 나기 때문입니다. 그러나 하나님이 주시는 환난은 다 회복이 되고 흉터도 남지 않습니다. 오직 아름답고 행복한 것만 남게 됩니다. 하나님을 향하여 손을 뻗으시고 하나님을 향하여 부르짖는 성도들이 다 되시기 바랍니다.

28
욥의 결심
욥기 31:1-40

어떤 분이 아주 옛날 자신이 학생 때 어느 선교단체에서 전국 수련회에 참석했던 이야기를 해주셨습니다. 그때 간증 시간에 까까머리를 한 남학생이 나와서 자신의 결심을 이야기했는데, "나는 오늘 이 시간부터 술을 마시지 않기로 결심을 했습니다."라고 발표해서 속으로 많이 웃었다고 합니다. 나중에 알아보니 그 간증했던 사람은 유명한 구약 신학자가 되어서 시편 연구로 박사학위를 받고 시편 전권을 주석으로 남겼다고 합니다. 그 분의 전공이 공대 토목과였는데 토목과는 '노가다'가 많기 때문에 술을 그렇게 많이 마신다는 것입니다. 그런데 예수 믿고 수련회에 와서 술을 마시지 않기로 결심했고 나중에 신학자로서 정년퇴임을 했다고 합니다.

대체로 신앙이 좋아지면 텔레비전 보는 것에 갈등을 느낍니다. 그래서 예배를 드리면서 은혜를 많이 받으면 '이젠 더 이상 텔레비전을 보지 않겠다'고 결심하고는 플러그를 뽑아버리거나 텔레비전을 창고에 넣어버립니다. 그런데 대개 텔레비전을 보지 않겠다는 결심은 실패할 때가 많습니다. 무슨 축구 경기나 야구 경기가 있으면 스포츠가 무슨 죄인가 하면서 슬쩍 꺼내서 보고는 창고에 넣지 않고 계속 보게 됩니다. 사람들은 여러 가지 결심을 합니다. '나는 이제 더 이상 담배를 피우지 않겠다' 고 하거나 심지어 어떤 사람은 '내가 다시 담배를 피우면 개다' 라고 결심하고는 한 가치만 피우면 안 될까라고 부탁하기도 합니다.

옛날 영국 사람들은 중국차를 너무 좋아했다고 합니다. 그래서 그들이 얼마나 중국차를 많이 수입했던지 은이란 은은 중국에 다 넘어가니까 영국 사람들이 머리를 써서 돈 대신에 아편을 중국에 팔게 됩니다. 그것 때문에 결국 아편 전쟁이 일어나게 됩니다. 중국은 아직도 그때 콤플렉스를 극복하지 못해서 지금도 군사 대국으로 나아가려고 합니다.

예수님은 "회개하라 천국이 가까이 왔느니라"(마 4:17)고 말씀하셨습니다. 여기서 '회개' 는 믿는 것을 바꾸고 생활 습관을 바꾸는 것을 말합니다. 어떤 사람은 일본 강점기 때 일본 사람들이 한국 사람들을 망하게 하려고 화투를 보급했다고 말합니다. 그만큼 생활 습관이나 가치관이라고 하는 것은 무서운 것입니다.

미국에 일차 대부흥을 일으켰던 조나단 에드워즈는 예일대에 들어가고 난 후에 하나님 앞에서 결심을 합니다. 그는 70개의 결의문을 작성했는데, 그 중에는 '나는 하나님의 영광을 위해서가 아니면 아무 것도 하지 않는다' 라든지 '나는 한 순간도 시간을 낭비하지 않고 가장 유익한 방면으로 시간을 쓴다' 든지 혹은 '나는 다른 사람에 대하여 어떤 비방하는 말도 하지 않는다' 라는 결심문을 작성하게 됩니다.

욥은 언제인지 모르겠지만 하나님 앞에서 결심을 했습니다. 그것은 먼저 자기 눈과 약속하는 것이었습니다. 그는 젊은 처녀를 주목해서 보지 않는다는 것이었습니다. 그리고 한걸음 더 나아가서 이웃집 여성을 탐을 내어서 남의 집을 엿보지 않는다는 결심을 하게 됩니다.

사람들에게 몰래 엿보기의 호기심이라는 것은 대단한 것 같습니다. 요즘은 탈의실이나 화장실 같은 데 몰래카메라 같은 것을 설치해놓고 남의 사생활이나 옷 갈아입는 것을 엿보다가 붙들려 가는 사람들이 많이 있습니다.

그리고 욥은 "가난한 사람들은 무조건 돕는다. 특히 고아나 과부는 무조건 도와주고 옷이 없는 사람에게는 입을 것을 준다"는 결심을 하고 지켜왔습니다. 아마 욥은 이 결심을 한평생 지켜온 것 같습니다. 그런데 그 결과는 욥이 망한 것이었습니다. 욥은 그렇게 의롭게 살려고 몸부림을 쳤는데 왜 망하게 되었을까요? 그 답은 쉬운 것은 아니지만 몸부림쳤기 때문에 망한 것이라고 보아야 합니다. 이것이 자연스러운 것입니다.

1. 욥의 결심

욥이 가장 먼저 결심했던 것은 자기 눈과 결심한 것이었습니다. 아마도 욥은 잘 생기고 혈기가 왕성한 젊은 시절이 있었을 것입니다. 그러나 욥은 자기 눈과 약속하기를 젊고 아름다운 처녀가 있을 때 자세히 보지 않기로 한 것이었습니다. 왜냐하면 젊고 아름다운 처녀를 자세히 본다는 것은 정욕적인 생각을 가지도록 하기 때문입니다.

31:1, "내가 내 눈과 약속하였나니 어찌 처녀에게 주목하랴"

처녀라고 하면 여자로서는 인생에 가장 아름다울 때이고 꽃보다 더 아름다울 때입니다. 그리고 또 처녀는 순진하고 또 남자가 없기 때문에 마치 주인이 없는 열매처럼 생각이 되어서 누구든지 먼저 먹는 것이 임자라는 생각을 할 수 있기 때문입니다. 그래서 남자들 중에서는 어떻게 해서든지 처녀를 유혹하려고 하고 희롱하려고 하는 이들이 많이 있습니다. 그러나 욥은 처녀는 아무리 예뻐도 누이동생이나 친딸 같이 보호의 대상이라고 생각했기 때문에 정욕적인 생각이 들지 못하도록 주목해서 보지 않기로 결심을 했던 것입니다. 예수님도 "음욕을 품고 여자를 보는 자마다 마음에 이미 간음하였느니라"(마 5:28)고 말씀하셨습니다.

사실 이 세상에서 아름다운 여인을 보고서 좋아하지 않을 남자는 아무도 없을 것입니다. 마치 정원에 아름다운 꽃이 있으면 기분이 좋은 것처럼, 아름다운 여인을 보고서도 기분이 좋지 않다면 그것 또한 이상할 것입니다. 물론 이 세상에는 아름다운 것들이 많이 있습니다. 그러나 사람들은 그 좋은 것들을 전부 자기 것으로 만들어야 만족이 되는 것입니다. 그리고 자기 것으로 만들어서 정욕을 채우기 위하여 수단과 방법을 가리지 않습니다. 그러나 이 세상에 아무리 아름답고 좋은 것이 있어도 내 것이 있는가 하면 내 것이 아닌 것이 있고 내가 가질 수 있는 것이 있는가 하면 가지지 말아야 할 것이 있습니다. 돈도 내 것이 아닌 것을 가지면 도둑이 되듯이 여성들도 내 사람이 아닌 사람을 가지면 간음이 되는 것입니다. 그런데 사람은 이상하게도 내 것은 재미가 없고 남의 것을 가져야 만족하게 되는 욕심이 있습니다.

그러나 입장을 바꾸어서 생각해보면 이 세상에서 나만 행복하고 재미있게 살아야 하는 것이 아니라 모든 사람이 다 돈이 많든지 적든지 나름대로 행복하고 재미있게 살 권리가 있는 것입니다. 그래서 기독교의 가장 뿌리가 되는 사상은 다른 사람을 내 몸 같이 사랑하라는 것입니다. 이것은 내가 행복해지고 싶듯이 다른 모든 사람도 행복할 자격이 있다는 것입니다.

욥은 처녀들을 자세히 보는 것이 마음에 나쁜 정욕을 일으킨다는 것을 알았습니다. 그래서 처녀들을 자세히 보지 않기로 자기 눈과 약속을 맺었습니다. 욥이 자기 눈과 그런 약속을 할 수 있었던 것은 하나님께서 나의 모든 삶을 지켜보신다는 것을 믿었기 때문입니다.

31:2-4, "그리하면 위에 계신 하나님께서 내리시는 분깃이 무엇이겠으며 높은 곳의 전능자께서 주시는 기업이 무엇이겠느냐 불의한 자에게는 환난이 아니겠느냐 행악자에게는 불행이 아니겠느냐 그가 내 길을 살피지 아니하시느냐 내 걸음을 다 세지 아니하시느냐"

하나님은 이 세상에 사는 모든 사람의 삶을 지켜보시고 보상을 내리시는데 자신의 욕망이나 정욕을 꺾고 이기는 자에게 상을 내리십니다. 그래서 하나님이 없다고 해서 이 세상에서 마음껏 자기 정욕을 채우는 자는 하나님 앞에서 아무 가치가 없는 사람입니다. 자기 정욕을 때려잡아서 마음대로 정욕을 채우지 못하게 해야 하나님 앞에서 상을 받을 수 있는 것입니다. 그래서 이 세상에서 모든 것을 다 가진 사람은 하나님 앞에서 가질 것이 아무 것도 없는 것입니다.

3절에 보면, 이 세상에서 아름다운 여자만 보면 다 차지하려고 하고 모든 좋은 것을 다 누리고 다 가지고 있는 사람은 하나님 앞에서 악한 자이며 영원히 불행한 자의 심판을 받게 되는 것입니다.

4절에 보면, 대개 걸음을 헤아리는 자들은 어린 아이나 맹인들인 것 같습니다. 특히 맹인들은 앞을 보지 못하기 때문에 자신의 걸음수를 기억해서 몇 걸음 가면 모퉁이가 나오고 거기서 왼쪽으로 돌아서 몇 걸음 가면 신호등이 나오고 몇 걸음 걸으면 어디로 가게 된다는 식으로 기억을 하는 것입니다. 어린 아이들은 집에 가는 계단이 너무 높으니까 몇 계단인지 헤아리면서 올라가기도 합니다.

마찬가지로 하나님은 우리의 걸음을 정확하게 정해놓고 계십니다. 그래서 하나님이 정하신 걸음대로 가야 하는 것입니다. 하나님은 우리가 살아가기를 원하는 인생이 있는데 그런 것을 생각하지 않고 여기저기 기웃거리다가 시간을 다 허비하고 만다면 허무한 인생을 사는 것이 됩니다. 그래서 욥은 자신의 인생을 조금도 허비하지 않기 위하여 쓸데없는 것은 절대로 기웃거리지 않기로 작정을 했습니다.

31:5-6, "만일 내가 허위와 함께 동행하고 내 발이 속임수에 빨랐다면 하나님께서 나를 공평한 저울에 달아보시고 그가 나의 온전함을 아시기를 바라노라"

욥은 자기 발과도 약속을 했는데 쓸데없는 것과 같이 가지 않기로 한 것입니다. 그리고 그의 발이 절대로 속임수를 써서 빨리 성공하는 길로 가지 않기로 한 것입니다. 욥은 하나님께서 언제나 자신을 하나님의 공평한 저울에 달아보신다는 것을 알았습니다. 욥은 자기가 하나님의 저울에서 묵직한 자로 나타나기를 바랐습니다. 그런데 세상에서는 성공하고 돈을 많이 벌었는데 하나님의 저울에 달아보니까 완전히 빈껍데기 인생으로 나타나는 사람들이 있습니다.

요즘 국회의 인사청문회를 해보면 정말 별 희한한 재테크 방법을 다 볼 수 있습니다. 그 사람들은 설마 자기가 그런 높은 자리에 올라갈 줄은 생각하지도 못했던 것 같습니다. 그러나 어느 날 갑자기 높은 자리에 초청을 받았는데 별 일 없겠지 하고 청문회에 앉았는데 자기는 괜찮다고 생각했던 것이 모두 엄청난 비리로 드러나게 되는 것입니다. 그런 사람은 장관 한 번 하는 것이 대단한지 몰라도 나중에는 형편없는 사람으로 기억되게 됩니다.

31:7-8, "만일 내 걸음이 길에서 떠났거나 내 마음이 내 눈을 따랐거나 내 손에 더러운 것이 묻었다면 내가 심은 것을 타인이 먹으며 나의 소출이 뿌리째 뽑히기를 바라노라"

사람이 길로만 가야 하는데 가다보니까 멋있는 것이 있어서 남의 울타리를 넘어가서 호박이나 감도 따고 닭도 가지고 갔다면 그는 도둑인 것입니다. 욥은 손과도 약속을 해서 절대로 더러운 돈이나 물건을 자기 손에 가지지 않기로 했는데 더러운 물건을 가졌다면 자기가 뿌린 채소가 뿌리째 뽑히기를 바란다고 했습니다. 차라리 머리채가 뽑히지 않는 것이 다행일 것입니다. 사람이 다른 사람의 행복을 생각하지 않고 자기 욕심만 채운다면 모든 복을 뿌리째 뽑히게 되는 것입니다.

욥은 만일 자기가 이웃의 부인을 탐내어서 남의 집 문을 엿보다가 여자를 노린 적이 있다면 자기 부인을 빼앗겨도 당연하다고 했습니다. 왜냐하면 남을 불행하게 한 사람은 자기 행복도 빼앗겨야 하기 때문입니다.

31:9-12, "만일 내 마음이 여인에게 유혹되어 이웃의 문을 엿보아 문에서 숨어 기다렸다면 내 아내가 타인의 맷돌을 돌리며 타인과 더불어 동침하기를 바라노라 그것은 참으로 음란한 일이니 재판에 회부할 죄악이요 멸망하도록 사르는 불이니 나의 모든 소출을 뿌리째 뽑기를 바라노라"

사람에게는 남의 사생활을 몰래 엿보고 싶은 호기심이 있습니다. 사실 영화나 텔레비전도 남의 생활을 엿보는 데서 시작되었다고 볼 수 있습니다. 남의 사생활을 엿보는 것이 얼마나 재미있는지 모릅니다. 사실 다윗도 다른 여인의 목욕하는 모습을 엿보다가 망한 것입니다. 그러나 지금은 몰래카메라를 화장실이나 탈의실 같은 곳에 설치해서 몰래 찍어서 파는 사람이 있는가 하면 어떤 사람은 몰래카메라를 가지고 다니면서 남의 치마 밑을 찍거나 수영장에서 몰래 촬영을 하다가 붙들려가는 사람들도 많이 있습니다.

사람은 누구든지 자기 남편, 자기 아내와 행복하게 살 권리가 있는데 남의 남편이 잘 생겼고 남의 부인이 미인이라고 해서 나쁜 마음을 먹었다면 그는 행복할 자격이 없는 것입니다. 그래서 그는 자기 부인을 빼앗기고 멸망해서 없어질 때까지 지옥 불에 태워야 할 죄인인 것입니다.

2. 모든 사람은 똑같이 태어났다

욥이 가졌던 또 하나의 생각은 사람은 태어날 때 똑같이 어머니 뱃속에서 만들어졌기 때문에 가치에는 아무 차이가 없다는 것이었습니다. 사람들은 주인이니 종이니 선생이니 학생이니 상관이니 부하니 하면서 차별을 두고 위의 사람이 아래 사람을 종 부듯이 부리지만 욥은 모든 사람은 다 어머니 뱃속에서 똑같은 가치를 가지고 태어났다고 생각했습니다. 그래서 욥은 종이나 가난한 자를 무시하거나 멸시한 적이 없었습니다.

> **31:13-14**, "만일 남종이나 여종이 나와 더불어 쟁론할 때에 내가 그의 **권리를 저버렸다면** 하나님이 일어나실 때에 내가 어떻게 하겠느냐 하나님이 심판하실 때에 내가 무엇이라 대답하겠느냐"

그 당시 사람들은 남종이나 여종은 아무 권리가 없다고 생각했습니다. 그래서 무조건 주인의 말이 옳은 것이었습니다. 그러나 욥은 그렇지 않다고 생각했습니다. 남종이나 여종도 얼마든지 권리가 있고 주인에게 요구하거나 따질 것은 얼마든지 따질 수 있다고 생각을 했습니다.

14절에 보면, 욥은 이 세상에서 사람이 판단하는 것보다 하나님의 판단이 더 중요하다고 생각했습니다. 하나님이 부자나 주인들에게 왜 그렇게 부당하게 아랫사람의 것을 빼앗았느냐고 물어보면 무엇이라고 대답을 하겠느냐고 했습니다. 이 세상 법은 가난하고 힘없는 자에게는 불리하게 되어 있습니다. 그러니까 사람들이 법도 없이 권력만 가지면 다 가지려고 눈에 불을 켜고 덤벼드는 것입니다. 그러나 하나님은 모든 것을 다 정확하게 보고 계시며 나중에 심판하실 것입니다. 그래서 모든 것이 내 뜻대로 돌아갈 때 조심해야 합니다. 왜냐하면 나중에 모든 것이 다 드러났을 때 할 말이 없기 때문입니다.

31:15, "나를 태 속에 만드신 이가 그도 만들지 아니하셨느냐 우리를 뱃속에 지으신 이가 한 분이 아니시냐"

이것이야말로 인간에 대한 욥의 탁월한 사상이었습니다. 그것은 우리 모든 인간은 어머니 뱃속에서 만들어질 때 하나님께서 다 똑같이 만드셨다는 것입니다. 단지 차별이 나는 것은 외부 환경에 의해서 그렇게 된 것이지 사람의 본질에는 차이가 없다는 것입니다.

그래서 욥은 자기는 가난한 자가 원하는 것을 무시한 적이 없었고 과부의 눈으로 실망하게 한 적이 없었다고 고백하고 있습니다. 대개 이들은 먹는 것이 없을 때였습니다. 욥은 그들이 바라는 것을 언제나 도와주었습니다. 욥은 떡덩이를 가지고 혼자 먹지 않았고 고아를 굶기지 않았습니다. 그는 고아들을 아버지처럼 키웠고 과부들도 어렸을 때부터 도왔다고 했습니다.

욥은 어렸을 때부터 불쌍한 사람을 돕는 마음이 많이 있었던 것 같습니다. 욥은 벗은 사람을 보면 자기 양털 옷을 입혔습니다. 추워서 벌벌 떠는 사람이 있으면 자기가 입고 있던 양털 옷을 벗어서 입혔던 것입니다. 그래서 사람들은 욥의 관대함에 놀랐습니다. 또 욥은 고아라고 해서 주먹으로 때린 적도 없었습니다. 만일 그렇게 한 적이 있다면 자기 어깨뼈가 떨어지고 팔이 부서져도 좋다고 했습니다. 그런데 욥이 왜 이렇게 완전하게 살려고 한 것일까요? 하나님의 심판이 두려웠기 때문입니다.

> 31:23, "나는 하나님의 재앙을 심히 두려워하고 그의 위엄으로 말미암아 그런 일을 할 수 없느니라"

욥은 하나님의 재앙이 자기에게 임하는 것을 몹시도 두려워했습니다. 그래서 욥은 감히 가난한 자를 무시할 수 없었습니다.

3. 욥의 인생에 부족한 것

그 당시 사람들은 재물을 숭배했고 금을 숭배했고 심지어는 해나 달을 숭배했습니다. 왜냐하면 해가 복을 줄 것 같고 밤에 달이 자기를 지켜줄 것 같았기 때문입니다. 그러나 욥은 재물을 믿지 않았습니다.

> 31:24-25, "만일 내가 내 소망을 금에다 두고 순금에게 너는 내 의뢰하는 바라 하였다면 만일 재물의 풍부함과 손으로 얻은 것이 많음으로 기뻐하였다면"

사람들은 아무래도 재물이 많으면 마음이 든든하고 그 중에서도 모은 금이 많으면 자기는 부자고 출세한 사람이라고 믿을 것입니다. 그러나 욥은 재물을 아무 것도 아닌 것으로 생각했고 금에 아무런 소망을 두지 않았습니다. 욥은 자기가 가지고 있는 많은 재물을 보관용이라고 생각했던 것입니다. 이것이 청지기 사상입니다. 자기는 보관하고 있는 사람일 뿐이지 주인이 아니라는 것입니다. 여기서 지나친 사람은 포퓰리즘으로 변질되어서 아무도 주인이 아니기 때문에 눈에 보이는 대로 써버리게 됩니다. 요즘 우리나라 정부도 엄청난 돈을 닥치는 대로 써버리고 있어서 걱정됩니다. 그런 집은 나중에 쪽박을 차고 동냥을 다니게 되어 있습니다.

  욥은 우상숭배의 유혹에 넘어간 적이 없었습니다. 그 당시 사람들은 해나 달을 보면 그 빛을 손에 담아서 입을 맞추곤 했던 것 같습니다. 햇빛에 입 맞추고 달빛을 손에 담아서 입을 맞추는 것이 얼마나 낭만적으로 보이겠습니까? 그러나 그것은 바로 우상숭배의 시작인 것입니다.

> 31:26-28, "만일 해가 빛남과 달이 밝게 뜬 것을 보고 내 마음이 슬며시 유혹되어 내 손에 입맞추었다면 그것도 재판에 회부할 죄악이니 내가 그리하였으면 위에 계신 하나님을 속이는 것이리라"

  우리는 하나님을 사랑해야 하고 하나님의 말씀에 입을 맞추어야 하는데, 피조물에 입을 맞추는 것은 하나님을 속이는 것이라고 했습니다. 그리고 욥은 자신이 미워하는 자가 멸망하기를 원하지 않았고 그가 죽기를 기도하지 않았다고 했습니다. 또 종들은 모두 주인의 고기로 배가 불렀고 나그네가 길에서 자지 않도록 언제나 문을 열어주었다고 했습니다. 욥은 자신의 악행을 숨긴 적이 한 번도 없었고 사람들이 무서워서 집밖에 나가지 못하고 집안에만 비겁하게 숨어 있었던 적도 없었다고 했습니다. 요즘은 사람들이 불만이 있으면 사장이나 총장의 집에 몰려가서 농성을 부리는 일이 많습니다. 그러나 욥은 언제나 정정당당했다고 말하고 있습니다. 욥의 인생은 완전한 인생이었던 것 같습니다.

  그런데 욥의 인생을 보면 무엇인가 부족한 것이 있는 것 같습니다. 그것은 욥의 인생이 자연스럽지 않다는 것입니다. 그는 반드시 여자를 보아서는 안 되고 가난한 자를 업신여겨서는 안 되며 나그네는 반드시 대접해야 한다는 강박증이 있었던 것 같습니다. 그러니까 욥의 인생을 보면 조금이라도 실수하면 하나님이 당장 심판하실 것 같은 두려움에 부들부들 떠는 모습처럼 보입니다. 사람이 살다보면 예쁜 처녀를 볼 수도 있는 것이고 잘난 체 할 수도 있고 다른 사람에게 신경질 내다가 뉘우칠 수도 있는 것이지 어떻게 이렇게 완전할 수 있을까요? 사실 다른 사람이 욥의 이런 모습을 보면 가까이 하기 어려울 것입니다. 왜냐하면 그는 너무 완전하게 보이기 때문입니다.

욥은 누군가가 자기를 고발하면 자기는 그 고발장을 머리에 쓰기도 하고 어깨에 메기도 할 것이라고 했습니다. 그것은 그만큼 자기 인생에 자신이 있다는 뜻입니다. 그러나 그것은 너무 완전하려고 자기 자신을 강요하는 인생처럼 보입니다. 예수님도 하나님은 긍휼을 원하고 제사를 원하시지 않는다고 말씀하셨습니다. 즉 하나님은 우리가 자연스럽게 남을 이해하고 사랑하고 자기가 할 수 있는 범위 안에서 남을 돕는 것을 원하시지 이것이 인생의 목적이 되거나 사람을 판단하려고 해서는 안 된다는 것입니다.

그래서 하나님 앞에서 선을 행한 사람의 특징은 자기가 선을 행했다는 것을 모른다는 것입니다. 왜냐하면 좋은 나무에서 좋은 열매가 맺히는 것은 자연스러운 일이기 때문입니다. 그래서 하나님의 백성들은 억지로 선한 일을 하려고 하지 않습니다. 오히려 나쁜 나무가 좋은 열매를 한두 개 달아놓고 좋은 나무인 척할 때가 많은 것입니다.

마태복음 25장에 보면, 예수님은 세상 마지막 날에 모든 사람들을 양과 염소로 나누어서 심판하신다고 하셨습니다. 그때 양들은 예수님이 주릴 때 먹을 것을 준 적도 없고 추울 때 옷을 입힌 적도 없다고 말합니다. 그때 예수님은 작은 자 중 하나에게 한 것이 나에게 한 것이라고 말씀하셨습니다. 반대로 마귀와 그 악한 영들과 죄인들을 위하여 준비된 지옥에 들어갈 자들은 언제 우리가 그런 일을 안 했느냐고 따졌습니다. 그들은 주님이 주리거나 목마른 줄 알았더라면 반드시 했을 것이라고 했습니다. 그러나 주님은 작은 자 중 하나에게 한 것이

나에게 한 것으로 말씀하셨습니다.

우리는 연약한 인간이기 때문에 완전할 수 없습니다. 우리는 실수하기도 하고 이기적인 생각에 빠지기도 하고 육체의 정욕에 넘어질 수도 있습니다. 그러나 우리는 예수님을 믿는 믿음으로 일어서고 또 일어서야 합니다. 우리는 완전한 의인이 될 수 없습니다. 그러나 믿음으로 육체의 정욕을 끝내 물리치고 이기심을 물리치고 다른 사람을 조금씩 돕고자 할 때 하나님이 기뻐하십니다.

욥은 종의 영에 사로잡혀 있었습니다. 그러나 그가 인생 밑바닥까지 떨어지고 난 후 자기가 진흙인 것을 깨닫고 완전하기를 포기합니다. 욥처럼 이렇게 될 때 종의 영이 아니라 양자의 영이 우리 안에 들어오게 되어서 성령님이 우리의 부족한 것을 채워서 우리를 완전하게 하십니다. 그래서 우리는 완전하려고 해서는 안 됩니다. 올해도 우리는 부족할 것입니다. 그러나 하나님을 믿는 믿음으로 나아갈 때 완전하게 될 것입니다.

29
제3의 설교자

욥기 32:1-33:33

마틴 루터가 어렸을 때 라틴어를 배울 때에는 선생님이 아예 회초리를 다발로 쌓아놓고 외우지 못한 아이들은 엉덩이를 회초리로 마구 때려서 공부를 시켰다고 합니다. 아마 아이들은 라틴어라고 하면 치를 떨고 원수처럼 생각했을 것입니다. 그래도 그렇게라도 하니까 학생들은 라틴어의 격변화라든지 단어를 죽을 때까지 잊지 않고 기억하게 되는 것입니다. 요즘 학생들에게 가장 어려운 것은 영어와 수학일 것입니다. 영어는 그 나라에 가서 배워야 하는데 가지도 않고 배워야 하니까 이것은 테니스를 치는 것이 아니라 벽치기만 계속 하는 것 밖에 되지 않습니다. 수학도 아무리 풀려고 해도 풀리지 않으니까 아예 포기를 해버리는 학생들이 많이 있다고 합니다.

얼마 전에 우리나라 재벌 손녀가 마약을 한 혐의로 체포되는 바람에 사회 문제가 되었습니다. 대재벌의 손녀라고 하면 공부를 하려고 하면 얼마든지 할 수 있었을 텐데 자기 길을 찾지 못해서 방황하다가 마약에 빠지는 바람에 죄인이 되고 만 것입니다. 성공하려면 찬스를 잘 잡아야 한다는 말을 많이 합니다. 대개 약삭빠른 사람들은 찬스를 잘 잡아서 빠른 시일 내에 유명해지고 성공을 하는 것 같지만 결국 죄의 유혹을 뿌리치지 못해서 망하게 되는 경우가 많습니다.

이 세상의 지혜는 성공하는 처세술을 가르쳐주지만 하나님의 말씀을 배우는 것은 나의 가치를 보석으로 만들어 줍니다. 특히 어렸을 때 성경을 배운다면 그 풍부한 상상력과 결합이 되면서 폭발적인 내면의 세계를 만들어줍니다. 어른이 되어서 예수를 믿는 사람도 참 귀한 것이 많습니다. 그들에게는 진실한 것이 있습니다. 그런데 어렸을 때 하나님을 배운 사람에게는 말할 수 없는 상상력의 세계가 생기게 됩니다. 즉 다른 사람들은 눈앞에 보이는 세계만 있다면 이들에게는 눈에 보이지 않는 또 다른 세계를 하나 더 달고 다니는 것입니다.

욥은 어렸을 때 하나님의 은혜를 받고 결심했습니다. 그는 자기 눈과 결심을 해서 여자들을 유심히 보지 않겠다고 했습니다. 그리고 자기 발과도 약속했는데 어떤 일이 있어도 나쁜 길로는 가지 않겠다는 것이었습니다. 그리고 자기 손과 몸과도 약속을 했습니다. 어렵거나 추운 사람을 보면 반드시 도와준다는 약속이었습니다. 욥은 이 약속을 평생 지켰습니다. 그리고 그 결과는 쫄딱 망한 것이었습니다. 욥은 자기가 의롭게 살려고 그렇게 노력했는데 왜 망했는지 이해하지 못했습니다. 그것은 자기가 의롭게 살려고 몸부림을 쳤기 때문입니다.

욥과 세 친구는 아무리 토론을 해도 끝이 나지 않았습니다. 왜냐하면 이 네 사람은 모두 자기주장이 강하고 유식한 사람들이었기 때문입니다. 지식이 많은 사람들은 밤새도록 토론을 해도 결론이 나지 않습니다. 그래서 별로 관심이 없다고 생각되는 사람은 아예 잠을 자 버리는 것이 낫습니다.

그때 지금까지 전혀 한 마디 말도 하지 않던 제3의 인물이 등장했습니다. 엘리후라는 젊은 사람이었습니다.

1. 제3의 인물 엘리후

욥과 세 친구는 욥의 고난을 두고 여러 날 동안 격렬하게 토론을 했지만 어느 누구도 다른 사람을 설득할 수 없었습니다. 그 이유는 욥의 고난은 옳고 틀린 문제로는 해결될 수가 없었기 때문입니다. 즉 누군가가 욥의 상처투성이인 마음속에 들어가서 아픈 부분을 싸매어주고 약을 발라 주어야 하는데 그럴 수 있는 것이 없었기 때문입니다. 이때 지금까지 전혀 나오지 않았던 새로운 인물이 등장했습니다. 그는 엘리후라는 사람이었습니다.

32:1-2, "욥이 자신을 의인으로 여기므로 그 세 사람이 말을 그치니 람 종족 부스 사람 바라겔의 아들 엘리후가 화를 내니 그가 욥에게 화를 냄은 욥이 하나님보다 자기가 의롭다 함이요"

여기 '엘리후' 라는 이름의 뜻은 '그는 나의 하나님이요' 입니다. 그리고 엘리후의 아버지 '바라겔' 은 '하나님이 축복하셨다' 는 뜻을 가지고 있습니다. 그러니까 엘리후는 자신만이 아니라 아버지 또 할아버지도 신앙의 인물이었던 것을 알 수 있습니다. 그런데 그는 욥이 자기를 하나님보다 의롭다 하고 또 욥의 세 친구들이 욥에게 틀렸다고 하지 못하기 때문에 욥에게 화가 났다고 했습니다. 그러나 엘리후가 화를 내었다는 것은 갑자기 터져 나오듯이 말을 쏟아내었기 때문에 그렇게 보인 것이지 실제로 욥에게 화를 낸 것은 아닌 것 같습니다. 하나님께서는 욥을 위로하기 위하여 엘리후를 준비하셨던 것 같습니다. 엘리후는 자기가 연소하기 때문에 어른들이 말할 때까지 기다리고 있었는데 그 속에서 하나님의 영이 깨달음을 주셨고 감동을 주셨습니다. 하나님의 말씀은 우리를 위로하시고 치료하시고 시원하게 하시는 말씀이지 화를 내시는 말씀이 아니기 때문입니다.

그러나 이 말씀이 강하게 우리 마음에 와 닿는 것은 하나님은 자신이 있으시기 때문입니다. 우리가 아무리 망가지거나 부서져도 하나님은 능히 우리를 치료하실 수 있기 때문에 우리에게 분명하게 말씀하실 수 있는 것입니다. 그리고 우리는 하나님의 그 자신 있는 말씀을 들으면 그 말씀에 빨려들게 됩니다. 그래서 우리는 하나님의 말씀에 빨려드는 것이 중요합니다. 왜냐하면 우리가 하나님의 말씀에 빨려들 때 우리는 하나님의 공장에 들어가서 저 깊은 곳에 있는 화상부터 시작해서 모든 상처를 다 치료받게 되기 때문입니다. 하나님의 말씀이 우리 아픈 부분을 건드릴 때 우리는 아파서 깜짝 놀라게 되지만 조금 지나면 아주 시원하게 되고 아픈 것이 없어지는 것을 느끼게 됩니다.

엘리후는 사람의 경험이나 체험도 중요하지만 가장 중요한 것은 하나님의 숨결이 우리 안에 있는 영혼의 아픈 부분을 만지는 것이라고 했습니다.

32:6, "부스 사람 바라겔의 아들 엘리후가 대답하여 이르되 나는 연소하고 당신들은 연로하므로 뒷전에서 나의 의견을 감히 내놓지 못하였노라"

여기서 놀라운 것은 엘리후가 이스라엘 사람이 아니라는 사실입니다. '부스'도 에돔이나 아라비아의 어느 곳이라고 생각됩니다. 그러니까 이 당시에도 하나님을 아는 믿음이 이스라엘 사람들에게만 있었던 것은 아니었던 것입니다. 즉 에돔이나 아라비아에서도 얼마든지 하나님에 대하여 잘 믿는 사람들이 있었던 것입니다.

엘리후는 자기가 젊어서 어른들이 말할 때 감히 끼어들지 못하고 입을 다물고 있었습니다. 아무래도 나이가 많은 자가 먼저 말하는 것이 옳고 가르치는 것이 옳다고 생각했기 때문입니다. 그러나 엘리후는 욥이나 그의 세 친구가 이야기하는 것을 들으면서 그들의 대화에는 무엇인가가 부족하다는 생각이 들었습니다. 그것은 바로 성령이 그들의 영혼을 때리는 말씀이 없다는 것을 알았던 것입니다.

32:7-8, "내가 말하기를 나이가 많은 자가 말할 것이요 연륜이 많은 자가 지혜를 가르칠 것이라 하였노라 그러나 사람의 속에는 영이 있고 전능자의 숨결이 사람에게 깨달음을 주시나니"

가장 중요한 것이 바로 이것이었습니다. 하나님의 말씀에는 무궁무진한 가르침이 있어서 어떤 말씀을 가지고도 믿음을 가질 수 있고 지혜를 얻을 수 있습니다. 그러나 우리가 막상 어려운 시험을 당하게 되고 세상에서 사탄의 세력과 싸움이 붙었을 때에는 이런 은혜롭기만 한 말씀, 즉 상식적인 말씀만으로는 부족한 것입니다. 지금 세상에서 사탄과 싸움이 붙어서 영혼이 상처를 입어서 피를 흘리고 있고 가족이 죽었고 자신이 죽어가려고 할 때 우리 영혼의 상처나 화상을 하나님의 숨결로 치료를 받아야 하는 것입니다.

그런데 하나님의 말씀에 성령의 불이 붙으면 마치 진공상태에서 내 영혼을 빨아가듯이 빨아가는 것입니다. 내 화상과 내 깊은 상처는 성령의 불로 치료를 받아야 살 수 있는 것입니다. 성령의 불이 영혼에 하나님의 말씀으로 와 닿을 때 우리는 뜨거운 것을 느끼지만 다른 한편으로는 시원해지게 됩니다. 왜냐하면 우리 영혼을 채우고 있는 고름과 더러운 피가 빠져 나가면서 통증이 없어지기 때문입니다. 그래서 하나님의 말씀은 뜨겁기도 하고 시원하기도 한 것입니다. 예수님은 라오디게아 교회를 향해서 뜨겁지도 않고 차지도 않아서 내 입에서 토하여 내겠다고 말씀하셨습니다(계 3:16).

엘리후는 욥의 세 친구의 이야기를 가만히 들어보니까 그들 가운데 아무도 욥을 꺾어서 대답하는 자가 없었습니다. 그래서 욥을 설득할 자는 하나님밖에 없다고 말하려고 하는데 그런 말을 하지 말라고 했습니다. 왜냐하면 하나님은 사람의 입을 통해서 상한 심령을 치료하시기 때문입니다. 엘리후의 강한 말을 듣고 아무도 그의 말을 가로막지 못했습니다. 왜냐하면 엘리후의 말은 성령이 하시는 말씀이었기 때문입니다.

32:18-20, "내 속에는 말이 가득하니 내 영이 나를 압박함이니라 보라 내 배는 봉한 포도주통 같고 터지게 된 새 가죽 부대 같구나 내가 말을 하여야 시원할 것이라 내 입을 열어 대답하리라"

우리 마음속에 하나님의 말씀이 있으면 그때부터 속이 불붙게 됩니다. 그래서 그 말씀을 하지 않으면 속이 타서 죽을 것 같게 됩니다. 이것을 엘리후는 배 속에 포도주가 가득 찬 것으로 비유했습니다. 즉 엘리후 속에는 이미 하나님의 말씀이 들어와서 가득 차 있는데 말하지 않으면 터질 것 같다고 했습니다. 엘리후는 이제 내 속에 있는 뜨거운 하나님의 말씀을 다 이야기해야 속이 시원할 것 같다고 했습니다.

대개 목회를 시작하는 분들은 다른 영혼을 사랑하는 마음으로 하게 됩니다. 그러나 다른 영혼을 사랑하는 것만으로는 욥 같은 경우를 당하게 되면 더 이상 설득력이 없어지게 됩니다. 결국 설교자가 되려고 하면 하나님의 말씀을 전하지 않으면 속이 타들어가서 죽을 것 같은 마음이 있어야 하는 것입니다. 그래야 큰 교회나 작은 교회를 따지지 않고 어디든지 영혼이 있는 곳이면 가게 되는 것입니다.

언젠가 전라도 광주의 한 교회에 어느 선교사님이 와서 그 교회와 협력을 하고 있었는데, 교회 안에 갈등이 생겨서 그 분이 설교를 하시지 못하게 되었습니다. 그런데 그 선교사님이 어느 날 집에서 쓰러지셨습니다. 병원에 가보니까 원인은 설교를 하지 못하는 데서 온 답답함이었다고 합니다.

엘리후는 내 영이 내 속에서 압박을 하고 있다고 말하고 있습니다. 그는 이제 하나님의 말씀을 전하지 않으면 답답해서 죽을 것 같은 답답함이 있었던 것입니다. 그는 사람의 낯을 보지 않고 사람에게 영광을 돌리지 않겠다고 했습니다. 사람들에게 아첨하는 설교는 이미 들을 가치가 없는 말씀인 것입니다. 그럼에도 불구하고 사람들은 그런 아첨하는 말을 듣기 위하여 꾸역꾸역 몰려들고 있습니다. 이것은 자기 영혼을 싸구려로 생각하고 팔아먹는 것밖에 되지 않습니다.

2. 하나님이 말씀하시는 방법

엘리후는 욥과 세 친구를 꾸짖는 것처럼 서두를 연 다음 상당히 뜸을 들이고 있습니다. 그것은 아무리 엘리후가 하나님의 성령으로 하나님의 말씀을 한다고 하더라도 상대방의 처지에 맞추지 않으면 귀에 들어가지 않기 때문입니다. 예를 들어서 엘리후가 화가 난다고 해서 마치 폭포수같이 하나님의 말씀을 쏟아 내버린다면 거의 다 흘려버리고 아무 말도 귀에 남지 않을 것입니다. 그래서 숙련된 간호사가 환자에게 주사를 놓아주듯이 전혀 바늘이 들어가는지도 모르게 주사를 놓아주어야 하는 것입니다.

엘리후는 자기가 입을 여니까 자기 혀가 입 안에서 움직인다고 했습니다.

33:2, "내가 입을 여니 내 혀가 입에서 말하는구나"

옛 개역성경에서는 "내 혀가 입에서 동하는구나"라고 했습니다. 엘리후는 입은 열었지만 과연 어떤 말씀이 욥에게 적합한 말씀인지 바른 언어를 찾기 위하여 혀가 움직이고 있다는 것입니다. 즉 가장 바른 단어나 표현을 찾고 있다는 것입니다. 그렇지 않으면 욥이 귀를 닫아버릴 수 있기 때문입니다.

엘리후가 먼저 자기 이야기를 하고 또 욥에게도 얼마든지 반박할 말이 있으면 하라고 했습니다.

33:3-5, "내 마음의 정직함이 곧 내 말이며 내 입술이 아는 바가 진실을 말하느니라 하나님의 영이 나를 지으셨고 전능자의 기운이 나를 살리시느니라 그대가 할 수 있거든 일어서서 내게 대답하고 내 앞에 진술하라"

그리고 6-8절을 보면, 이어서 나와 그대는 하나님 앞에서 똑같이 흙으로 지음을 받았고 나는 당신을 두렵게 할 생각이 전혀 없다고 했습니다. 이것을 보면 엘리후가 욥에게 말하기 전에 뜸을 들이는 것입니다. 즉 욥의 마음을 준비시켜주는 것입니다.
그리고 엘리후는 욥이 지금까지 한 말을 요약해서 말해주고 있습니다.
9절부터 보면, 욥은 자신이 깨끗하여 악인이 아니며 순전하고 불의도 없는데 하나님은 나를 원수로 생각하시고 나에게서 잘못을 찾으시며 내 발에 차꼬를 채워서 내 모든 행동을 감시한다고 했다고 지적했습니다. 그런데 엘리후는 욥이 잘못 생각하고 있다고 하면서 이것은 하나님께서 우리에게 말씀하시는 방법 중의 하나라고 강조했습니다. 이것은 욥이 잘했다거나 잘못한 것의 문제가 아니라 하나님이 우리에게 깊이 있는 말씀을 하시는 방법이라는 것입니다.

33:14, "하나님은 한 번 말씀하시고 다시 말씀하시되 사람은 관심이 없도다"

하나님은 이미 우리에게 수도 없이 말씀을 하시는데 우리가 하나님의 말씀을 알아듣지 못한다는 것입니다. 즉 우리가 잘못된 길을 갈 때 하나님은 그것을 알게 하시고 또 바른 길을 갈 때도 바른 길 간다고 하시고 하나님이 우리를 사랑하실 때에도 격려하시는 말씀을 하신다는 것입니다. 하나님은 구름을 통해서 꽃을 통해서 새를 통해서 비를 통해서 수없이 말씀하시는데 우리는 하나님의 말씀에 관심이 없다는 것입니다.

그래서 하나님은 좀 더 구체적인 방법으로 말씀해주신다고 했습니다.

첫째로 선지자의 꿈이나 환상을 통해서 말씀하신다고 했습니다.

33:15-16, "사람이 침상에서 졸며 깊이 잠들 때에나 꿈에나 밤에 환상을 볼 때에 그가 사람의 귀를 여시고 경고로써 두렵게 하시니"

대개 밤에 잘 때 꿈을 꾸거나 환상을 보는 것은 개꿈일 때가 많습니다. 즉 자기 생각 속에 있던 잠재의식이 잠을 자면서 표출되는 것입니다. 그런데 선지자의 경우는 장래 일에 대하여 하나님께서 보여주실 때가 많습니다. 옛날에는 하나님이 꿈이나 환상으로 말씀을 보여주셨습니다. 하나님이 그렇게 하시는 것은 그로 하여금 악한 행실을 버리게 하시고 그의 교만을 막으시며 그의 영혼을 구덩이에 빠지지 않도록 하시고 그의 생명이 칼에 맞아 죽지 않도록 하기 위한 것입니다.

그래서 개인적으로도 옛날에는 꿈을 통해서 자기에게 일어날 수 있는 위험을 미리 알아차리고 피하는 경우도 있었습니다. 그러나 지금은 그것을 하나님의 말씀으로 하시는 것입니다. 하나님의 말씀을 지속적으로 들으면 내가 죄를 향하여 가고 있고 멸망을 향하여 가고 있는 것을 알게 됩니다. 그러나 교만하게 되면 벌써 그 말씀이 듣기 싫어집니다. 이것을 통해서 하나님은 파멸을 미리 막으시는 것입니다. 그러나 사람은 아무리 꿈을 꾸어도 시간이 지나면 잊어버리고 사고를 당할 뻔 했어도 시간이 지나면 잊어버리게 됩니다. 이것이 인간의 미련한 점입니다.

　두 번째로 하나님은 병을 통해서 말씀하십니다. 이 때 병이 낫지 않으면 죽게 되니까 사람은 결사적으로 하나님의 말씀에 매달리게 됩니다.

　33:19-21, "혹은 사람이 병상의 고통과 뼈가 늘 쑤심의 징계를 받나니 그의 생명은 음식을 싫어하고 그의 마음은 별미를 싫어하며 그의 살은 파리하여 보이지 아니하고 보이지 않던 뼈가 드러나서"

　하나님께서 좀 더 심각하게 말씀하시는 방법이 병으로 치시는 것입니다. 그러면 결국 정상적인 생활을 할 수 없습니다. 우리는 보통 때 엄청나게 바쁘게 살아갑니다. 그러나 병이 들면 아무 것도 할 수 없고 생각만 하게 됩니다. 사람이 병이 들면 아무리 맛있는 것을 주어도 먹을 수 없습니다. 아픈 사람은 먹는 것을 가장 싫어하게 됩니다. 그리고 먹는 것이 안 되니까 사람을 만날 수 없습니다. 그리고 빨리 기운이 빠지기 때문에 회의나 사람을 만나서 이야기하는 것이 어렵습니다. 그래서 살이 저절로 빠지게 됩니다. 그리고 온몸에 통증이 생기게 되는 것입니다. 결국 살은 파리해지고 보이지 않던 엉덩이뼈나 갈비뼈 같은 것이 튀어나오게 됩니다. 그는 죽음이 가까운 데서 어른거리는 것을 알게 됩니다.

　33:22, "그의 마음은 구덩이에, 그의 생명은 멸하는 자에게 가까워지느니라"

　사람이 한번 병들어보면 죽음이 현실로 가까워지게 됩니다. 그 때 내가 죽으면 어떻게 되는지 생각하게 됩니다. 이미 병들어 누워있을 때부터 돈은 필요 없고 공부나 세상 명예도 필요 없습니다. 무엇인가 가치 있는 것을 남기고 죽어야 하는데 그것이 젊은 시절이나 가능하지, 죽을 때가 되면 아무 것도 할 수 없다는 것을 알게 됩니다. 죽을 때 가치 있는 것을 남기고 죽는 사람은 복된 사람입니다. 죽고 난 후에 사람들로부터 칭찬받을 수 있는 사람은 복된 사람입니다. 그런데 거의 대부분의 경우는 자기만을 위하여 살았기 때문에 아무도 그를 기억해주지 않는 것입니다.

3. 일천 천사 중의 한 중보자

인간이 이 세상에 살면서 천사를 한 번이라도 본다면 그것은 대단한 일일 것입니다. 그런데 우리가 이 세상에서 때로는 고난도 당하고 때로는 병에 걸리기도 하고 때로는 사람들에게 멸시당하기도 하지만 일천 천사 중 한 분이 있는데 그 분만 만난다면 우리는 성공한 것입니다. 그 분이 바로 우리 중보자이고 우리의 구주인 것입니다.

33:23, "만일 일천 천사 가운데 하나가 그 사람의 중보자로 함께 있어서 그의 정당함을 보일진대"

우리 눈에는 보이지 않지만 많은 천사가 있습니다. 일천 천사가 아니라 일만 천사, 백만 천사는 더 될 것입니다. 그런데 그 많은 천사 중에서 딱 한 명이 우리의 중보자이십니다. 이때까지만 해도 이 중보자의 정체를 잘 몰랐던 것 같은데 그 분은 우리 주 예수 그리스도인 것입니다. 그가 우리의 죄와 허물을 책임지고 정당하다 즉 의롭다고 하면 우리는 영생을 얻게 됩니다. 우리가 이 세상에 사는 것은 가치 있고 고난 받는 것이 가치 있는 것입니다.

33:24, "하나님이 그 사람을 불쌍히 여기사 그를 건져서 구덩이에 내려 가지 않게 하라 내가 대속물을 얻었다 하시리라"

오직 하나님의 아들을 나의 대속자로 삼는 자는 하나님이 그를 기억을 하시는 것입니다. 하나님이 그를 불쌍히 여기사 그의 영혼이 구덩이에 빠지지 않게 하시고 하나님께서 이미 그의 죄의 대속물을 얻었다고 말씀하시는 것입니다. 즉 그 사람의 죄는 이미 사함을 받았다고 공포하시는 것입니다. 이것은 욥이 체험한 것과 같은 것입니다. 욥은 이미 앞에서 "내 주는 살아계시고"(19:25)라고 했습니다. 욥은 자기가 믿는 것을 엘리후의 말을 통해서 다시 확인받게 된 것입니다. 이때 욥은 울게 되고 마음 깊은 곳에서 뜨거운 감동이 일어나게 되고 그의 영혼이 치료를 받게 되었던 것입니다.

33:25-26, "그런즉 그의 살이 청년보다 부드러워지며 젊음을 회복하리라 그는 하나님께 기도하므로 하나님이 은혜를 베푸사 그로 말미암아 기뻐 외치며 하나님의 얼굴을 보게 하시고 사람에게 그의 공의를 회복시키시느니라"

우리가 중보자를 만났을 때 우리의 영혼은 새 힘을 얻게 됩니다. 독수리 같이 올라가게 되며 사슴 같이 바위 위를 달리게 됩니다. 산양이 절벽을 뛰는 것을 보면 얼마나 빨리 뛰는지 모릅니다. 우리는 다시 젊어지게 되고 아름다워지게 되고 새 힘을 얻게 됩니다. 이때 우리는 기쁨으로 기도하게 되고 하나님의 얼굴을 보게 됩니다.
본문 26절에 보면, 하나님의 가장 놀라운 복은 하나님의 말씀을 통해서 중보자를 만나고 죄 씻음 받은 후에 하나님께 기쁨으로 기도하고 하나님의 얼굴을 보는 것입니다. 우리가 과연 어떻게 하나님의 얼굴을 볼 수 있을까요? 우리는 우리 주위에 나타나는 기적들을 통해서 하나님의 얼굴을 보게 됩니다. 어린 아이들은 아빠의 얼굴이라고 하면서 크레파스로 온통 아빠의 얼굴을 종이에 그립니다. 그러나 나중에 우리는 영광중에 하나님의 얼굴을 보게 되는 것입니다.

하나님은 우리 영혼을 건지사 구덩이에 내려가지 않게 하시고 내 생명이 빛을 보게 되는 것입니다. 우리는 이 세상에서도 빛을 보게 되고 영원히 빛을 보게 됩니다.

욥의 고난은 하나님께서 욥을 더 깨끗하게 하시는 방법이었고, 하나님이 그에게 생명 걸고 말씀하시는 방법이었습니다. 네 영혼이 구덩이에 내려가지 말고 하나님의 얼굴을 보라는 것입니다. 우리는 하나님의 음성을 듣고 내 주를 만나고 하나님의 얼굴을 볼 수 있게 되기를 바랍니다.

30
끝나지 않은 시험
욥기 34:1-37

우리나라는 정권이 바뀔 때마다 높은 사람들이 이런 죄, 저런 죄로 감옥에 가는 것을 보게 됩니다. 옛날 조선시대로 치면 사화가 생각날 정도입니다. 어떤 파벌이 정권을 잡으면 그때까지 세도를 누리던 반대파를 전부 죽이든지 귀양을 보내고, 그 다음에 또 다른 파가 정권을 잡으면 또 반대파의 씨를 말리는 것입니다. 이미 우리나라는 대통령들을 위시해서 많은 청와대 참모와 장관들이 감옥에 들어갔습니다.

얼마 전 우리나라 어느 대장은 공관의 부하에게 갑질했다고 해서 조사를 받고 감옥에 몇 개월 갇혀 있었습니다. 그때 세상 사람들은 그 장군에게 욕을 했습니다. 그때 가장 걱정되었던 것이 이런 절망적인 상황에서 혹시 극단적인 선택을 하지 않을까 하는 것이었습니다. 그러나 그는 끝까지 참아내었고 얼마 전에 무죄를 선고받고 그의 명예는 회복되었습니다. 역시 신앙인은 다른 것 같습니다. 그는 감옥 벽에 성경 구절을 붙여 놓았더니 마음이 편해졌다고 했습니다. 그러나 또 다른 장성은 권력 있는 기관의 책임자였는데 장성이 수갑을 차고 붙들려가는 것에 자존심을 이기지 못하고 높은 건물에서 뛰어 내려 자살을 했습니다. 그는 그 모멸을 참을 수 없었던 모양입니다.

예수님은 어떤 하인의 비유를 말씀하셨습니다. 어떤 종이 하루 종일 주인의 일을 잘 했습니다. 이 종은 피곤했고 저녁 시간이 되었습니다. 그러나 이 종은 하루 종일 일을 잘 했다고 해서 쉴 수 없습니다. 곧 주인의 저녁 식사를 챙겨드려야 하고 그저 무익한 종이 할 일을 했을 뿐이라고 말할 수밖에 없다고 했습니다. 즉 인간은 이 세상에서 아무리 성공하고 잘 해도 거저 무익한 종이 악을 행하지 않았으면 다행이고 할 일을 했을 뿐인 것입니다. 그러나 인간은 자신을 자기 인생의 주인으로 생각할 때가 많습니다.

시험을 치는 학생들 중에는 자기가 잘 준비한 것이 문제로 나와서 쉽게 쉽게 푸는 학생이 있는가 하면, 어떤 학생은 자기 나름대로는 열심히 준비를 했는데 왜 이렇게 이상한 문제가 나와서 골탕 먹이느냐고 씩씩거리거나 시험을 포기하고 중간에 나가버리는 학생도 있을 것입니다. 그러나 어떤 학생은 아무리 시험을 망쳤지만 끝까지 참고 잘 마쳐서 나중에 의외로 성적이 좋게 나오는 경우도 있습니다.

운동선수들 중에서도 소질이 없다고 해서 감독이나 코치로부터 야단을 많이 맞고 운동을 포기하려고 하다가 그래도 끝까지 참고 했는데 나중에 성공을 하는 선수들이 많이 있습니다. 결국 이것은 우리의 인생은 모든 것이 다 끝난 것이 아니고 아직도 시험을 치고 있는 중이라는 사실을 말해주는 것입니다. 우리 사회에서 유명하고 높은 자리에 오른 사람들 중에 일을 불법적으로 처리한다든지, 성적인 부정에 빠진다든지, 사람을 대하는 태도가 너무 오만하다든지, 너무 욕심을 부리는 바람에 실패하는 사람들이 많이 있습니다. 그런 사람들은 자신의 인생이 아직 현재 진행형이라는 사실을 깨닫지 못한 것입니다. 인간은 살아있는 한 모든 것은 끝난 것이 아니고 현재 진행형이기 때문에 자신의 인생이 완전히 성공했는지 실패했는지 알 수 없습니다.

욥기 34편은 이해하기가 결코 쉽지 않습니다. 왜냐하면 우리가 알기에는 하나님은 욥을 위로하기 위해서 제3의 설교자 엘리후를 보내신 것으로 알고 있는데, 엘리후가 욥을 너무 심하게 책망하고 있기 때문입니다. 그러나 우리는 그 답을 36절에서 찾아볼 수 있습니다.

36절에 "나는 욥이 끝까지 시험 받기를 원하노니"라고 했습니다. 이 말은 엘리후가 보기에 욥이 아직 정신을 차리지 못하고 있기 때문에 더 망하고 끝까지 망하기를 바란다는 뜻이 아닙니다. 엘리후가 보기에 욥에게 아직 하나님의 시험은 끝나지 않았는데, 욥은 다 끝난 것처럼 생각하고 자포자기를 하고 있었기 때문입니다. 지금까지 욥의 점수는 하나님 앞에서 상당히 성공적인데도 불구하고 욥 자신은 망했다고 생각해서 자꾸 죽으려고 생각하고 있었던 것입니다. 우리에게 가장 중요한 것은 아직 우리의 시험은 끝나지 않았고 오히려 지금 현재의 생각이 더 중요하다는 사실입니다. 우리는 미래에 무엇이 기다리고 있는지 아무도 모릅니다. 그러나 지금 하나님을 믿고 용기를 내면 미래에 무엇이 기다리고 있든지 복으로 변하게 되는 것입니다.

1. 더 높은 지혜가 있다

우리는 아무리 머리가 좋고 생각이 뛰어나다고 해도 이미 눈앞에 벌어진 일이나 당장 해야 할 것밖에 생각하지 못합니다. 우리는 어떤 일을 했을 때 그것이 지금 당장은 좋을 것 같지만 다시 부메랑이 되어서 나쁘게 자기에게 돌아오게 될 것을 생각할 능력이 없습니다. 이것이 바로 우리 인간의 한계이고 우리 인간의 무지함입니다. 예를 들어서 어떤 독재자가 자신의 인생 말로가 그렇게 비참하게 끝날 줄 알았다면 절대로 그런 식으로 정치를 하지는 않을 것입니다. 그러나 사람은 미래를 모르기 때문에 당장 자기 눈앞에 있는 이익을 챙기고 보는 것입니다.

그래서 엘리후는 스스로 지혜 있다고 생각하는 성공한 사람들을 자기 말에 초청하고 있습니다.

34:2-3, "지혜 있는 자들아 내 말을 들으며 지식 있는 자들아 내게 귀를 기울이라 입이 음식물의 맛을 분별함 같이 귀가 말을 분별하나니"

지혜 있는 자들과 지식이 있는 자들의 특징은 지금까지 다른 사람들보다 성공했고 높은 자리에 있는데도 계속 성공의 길을 가려고 한다는 것입니다. 이 사람들은 자신이 망할 수도 있다는 사실을 생각하지도 않습니다. 그래서 비록 옳지는 않다 하더라도 다른 사람들이 미끼를 던지면 덥석 집어 먹게 되는 것입니다. 그러나 사람은 음식을 먹기만 한다고 해서 되는 것이 아니라 맛을 분별해야 합니다. 그리고 그 맛을 분별해서 먹어야 합니다. 그러나 이 세상을 살아가다보면 아무 것이나 주워 먹고 덜이 나기 쉽습니다. 그러나 높은 자리에 있는 사람이 아무 것이나 주워 먹게 되면 그 높은 데서 추락하게 되기 때문에 본인이 망하는 것은 물론이고 사회에 미치는 파장이 엄청나게 크게 되는 것입니다.

34:4, "우리가 정의를 가려내고 무엇이 선한가 우리끼리 알아보자"

엘리후는 사람이 잘 나가다가 갑자기 망하거나 몰락하는 것은 정의의 길을 걷지 않고 선한 길을 걷지 않기 때문이라고 했습니다. 그러면서 지혜 있고 지식 있는 자들에게 우리끼리 정의가 무엇이며 선이 무엇인지 알아보자고 합니다. 그러나 사실 성공한 사람들에게는 정의가 더 이상 관심의 대상이 아닙니다. 오직 상대방을 공격하기 위하여 정의를 부르짖기 때문입니다. 선이라는 것은 정치판이나 성공한 사람들에게는 생각할 수 없는 것입니다. 그들은 그런 말을 하는 사람을 너무 유치하고 순진하다고 생각할 것입니다. 즉 성공한 사람들이 생각하는 것은 어떻게 하면 지위를 계속 유지하며 부를 계속 유지하느냐 하는 것이지 남의 생각이라고는 할 수 없는 것입니다.

결국 정의의 길을 가려고 하면 처음부터 성공을 목표로 하지 말고 정의 자체를 목적으로 해야 합니다. 그래서 일체 다른 사람들의 돈을 받지 말고 식사도 도시락으로 먹든지 하면서 자기 자신을 깨끗하게 해야 합니다. 그러다가 높은 자리에 앉게 되었을 때에도 높은 사람이 강요하는 말을 듣지 말고 정의롭게 행동해야 하는 것입니다. 그러면 위에 있는 사람들은 자기를 배신했다고 열을 받고 그 밑에 있는 사람들은 자기를 쫓아내기 위하여 온갖 허물을 다 찾아내겠지만 사람들은 정의로운 한 사람을 보고 신뢰하게 되는 것입니다.

보통 선이라는 것은 다른 사람에게 잘 해주는 것을 의미하지만 성경에서는 하나님의 뜻에 맞는 것을 의미합니다. 우리가 자신의 위치에서 하나님의 뜻을 바로 찾는다는 것은 아주 어려운 일입니다. 왜냐하면 자기 욕심이나 야망과 하나님의 뜻을 분별하기 어렵기 때문입니다.

여기서 엘리후는 욥의 잘못을 책망하고 있습니다.

34:5-7, "욥이 말하기를 내가 의로우나 하나님이 내 의를 부인하셨고 내가 정당함에도 거짓말쟁이라 하였고 나는 허물이 없으나 화살로 상처를 입었노라 하니 어떤 사람이 욥과 같으랴 욥이 비방하기를 물마시듯 하며"

엘리후는 정의가 무엇인지 선한 것이 무엇인지 생각해보자고 해놓고, 욥의 잘못을 지적합니다. 우리 같으면 마이클 샌들의 '정의는 무엇인가?'라든지 혹은 플라톤의 '국가론' 같은 것을 이야기할 것 같은데 그렇지 않은 것입니다. 요즘 우리나라 같이 모든 사람이 평등하게 잘 사는 것이 정의라고 생각할 수도 있을 것입니다. 그러면 너무 부자가 되는 것은 악이 되는 것입니다. 플라톤은 이상적인 국가론을 주장했지만 결국 아테네는 사람들의 야망과 욕심으로 망하게 됩니다.

사회 정의는 무엇이며 하나님의 뜻은 과연 무엇일까요? 여기서 많은 사람들이 원하는 것이 정의인가 아니면 법대로 지키는 것이 정의인가 하는 것입니다. 예수님은 사람이 안식일을 위해서 있는 것이 아니라 안식일이 사람을 위해서 있는 것이라고 말씀하셨습니다. 그리고 참된 계명은 사랑이라고 하셨습니다. 즉 다른 사람의 행복을 인정하고 다른 사람의 생명을 살리는 것이 법인 것입니다. 그런 의미에서 우리나라에서 법을 어겼다고 조사를 받다가 자살하는 사람들이 많이 생기는 것은 조사하는 사람들이 정의롭지 못한 것입니다.

그런데 엘리후는 정의에 대해서 이야기하지 않고 욥의 잘못을 지적합니다. 즉 욥은 자기는 의롭지만 하나님은 그 의를 부정하시고, 자기는 정당하지만 하나님은 욥에게 거짓말쟁이라고 하시고, 욥은 허물이 없지만 하나님은 욥에게 고난의 화살을 쏘아서 깊은 상처가 생기게 했다고 말하고 있습니다. 이것에 대하여 엘리후는 과연 우리 인간이 하나님 앞에서 자기는 의롭다고 말할 수 있느냐 하는 것입니다. 즉 우리가 하나님 앞에서 자신의 정당함을 주장할 수 있느냐 하는 것입니다. 하나님의 화살이 내 몸에 박혔을 때 하나님을 향해서 왜 화살을 쏘느냐고 항의할 수 있느냐는 것입니다.

여기서 우리는 갈등이 생깁니다. 왜냐하면 우리에게 어떤 어려움이 찾아와도 아무 말 하지 않고 묵묵하게 있다면 이것은 너무 운명적인 것 같고 미련한 것처럼 보이기 때문입니다. 거기에 비해서 하나님을 향해서 왜 이렇게 하시느냐고 따지면 잘난 체하고 교만하게 보이는 것입니다. 우리는 아직도 자신감을 가지는 것과 교만한 것이 구별이 안 되고, 겸손한 것과 비겁한 것이 구별이 안 됩니다. 그리고 다른 사람의 잘못에 대하여 입을 다물고 있는 것이 불의를 모르는 체 하는 것인지, 그 사람을 불쌍히 여기고 사랑하는 것인지 구별이 안 되는 것입니다. 우리는 조금 자신감을 가지면 즉시 잘난 체 하고 교만한 것이 되고 겸손하려고 하면 너무 비겁하고 침체되는 느낌이 드는 것입니다.

욥은 하나님 앞에서 정당하고 의롭다고 주장하고 있었습니다. 즉 자기가 망한 것은 죄 때문이 아니라는 주장입니다. 욥은 자기 자신의 마음의 상처나 육신의 병도 하나님이 화살을 잘못 쏜 것이라고 주장하고 있습니다.

엘리후는 욥 같은 사람이 없을 것이라고 말하고 있습니다.

34:7-9, "어떤 사람이 욥과 같으랴 욥이 비방하기를 물마시듯 하며 악한 일을 하는 자들과 한패가 되어 악인과 함께 다니면서 이르기를 사람이 하나님을 기뻐하나 무익하다 하는구나"

욥은 고난당한 후에 말이 더 많아지게 되었습니다. 이것을 엘리후는 물마시듯 비방한다고 했습니다. 아마 욥은 망한 후에 걸인들이나 불량한 사람들과 어울려 다닌 것 같습니다. 그래서 엘리후는 어떻게 이렇게 몰락할 수 있느냐고 했던 것입니다. 그리고 욥은 하나님을 아무리 잘 섬겨도 아무 소용이 없다고 말을 한다는 것입니다. 여기서 엘리후가 책망하는 것은 욥에게 아직 모든 것이 다 끝난 것이 아닌데 왜 다 끝난 것처럼 행동하느냐는 것입니다. 엘리후의 눈에는 욥이 마치 자포자기 하는 것처럼 보였던 것 같습니다. 그래서 하나님의 공의는 아직 현재진행중인데 왜 모든 것이 다 끝난 것처럼 자포자기 하는 듯한 행동을 하느냐는 것입니다.

그래서 우리는 사탄의 집중공격을 당하지 않으려고 하면 너무 튀지 않는 것이 좋고 너무 높아지거나 유명하지 않는 것이 좋습니다. 즉 자기가 감당할 수 있는 분수 안에서 살아야 하는 것입니다. 우리는 이 세상의 모든 불의나 죄에 대해서 다 책임질 수 없습니다.

2. 인간의 한계

교만한 사람의 특징은 하나님의 존재를 잘 믿지 않는다는 것입니다. 그래서 이들은 인간이 모든 것을 다 해야 한다고 생각해서 극단적인 정의를 실현하려고 할 때가 많습니다. 극단적인 정의라고 하면 모든 악한 자는 다 죽이든지 감옥에 가두어야 하고, 모든 약한 자는 다 도와야 한다고 생각하는 것입니다. 그리고 이 목표를 달성하기 위해서는 어떤 짓을 해도 정당하다고 생각하는 것입니다. 그러나 인간은 아무리 권력을 가지고 정의를 실현하려고 해도 사람들마다 생각이 다 다르고 결국 언젠가는 자기 자신도 죽을 수밖에 없습니다. 결국 하나님만이 이 세상에서 정의를 실현하실 분입니다. 그러나 하나님은 이 세상의 불의도 당장 뿌리 뽑지 않으십니다. 왜냐하면 불의는 인간의 마음속에 있기 때문에 죽이지 않는 이상 뿌리 뽑을 수 없기 때문입니다. 그래서 하나님은 인간의 불의를 용납하시면서 사랑으로 설득하십니다.

34:10-12, "그러므로 너희 총명한 자들아 내 말을 들으라 하나님은 악을 행하지 아니하시며 전능자는 결코 불의를 행하지 아니하시고 사람의 행위를 따라 갚으사 각각 그의 행위대로 받게 하시나니 진실로 하나님은 악을 행하지 아니하시며 전능자는 공의를 굽히지 아니하시느니라"

여기서 '총명한 자들'은 머리도 있고 권력도 있는 자들을 말합니다. 이 사람들은 이 세상에서 힘이 있기 때문에 악을 행할 수도 있고 선을 행할 수도 있습니다. 그들은 권력이 있기 때문에 마치 신이 된 것처럼 다른 사람들은 할 수 없는 짓들을 할 수 있습니다. 그러나 그들 위에 하나님이 계시는데 하나님은 절대로 악을 좋아하지 아니하며 불의를 기뻐하지 아니하십니다. 하나님께서는 아무리 높은 자리에 있는 인간이라 하더라도 너무나도 쉽게 죽게 하실 수 있습니다. 즉 암살을 당할 수도 있고 병이 생길 수도 있고 사고가 터질 수도 있습니다. 그러나 하나님은 악한 자들을 보호해주십니다. 왜냐하면 악한 자도 한번 만들기가 쉽지 않기 때문입니다. 이때가 바로 하나님의 백성들은 겸손을 배우는 때이고 인내를 배우는 때인 것입니다.

34:13-15, "누가 땅을 그에게 맡겼느냐 누가 온 세상을 그에게 맡겼느냐 그가 만일 뜻을 정하시고 그의 영과 목숨을 거두실진대 모든 육체가 다 함께 죽으며 사람은 흙으로 돌아가리라"

하나님께서는 형편없는 인간에게 땅을 맡기시고 대기업체를 맡기시고 나라의 통치를 맡기시고 뒤에서 가만히 구경하고 계십니다. 그러니까 인간은 그 권력과 돈과 지위를 가지고 눈뜨고 볼 수 없는 악을 행하는 것입니다. 그는 그 권력을 가지고 전쟁을 일으키기도 하고 모든 음모와 술수를 다 꾸미기도 하고 온갖 정욕을 다 채우면서 살아가는 것입니다. 그것은 참으로 인간에게는 불행이지만 사실이기도 합니다. 사람은 권력이 주어지고 돈이 주어지면 악해지게 됩니다. 그리고 모든 것을 자기 마음대로 하려고 합니다. 그런데 높은 자리에 있으면서 겸손하고 높은 자리에 있으면서 권한을 남용하지 않고 정의를 지키는 자는 큰 인물인 것입니다. 모든 사람은 하나님 앞에서 진흙에 불과하고 하나님 앞에서는 아무 가치가 없는 자입니다.

34:18-20, "그는 왕에게라도 무용지물이라 하시며 지도자들에게라도 악하다 하시며 고관을 외모로 대하지 아니하시며 가난한 자들 앞에서 부자의 낯을 세워주지 아니하시나니 이는 그들이 다 그의 손으로 지으신 바가 됨이라 그들은 한밤중에 순식간에 죽나니 백성은 떨며 사라지고 세력 있는 자도 사람의 손을 빌리지 않고 제거함을 당하느니라"

왕의 타이틀을 가지고 있어도 하나님 앞에서는 아무 소용이 없고, 지도자라 해도 하나님은 악한 놈이라 하시고, 부자라고 해서 더 봐주는 것이 없다고 하셨습니다. 하나님은 누구든지 부르시는 즉시 죽을 수밖에 없습니다. 왕도 자다가 죽을 수 있고 세력 있는 자도 갑자기 심장마비로 죽게 되는 것입니다. 그러나 하나님은 모든 인간을 사랑하셔서 할 수 있는 한 끝까지 지켜봐 주십니다. 그러나 인간이 이 세상에서 가지고 있는 타이틀이나 성공은 하나님 앞에서는 아무 것도 아닙니다. 결국 우리는 모두 하나님의 무익한 종이고 입을 다물고 끝까지 하나님을 의지하는 수밖에 없는 것입니다.

3. 하나님의 점수

이 세상은 마치 권력 있고 돈 있는 자들의 세상인 것 같고 하나님은 안 계신 것 같습니다. 그러나 하나님은 모든 사람의 행실을 보고 계시며 알고 계십니다.

34:21-22, "그는 사람의 길을 주목하시며 사람의 모든 걸음을 감찰하시나니 행악자는 숨을 만한 흑암이나 사망의 그늘이 없느니라"

마치 이 세상은 연기하는 무대나 경기장과 같습니다. 연기하는 선수가 무대에 나가면 너무나도 환한 빛이 비치기 때문에 그들의 일거

수일투족이 수많은 관중과 심판의 눈에 다 보이게 됩니다. 관중이나 심판은 선수나 연기자들이 하는 행동이나 연기를 보고 점수를 매기게 됩니다. 그래서 나중에 그 점수로 메달이 결정되게 됩니다.

마찬가지로 이 세상에 있는 행악자들은 자신들의 행동을 숨길만한 어두운 그늘이 없습니다. 그리고 죽는다고 해서 그들의 악행이 없어지지도 않습니다. 어떤 영화를 보면 정말 악한 연기를 하는 배우가 있습니다. 그것도 연기인 것입니다. 이 세상은 악한 자가 있어야 사람들이 긴장을 하고 재미가 있게 됩니다. 사람들의 모든 행동을 지켜보시는 분은 하나님이십니다. 그러나 고난이 더 난이도가 높고 점수가 높습니다. 악한 자들은 자신들의 점수를 까먹고 있는 것입니다. 하나님에게는 사람들이 모르는 모든 죄가 다 기록되어 있습니다.

하나님은 사람들을 심판하는데 오래 생각할 것도 없다고 했습니다.

34:23-25, "하나님은 사람을 심판하시기에 오래 생각하실 것이 없으시니 세력 있는 자를 조사할 것 없이 꺾으시고 다른 사람을 세워 그를 대신하게 하시느니라 그러므로 그는 그들의 행위를 아시고 그들을 밤 사이에 뒤집어엎어 흩으시는도다"

하나님은 사람을 보면 그의 모든 것을 다 아시기 때문에 오래 생각하거나 서류를 뒤적거릴 필요도 없으신 것입니다. 하나님은 권력을 가진 자들을 바꾸어야 되겠다고 생각하시면 조사할 것도 없이 바꾸어 버리십니다. 왜냐하면 모든 것을 다 알고 계시기 때문입니다.

24절에 보면, 하나님은 바꾸고 싶은 사람이 있으면 얼마든지 바꾸어버리십니다. 어떤 경우에는 멀쩡하다가 하루 밤 사이에 비리가 드러나서 쫓겨나기도 합니다. 그런 경우는 정치 생명도 끝나고 목회도 끝나고 사람들 앞에 얼굴도 드러내지 못하게 됩니다.

그러나 우리에게는 이 세상의 시간이 너무 길게 느껴진다는 것이 문제입니다. 우리는 나쁜 정치도 너무 오래 지속되고 악한 자의 비행도 너무 오래 가는 것 같습니다. 반면에 믿는 자들의 고난은 끝없이 계속 되는 것 같습니다. 그러나 이 세상 시간은 결코 긴 시간이 아닙니다. 지나고 보면 아주 짧은 시간인 것입니다.

엘리후는 욥이 이런 엄청난 고난을 받은 것이 새로운 삶을 살 수 있는 기회인데, 그는 그렇게 하지 못하고 자꾸 하나님을 원망만 하고 있다고 지적하고 있습니다.

34:31-32, "그대가 하나님께 아뢰기를 내가 죄를 지었사오니 다시는 범죄하지 아니하겠나이다 내가 깨닫지 못하는 것을 내게 가르치소서 내가 악을 행하였으나 다시는 아니하겠나이다 하였는가"

엘리후는 욥이 이런 환난을 당했을 때 "내가 다른 사람들같이 죄를 짓지는 않았지만 나의 삶이 완전히 깨끗하지는 못했기 때문에 다시 한 번 회개하겠습니다."라고 하고 내가 모르는 하나님의 뜻을 가르쳐달라고 해야지, 자꾸 나는 의로운데 왜 하나님이 나를 괴롭게 하시고 이런 어려움을 주시느냐고 원망하면 안 된다는 권면입니다. 우리는 하나님의 피조물이며 감사할 것 밖에 없습니다. 물론 이해가 되지 않는 것도 많이 있지만 그것은 하나님의 주권에 맡겨야 하는 것입니다.

욥은 하나님께 내 인생을 물려내라는 식으로 말해서는 안 된다고 했습니다. 하나님은 욥이 거절한다고 해서 대신 물려주어야 하시는 분이 아닙니다. 그것은 자기가 택한 길입니다. 욥이 부자가 된 것은 자신이 택한 길입니다. 하나님이 보시기에는 욥이 의롭기는 하지만 그럼에도 불구하고 자기 의에서 풀려나지 못하고 강박증에 매여 있는 모습이었습니다.

중요한 것은 지금 우리의 믿음입니다. 아직 인생은 끝나지 않았고 우리의 게임은 계속되고 있습니다. 우리는 다시 일어나서 지금 할 수 있는 최선을 다해야지, 다른 사람을 원망하고 과거를 후회할 시간이 없는 것입니다. 그것은 하나님을 반역하는 것이며 하나님을 거역하는 것 밖에 되지 않습니다. 우리는 조금만 더 참으면 됩니다. 그때 하나님은 모든 것을 바꾸실 것입니다. 낮은 자를 높이시고 높은 자를 낮아지게 하실 것입니다. 그때까지 묵묵히 참으면 되는 것입니다.

31 너무나도 작은 인생

욥기 35:1-16

멕시코에 어떤 개가 버려져 있었습니다. 그런데 그 개는 제대로 먹지 못해서 너무 말라 있었을 뿐 아니라 몸 전체에 피부암이 퍼지고 몽우리가 생겨서 처참한 모습이었습니다. 그 개는 얼마 살지 못하고 굶거나 암으로 죽을 것 같았습니다. 그런데 어떤 사람이 지나가다가 그 개를 보고 불쌍한 생각이 들었습니다. 저 개도 생각이 있고 삶이 있을 텐데라는 생각이 들어서 그 개를 자기 집에 데리고 가서 우선 구호단체에 전화를 걸었습니다. 구호단체의 전문가는 그 집에 와서 그 개를 보고는 너무 영양상태가 좋지 못해서 항암치료를 받기가 어려울지도 모르겠다고 걱정했습니다. 그럼에도 그 개를 데리고 온 사람은 그 전문가의 도움을 받아가면서 일단 개에게 먹을 것을 주었고 정기적으로 항암치료를 했습니다. 그 개는 가끔 음식을 토하기도 했지만 차츰 건강이 좋아졌고 어느 순간 몸에 있던 암 덩어리가 완전히 사라지게 되었습니다. 얼마 후 다른 개들과 같이 건강하게 되었고 명랑하게 되었으며 병에서 완전히 벗어나게 되었습니다. 더욱이 이

개를 입양하겠다는 사람이 나타나서 이 개는 새로운 주인을 찾아가게 되었습니다. 아마 이 개는 처음에 피부에 암 덩이가 생기니까 주인이 버렸던 것 같습니다. 그런데 버려진 이 개를 또 다른 사람이 관심을 가지고 살려내어서 행복하게 해주었습니다. 이 개 이야기를 듣고 누구든지 개도 행복할 권리가 있는데 하물며 사람은 어떠한 경우에도 포기해서는 안 된다는 생각을 하게 되었을 것입니다.

그러나 우리는 다른 사람들이 불행에 빠졌을 때 그것을 뻔히 보면서도 모르는 체 할 때가 많이 있습니다. 물론 우리는 이 세상의 모든 사람의 불행을 다 고칠 수는 없습니다. 그러나 인간의 모든 불행을 고치시는 전문가가 계십니다. 그 분이 바로 하늘에 계신 하나님이십니다. 우리는 하나님의 도움을 받아가면서 아무리 부족한 것이 많고 불행한 처지에 있는 사람이라도 마지막 순간까지는 행복하게 해 줄 수 있는 것입니다.

요즘은 보기가 좀 어렵게 되었지만 옛날에 시골에는 개미가 참 많았습니다. 이 개미는 쉴 새 없이 돌아다니면서 먹이를 모읍니다. 우리는 개미 같은 존재를 중요하게 생각하지 않습니다. 그러나 성경은 우리 인간에게 게으른 자는 개미에게 가서 배우라고 했습니다(잠 6:6). 개미는 우리 인간의 선생인 것입니다. 인간은 부지런해야 먹고 살 수 있습니다. 또 벌도 우리 인간에게는 너무 보잘것없는 존재처럼 보입니다. 그러나 우리 주위에서 벌이 다 사라진다면 그 땅의 농사를 망치게 됩니다. 왜냐하면 벌이 꽃의 꿀을 따고 다니면서 수정을 시키는데 벌이 없다면 그 역할을 하지 못하므로 식물이 성장하거나 열매를 맺을 수 없기 때문입니다. 벌은 꽃이 있으면 다른 벌들에게 춤을 추어서 위치와 거리를 알려준다고 합니다. 또 우리 인간은 벌들이 모아온 꿀을 가지고 얼마나 맛있게 먹는지 모릅니다.

욥은 자신이 하나님 앞에서 의롭게 살려고 그렇게 몸부림쳤음에도 불구하고 너무나도 나쁜 최악의 결과가 나타났기 때문에 자신의 믿음에 대한 회의도 생기고 하나님에 대하여 의심도 생겼던 것 같습니다. 그래서 아마 욥은 친구들에게 사람이 의롭게 살아봐야 아무 소용도 없다는 말을 했던 것 같습니다. 즉 하나님은 우리 믿음 같은 것은 너무 보잘것없어서 알아주시지도 않는다는 말을 했던 것입니다. 엘리후는 욥에게 너무 무식한 말을 많이 하고 있다고 하면서, 우리는 어떤 형편과 처지에 있든지 하나님이 알아주시든지 알아주시지 않든지를 따지지 말고 우리의 할 일만 꾸준히 하면 된다고 강조했습니다.

1. 인간의 행동과 하나님의 관계

엘리후는 욥의 세 친구 다음에 나타난 네 번째 사람입니다. 엘리후는 욥을 위로하면서도 책망을 합니다. 이것이 바로 설교자의 입장입니다. 하나님은 우리를 위로하실 때에도 무조건 네가 잘했다고 말씀하시지 않습니다. 하나님은 어떤 때 우리를 심하게 책망하지만 말씀을 듣고 있으면 위로가 됩니다. 그 이유는 하나님의 말씀 안에는 우리가 처한 어려움에 대한 대안이 있고 고통을 치료하는 약이 들어 있기 때문입니다.

엘리후는 욥이 가지고 있는 의에 대하여 문제를 제기했습니다. 즉 욥은 하나님 앞에서 의롭게 살려고 그렇게 몸부림을 쳤지만 모든 재산이 다 없어져서 가난하게 되었고 자식들도 다 죽고 온몸에 악한 질병까지 걸려서 죽어가는 처지에서 이렇게 의롭게 살려고 몸부림치는 것이 아무 의미가 없다는 생각을 하게 되었습니다. 사실 욥은 당대의 의로운 자였고 하나님도 인정할 정도로 의로운 사람이었습니다. 그런데 욥의 의는 사탄의 시기를 가져왔고 그 결과는 망하는 것이었습니다.

욥이 하나님 앞에서 의롭게 살려고 몸부림쳤다는 것을 우리는 잘 압니다. 자식들이 생일잔치를 할 때에도 혹시라도 하나님을 욕되게 하는 말을 했을까봐 자식들의 이름을 불러가면서 제사를 드렸습니다. 그리고 가난한 자와 어려운 자는 무조건 도와야 하고, 고아와 과부는 무조건 그 요청을 들어주어야 하고, 나그네는 무조건 집에 재워야 하고, 옷이 없어서 떨고 있는 자가 있으면 자신의 양털 옷을 벗어주어야 한다고 생각을 했던 사람입니다. 어떻게 보면 욥의 의로운 삶은 강박증에 가까운 것이었습니다. 하여튼 욥은 어려운 사람을 보면 반드시 도와야 하고 의로운 행동을 반드시 해야 한다는 신념을 실천하고 있었습니다. 욥의 의로운 행실은 어떻게 보면 자신이나 가족을 참 피곤하게 할 수도 있는 것이었습니다.

이것에 대하여 엘리후는 문제를 제기했습니다.

35:1-4, "엘리후가 말을 이어 이르되 그대는 이것을 합당하게 여기느냐 그대는 그대의 의가 하나님께로부터 왔다는 말이냐 그대는 그것이 내게 무슨 소용이 있으며 범죄하지 않는 것이 내게 무슨 유익이 있겠느냐고 묻지마는 내가 그대와 및 그대와 함께 있는 그대의 친구들에게 대답하리라"

욥은 자기가 가지고 있는 의에 대한 열정은 하나님으로부터 왔다고 믿고 있었습니다. 이것은 하나님이 자기에게 주신 명령이며 자신의 소명이라고 생각했던 것입니다. 그래서 욥은 온 마음과 뜻과 힘을 다해서 어려운 사람을 돕고 죄를 짓지 않으려고 노력했던 것입니다. 사람이 어떤 일을 자신의 소명으로 알면 다른 사람들이 하지 않는 일도 적극적으로 하려고 합니다. 예를 들어서 어떤 사람은 소방관이 되어서 사람들의 목숨을 건지는 것이 하나님이 자기에게 주신 소명이라고 생각한다면 불이 났을 때 불 속에 뛰어 들어가서라도 위험에 빠진 사람을 건져 나오게 됩니다. 그러다가 소방관 중에서는 불에서 빠져 나오지 못하고 목숨을 잃는 경우도 많이 있습니다. 그런데 막상 소방관 남편이 불구덩이에 뛰어 들어가서 죽으면 결국 남는 것은 부인과 어린 아이들뿐입니다. 그래서 그 부인들은 남편이 너무 요령이 없고 자기 사명에 충실한 것을 원망하게 됩니다.

본문에서 보면, 욥도 의를 행하는 것을 자신의 소명으로 생각하니까 굶은 사람들을 집에 데려오고 옷 없는 사람들에게는 자기 옷을 벗어주고 가난한 사람의 재판에 다 관여하니까 어쩌면 욥에게 자기 생활이라는 것이 없었을 것입니다. 대개 물질적으로 여유가 없는 전도사나 목사님들에게 이런 경우가 많습니다. 자기도 먹을 것이 없으면서 가난한 교인이나 어려운 사람을 보면 자기 것 다 주고, 학생들을 집에 데리고 와서 밥 먹여주고, 잘 곳이 없는 사람은 재워주고, 부부싸움을 한 부인들과 밤늦게까지 전화나 만나서 상담해주고는 새벽에 집에 들어오니 부인이 아주 싫어합니다. 그러나 본인은 이것이 너무나도 옳은 하나님의 일이라고 생각한다는 것입니다.

그러나 욥은 자신이 이렇게 의로운 삶을 열심히 살았음에도 불구하고 가축들은 다 빼앗기고 자식들은 열 명이 다 죽고 몸에는 아주 좋지 못한 병까지 들어서 망하게 되었으니까 이렇게 사는 것이 하나님께 아무 소용이 없구나 생각을 하게 되었던 것입니다. 그리고 범죄하지 않으려고 애쓰는 것도 아무 소용이 없고 나만 손해구나라고 생각하게 되었던 것입니다. 욥은 차라리 이렇게 몸부림을 쳐서 망하는 것보다는 대충대충 사는 것이 더 지혜로운 것이 아니냐 하는 생각까지 하게 된 것입니다.

군인들은 어떻게 해서든지 전쟁터에서 살아서 돌아와야 하고 또 팔이나 다리나 다치지 않고 온전한 몸으로 돌아오는 것이 가장 중요한 것입니다. 그런데 실제로 그렇게 되지 않습니다. 전쟁터에서 동료들이 총이나 대포 파편에 맞아서 쓰러져 있는 것을 보면 뛰쳐나가서 업고 오게 되고 앞장서서 싸우게 됩니다. 그러다보면 다리나 팔도 잘려지는 상이군인이 되고 마는 것입니다. 그런데 억울한 것은 싸울 때 숨어 있거나 요령을 피운 사람은 나중에 훈장도 타고 부상도 입지 않고 승진도 한다는 것입니다. 과연 어떤 것이 지혜로운 것일까요?
　이것에 대하여 엘리후는 답변을 하겠다고 합니다.

35:5-7, "그대는 하늘을 우러러보라 그대보다 높이 뜬 구름을 바라보라 그대가 범죄한들 하나님께 무슨 영향이 있겠으며 그대의 악행이 가득한들 하나님께 무슨 상관이 있겠으며 그대가 의로운들 하나님께 무엇을 드리겠으며 그가 그대의 손에서 무엇을 받으시겠느냐 그대의 악은 그대와 같은 사람에게나 있는 것이요 그대의 공의는 어떤 인생에게도 있느니라"

　엘리후는 욥에게 눈을 들어 하늘을 바라보라고 했습니다. 우리가 하늘을 향해서 할 수 있는 것이 무엇이 있겠습니까? 여기서 재미있는 것은 하늘 위에 떠 있는 구름을 보라고 했다는 것입니다. 우리가 구름을 만들 수 없습니다. 단지 구름에서 비가 내릴 뿐입니다. 즉 하나님의 의라는 것은 하나님으로부터 자연스럽게 우리에게 내려와야 하는 것이지, 우리가 억지로 의를 행한다고 해서 구름을 만들 수 있는 것은 아니라는 것입니다.
　그래서 '의'라는 것은 두 가지 개념이 있습니다. 하나는 내가 하나님 앞에서 의로운 자격을 얻는 의가 있습니다. 그리고 또 하나는 내가 의로운 행동을 하는 의가 있습니다. 다른 사람을 위해서 내가 대신 희생을 당하고 다치거나 죽는 것이 의로운 행위인 것입니다. 그러나 의로운 행위 이전에 필요한 것은 의로운 자격인 것입니다. 즉 내가 하나님을 믿으면 하나님이 내 죄를 가져가시고 의로운 자격을 주시는데, 이때 자연스럽게 내 안에 의로운 것이 생기게 되는 것입니다. 그래서 자연스럽게 남에게 친절하고 남을 이해하려고 하고 혹시 남을 도울 수 있으면 돕게 되는 것입니다. 이것은 결코 영웅적인 행동이 아닙니다. 이 세상에서는 영웅들을 보고 의인이라고 칭찬합니다. 그러나 그것은 하나님께 큰 영향을 주지 못합니다. 그런데 우리가 하나님을 믿으면 마음 안에서 선이 악을 이기게 되는데, 이것이 의로운 것입니다. 그래서 우리가 이 세상에서 아무리 의롭게 살려고 몸부림을 쳐도 하나님께 드릴 수 있는 것은 아무 것도 없습니다. 그러나 하나님을 믿는 자에게 하나님은 관심이 많으십니다. 그들이 하나님을 믿는 것을 하나님은 기뻐하십니다.

35:8, "그대의 악은 그대와 같은 사람에게나 있는 것이요 그대의 공의는 어떤 인생에게도 있느니라"

사람들의 악은 사람에게나 피해를 주는 것이지, 하나님에게는 아무런 피해를 주지 못한다고 했습니다. 그리고 그런 의를 행하고자 하는 본능은 누구에게나 다 있다고 했습니다. 즉 모든 사람의 마음속에는 의롭게 살고 싶은 마음이 다 있다는 것입니다. 그래서 하나님을 믿는 것이 중요한 것입니다. 물론 야고보 사도는 행함이 없는 믿음은 죽은 것이라고 했습니다(약 2:26). 그것은 사실입니다. 그런데 행함은 믿음 뒤에 따라오는 것입니다.

2. 하나님의 역할

욥이 의를 행하는 것을 자신의 사명으로 알고 열정적으로 다른 사람을 도운 행위는 아주 잘 한 것입니다. 그런데 그 결과가 최악의 결과로 나타났을 때 욥은 하나님에 대하여 실망했던 것 같습니다. 그러면 왜 욥은 그렇게 의롭게 살려고 몸부림을 쳤을까요? 하나님께 잘 보여서 복을 더 받으려고 그렇게 한 것은 아닌 것 같습니다. 아마도 욥은 의로운 성품이었고 열정이 있는 사람이었던 것 같습니다. 열정이 없는 사람은 그렇게 하라고 해도 하지 못할 것입니다. 그런데 적어도 욥은 자기가 믿음으로 산 결과 이렇게 비참하게 망할 줄은 몰랐던 것 같습니다. 욥은 적어도 하나님은 자기편이기 때문에 자기를 지켜주실 것이라고 생각을 했던 것입니다.

그런데 자신이 의롭게 산 결과가 너무 처참하고 좋지 못하니까 다른 사람에게 보여줄 것도 없고 하나님이 왜 이렇게 하셨을까 하는 의문이 들었던 것입니다. 그런데 하나님은 앞으로 의로운 고난을 당할 수많은 성도들을 위해서 욥으로 하여금 미리 고난 받게 하신 것입니다. 그래서 고난당한 성도들은 누구나 할 것 없이 읽는 것이 욥기입니다. 사업이 망했을 때 아들이 죽었을 때 몸에 병이 생겼을 때 누구든지 욥기를 읽고 위로를 받는 것입니다.

그런데 엘리후는 이런 말을 합니다.

35:9-10, "사람은 학대가 많으므로 부르짖으며 군주들의 힘에 눌려 소리치나 나를 지으신 하나님은 어디 계시냐고 하며 밤에 노래를 주시는 자가 어디 계시냐고 말하는 자가 없구나"

사람들은 악한 자가 자기를 학대하면 거기서 벗어나려고 부르짖습니다. 또 나쁜 군주를 만나서 힘에 눌리게 되면 소리를 지르게 됩니다. 그러나 나를 지으신 하나님이 어디 계시느냐 찾는 자가 없다고 했습니다. 사람은 어려움이 생기면 그 어려움에서 벗어나려고만 하지 그 이상은 생각하지 않는다는 것입니다. 즉 인간은 하나님의 역할을 단지 나의 어려움에서 벗어나게 하시는 분 정도로만 생각하지, 하나님이 그런 상황에서 나에게 지혜를 주시고 어떤 말씀을 주시는 분으로는 생각하지 못한다는 것입니다.

예를 들어서 어떤 사람이 큰 나무가 넘어져서 깔리게 되었으면 그 나무에서 빠져 나오는 것이 가장 중요할 것입니다. 그런데 악한 자가 나를 학대할 때에는 무조건 그 학대에서 벗어나는 것만이 중요한 것이 아니라 그 악한 자에게 대적할 수도 있고 순응할 수도 있고 설득할 수도 있는 것입니다. 그런데 그 악하게 대적하던 자가 만일 변할 수만 있다면 그것은 엄청난 일일 것입니다. 하나님은 단지 우리를 어려움에서 빼내시기만 하는 것이 아니라 거기서 지혜롭게 행하게 하시는 분인 것입니다. 그런데 사람들은 하나님께 어려움에서 빼내어 달라고 소리만 지르지 내가 여기서 할 수 있는 것이 무엇인지 묻지를 않는다는 것입니다.

"하나님은 밤에 노래를 주시는 분"이십니다. 낮에는 사람들이 설치고 모든 것을 다 하는 것 같지만 밤에 사람들이 잠을 잘 때 하나님은 놀라운 일을 행하시는 것입니다. 사람은 잠을 자지 않을 수는 없습니다. 그런데 역사는 밤에 자는 동안에 다 이루어지는 것입니다. 그때 하나님을 믿던 자들은 하나님을 노래하게 됩니다.

하나님은 우리 사람들에게 짐승이나 공중의 새보다 훨씬 많은 지혜를 주셨습니다.

35:11, "땅의 짐승들보다도 우리를 더욱 가르치시고 하늘의 새들보다도 우리를 더욱 지혜롭게 하시는 이가 어디 계시냐고 말하는 이도 없구나"

우리는 공부를 얼마나 많이 합니까? 어렸을 때나 학생 때나 청년 때나 하는 것이 공부입니다. 그러나 그 많은 공부가 위기의 순간에는 아무 도움이 되지 못합니다. 짐승들은 뿔이라도 있고 사자는 이빨이나 발톱이라도 있지만 사람은 입만 살아서 소리밖에 지르지 못하는 것입니다. 새들은 머리가 작아서 머리가 나쁘다고 하지만 닭은 새벽마다 울어서 온 세상을 깨우고 철새는 내비게이션도 없이 수천 킬로를 날아서 왔다 갔다 이동합니다. 비둘기는 옛날에 훈련을 받으면 틀림없이 편지를 전달해 줬는데 요즘은 잘 안 된다고 합니다. 아마 고층

건물 영향이라고 하기도 하고 유리로 된 건물 때문이라고 하기도 하는데 잘 모른다고 합니다.

사람은 잘 나갈 때에는 잘하지만 위기의 순간이 오면 아무 것도 할 수 없습니다. 그래서 미국이나 일본에서는 어린이들에게 위기 때 대피하는 훈련을 자꾸 시킨다고 합니다. 하나님의 백성들은 위기 때 강한 것이 특징입니다. 왜냐하면 어려울 때 기도하면 하나님이 자꾸 지혜를 주시기 때문입니다. 그래서 우리는 어려울 때 하나님을 더 찾아야 합니다.

3. 욥이 하나님을 기다림

사람들이 어려운 위기를 당하면 살려달라고 소리를 지르지만, 하나님은 결코 듣지 아니하시고 그들을 위기에서 건져주시지도 않습니다. 그래서 사람들이 위기 때 하나님을 찾기는 하지만 응답 받지 못하는 것입니다. 그것은 우선순위가 잘못되었기 때문입니다. 사람이 어떤 새 집에 들어가면 전기가 들어오는지 물이 제대로 나오는지 전화가 잘 되는지부터 확인해야 하는데, 그런 것은 확인하지 않고 있다가 막상 밤이 되어서 전기가 안 들어온다, 수도가 안 나온다, 전화가 안 된다고 소리를 질러봐야 소용이 없는 것입니다.

마찬가지로 우리가 언제 어디를 가든지 가장 먼저 해야 하는 것은 하나님과 통신이 되는지 확인하는 것입니다. 즉 내 귀에 바른 하나님의 말씀이 들리고 있는지, 또 내 기도가 응답되는지 확인하는 것을 가장 먼저 해야 하는 것입니다. 기도한 것이 응답되는지 확인하는 것에는 시간이 걸립니다. 그런데 구체적으로 내가 기도한 것에 하나님의 응답이 나타나고 기적이 나타날 때 지금 하나님과 제대로 통신이 되고 있는 것입니다. 그리고 하나님의 말씀을 듣고 내 마음이 뜨거워지는지도 늘 확인해야 합니다. 아무리 하나님의 말씀을 들어도 속이 차갑고 뜨거워지지 않으면 무엇인가가 잘못된 것입니다.

35:12-13, "그들이 악인의 교만으로 말미암아 거기에서 부르짖으나 대답하는 자가 없음은 헛된 것은 하나님이 결코 듣지 아니하시며 전능자가 돌아보지 아니하심이라"

"교만으로 말미암아"라는 것은 평소에 편할 때는 하나님이나 하나님의 말씀을 전혀 찾지 않다가 어려움이 터진 후에야 하나님을 찾는다는 것입니다. 그런 사람들은 가장 중요한 것은 생각하지 않고 사람들과 어울려서 노는 것만 생각한 것입니다. 그런 사람들이 아무리 부르짖어봐야 하나님은 헛된 소리라고 해서 듣지 않으시는 것입니다. 그래서 우리는 언제 어디를 가든지 가장 중요한 것부터 먼저 확인을 해 놓아야 다른 것을 할 수 있는 것입니다. 기도도 응답 안 되는 곳에서 아무리 일을 하고 돈을 벌어봐야 소용이 없는 것입니다.

그런데 욥은 지금 하나님을 기다리고 있다고 말하고 있습니다.

35:14, "하물며 말하기를 하나님은 뵈올 수 없고 일의 판단하심은 그 앞에 있으니 나는 그를 기다릴 뿐이라 말하는 그대일까보냐"

욥은 하나님은 뵈올 수 없다고 했습니다. 그런데 중요한 판단은 하나님이 하시니까 욥은 하나님의 판단이 나타날 때까지 자기는 기다릴 수밖에 없다고 말한다는 것입니다. 그러나 이것은 옳은 것이 아니었습니다. 왜냐하면 욥은 지금 하나님의 지혜를 구하면서 자기가 할 수 있는 작은 일을 하는 것이 해야 할 일이지, 무턱대고 가만히 입만 벌리고 있다고 해서 욥의 입에 감이 떨어지는 것은 아니기 때문입니다. 우리가 하나님을 기다리는 것은 맞습니다. 그러나 우리가 할 수 있는 작은 일은 계속 해야 합니다. 왜냐하면 그 작은 것이 모여서 기적을 이루기 때문입니다.

엘리후는 하나님이 욥을 벌주시기 위해서 고난을 주시는 것이 아니라고 했습니다.

35:15, "그러나 지금은 그가 진노하심으로 벌을 주지 아니하셨고 악행을 끝까지 살피지 아니하셨으므로"

이것이 하나님의 말씀이었습니다. 하나님은 결코 욥에게 벌을 주시는 것이 아니었습니다. 하나님은 욥의 악행을 살피시는 것도 아니었습니다. 하나님은 욥을 연단하셔서 순금이 되게 하시려는 목적이었습니다.

그런데 엘리후는 욥이 너무 말을 많이 한다고 책망하고 있습니다.

35:16, "욥이 헛되이 입을 열어 지식 없는 말을 많이 하는구나"

우리가 이 세상에서 형통하지 못할 때가 있습니다. 그때는 많은 말을 할 때가 아닌 것입니다. 실패한 주제에 아무리 많은 말을 해도 그 말을 들어줄 사람이 없기 때문입니다. 하나님은 욥이 죄를 지었기 때문에 이런 고통을 주시는 것은 아니라고 했습니다. 그렇다면 하나님은 욥을 보물로 만들기 위해서 고통을 주시는 것입니다. 그래서 고통의 때는 혼자 있는 시간이므로 마음껏 하나님의 손에 붙들려서 하나님의 작품으로 만들어져야 합니다. 실컷 하나님의 말씀을 듣고 실컷 기도하고 실컷 하나님에 대하여 명상하는 시간을 가져야 하는 것입니다.

옛날에 위대한 사람들은 귀양이라는 악조건을 통해서 대작을 만들었습니다. 허준은 귀양을 간 시간 동안《동의보감》을 완성했습니다. 정약용 같은 사람도 귀양 생활을 통해서 자신의 사상을 정리한 책을 남겼습니다. 사도 요한 같은 경우에는 밧모섬에 귀양을 가서 거기서 요한계시록 같은 성경을 남기게 되었습니다.

위대한 하나님의 사람들은 모두 말할 수 없는 고난의 시간을 가졌습니다. 이사야는 누가 우리의 전한 말을 들었느냐고 하나님께 질문을 했습니다(사 53:1). 아무도 이사야의 말을 듣지 않았던 것입니다. 마틴 루터 같은 경우에는 부르텐부르그 성에 숨어있는 동안에 신약성경을 독일어로 번역하게 됩니다. 이것이 루터의 업적 중에서 가장 큰 업적이었다고 생각합니다. 사도 바울은 감옥에 갇혀 있는 동안에 옥중서신이라는 아주 훌륭한 성경을 남기게 됩니다. 그는 사람의 몸은 잡아맬 수 있지만 하나님의 말씀은 매이지 않는다고 했습니다(딤후 2:9).

우리는 이 짧은 세상을 살면서 무엇을 남기겠습니까? 우리는 누구에게 편지를 쓰겠습니까? 우리에게는 때때로 많은 말이 의미 없을 때가 있습니다. 우리의 감정이나 원망이나 섭섭한 마음이 다 의미가 없을 때가 있습니다. 인생은 풀과 같고 그 영광은 풀의 꽃과 같지만 하나님의 말씀은 영원하다고 했습니다(사 40:8). 쓸데없는 종이 같은 돈만 수북하게 모아놓겠습니까? 아니면 영원한 하나님의 말씀을 찾겠습니까? 우리는 좀 더 하나님을 찾는 시간을 가져야 합니다. 그러기 위해서는 세상일을 덜 해야 하고 세상일에는 손해를 봐야 하는 것입니다.

32
인생의 비바람
욥기 36:1-33

우산도 가지지 않고 산에 오르거나 들판에 나갔다가 갑자기 소나기를 만나는 바람에 비를 쫄딱 맞고 돌아올 때가 간혹 있습니다. 심지어 그때 번개나 우레가 치면 굉장한 두려움까지 느끼게 될 것입니다. 이럴 때 큰 나무 밑에서 비를 피하는 것은 아주 위험하다고 합니다. 벼락이 나무를 칠 수 있기 때문입니다. 골프장에서 골프 우산을 쓰고 가다가 벼락을 맞아서 죽거나 중화상을 입는 경우도 있다고 합니다.

마틴 루터는 대학생 시절 방학 때 집으로 돌아오다가 갑자기 그 앞에 벼락이 떨어지게 되는데, 그때 그는 너무나도 두려워서 안나라는 성인의 이름을 부르면서 자기는 수도사가 되겠다고 약속을 했다고 합니다. 어떤 사람은 마틴 루터가 같이 길을 가던 자기 친구가 벼락에 맞아 죽는 것을 보고 수도사가 되기로 결심했다고 전하기도 합니다. 원래 루터의 아버지는 루터가 법을 공부하기를 원했다고 하는데, 루터는 지옥에 가는 것이 너무 두려워서 수도사가 되기로 결심을 했다고 합니다.

폭풍우 하면 생각나는 작품이 셰익스피어의 《리어 왕》입니다. 리어 왕은 자기 세 딸에게 나라를 세 등분해서 나누어주려고 하는데, 막내딸만 착하고 위의 두 딸은 악한 욕심쟁이었습니다. 그런데 두 딸은 아버지에게 듣기 좋은 말을 해서 넓은 땅을 물려받은 후에는 아버지를 쫓아냅니다. 그러나 막내딸은 아버지에게 듣기 좋아하는 말을 하지 않았다고 해서 땅을 하나도 받지 못하고 쫓겨나게 됩니다. 쫓겨난 리어 왕은 미쳐서 비바람이 부는 들판에서 비를 맞으면서 돌아다니게 됩니다. 그는 재산을 나누어주기 전까지는 영국 전체를 다스리고 백 명의 기사를 거느리는 왕이었지만 재산을 다 나누어주고 부하들까지 다 없어진 후에는 치매에 걸린 불쌍한 노인에 불과했던 것입니다.

그런데 성경에는 폭풍우가 이와는 좀 다르게 나옵니다. 하나님의 종들은 이런 폭풍우 가운데서도 하나님의 음성을 듣고 사람들을 살리는 것을 볼 수 있습니다. 요나는 하나님의 말씀을 거역하고 다른 곳으로 배를 타고 도망을 치다가 큰 폭풍을 만나게 되었습니다. 그는 그것도 모르고 지하 밑창에서 잠을 자다가 선장이 깨우는 바람에 잠에서 깨게 되었습니다. 그는 죄인을 찾아내는 제비가 자기에게 떨어지자 자기 때문에 이 재난이 온 것을 인정합니다. 그리고 자기를 바다에 집어 던지면 바람이 잔잔할 것이라고 했습니다. 이것은 요나가 폭풍 가운데서도 하나님의 음성을 들을 수 있었기 때문입니다. 선원들은 어쩔 수 없어서 요나를 들어서 바다에 던지는데 그러자 바다는 잔잔해지고 배에 탄 사람들은 모두 목숨을 건지게 되었습니다. 요나는 배를 타기 전에는 하나님의 존귀한 선지자였지만 풍랑을 만났을 때에는 하나의 죄인에 불과했고 마지막으로 한번 하나님을 증거할 기회를 가지게 되었습니다.

사도 바울도 죄수의 처지로 로마로 끌려가다가 지중해 한복판에서 유라굴로라는 엄청난 폭풍을 만나게 됩니다. 밤낮 보름을 배가 폭풍에 떠밀려 가는데 사도 바울은 환상 가운데 예수님을 만나고 배에 탄 사람들은 아무도 죽지 않으며 배만 파선될 것이라는 그분의 음성을 듣게 됩니다. 그래서 그는 배에 탄 모든 사람을 격려해서 구원 받는다는 소망을 갖게 하고 마침내 한 사람도 빠짐없이 모두 구원을 받았던 것입니다.

엘리후는 하나님이 보내신 마지막 설교자였습니다. 그는 우리가 이 세상에 있을 때 실패하면 다른 사람의 이목이 두렵고 자존심이 상하고 체면 깎이는 것이 가슴 아프고 죽고 싶은 마음이 들게 되지만, 우리가 자연 가운데서 폭풍우나 벼락을 맞게 될 때에는 죽느냐 사느냐 하는 공포에 빠지게 된다고 했습니다. 이때 하나님의 음성을 듣는 자는 사람들의 생명을 살리게 되지만 공포에만 빠지고 자기만 살기 위해서 허우적거리는 사람은 같이 망하게 된다고 했습니다.

1. 의인을 사랑하시는 하나님

엘리후는 욥에게 의라는 것은 자기가 의로워야 한다는 강박중으로 되는 것이 아니라 하나님이 의로운 자격을 주셔야 한다고 했습니다. 즉 나는 의로워야 한다고 하면서 자기나 다른 사람들을 다그친다고 해서 되는 것이 아니라 먼저 내가 변하고 자연스럽게 다른 사람을 이해하고 사랑하는 것이 의라고 강조하고 있습니다. 그런데 엘리후는 이것으로 자기의 할 말이 다 끝난 것은 아니라고 했습니다.

36:1-3, "엘리후가 말을 이어 이르되 나를 잠깐 용납하라 내가 그대에게 보이리니 이는 내가 하나님을 위하여 아직도 할 말이 있음이라 내가 먼 데서 지식을 얻고 나를 지으신 이에게 의를 돌려보내리라"

엘리후는 아직도 욥에게 하나님에 대하여 할 말이 남아 있다고 하면서, 내가 먼 데서 이 지식을 얻었다고 합니다. 대개 먼 데까지 가서 지식을 배워 온 사람들을 유학했다고 합니다. 우리나라에는 미국이나 영국이나 프랑스나 독일이나 먼 데까지 가서 지식을 배워온 사람들이 많습니다. 이들이 먼 곳에 가서 지식을 배워올 때 돈도 많이 들고 언어도 새로 배워야 하기 때문에 고생하고 힘들어 합니다. 그래서 중국의 삼장법사는 불경을 구하기 위해서 십년에 걸쳐서 인도에 가서 책을 구해 와서 번역했다고 합니다. 신라의 혜초도 인도의 오천축국이라는 나라까지 가서 불경을 구해 왔습니다. 아마도 옛날에 아라비아에 사는 사람들은 하나님의 말씀을 들으려고 하면 예루살렘까지 가서 그 말씀을 배워와야만 했던 것 같습니다.

이스라엘 백성들의 장점은 그들에게는 하나님의 말씀이 너무나도 가까이 있다는 것입니다. 예루살렘 같은 데서는 아예 길에서 하나님의 말씀이 바겐세일 되고 있었습니다. 하나님의 지혜가 길에서 소리를 지르고 길을 지나가는 사람을 불러 세워서 하나님의 말씀을 가르쳐 주었습니다. 그러나 정작 이스라엘 백성들은 하나님의 말씀이 너무 흔했기 때문에 그 가치를 알지 못했습니다. 오히려 그들은 음란한 여인들을 좋아했고 멸망으로 내려가게 하는 우상을 좋아했던 것입니다. 하나님은 이스라엘 백성들에게 하나님의 말씀이 하늘 위에 있어서 하늘에 올라가서 배워야 하는 것도 아니고 바다 건너편에 있어서 바다를 건너가서 배워야 하는 것도 아니고, 너무 가까이 있는 말씀을 믿기만 하면 되는데, 이스라엘 백성들은 죽어도 가까이 있는 말씀을 배우려고 하지 않는다고 안타까워했습니다.

오늘 우리도 하나님의 말씀이 멀리 있는 것이 아닙니다. 하나님의 말씀을 알기 위해서 먼 외국까지 가서 박사가 되어야 하는 것도 아닙니다. 그런데 사람들은 하나님의 말씀의 가치를 인정하지 않는 것입니다. 오히려 세상의 지식은 엄청나게 사랑을 하고 있습니다. 우리가 하나님의 말씀을 읽으면 하나님은 결코 우리로부터 멀리 계신 것이 아니고 우리에게서 무관심한 분도 아니시라는 사실을 알게 됩니다.

36:5, "하나님은 능하시나 아무도 멸시하지 아니하시며 그의 지혜가 무궁하사"

하나님은 모든 것을 다 하실 수 있지만 아무도 무시하지 아니하십니다. 하나님은 곤충이나 들짐승이나 새들도 사랑하시고 가난한 자나 악인이나 선인이나 모두 사랑하십니다. 하나님은 아무도 멸시하지 아니하십니다. 즉 이 세상에서 살 가치가 없는 사람은 아무도 없습니다. 하나님은 지혜가 무궁하사 모든 것이 다 나름대로 쓸모 있다는 것을 아십니다. 하루살이는 하루살이대로 쓸모가 있고 지렁이는 지렁이대로 쓸모가 있고 악한 자도 악한 자 나름대로 쓸모가 있기 때문입니다. 하루살이가 없으면 새들은 무엇을 먹고 살겠습니까? 지렁이가 없으면 낚시하는 사람은 무엇으로 낚시를 하겠습니까? 그리고 악한 자가 없으면 의로운 자는 어떻게 나타날 수 있겠습니까? 단지 자신이 악한 자가 되지 않는 것이 좋습니다. 왜냐하면 악한 자의 말로가 절대로 좋을 수 없기 때문입니다.

36:6, "악인을 살려두지 아니하시며 고난 받는 자에게 공의를 베푸시며"

하나님은 끝내 악한 자를 곱게 살게 하시지 않습니다. 그러나 그렇다고 해서 악한 자를 금방 망하게 하시지 않습니다. 왜냐하면 악한 자도 있어야 사람들이 정신을 차리기 때문입니다. 그러나 악한 자의 말로는 갑자기 찾아오게 됩니다. 어느 한 순간 졸지에 망해버리는 것입니다. 그리고 죄가 없지만 고난당하는 자는 하나님이 공의를 베푸시는 순간 풀려나게 됩니다. 왜냐하면 그는 죄가 없기 때문입니다.

그러나 우리는 악한 자가 권세를 부리고 거짓말로 모함하고 의인들을 감옥에 가두고 괴롭히는 동안에 많은 것을 배우게 됩니다. 왜냐하면 인간에게 권력이 주어지면 반드시 악해지게 되어 있기 때문입니다. 평소에는 괜찮았던 사람이었는데도 권력만 가지면 말을 못되게 하고 권세를 부리는 것을 보게 됩니다. 그리고 아무리 의인이라 하더라도 억울하게 고난당하는 동안에 자기가 회개할 것이 많다는 것을 깨닫게 됩니다. 즉 악한 사람들처럼 적극적으로 악을 행하지는 않았다 하더라도 너무 이기적이었고 하나님의 뜻보다는 자기만을 위해서 살았다는 것을 깨닫게 되는 것입니다.

36:7, "그의 눈을 의인에게서 떼지 아니하시고 그를 왕들과 함께 왕좌에 앉히사 영원토록 존귀하게 하시며"

하나님은 의인에게서 눈을 떼지 않으신다고 했습니다. 엄마는 음식을 먹거나 물을 마시더라도 아기에게서 눈을 떼지 않습니다. 언제 아이가 넘어지거나 밖으로 튀어나갈지 모르기 때문입니다. 그래서 하나님이 우리에게서 눈을 떼시지 않는 것은 좋은 일이기도 하고 우리에게는 부담스러운 일이기도 합니다. 물론 하나님께서 눈을 떼지 아니하시고 늘 지켜주시는 것은 좋은 일이지만 우리가 죄짓고 싶고 나쁜 일 하고 싶을 때도 눈을 떼지 아니하시기 때문에 우리 마음대로 아무 것도 할 수 없는 것입니다. 그때 우리는 스스로를 속입니다. '하나님이 나를 못 보실 거야. 아마도 하나님은 모르실 거야'라고 하면서 눈 딱 감고 죄를 짓는 것입니다.

2. 하나님이 의인에게 주시는 환난

하나님은 의인에게서 눈을 떼는 법이 없이 지켜주시지만 그럼에도 불구하고 의인들이 감옥에 갇히기도 하고 죄인 취급을 당하게 하실 때도 있습니다. 이때 우리는 하나님께서 하시는 일이 도무지 이해되지 않습니다. 하나님은 모든 것을 다 알고 계시며 모든 것을 다 하실 수 있으신 데도 불구하고 왜 하나님은 나를 감옥에 갇히게 하시고 수갑을 차고 재판을 받게 하실까 하는 의문이 들게 됩니다.

36:8-9, "혹시 그들이 족쇄에 매이거나 환난의 줄에 얽혔으면 그들의 소행과 악행과 자신들의 교만한 행위를 알게 하시고"

물론 하나님은 의인이 이 세상의 악한 사람만큼 악하지 않다는 것을 알고 계십니다. 그럼에도 불구하고 그들은 하나님의 의에 대하여 너무나도 소극적이고 지혜가 없으며 이기적으로 생활하고 있다는 것을 깨닫기를 원하시는 것입니다. 즉 하나님을 믿는 의인이라고 하면서 세상의 것에 너무 집착하고 사실 하나님을 믿는 것 외에는 세상 사람들과 별로 다른 것이 없는 것에 대하여 하나님께서 진노하시는 것입니다. 너는 왜 세상일에는 그렇게 적극적이면서 하나님의 일에는 왜 그렇게 소극적이냐고 책망하시는 것입니다.

더 중요한 것은 우리가 이 세상에 살면서 하나님의 음성 듣는 법을 잊어버릴 때가 많이 있다는 것입니다. 이 세상에서 가장 중요한 것이 하나님의 음성을 듣는 것인데 세상일에 빠지면서 하나님의 음성을 놓쳐버리는 것입니다. 예를 들어서 아이들이 너무 노는데 빠져서 엄마의 음성을 놓쳐버린다면 그 아이는 길을 잃어버릴 수도 있습니다. 어린 양이 풀을 뜯어 먹는데 너무 정신이 팔려서 목자의 음성을 놓쳐버렸다면 그 양은 잘못하면 늑대 밥이 될 수도 있는 것입니다. 그래서 하나님은 때때로 우리로 하여금 세상에서 쇠고랑을 차게도 하시고 수치를 당하게도 하심으로 자기 자신을 정직하게 보게 하시는 것입니다. 그래서 내가 하나님을 믿는다고 하면서도 끊어버려야 할 죄가 많이 있구나 하는 것을 깨닫게 됩니다.

36:10, "그들의 귀를 열어 교훈을 듣게 하시며 명하여 죄악에서 돌이키게 하시나니"

하나님은 우리로 하여금 실패와 고난을 통하여 하나님의 음성을 듣게 하십니다. 이때 우리는 '하나님의 음성만 들어서 무슨 소용이 있나. 실제적으로 길이 열려야 하는데….'라고 생각하기 쉽습니다. 그런데 하나님의 음성이 들리면 길을 찾게 됩니다.

11절에 보면, 순종하여 섬기면 형통하고 즐거운 날을 보내게 될 것이며, 12절에는 순종하지 않으면 칼에 망하고 지식 없이 죽을 것이라고 했습니다. 즉 하나님에 대한 믿음이 점점 없어져서 나중에는 믿음이 하나도 없는 사람이 된다는 것입니다. 하나님의 말씀을 듣지 않으면 우리 속에 있는 분노가 사그라지지 않습니다. 분노는 우리를 죽이는 독인데 독이 빠지지 않습니다. 그리고 아무리 답답한 경우를 당해도 기도를 하지 않습니다.

13절에 보면 "하나님이 속박할지라도"라고 했는데 아무리 답답한 형편에 처해도 하나님이 속박한 것이기 때문에 풀 수 있다는 것입니다. 그러나 하나님의 말씀을 듣지 않으면 반발심만 생기지 기도를 하지 않게 됩니다. 그리고 말씀을 듣지 않는 자는 젊어서 돌연사 하는 경우가 많은데 남창같이 죽는다고 했습니다. 아마 이때도 남창이나 동성애자가 있었던 모양입니다. 이들은 병으로 젊어서 비참하게 죽었던 모양인데 하나님의 말씀을 듣지 않으면 누구든지 몸 안에 독이 퍼져서 빨리 죽게 된다는 것입니다.

요즘은 독이 가득한 세상입니다. 그래서 세상에서 존경받는 분들도 얼마나 욕을 잘 하는지 모릅니다. 이것이 바로 겉으로 보는 것과 실제로 다른 점입니다. 그러나 하나님은 그의 백성들을 곤고하게 하셔서 그 길을 여신다고 했습니다. 우리는 고난을 통해서 하나님께 집중하게 됨으로 하나님의 음성을 듣게 되는 것입니다. 그때 하나님은 우리를 고난에서 이끌어내셔서 좁지 않고 넉넉한 곳으로 인도하시고 상에 기름진 음식을 준비해주시는 것입니다.

3. 하나님의 놀라운 능력

욥은 자기가 그렇게 악하지 않은데도 비참하게 망한 것을 보고 하나님에게 따지려고 했습니다. 그러나 엘리후는 하나님은 반드시 유익하게 하시려고 고난을 주시기 때문에 너무 분노하지 않도록 조심하라고 했습니다. 왜냐하면 우리가 당하는 고난은 결국 하나님이 주실 축복의 백분의 일도 되지 않기 때문입니다.

36:18, "그대는 분노하지 않도록 조심하며 많은 뇌물이 그대를 그릇된 길로 가게 할까 조심하라"

우리는 어려움을 당하면 나에게 고통을 준 사람에 대하여 분노하게 됩니다. 그러나 분노하지 않도록 조심하라고 했습니다. 왜냐하면 이 모든 것은 하나님이 하신 것이기 때문입니다. 그리고 뇌물을 조심하라고 했는데 사실 망한 사람에게 누가 뇌물을 주겠습니까? 이는 인간적인 위로나 칭찬을 너무 받으려고 하지 말라는 뜻입니다. 왜냐하면 너무 인간적인 위로를 의지하면 잘못된 길로 갈 수 있기 때문입니다.

그리고 엘리후는 욥에게 많은 교훈을 줍니다. 그것은 그대의 부르짖음이나 능력이 어려움에서 끌어내는 것이 아니라는 것입니다. 물론 욥은 하나님께 부르짖어야 하고 자기가 할 수 있는 일은 최선을 다해서 해야겠지만 모든 복은 백 퍼센트 하나님이 주시는 선물인 것입니다. 또 "밤을 사모하지 말라"고 했습니다. 밤은 잠을 자고 숨고 사람을 피하는 시간입니다. 하나님의 백성은 어려울 때도 당당하라고 했습니다.

그러면서 엘리후는 욥의 생각을 하나님의 놀라운 능력으로 옮겨가게 했습니다. 우리는 비가 내리거나 시냇물이 흐르는 것을 너무나도 당연하게 생각합니다. 그러나 사실 비가 내리는 것은 하나님의 가장 중요한 기술에 속하는 것입니다. 하나님은 바다나 큰 호수 같은 데서 수증기를 아주 작은 입자로 만들어서 아주 높은 하늘까지 올라가게 하셔서 구름이 되게 하십니다. 그런데 구름은 그 많은 물을 터트리지 않고 보관하고 있습니다. 그래서 구름은 더운 날에 그늘이 되기도 합니다. 그러다가 수증기의 무게가 어느 정도 이상이 되면 비가 내리기 시작합니다. 비도 이슬비가 있고 폭우가 있고 가랑비가 있고 소나기가 있고 여우비가 있습니다. 우리는 어렸을 때 해는 비취는데 비가 오면 여우가 시집간다고 해서 여우비라고 불렀습니다. 그런데 어떤 때는 비가 오지 않는데 번개가 칠 때도 있습니다.

36:27-28, "그가 물방울을 가늘게 하시며 빗방울이 증발하여 안개가 되게 하시도다 그것이 구름에서 내려 많은 사람에게 쏟아지느니라"

우리는 이미 이 세상에서 어마어마한 하나님의 혜택을 보면서 살아가고 있습니다. 그것이 바로 비나 태양이고 공기입니다. 우리는 이 세상에서 살아있는 것만으로 충분히 감사해야 합니다. 불평해야 할 것은 아무 것도 없습니다. 하나님이 구름과 우레를 통하여 말씀하시는 것을 우리는 들어야 합니다.

36:29-31, "겹겹이 쌓인 구름과 그의 장막의 우렛소리를 누가 능히 깨달으랴 보라 그가 번갯불을 자기의 사면에 펼치시며 바다 밑까지 비치시고 이런 것들로 만민을 심판하시며 음식을 풍성하게 주시느니라"

제자들은 높은 산에서 예수님이 변화되시고 모세와 엘리야가 나타나고 하나님이 구름 가운데서 말씀하시는 음성을 들었습니다. 청년 바울도 다메섹에 가다가 빛 가운데서 예수님의 음성을 들었을 때 주위 사람들은 소리만 들었다고 했습니다(행 9:7). 다른 사람들은 예수님의 정확한 음성을 듣지 못했던 것입니다. 어떤 사람들에게는 생생한 하나님의 음성으로 들리는데 어떤 사람들에게는 소리로만 들리는 것입니다.

하나님은 번개를 통해서도 우리에게 말씀하십니다. 번갯불에는 엄청난 전기 에너지가 있기 때문에 사람들이 맞으면 타죽게 됩니다. 특히 나무 밑에 있거나 우산을 쓰고 있으면 위험합니다. 하나님은 이 세상에 번갯불을 내리셔서 심판하시려고 하지만 예수님의 십자가가 피뢰침이 되어서 하나님의 심판을 흡수해버리시고 오히려 풍성한 음식을 주십니다. 즉 농사가 잘 되게 하시는 것입니다. 하나님은 번갯불을 손 안에 넣으시고 어떤 때는 표적을 찾아서 때리기도 하십니다. 사람들이나 소는 우레 소리를 듣고 비가 올 것을 알게 됩니다.

하나님의 백성들의 고난은 하나님의 진노를 축복으로 바꾸는 힘이 있습니다. 우리의 고난이 이 세상의 축복이 될 것입니다. 하나님께 억울하다고 말하지 아니하고 이 세상에 비가 오고 하나님의 축복이 오게 하시는 성도들이 되시기 바랍니다.

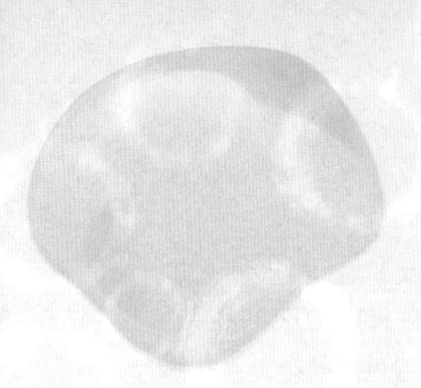

33
자연 속의 하나님
욥기 37:1-24

자연은 조용한 것 같지만 끊임없이 변하고 있고, 때로는 격렬하게 반응을 하고 있습니다. 어니스트 헤밍웨이가 가장 먼저 쓴 작품은 《태양은 다시 떠오른다》라는 소설이었습니다. 당시 일차대전이 끝나고 유럽의 청년들은 거의 다 미쳐가고 있었습니다. 멀쩡하던 독일이 영국과 프랑스와 전쟁을 해서 이천만 명이 넘는 젊은이들이 전쟁터에서 죽었습니다. 어떤 때에는 하루에만 십만 명이 넘는 군인이 죽기도 했습니다. 독일의 빌헬름 황제가 죽고 전쟁이 끝났을 때 살아남은 청년들은 술을 마시고 방탕한 짓을 하면서 거의 미치려고 했습니다. 헤밍웨이의 소설 《태양은 다시 떠오른다》는 그런 젊은이들에게 희망을 주는 것과는 아무 상관이 없는 소설입니다. 이 소설의 내용은 단순히 파리에서 술이나 마시면서 허무주의에 빠져 있던 청년들이 스페인으로 가서 투우 구경을 하는 내용으로 되어 있습니다.

일차대전이 끝난 후에 전쟁에 대해 자세하게 묘사하는 전쟁 소설이 유명했는데 그 중에 하나가 《서부 전선 이상 없다》입니다. 그 소설을 보면, 독일의 고등학교 담임선생이 자기 반 아이들 모두 입대원서를 적어내는 바람에 모조리 군대에 끌려가서 여러 명이 죽게 됩니다. 또《사랑할 때와 죽을 때》같은 소설은 이차대전 때 독일군을 배경으로 하고 있는데 독일의 게슈타포가 유대인만이 아니라 독일인도 얼마나 감시하고 수용소까지 끌고 가서 사람들을 죽였는지 잘 보여주고 있습니다.

먹구름이 끼고 비가 억수같이 쏟아지고 홍수가 날 때에는 마치 태양이 없는 것 같습니다. 그러나 시간이 지나 비도 그치고 구름도 걷히게 되면 변함없이 하늘에서 태양은 빛나고 있는 것입니다. 요즘 우리나라도 젊은이들은 많은 자유를 누리고 있습니다. 하고 싶은 공부도 하고 시간이 나면 운동도 하고 여행도 하고 아르바이트도 하고 연애도 합니다. 그러나 인생을 살다보면 엄청난 어려움에 빠질 때도 있는데 교통사고가 나기도 하고 군대에 갔는데 전쟁이 터지기도 합니다. 이것은 마치 시커먼 먹구름이 태양을 가리게 되면 온 세상이 캄캄해지면서 비도 쏟아지고 바람도 불고 번개도 치고 우레도 울리는 날이 오는 것과 같습니다.

전쟁이 터지면 여기 저기 폭탄도 터지고 사람들이 죽어서 피가 시내가 되어 흐르고 사람들은 굶어죽지 않기 위하여 눈에 핏발이 서서 남의 물건을 도둑질하고 다른 사람을 고자질도 하고 붙들려가서 죽는 비극이 일어나게 되는 것입니다. 그 때 사람들은 하나님이 없다고 하면서 저주하고 절망하지만 하나님은 변함없이 계신 것입니다. 단지 인간이 그런 날을 위해서 아무 준비를 하지 않았을 뿐입니다.

미국에는 '비버'라는 동물이 있습니다. 이 비버는 물갈퀴가 있어서 헤엄을 치고 댐을 만들기도 하고 물속으로 들어가서 집을 짓기도 합니다. 그런데 인디언들은 비버가 집을 짓는 두께를 보고 그 해 겨울의 추위를 예측한다고 합니다. 흙집을 아주 두껍게 지으면 굉장한 추위가 오게 되는데, 실제로 많은 사람들이 얼어 죽는 추위가 오게 된다고 합니다.

　우리는 지금 너무 많은 자유를 누리고 있습니다. 그러나 그 자유는 오래 가지 않습니다. 왜냐하면 하나님께서 바람과 구름과 전쟁을 통해서 인간의 자유를 빼앗아 가시기 때문입니다. 그래서 요즘 어떤 사람은 인간은 역사 앞에서 겸허해야 한다고 말합니다. 그것은 역사를 자기 마음대로 바꾸고 자기 멋대로 역사를 새로 만들기 때문입니다. 그러나 우리 인간은 자연 앞에서 겸허해야 하고 하나님 앞에서 겸손해야 합니다. 왜냐하면 항상 봄이나 여름이나 가을만 계속되는 것이 아니기 때문입니다. 이 세상에는 겨울도 오고 비도 오고 눈도 오고 바람도 불기 때문입니다.

　욥기 37장은 엘리후의 마지막 설교입니다. 엘리후는 욥기에 등장하는 사람 중에서 가장 젊었는데 하나님의 영감으로 말을 하는 사람이었습니다. 그는 한편으로는 욥을 책망하기도 하지만 그의 마음의 상처를 치료해주는 말을 했습니다. 엘리후는 욥이 만났던 것은 폭풍이었고 겨울이었으며 추운 계절이었다고 했습니다. 그러나 구름 뒤에는 항상 하나님이 태양처럼 빛나고 계신다고 했습니다.

1. 하나님의 음성을 듣자

　엘리후에게 가장 신기한 것은 조용하던 하늘에서 갑자기 내리치는 번개와 우레였던 것 같습니다. 사실 우리는 하늘이 늘 조용하게 움직이기 때문에 갑자기 벼락이나 우레 치는 것을 생각하지 못할 때가 많습니다. 그 어마어마한 태양도 아무 소리 없이 뜨고 수많은 별들도 아무 소리 없이 떴다가 지고 또 구름도 소리 없이 지나가기 때문에 땅의 일만 신경 쓰면서 살아갈 때가 많습니다. 그래서 밤하늘에 달이 뜨고 그 위에 아무 소리 없이 구름이 미끄러지듯이 지나가는 것을 보고 어떤 시인은 '구름에 달 가듯이 가는 나그네' 라는 시를 썼습니다.

그러다가 우리도 모르는 사이에 시커먼 먹구름이 몰려오더니 어느 순간 갑자기 하늘이 쪼개어지는 것처럼 번개가 치고 우레가 울리는데 모든 사람이 두려워서 세상의 종말이 온 줄 알고 벌벌 떨게 되는 것입니다. 이 번개와 우레는 인간으로 하여금 피조물인 자기 자신을 돌아보게 하는 하나님의 꾸짖으시는 소리인 것입니다. 즉 "인간아, 네가 지금 뭐가 잘 났다고 네 마음대로 모든 것을 하면서 큰 소리를 치느냐?" 하시는 것입니다. 우리 인간은 아무리 목소리가 크다 해도 우레 같은 소리는 낼 수 없고 사람들이 아무리 많이 모여서 행사를 하다가도 폭우가 쏟아지면 모두 그 비를 피해서 뿔뿔이 흩어질 수밖에 없는 것입니다.

37:1, "이로 말미암아 내 마음이 떨며 그 자리에서 흔들렸도다"

37장 1절은 36장 끝에 있는 말씀과 연결됩니다. 그런데 36장 33절을 보면 "그의 우레가 다가오는 풍우를 알려 주니 가축들도 그 다가옴을 아느니라"고 했습니다. 우레 소리가 울리는 것은 앞으로 폭우가 쏟아지거나 폭풍이 오는 것을 미리 알려주는 것입니다.

우리나라는 번개나 우레 소리가 그렇게 큰 편이 아닙니다. 그러나 미국이나 중국이나 호주 같은 큰 땅덩어리가 있는 나라에서는 번개가 치면 불이 하늘을 가르면서 또 가지를 치면서 땅 위에까지 떨어지는데 어떤 때는 나무를 쪼개기도 하고 어떤 때는 집이나 기둥을 맞추어서 넘어뜨리기도 한다고 합니다. 그러면 주위로 불똥들이 튀면서 불이 붙기도 합니다. 호주 같은 곳은 주로 건기에 번개가 치는데 번개가 나무를 치면서 나무가 쪼개어지면서 불이 붙게 되고 그 후에는 온 들판에 불이 붙게 됩니다. 그러면 뱀이나 토끼나 양들이 불을 피해야 하는데 양떼도 불을 피하지 못하면 수십만 마리씩 불에 타 죽고 온 들판이 새카맣게 변하게 됩니다. 그리고 난 후에는 폭우가 쏟아지게 되는데 메말랐던 하천이 금방 강이 되어서 흐르고 얼마 지나지 않아서 들판에는 새파란 풀이 돋아나게 된다고 합니다.

하나님은 인간에게 소중한 자유를 주셨습니다. 인간에게는 자기가 원하는 것과 하고 싶은 것을 마음대로 할 수 있는 자유보다 더 좋은 선물은 없습니다. 그러나 돈이 많이 있거나 권력이 있는 사람은 반드시 이 자유를 남용해서 더럽히게 됩니다. 그때 하나님은 한 번씩 번개를 치시며 우레를 울리셔서 "너희 쥐새끼 같은 놈들아, 너희가 무슨 자격이 있다고 사람들을 죽이며 세상을 너희들 마음대로 주물럭거리느냐?"고 하면서 소리를 치시는 것입니다.

37:2, "하나님의 음성 곧 그의 입에서 나오는 소리를 똑똑히 들으라"

우리 인간은 하나님이 하시는 음성을 똑똑히 들을 필요가 있습니다. 인간이 아무리 잘 나고 똑똑해도 질그릇에 불과하기 때문입니다. 가끔 보면 인형을 도자기로 만들어서 겉에는 여러 가지 물감을 칠해서 파는데 잘 만든 것은 너무 아름답습니다. 그러나 집에서 청소하거나 아이들이 잘못 만져서 바닥에 떨어뜨리면 그 자리에서 박살이 나든지 아니면 목이 부러져버립니다. 그러면 속이 비어있는 보기에 흉한 인형이 남게 됩니다.

저는 미국에서 《바람과 함께 사라지다》의 주인공 스칼렛의 모양을 한 제법 큰 도자기 인형을 산 적이 있습니다. 물론 말도 못하고 움직이지도 못하는 빨간 드레스를 입은 스칼렛이었습니다. 그리고 가장 큰 문제는 이 인형이 좀 못 생긴 스칼렛이었다는 사실입니다. 그런데 이 인형이 미국에서 오는 과정에서 어디에 부딪쳤는지 목이 부러져 있었습니다. 못 생긴데다가 목이 부러진 스칼렛은 너무 비참했습니다. 버리기에는 아깝고 그렇다고 가지고 있을 수도 없었습니다. 그런데 알아보니까 깨어진 인형을 수리해주는 곳이 있었습니다. 또 거기에 얼굴도 성형을 해주느냐 물어보니까 해 준다고 했습니다. 그래서 그곳에 보내었더니 목도 붙이고 얼굴도 예쁘게 다시 그려서 돌아왔습니다. 저는 이 도자기 인형을 이렇게까지 할 필요가 있나 하는 생각이 들었지만 그때는 제가 《바람과 함께 사라지다》 소설을 너무 좋아해서 그렇게 했던 것 같습니다. 지금 같으면 그렇게 하지 않을 것 같습니다.

하나님은 하늘이 쪼개어지는 것 같은 번개를 통해서 우리 모든 인간은 도자기 인형에 불과하다는 것을 말씀하십니다. 그리고 이 세상에는 언제나 평화스러운 봄날이나 가을만 있는 것이 아니라고 말씀해주십니다. 때로는 폭풍이 불어 닥치고 홍수를 일으키는 여름도 있고 무시무시한 추위가 와서 눈이 내리고 호수가 얼어붙는 겨울도 온다는 것을 알려주시는 것입니다.

37:3, "그 소리를 천하에 펼치시며 번갯불을 땅 끝까지 이르게 하시고"

하나님이 한번 소리를 내시면 온 하늘에 하나님의 음성이 울리게 되고 번갯불은 온 세상 끝에서도 볼 수 있는 강한 빛을 내게 됩니다. 사람이 목소리가 아무리 크다고 해도 우레 소리만큼은 클 수 없습니다. 사람이 비추는 전등이 아무리 강력하다고 해도 번개만큼은 강력할 수 없을 것입니다.

2. 번개 이후에 하나님은 큰일을 하신다

우리는 번개가 떨어지는 것만 해도 두려운 일이지만, 사실 이것은 어디까지나 예고편에 불과하고 그 뒤에 무시무시한 허리케인이나 토네이도나 폭우가 쏟아지게 됩니다.

37:5, "하나님은 놀라운 음성을 내시며 우리가 헤아릴 수 없는 큰 일을 행하시느니라"

시커먼 먹구름이 끼면서 번개가 번쩍번쩍 터질 때가 있습니다. 그리고 그것과 동시에 우르르 꽝 하면서 우레 소리가 울리는데 그것은 바로 하나님께서 우리 인간에게 '주의해!' 라는 경고의 음성인 것입니다. 그리고 나면 미국 같은 곳에서는 토네이도가 자주 발생하는데 저 하늘 위에서 땅까지 회오리바람이 돌게 됩니다. 이 토네이도가 얼마나 무서운지 한번 지나가는 곳에는 집이나 나무나 모든 것이 다 부서지고 쓰레기만 남게 됩니다. 어떤 때에는 유조차도 그 바람에 딸려 올라가고 웬만한 건물도 걸려들면 다 부서지게 됩니다. 그래서 캔자스 같은 지방에서는 집집마다 지하시설이 있는데 토네이도가 오기 전에 그 안에 들어가서 문을 잠그고 있어야 한다고 합니다. 그렇지 않고 그냥 집 안에 있으면 집 자체가 날아가 버리기 때문에 죽게 됩니다.

동화에서 도로시는 토토를 데리고 오즈의 마법사에게 날아가게 됩니다. 사실은 이것은 어린 아이들이 강아지를 데리러 가다가 회오리바람에 말려서 죽기 때문에 이런 동화가 나오게 된 것입니다. 남쪽에 있는 플로리다 주 같은 곳에서는 번개가 치고 난 후에 어마어마한 허리케인이 오게 됩니다. 그러면 건물들이 바닷물에 다 잠기게 되고 전기와 수도가 다 끊어지고 사람들도 죽게 됩니다.

그런데 아라비아에서는 우레가 치고 난 후 큰 비가 오기도 하고 겨울눈이 오기도 하는 것 같습니다.

37:6-7, "눈을 명하여 땅에 내리라 하시며 적은 비와 큰 비도 내리게 명하시느니라 그가 모든 사람의 손에 표를 주시어 모든 사람이 그가 지으신

것을 알게 하려 하심이라"

눈은 아라비아에서는 드물게 오는 것입니다. 그러나 얼마 전에는 사하라 사막에서도 눈이 내려서 온 사막이 하얗게 된 적이 있다고 합니다. 적은 비와 큰 비를 주신다고 했는데, 큰 비는 그야말로 폭우입니다. 그래서 큰 비가 오면 평소에는 말라붙었던 모든 시내가 강이 되어서 홍수가 나게 되는데 그때 사람들은 움직일 수 없게 됩니다. 그리고 그때에는 반석 위에 집을 짓지 않고 땅 위에 지은 집들은 전부 탁류에 부딪쳐서 다 부서지고 마는 것입니다. 또 하나님이 "모든 사람의 손에 표를 주신다"고 했는데, 옛 개역성경에는 "각 사람의 손을 봉하시나니"로 되어 있습니다. 즉 겨울이 오고 큰 비가 오면 모든 사람이 꼼짝 못하고 아무 일도 하지 못하게 된다는 것입니다.

겨울에는 땅이 얼어서 농사를 지을 수 없습니다. 그리고 큰 비가 오면 사람들은 비를 피해야 합니다. 대개 경험이 없는 사람들이 여름에 계곡에다 텐트를 쳤다가 갑자기 큰 비가 내리면 물이 넘쳐서 물에 빠져 죽는 일이 생기게 됩니다. 하나님은 이런 것을 통해서 하나님이 세상을 만드셨고 인간이 주인이 아니라는 것을 알게 하시는 것입니다.

그런데 짐승들은 겨울이 오는 것을 알고 땅 속에 들어가서 겨울잠을 잡니다.

37:8, "그러나 짐승들은 땅 속에 들어가 그 처소에 머무느니라"

곰은 가을이 되면 엄청나게 먹어서 몸을 불려 놓았다가 겨울이 되면 굴속에 들어가서 겨울잠을 잡니다. 뱀도 가을에 살을 찌웠다가 겨울이 되면 땅속에 들어가서 겨울잠을 잡니다. 그런데 다람쥐는 가을에 도토리를 많이 모아놓기 때문에 겨울잠을 자지 않는다고 합니다.

또 다람쥐는 도토리를 한 곳에 모아놓지 않고 여러 곳에 분산시켜서 보관한다고 합니다. 독재자들은 어리석게도 어마어마한 돈을 한 은행에 집어넣었다가 그 은행을 폐쇄시키면 돈이 없어서 망하게 됩니다. 철새들은 강이 얼면 물고기를 잡을 수 없기 때문에 따뜻한 곳을 찾아서 이동을 합니다. 비버는 엄청난 추위가 올 것 같으면 미리 집을 아주 두껍게 만들어서 춥지 않게 합니다.

그런데 사람들은 그것을 예측할 능력이 없습니다. 그래서 겨우 한다는 소리가 방송에서 최근 오십년 이래 최고의 추위라는 말을 합니다. 요즘은 지구 온난화로 제트 기류가 약해지는 바람에 시베리아 추위를 막지 못해서 우리나라 겨울은 시베리아 같이 춥다고 합니다. 그래서 우리는 시베리아에 가지 않고도 시베리아의 기분을 느끼는 것입니다. 그러나 진짜 시베리아의 기분은 말이 끄는 썰매를 타고 달려야 하는 것입니다.

37:9-10, "폭풍우는 그 밀실에서 나오고 추위는 북풍을 타고 오느니라 하나님의 입김이 얼음을 얼게 하고 물의 너비를 줄어들게 하느니라"

도대체 그 엄청난 바람은 어디에 모여 있었는지 어느 순간 엄청난 강풍이 불어 닥치게 됩니다. 아라비아에는 모래 폭풍이 있습니다. 그때는 어마어마한 높이의 모래바람이 눈을 뜰 수 없을 정도로 불어오는데 사람들은 땅 속에 파묻히게 됩니다. 그리고 겨울에는 지중해의 폭풍 때문에 거의 모든 배의 항해가 불가능합니다. 만일 항해를 했다가는 다 죽는 것입니다. 추위는 북풍을 타고 옵니다. 하나님의 입김에 얼음을 얼게 하시고 얼음이 얼게 되면 물의 양은 줄어들게 됩니다. 사람들은 놀랍게도 얼음 위를 걸어서 강을 건너게 됩니다.

미국에서 눈 폭풍이 불 때면 그야말로 눈보라가 폭풍 같은 세기로 분다고 합니다. 그때 사람들은 앞을 보지 못하기 때문에 눈구덩이에 빠져서 얼어 죽기도 하고 날아가기도 하고 물 같은 것은 모두 얼어버리기도 합니다. 남극에는 매일 얼음 폭풍이 불지만 펭귄 같은 새가 살아가고 있습니다. 펭귄도 너무 추우니까 서로 돌아가면서 가장 자리를 지키기도 하는데 알이나 새끼는 발등이 따뜻해서 거기에 올려두기도 합니다.

3. 변화를 일으키시는 하나님

하나님은 구름과 바람과 태양을 통해서 지구의 계절을 바꾸십니다. 만일 사람들이 자연의 변화를 우습게 알고 대비하지 않으면 몰살을 당하고 맙니다.

37:11-12, "또한 그는 구름에 습기를 실으시고 그의 번개로 구름을 흩어지게 하시느니라 그는 감싸고 도시며 그들의 할 일을 조종하시느니라 그는 땅과 육지 표면에 있는 모든 자들에게 명령하시느니라"

하나님은 구름에 습기를 두셔서 가물게도 하시고 홍수가 나게도 하시고 적당한 비가 내려서 농사도 지을 수 있게 하십니다. 하나님은 사실 번개로 구름을 흩어지게 하시지는 않고 바람으로 구름을 조종하십니다. 그런데 구름은 흩어지면서 번개를 치면서 흩어지는 것입니다. 이것을 통해서 하나님은 인간에게 명령을 내리십니다. "너희 인간은 겸손하라. 그리고 언제나 재앙이 일어나고 고난이 올 것을 대비하고 있으라"고 말씀하시는 것입니다.

37:13, "혹은 징계를 위하여 혹은 땅을 위하여 혹은 긍휼을 위하여 그가 이런 일을 생기게 하시느니라"

어떤 때는 사람들을 징계하시기 위하여 추위나 강풍이나 홍수를 주시기도 하고 어떤 때는 사람이 불쌍해서 비를 주시는 것입니다. 또 땅에 있는 모든 것이 죽지 않고 살도록 비를 주시고 온도를 조절하시는 것입니다.

그런데 인간이 교만하게 너무 이산화탄소를 많이 내뿜으니까 지구 온난화가 생겨서 사하라 사막이 데워지게 되고, 그 뜨거운 공기가 태평양으로 가서 바닷물이 데워지게 되니까 미국으로 엄청난 허리케인이 불게 됩니다. 우리나라도 해수면의 온도가 올라가니까 대구나 고등어가 없어지고 사과의 생산도 더 북쪽으로 올라가고 온도가 제멋대로 변하게 되어버렸습니다. 그리고 엄청난 미세 먼지가 발생하고 있습니다.

37:14-16, "욥이여 이것을 듣고 가만히 서서 하나님의 오묘한 일을 깨달으라 하나님이 이런 것들에게 명령하셔서 그 구름의 번개로 번쩍거리게 하시는 것을 그대가 아느냐 그대는 겹겹이 쌓인 구름과 완전한 지식의 경이로움을 아느냐"

구름도 한 가지 종류만 있는 것이 아니라 비구름, 새털구름, 양떼구름, 뭉게구름, 먹구름 등등 수많은 구름이 있습니다. 비행기 위에서 내려다보면 뭉게구름 위를 뛰어내리고 싶은 마음도 들 것입니다. 바람도 강한 바람, 약한 바람, 산들바람, 태풍, 회오리바람 등이 있고, 눈도 싸라기눈, 함박눈, 진눈깨비, 눈보라 등이 있습니다. 하나님은 이런 비나 바람이나 눈을 통하여 세상을 변화시키십니다.

37:17-18, "땅이 고요할 때에 남풍으로 말미암아 그대의 의복이 따뜻한 까닭을 그대가 아느냐 그대는 그를 도와 구름장들을 두들겨 넓게 만들어 녹여 부어 만든 거울 같이 단단하게 할 수 있겠느냐"

눈보라나 폭풍이 그치고 땅이 고요할 때 남풍이 불면 옷이 따뜻하게 됩니다. 왜냐하면 여름이 오기 때문입니다. 요즘 우리나라에도 여름이 갑자기 오는 것 같습니다. 여름이 되면 과일이 풍부합니다. 그러나 어느 순간 하늘이 거울같이 투명하게 되면서 가을이 오게 되는데 그때 벼들은 고개를 숙이게 되고 그 뒤에는 추운 겨울이 오게 됩니다.

우리에게는 봄도 있고 가을도 있지만 추운 겨울도 있고 더운 여름도 있다는 것을 인정해야 합니다. 우리는 늘 행복하거나 늘 젊을 수는 없습니다. 어떤 때 우리는 가난하기도 하고 어떤 때 우리는 늙어서 노인이 되기도 합니다. 그런데 도대체 우리가 하나님께 무슨 말을 할 수 있겠습니까? 우리 인간은 구름을 보고 해가 없다고 하지만 태양은 언제나 빛나고 있는 것입니다.

37:21, "그런즉 바람이 불어 하늘이 말끔하게 되었을 때 그 밝은 빛을 아무도 볼 수 없느니라"

이 번역도 옛 개역성경이 이해하기가 쉬운데 "사람이 어떤 때는 궁창의 광명을 볼 수 없어도 바람이 지나가면 맑아지느니라"라고 되어있습니다. 사람들은 비가 오고 구름이 끼면 태양을 볼 수 없지만 바람이 지나가면서 구름을 다 없애버리면 밝은 태양은 여전히 빛나고 있다는 뜻입니다.

그러나 지금의 개역개정 성경을 보면, 바람이 구름을 제거하면 태양은 보겠지만 밝은 번갯불은 보지 못한다는 뜻으로 보입니다.

37:22-23, "북쪽에서는 황금 같은 빛이 나오고 하나님께는 두려운 위엄이 있느니라 전능자를 우리가 찾을 수 없나니 그는 권능이 지극히 크사 정의나 무한한 공의를 굽히지 아니하심이니라"

북쪽에서 나오는 빛은 오로라가 아닐까 하는 생각이 듭니다. 그것은 극지방에 가야 볼 수 있는 것인데, 온 밤하늘을 휘황찬란하게 만드는 하나님의 조명이라고 할 수 있습니다.

하나님은 어마어마하게 크신 분이시기 때문에 인간의 머리로 그분의 모든 생각을 측량할 수 없습니다. 오직 인간은 하나님이 주신 자유를 남용해서 언제나 자기가 최고인 줄 알고 조금이라도 불행이 오면 견디지 못하는 분노를 품는 것입니다. 우리는 구름 뒤에도 하나님의 태양은 빛나고 있다는 사실을 기억해야 합니다. 그리고 언제나 먹구름이 밀려오지 않도록 미리 성령의 바람으로 예방을 해야 하겠습니다.

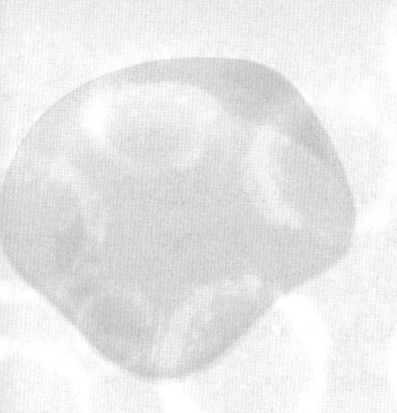

34
하나님의 등장
욥기 38:1-41

연극이나 오페라에서 주인공의 등장은 화려할 때가 많습니다. 주인공은 화려한 조명을 받으면서 멋진 옷을 입고 나타나서 노래를 부르든지 연기를 하든지 할 것입니다. 얼마 전에 어느 유명한 피아니스트의 협주를 보러 갔더니, 먼저 오케스트라가 들어오고 지휘자가 등장한 후에 주인공인 피아니스트가 엄청난 박수를 받으면서 등장하는 모습을 보았습니다. 만일 이 세상에 하나님이 등장하신다면 태양과 달과 온갖 별들의 조명을 받으면서 하늘에서부터 서서히 내려오실 것 같습니다. 그러나 욥기에 나타난 하나님은 거의 머리를 산발한 여자와 같은 회오리바람이나 폭풍 속에서 말씀하시는 모습으로 나타나셨습니다. 이것은 마치 세계적으로 유명한 건축가가 남루한 옷차림을 하고 머리는 장발을 해서 전혀 유명하지 않은 사람처럼 나타나는 것과 비슷합니다. 이것을 통해서 하나님은 겉으로 나타나는 외모가 중요한 것이 아니라 실력이 중요하다고 말씀하시는 것입니다.

사람들은 이 세상을 살면서 많은 고난을 당합니다. 막상 고난을 당하게 되면 하나님을 믿지 않는 사람들은 자기의 운으로 돌립니다. 즉 운이 나빠서 이렇게 불행할 수밖에 없다고 생각하는 것입니다. 이 운이라는 것은 자기가 몸부림을 친다고 해서 빠져 나올 수 있는 것이 아닙니다. 그래서 마키아벨리는 운명을 여신이라고 하면서 아주 변덕스럽게 그리고 있는데, 이 운명의 여신은 사람의 힘이나 노력으로 전혀 예측할 수 없는 것입니다.

그러나 하나님을 믿는 사람들은 운명의 장난이라는 것은 없고 이 세상 모든 일에 하나님이 관여하고 통치하신다는 것을 믿습니다. 그리고 실제로 하나님은 하나님을 믿는 사람들을 사랑하시고 많은 복을 주십니다. 그런데 특별한 죄를 짓지도 않았는데 상상할 수 없는 불행을 당하게 되면 하나님의 백성들은 하나님을 만나서 그 이유를 따지고 싶어 합니다. 내가 무엇을 잘못했기에 하나님은 이렇게 나를 무섭게 맨땅에 패대기를 치시듯이 고난을 주시느냐 하는 의문입니다.

욥기에서 욥을 위로하기 위하여 먼 곳에서 찾아온 욥의 세 친구들은 욥이 이렇게 망한 것은 "네가 분명히 죄를 지었기 때문이다"라고 하면서, 욥에게 회개하고 새 출발하라고 권면을 합니다. 그러나 욥은 이것은 내 죄에 대한 징계가 아니라 하나님의 뜻이 있기 때문이라고 끝까지 고집을 부리면서 자기는 하나님을 만나서 변론하기를 원한다고 답변했습니다. 그런데 드디어 욥은 욥기의 가장 후반부에서 하나님을 만나게 됩니다. 욥이 하나님을 만나고, 하나님이 욥을 아시는 것으로 욥의 모든 소원은 이루어지게 되었습니다. 즉 욥이 고난을 통해서 원했던 것은 실존하시는 하나님을 만나고 그의 음성을 듣는 것이었기 때문입니다.

그런데 욥이 만난 하나님은 너무 크고 너무나도 기술이 뛰어나신 분이었습니다. 하나님은 욥에게 이러이러한 목적으로 너에게 환난을 겪게 했다고 말씀하시지 않았습니다. 하나님은 사탄이 욥의 신앙을 시기했다든지 혹은 욥의 신앙을 순금같이 만들기 위해서라고 말씀하시지 않았습니다. 단지 하나님은 자기 자신에 대하여 소개만 하셨습니다. 그런데 그 하나님은 엄청나게 크신 분이셨습니다. 그 크신 하나님께서 우리로 하여금 깨닫게 하기 위해서 너무 많은 것을 준비하고 계신 것입니다. 그래서 이 세상의 모든 것 중에서 가장 위대한 것은 우리가 자신을 깨닫는 것이고 하나님의 뜻을 깨닫는 것입니다.

1. 너무나도 크신 하나님

욥은 큰 환난을 통해서 다른 것은 원하지 않았습니다. 오직 그는 하나님을 만나기를 원했고 그분의 음성 듣기를 원했습니다. 즉 "욥, 네가 당한 환난은 너의 죄 때문이 아니라 내가 너를 더 연단하려는 과정이란다"라는 음성을 듣기를 원했던 것입니다. 그런데 욥은 엘리후의 설교를 듣고 난 후에 드디어 하나님을 보고 하나님의 음성을 듣게 되었습니다. 거대한 폭풍우 가운데에서 말씀하시는 하나님이었습니다.

> 38:1-3, "그 때에 여호와께서 폭풍우 가운데에서 욥에게 말씀하여 이르시되 무지한 말로 생각을 어둡게 하는 자가 누구냐 너는 대장부처럼 허리를 묶고 내가 네게 묻는 것을 대답할지니라"

하나님은 지금까지 욥이 하는 말을 다 듣고 계셨고 드디어 그가 원하던 대로 욥 앞에 나타나셨습니다. 하나님이 욥에게 나타나신 모습은 폭풍우 가운데에서 말씀하시는 모습이었습니다. 그런데 여기서의 '폭풍우'는 거대한 회오리바람으로 번역할 수 있습니다. 미국에서 자주 일어나는 토네이도는 거대한 회오리바람입니다. 그 바람은 엄청난 소리를 내면서 모든 것을 빨아들이면서 움직이는데 일단 거기에 한번 걸려들면 집도 다 부서지고 사람도 빨려들고 자동차까지도 딸려 올라가고 맙니다. 그리고 그 안에는 번개가 번쩍 번쩍하면서 빛나는데 이 회오리바람은 도대체 어디로 갈지 아무도 알지 못합니다. 열왕기상 19장에 보면, 하나님은 엘리야에게도 바위를 부수는 엄청난 바람 가운데서 말씀하셨습니다. 그때에는 바람 가운데도 지진이나 불 가운데도 하나님은 안 계셨고 세미한 음성 가운데에서 말씀하셨습니다.

한번 욥의 모습을 상상해보시기 바랍니다. 욥과 그의 네 친구들이 서 있습니다. 그런데 그 앞에 거대한 회오리바람이 일어나서 서 있는 것입니다. 그곳에서는 엄청난 바람이 불고 있었고 번개가 치고 있었습니다. 그 엄청난 바람과 그 힘 앞에서 욥이나 그의 친구들은 아무 것도 아니었습니다. 하나님은 그 회오리바람 가운데에서 욥에게 말씀하셨습니다. "무지한 말로 생각을 어둡게 하는 자가 누구냐? 너는 대장부처럼 허리를 묶고 내가 네게 묻는 것을 대답할지니라." 하나님은 욥에게 너는 너무 무지한 말을 하고 있다고 하시면서, 너는 사내대장부 같이 허리를 묶고 나와 한번 붙어 보려면 붙어보자고 말씀하시는 것입니다. 하나님의 천사와 한번 붙었지만 공중으로 날아가지 않고 끝까지 붙들어 이긴 사람이 있었는데, 바로 야곱입니다. 그때 하나님의 천사는 야곱을 얼마든지 공중으로 던져버릴 수 있었지만 야곱은 결사적으로 천사를 붙잡고 늘어지는 바람에 그의 허벅지관절만 위골이 되었습니다.

하나님은 욥에게도 네가 사내대장부같이 나와 힘으로 한번 붙어 보겠느냐 아니면 대화로 내가 묻는 말에 대답을 하겠느냐고 말씀하시는 것입니다. 사실은 하나님께서 욥에게 "네가 그 끔찍한 환난을 당한 것은 너의 죄 때문이 아니다. 전부 사탄이 네 믿음을 시기했기 때문이고 내가 허락했기 때문이다. 미안하다. 나는 너의 신앙을 더 업그레이드 시키려고 그 엄청난 환난을 허락했다."라고 말씀하셔야 할 것 같습니다. 그러나 하나님은 욥에게 미안하다는 말씀도 하시지 않고 엄청난 회오리바람 가운데에서 "너는 용사같이 나와 한 번 붙어 보겠느냐?"고 말씀하시고 계신 것입니다. 하나님은 왜 욥에게 미안하다고 하시지 않는 것일까요? 왜 하나님은 욥에게 고난의 이유를 설명하시지 않는 것일까요? 왜냐하면 욥은 이미 그것을 다 깨달았고 이제는 욥의 상처를 치유하는 일만 남았기 때문입니다. 사람의 감정이라는 것은 머리로 이해한다고 해서 다 치유되는 것이 아닙니다. 일단 통증이 없어져야 하고 새로운 기쁨의 감정이 생겨야 합니다.

그래서 하나님은 자기 내면으로 향해 있는 욥의 생각을 바꾸어 거대한 하나님을 생각하게 만드셨습니다. 하나님은 회오리바람이셨습니다. 욥의 머리털도 날리고 욥의 옷자락도 날리고 잘못하면 몸까지 다 빨려갈 수밖에 없습니다. 욥이 하나님의 말씀을 들으려면 정신을 빠짝 차리고 대장부가 되어야 하는 것입니다. 우리가 하나님의 말씀을 듣고 하나님의 뜻을 깨달으려고 하면 헤벌레 하는 자세로는 날려가서 가루가 되고 말 것입니다. 우리는 대장부처럼 정신을 똑바로 차리고 온 힘을 다해서 하나님께 대들듯이 두 주먹을 불끈 쥐고 서 있어야 하는 것입니다. 마치 어린아이들이 덩치가 큰 삼촌에게 덤벼들려고 하면 두 주먹을 불끈 쥐고 온 힘을 다해서 덤벼들어야 하는 것과 같은데, 아이들은 그래도 안 되면 그때는 비장의 무기로 팔을 물어뜯는 것입니다.

2. 하나님의 소개

하나님께서는 욥에게 자신을 몇 가지로 소개하셨습니다.

첫 번째는 건축자로서의 하나님입니다.
하나님은 회오리바람처럼 아무 것이나 부수는 존재가 아니라 이 세상을 정교하게 자로 재어서 만드시는 건축자이신 것입니다. 사실 회오리바람과 건축자는 전혀 어울리지 않는 이미지입니다. 그러나 하나님은 때때로 우리를 다시 세우시기 위해서 부수실 때가 있습니다. 예를 들어서 오래된 예배당을 다시 지으려고 하면 낡은 예배당을 부수고 그 자리에 멋진 새 예배당을 짓게 됩니다. 그러나 교인들은 옛 예배당이 너무 정이 들었기 때문에 부수는 것을 아주 아까워합니다. 그러나 옛날 예배당을 부수어야 새로운 예배당을 지을 수 있는 것입니다. 마찬가지로 하나님께서 처음 지구를 만드실 때에는 물로 되어 있는 진흙덩어리였습니다. 그런데 하나님은 인간을 만드시기 전에 정교하게 자로 재고 무게를 재어서 지구를 만드셨던 것입니다.

> 38:4-6, "내가 땅의 기초를 놓을 때에 네가 어디 있었느냐 네가 깨달아 알았거든 말할지니라 누가 그것의 도량법을 정하였는지, 누가 그 줄을 그것의 위에 띄웠는지 네가 아느냐 그것의 주추는 무엇 위에 세웠으며 그 모퉁잇돌을 누가 놓았느냐"

욥은 자기가 생각했던 하나님의 모습과 실제로 나타난 하나님의 모습이 너무 다른데 놀라지 않을 수 없었습니다. 회오리바람은 그야말로 광풍이나 마찬가지인데 실제로 하나님은 광풍이 아니셨던 것입니다. 하나님은 아주 정교한 건축가이셨습니다. 집을 건축을 하려고 하면 기초석부터 놓아야 하는데 지구의 기초석은 어디일까요? 놀랍게도 공중의 한 공간이었습니다. 그리고 하나님은 불덩이를 기초로 놓고 그 주위를 진흙으로 싸고 물을 많이 만드셨습니다. 결국 인간이나 모든 생명체가 살기 위해서는 물이 있어야 하기 때문입니다.

여기에 나오는 '도량법'은 무게입니다. 그리고 '줄'은 길이입니다. 하나님은 지구의 길이와 무게를 정확하게 저울에 재시고 자로 재어서 만드셨던 것입니다. '주추'는 기초가 되는 돌이고, '모퉁잇돌'

은 마지막에 건축을 완성하는 돌입니다. 하나님은 지구를 아주 정교하게 만드셨습니다. 하나님은 하늘 공간에 기초석을 삼으시고 마지막 돌을 박아서 흔들리지 않게 하셨습니다. 그래서 인간은 지금 모두 땅 위에 서 있다고 생각하지만 실제로는 우주에서 보면 거꾸로 땅에 붙어있는 것입니다. 우리는 지구 중력 때문에 땅에 서 있는 것이지 실제로는 거꾸로 붙어서 다니고 있는 것입니다. 또 그때 새벽별들이 노래하며 하나님의 아들인 천사들이 모두 기뻐하였다고 했습니다. 지구는 엄청난 공사였던 것입니다.

하나님께서 지구를 만드시는데 아주 난공사가 있었습니다. 그 첫째는 물을 만드시는 것이었습니다. 물은 다른 별에는 없는데 지구에만 하나님이 만드셨습니다. 그런데 하나님은 지구에 물을 엄청나게 많이 솟아나게 하셔서 지구는 완전히 물에 덮여 있었습니다.

38:8, "바다가 그 모태에서 터져 나올 때에 문으로 그것을 가둔 자가 누구냐"

하나님은 어떤 화학작용에 의해서 물이 만들어지게 하셨는데 엄청나게 터져 나왔습니다. 그런데 마지막 순간에 하나님은 문을 만드셔서 물이 더 이상 터져 나오지 못하게 하셨습니다. 그래서 지구는 전 우주에서, 또 있는지 모르겠지만, 물로 된 아주 드문 별입니다. 하나님은 물을 더 많이 만드실 수 있었지만 적당한 수준에서 막으셨습니다. 그리고 하나님은 육지를 만드신 후에 바닷물이 육지로 넘어오지 못하게 하는 공사를 하셨는데, 아주 어려운 공사였습니다.

38:10-11, "한계를 정하여 문빗장을 지르고 이르기를 네가 여기까지 오고 더 넘어가지 못하리니 네 높은 파도가 여기서 그칠지니라 하였노라"

처음 지구는 물로 덮여있었는데, 하나님은 땅에 주름을 생기게 하셔서 물이 한쪽에 모이게 하셨습니다. 그래서 땅이 생기고 산이 생기고 바다가 생겼습니다. 그런데 이것이 불안정해서 땅은 자꾸 가라앉으려 하고 물은 자꾸 육지를 다시 덮으려고 했습니다. 그래서 하나님은 문빗장을 만들어서 바닷물이 어느 정도 이상 육지로 넘어오지 못하게 하셨습니다. 이것은 아주 어려운 공사였습니다. 그리고 땅은 역시 처음에는 진흙에 불과했습니다. 우리가 마그마 같은 것을 보면 붉은 불덩어리 진흙입니다. 그래서 물도 자꾸 불에 닿아서 끓어오르고 육지도 자꾸 흘러내리면서 불안정했습니다. 그런데 하나님은 이 진흙 같은 땅을 아주 단단한 바위로 만드셔서 불을 가두어두게 하시고 육지를 단단하게 하셨습니다.

38:14, "땅이 변하여 진흙에 인친 것 같이 되었고 그들은 옷 같이 나타나되"

하나님은 거의 마그마 같이 흐물흐물한 땅을 진흙에 인을 쳐서 구운 것 같이 단단한 땅이 되게 하셨습니다. 그래서 지구 안은 아주 단단한 바위 층으로 되어 있어서 불을 가두어두고 있습니다. 그러다가 땅이 갈라지면 화산이 터지고 지진이 일어나게 되는 것입니다. 그런데 만일 온 땅이 단단한 땅이면 인간은 농사를 지을 수 없고 풀이나 식물은 자랄 수 없을 것입니다. 그래서 지구 표면은 옷같이 부드러운 흙으로 나타나게 하셨는데 이것도 아주 어려운 공정이었습니다. 그렇게 만드신 지구의 표면은 흙으로 되어 있어서 부드럽습니다. 그러나 어느 정도 이상 들어가면 단단한 바위로 되어 있습니다.

그리고 또 하나님의 어려운 공사는 비를 내리게 하는 구름을 만드는 것이고 낮과 밤을 교차하게 하는 것이었습니다.

38:9, "그 때에 내가 구름으로 그 옷을 만들고 흑암으로 그 강보를 만들고"

지구는 알몸으로 노출되면 기온이 너무 올라가기 때문에 하나님은 구름으로 옷을 입히셨습니다. 그런데 바로 이 구름이 비가 내리게 하는 것인데 아주 어려운 공사였습니다. 그리고 하나님은 지구의 반은 밤이 되게 하셔서 어둡게 하셨습니다. 왜냐하면 밤이 와야 인간은 잠을 자고 그래야 죄를 덜 짓고 덜 미치기 때문입니다.

38:12-13, "네가 너의 날에 아침에게 명령하였느냐 새벽에게 그 자리를 일러 주었느냐 그것으로 땅 끝을 붙잡고 악한 자들을 그 땅에서 떨쳐 버린 일이 있었느냐"

또 아침이 오게 하는 것도 어려운 공정이었습니다. 여기서 하나님은 마치 이불을 터시는 것처럼 비유하셨습니다. 이불을 털 때는 끝을 잡고 털어야 거기에 있는 먼지들이 다 날아가게 됩니다. 하나님은 아침을 붙잡고 악인들을 다 털어서 물러가게 하시는 것입니다. 왜냐하면 악인들은 벌건 대낮에 죄를 짓는 것을 부끄러워하기 때문입니다.

38:15-17, "악인에게는 그 빛이 차단되고 그들의 높이 든 팔이 꺾이느니라 네가 바다의 샘에 들어갔었느냐 깊은 물 밑으로 걸어 다녀 보았느냐 사망의 문이 네게 나타났느냐 사망의 그늘진 문을 네가 보았느냐"

하나님이 악인들이 활동하도록 밤을 주신 것은 아니지만 인간은 밤에 죄를 짓습니다. 그러나 하나님은 아침이 오게 하시고 새벽이 오게 하심으로 악인들의 팔을 꺾으시는 것입니다.
그리고 하나님은 사망이 함부로 사람들을 죽이지 못하도록 그 문을 언제나 닫아놓고 계십니다.

16절을 보면, 바다 속은 인간에게는 금지된 곳입니다. 인간은 깊은 바다 속을 걸어 다닐 수 없습니다. 마찬가지로 인간은 죽음의 문도 들락거릴 수 없습니다. 인간은 한번 죽으면 끝나는 것이지 죽었다가 다시 살아날 수 없습니다.

그래서 우리 인간은 지금 살아있는 것이 얼마나 위대한 것인지 모릅니다. 우리는 살아있는 것이 기적이고 특히 지구라는 별 위에 살게 된 것도 하나님의 말할 수 없는 사랑인 것입니다.

그런데 이 지구 위에서 인간의 운명은 갈라지게 됩니다. 그것은 이 지구 위에 빛으로 가는 길이 있고 어둠으로 가는 길이 있다는 것입니다.

38:19-20, "어느 것이 광명이 있는 곳으로 가는 길이냐 어느 것이 흑암이 있는 곳으로 가는 길이냐 너는 그의 지경으로 그를 데려갈 수 있느냐 그의 집으로 가는 길을 알고 있느냐"

우리가 빛이 있는 곳으로 가려고 하면 동쪽으로 계속 가면 될 것 같습니다. 그러나 아무리 동쪽으로 가도 저녁이 오고 밤이 옵니다. 반대로 서쪽으로 계속 가면 어둠만 계속될 것 같지만 서쪽으로 아무리 가도 밤이 오고 아침이 오고 낮이 오고 또 밤이 옵니다. 그 이유는 태양과 밤은 하늘에 떠 있기 때문입니다. 그래서 우리 인간은 하늘로 가는 길을 찾아야 합니다. 우리가 지구를 아무리 뺑뺑 돌아도 태양으로 가는 길은 찾을 수 없습니다.

두 번째로 하나님은 놀라운 변화를 일으키시는 분입니다.
하나님은 때때로 하늘에서 눈이 내리게 하시고 우박이 내리게 하십니다.

38:22-23, "네가 눈 곳간에 들어갔었느냐 우박 창고를 보았느냐 내가 환난 때와 교전과 전쟁의 날을 위하여 이것을 남겨 두었노라"

하나님은 지구에 추운 겨울을 준비하셨습니다. 이 추운 겨울은 인간이나 동물이나 아무 것도 할 수 없는 계절입니다. 그래서 인간이나 동물들은 겨울에 대비해서 먹을 것을 준비해야 합니다. 더욱이 눈이 올 때에는 온 세상이 하얗게 변해서 아름답기는 하지만 정말 먹을 것을 찾을 수 없습니다. 게다가 우박이 떨어질 때에는 잘못하면 사람이나 짐승들이 우박에 맞아서 죽을 수도 있습니다. 하나님은 눈 곳간에 들어가 본 적이 있느냐고 물어보셨습니다. 그것은 눈이 얼마나 많은지 모른다는 뜻입니다. 이것은 우박도 마찬가지입니다. 하나님은 우박도 무진장으로 저장하고 계십니다.

겨울을 무시하고 전쟁을 했다가 참패를 한 사람이 나폴레옹과 히틀러였습니다. 그때 동장군이라는 말이 생겼다고 합니다. 우리나라도 일사후퇴 때 그렇게 추웠다고 합니다. 군인들도 혹한기 훈련할 때가 가장 고생이 심하다고 합니다. 한번은 전방부대를 가보니까 혹한기 훈련을 하는데 얼어붙은 땅을 파서 진지를 만들고 세수도 하지 못하고 얼굴도 시커멓게 칠해가지고 고생을 하고 있는 모습을 보았습니다.

그러나 하나님은 사랑의 하나님이십니다. 하나님은 빛을 주시며 바람을 주시며 비를 주십니다. 비를 주시되 홍수를 주시기도 하십니다.

38:24-25, "광명이 어느 길로 뻗치며 동풍이 어느 길로 땅에 흩어지느냐 누가 홍수를 위하여 물길을 터 주었으며 우레와 번개 길을 내어 주었느냐"

광명이 가리워지지 않도록 하나님은 바람으로 구름을 흩으시고 또 동풍이 계속 불면 너무 지구 온도가 올라가니까 흩어지게 하셨습니다. 홍수가 갇혀버리면 큰 물 난리가 나니까 물이 빠지게 하시고 우레나 번개도 갇혀 있지 않고 길을 내어서 흩어지게 하셨습니다. 하나님은 사랑의 하나님이십니다.

그래서 하나님은 사람이 살지 않는 황무지나 광야에도 비를 내리셔서 잡초나 들꽃이 자라게 하시고 곤충이나 뱀이나 전갈도 살게 하십니다.

38:27, "황무하고 황폐한 토지를 흡족하게 하여 연한 풀이 돋아나게 하였느냐"

하나님은 들짐승도 살 수 있도록 풀이 많이 자라게 하십니다. 사실 코끼리나 들소나 코뿔소나 노루 같은 동물들이 풀을 얼마나 많이 뜯어 먹겠습니까? 하나님은 그것들이 다 살 수 있도록 비를 주시고 홍수를 주시는 것입니다.

3. 지혜를 주시는 하나님

하나님은 인간에게 지혜를 주셔서 이 험악한 자연 환경 가운데에서 살게 하실 뿐 아니라 결국 하나님을 찾게 하십니다. 물론 우리 자신의 힘으로는 하나님을 찾을 수 없습니다. 그러나 하나님은 우리 마음에 하나님에 대하여 갈급한 마음을 주시는 것입니다.

하나님은 물이 변하여 얼음이 되게 하십니다. 물과 얼음은 같은 것이지만 온도가 내려가면 딱딱한 얼음이 되고 온도가 올라가면 물이 되는 것입니다.

38:28-30, "비에게 아비가 있느냐 이슬방울은 누가 낳았느냐 얼음은 누구의 태에서 났느냐 공중의 서리는 누가 낳았느냐 물은 돌 같이 굳어지고 깊은 바다의 수면은 얼어붙느니라"

비가 내리고 이슬이 생기는 것은 정말 신기한 일입니다. 그러나 비가 오지 않고 이슬이 내리지 않으면 곡식은 자랄 수 없습니다. 비를 주시는 분도 하나님이시고 이슬을 내리게 하시는 분도 하나님이십니다. 그러나 날씨가 차가워지면 강은 얼어붙어서 걸어 다니게 되고 심지어는 바다도 얼어붙어서 배가 다니지 못하게 됩니다.

저는 처음 서울에 가서 한강이 얼어붙어서 걸어서 강을 건너는 모습을 보고 매우 신기하게 생각했습니다. 그리고 세수한 뒤에 문고리를 잡으면 손에 문고리가 붙으려고 했습니다. 그때 서울이 얼마나 추웠는지 모릅니다. 그런데 에스키모족들은 얼음집을 만들고는 그 안에 불을 피운 후 더워서 웃통을 벗을 때도 있다고 합니다.

이것은 결국 사람의 마음입니다. 사람의 마음도 꽁꽁 얼어붙으면 그렇게 차가울 수 없고 절대로 녹을 것 같지 않습니다. 그러나 사람의 마음에도 사랑의 바람이 불면 언젠가는 녹아서 따뜻한 마음이 될 것입니다.

하나님은 바다나 사막에서 길을 잃은 사람들에게 길을 찾을 수 있도록 밤하늘에 별자리를 주셨습니다. 그런데 이 별자리들이 흩어져 버리면 방향을 찾지 못할 것인데 하나님은 별자리들을 묶어 놓으셔서 어느 별인지 알게 하셨습니다.

38:31-33, "네가 묘성을 매어 묶을 수 있으며 삼성의 띠를 풀 수 있겠느냐 너는 별자리들을 각각 제 때에 이끌어 낼 수 있으며 북두성을 다른 별들에게로 이끌어 갈 수 있겠느냐 네가 하늘의 궤도를 아느냐 하늘로 하여금 그 법칙을 땅에 베풀게 하겠느냐"

우리가 아무리 별 자리를 몰라도 북두칠성은 알 수 있습니다. 그것은 정북 방향에 있습니다. 큰곰자리와 작은곰자리도 압니다. 오리온자리도 압니다. 그리고는 모릅니다. 그런데 어떤 사람은 카시오피아자리, 전갈자리, 황소자리 등등 아는 것이 많습니다. 사람들은 밤하늘의 별을 보면서 얼마나 깨끗하고 아름다운 것이 있는지 알게 됩니다. 하나님은 하늘에 수많은 보석들을 박아 놓으셨습니다. 우리는 밤하늘에 별을 보면서 외롭지 않습니다. 하나님은 우리 주위에도 많은 천사를 주시고 별들을 주셔서 어려움이 왔을 때 외롭지 않게 하십니다.

우리는 구름을 복종시킬 수 없고 번개를 마음대로 부릴 수 없습니다. 그러나 우리는 고난을 통하여 하나님을 나의 하나님으로 만들 수 있습니다.

38:34-35, "네가 목소리를 구름에까지 높여 넘치는 물이 네게 덮이게 하겠느냐 네가 번개를 보내어 가게 하되 번개가 네게 우리가 여기 있나이다 하게 하겠느냐"

우리는 직접 비가 내리고 번개가 치게 할 수는 없습니다. 그러나 이 모든 것의 주인이신 하나님을 나의 하나님으로 만들 수는 있습니다.

이 장에서 가장 중요한 요절이 36절입니다.

"가슴 속의 지혜는 누가 준 것이냐 수탉에게 슬기를 준 자가 누구냐"

이 구절의 번역은 난해하다고 합니다. 옛 개역성경에는 "가슴 속의 지혜는 누가 준 것이냐 마음속의 총명은 누가 준 것이냐"라고 되어 있습니다. 그런데 지금 개정개역성경은 '마음'이 '수탉'으로 변해있습니다. 아마 누군가 성경을 번역하면서 갑자기 마음에 수탉의 영감이 든 것 같습니다. 수탉의 총명은 아침이 올 때 '꼬끼오!' 하고 우는 것입니다. 셰익스피어의 《햄릿》을 보면 죽은 영들이 닭소리를 가장 두려워한다고 합니다. 그래서 밤새도록 유령들이 돌아다니다가 새벽에 닭 우는 소리가 들리면 황급하게 모두 음부로 도망을 간다고 했습니다. 그러나 문맥을 보면 옛 개역성경의 번역이 더 자연스러운 것 같습니다. 즉 닭의 지혜가 아니라 사람의 지혜인 것입니다.

사람에게는 하나님을 갈망하는 마음이 있습니다. 사람은 비의 양을 측량하지 못하고 티끌로 돌이 되게 하지는 못하지만 우리는 하나님을 갈망하는 마음이 있습니다. 그런데 온 세상 전부는 하나님이 만드신 것으로 되어 있고 하나님은 우리를 이 모든 것을 통해서 부르고 계신 것입니다. 하나님은 풀을 통해서도 부르시고 얼음을 통해서도 부르시고 파도를 통해서도 부르시고 번개나 바람을 통해서도 우리를 부르시고 계신 것입니다. 그런데 우리는 성경으로 돌아가야 하나님의 음성을 분명히 들을 수 있습니다.

사자는 힘이 있어서 약한 짐승을 잡아먹지만 하나님을 알지 못합니다.

38:39, "네가 사자를 위하여 먹이를 사냥하겠느냐 젊은 사자의 식욕을 채우겠느냐"

사자가 얼마나 빠르고 사납고 당당합니까? 우리는 이 세상에서 사자 같은 사람이 되면 무서울 것이 없을 것입니다. 그러나 사자는 하나님의 음성을 들을 수 없습니다.

까마귀 새끼는 얼마나 필사적으로 먹으려고 합니까?

38:41, "까마귀 새끼가 하나님을 향하여 부르짖으며 먹을 것이 없어서 허우적거릴 때에 그것을 위하여 먹이를 마련하는 이가 누구냐"

까마귀 새끼는 할 수 있는 것이 아무 것도 없기 때문에 어미 새가 먹이를 잡아 물어오는 것만 기다리고 있다가 어미 새가 돌아오면 입이 찢어지라고 벌리면서 먹을 것을 달라고 소리를 지릅니다. 그러나 사실 이것은 하나님을 향하여 부르짖는 것입니다. 어미 새는 벌레들을 잡아서 새끼들에게 먹을 것을 줍니다. 어미 새는 새끼들에게 먹을 것을 줄 때 어느 새끼가 먹는 것인지 정확하게 안다고 합니다. 하나님은 새카맣고 못생긴 까마귀 새끼도 굶어 죽지 않고 살게 하십니다. 하물며 우리일까 보냐고 예수님은 말씀하셨습니다(마 6:26).

우리는 세상에 있는 것보다 하나님을 아는 지식을 사랑해야 합니다. 사람은 풀과 같고 그 영광은 풀의 꽃과 같지만 하나님의 말씀은 영원하다고 했습니다(벧전 1:24). 사람은 늙어서 죽으면 모든 것이 끝나는 것입니다. 그러나 우리 안에 하나님의 말씀을 채우면 영원한 보석이 됩니다. 우리는 하늘의 별과 같이 빛나게 될 것입니다. 하나님은 마그마와 같은 우리를 진흙이 아니라 하늘의 별이 되게 하시는 것입니다.

가끔 어린아이들의 눈동자가 정말 밤하늘의 별같이 새카맣게 빛나는 것을 보게 됩니다. 우리는 별이 될 수 있을까요? 하나님은 그 지혜를 우리에게 주셨습니다. 깨어져서 부서지는 흙덩이가 아니라 영원히 빛나는 별들이 되시기 바랍니다.

35
동물의 본능
욥기 39:1-30

한번 우리 가족이 미국의 옐로스톤 공원을 간 적이 있습니다. 그때 저는 건강 때문에 같이 갈 수 없어서 아내와 딸에게 거기에 솟아오르는 간헐천과 들소들 그리고 할 수 있으면 늑대까지 보고 오라고 신신당부를 했습니다. 아내와 아이는 거기에 가서 노루도 가까이에서 보고 들소를 많이 보았다고 합니다. 미국의 들소는 덩치가 크고 털이 많습니다. 그런데 이 들소는 차들이 다니는 길에도 올라와 있는데 사람들을 피하지 않습니다. 오히려 관리인들이 차에게 뒤로 피해 가라고 합니다. 왜냐하면 거기는 들소가 주인이고 그들이 사는 곳이기 때문입니다.

또 아프리카에 가면 자연 상태에서 동물들의 원래 모습을 볼 수 있는데 사자나 표범이 노루를 사냥하기 위하여 질주하는 모습이나 들소가 사자와 대결하는 모습이나 떼를 지어서 이동하는 모습을 볼 수 있습니다. 동물원에 갇혀 있는 사자나 표범은 원래 그들의 모습이 아닙니다. 동물원 안에서는 쇠창살이나 유리벽에 갇혀 있기 때문에 다른 짐승을 사냥하기 위하여 전력 질주하지도 않고 다른 짐승을 잡아먹지도 않기 때문입니다.

1. 자연의 특징

욥기는 고난이라는 한 가지 주제를 가지고 욥과 세 친구가 토론을 하다가 엘리후라는 사람이 가세하게 됩니다. 욥의 세 친구는 욥에게 네가 이렇게 망한 것은 네가 교만하고 이기적이었기 때문이라고 하면서 회개하고 새 출발 하라고 권면을 합니다. 거기에 비하여 욥은 자기가 죄를 지어서 이렇게 망한 것이 아니라 고난에는 하나님의 뜻이 있다고 강변하고 있습니다. 사실 모든 성도들이 어려움 가운데서도 위로를 받는 것은 이 한 마디 때문입니다. 즉 내가 고난당하는 것은 하나님의 뜻이 있기 때문인 것입니다. 그래서 우리는 큰 어려움이 왔을 때 '왜 이 어려움이 왔는가?'를 생각하면 안 됩니다. 그 이유를 생각하면 미쳐버리기 때문입니다. 우리는 이 고난이 왔고 그 고난을 이길 것이며 하나님은 우리를 훨씬 더 유익하게 하실 것이라는 것만 생각해야 합니다.

욥기 38장에서 드디어 하나님이 나타나십니다. 그러나 욥기 38장에 나타나신 하나님은 우리의 기대와는 너무나도 다른 모습이었습니다. 하나님은 회오리바람 가운데에서 말씀으로 나타나셨습니다. 이것은 마치 시드니의 오페라 하우스를 설계했거나 우리나라 예술의 전당을 설계한 설계자가 거의 노숙자처럼 다 떨어진 옷을 입고 머리는 산발을 해서 나타난 모습과 같습니다. 이것은 마치 지금의 욥의 모습과 같습니다. 단지 하나님은 욥에 비하면 어마어마하게 크신 분이십니다. 욥은 다 떨어진 옷을 입고 있었고 머리는 산발을 했으며 온몸은 딱지 투성이였습니다. 하나님도 욥과 비슷한 모습이었습니다. 그러나 하나님은 사실 창조자였고 유명한 건축자이셨습니다. 하나님은 우주 가운데 지구의 기초를 두셨습니다. 그리고 지구를 마그마와 물로 만드셨습니다. 하나님은 지구를 떨지 않고 고정시키셨고 물의 한계를 정하셨으며 눈도 만드시고 우박도 만드시고 낮과 밤도 만드시고 땅 위에는 흙을 만드셔서 식물도 자라고 인간도 집을 지을 수 있게 하셨습니다.

그리고 39장에서 하나님은 평소에 사람들이 관심도 가지지 않는 여러 동물들이 얼마나 진지하게 살기 위해서 노력하는지 보여주십니다. 결국 인간은 이 세상의 주인공이 아닌 것입니다. 우리 각자는 자기에게 주어진 인생을 진지하게 그리고 최선을 다 해서 살아야 하는 것입니다.

우리가 동물의 세계에서 볼 수 있는 몇 가지 특징이 있는데 그 하나는 동물은 자살이라는 것을 하지 않는다는 사실입니다. 동물은 미래에 대하여 걱정을 하지 않기 때문입니다. 물론 잘못해서 몰살을 당하는 경우가 있기는 하지만 자살이라는 것을 하지 않습니다. 그런데 성경에 보면 사람에게 들어있었던 귀신이 돼지 떼에 들어가면서 돼지 이천 마리가 호수에 뛰어들어서 자살하는 경우를 보게 됩니다(마 8:28-34). 돼지들도 귀신이 들어가지 않는 이상 열심히 뿌리를 캐먹으면서 사는데 귀신이 들어가니 미쳐서 호수에 뛰어내려서 자살을 한 것입니다.

그리고 동물의 세계에는 열등감이라는 것이 없습니다. 사실 동물들 중에는 못 생긴 동물도 많이 있습니다. 그 중에 욥기의 대단원을 장식하는 하마와 악어가 있습니다. 그러나 짐승은 열등감을 가지지 않습니다. 그러나 사람은 열등감을 가집니다. 그것은 다른 사람과 자신의 처지를 비교하기 때문입니다.

그리고 짐승들은 먹이를 너무 많이 모으지 않습니다. 아무리 많이 모아봐야 썩어서 버리기 때문입니다. 짐승들은 배부를 만큼만 잡아먹습니다. 사자도 배가 부르면 앞에 다른 짐승들이 돌아다녀도 잡아먹지 않습니다. 그러나 인간은 무한정으로 돈이나 재산을 쌓아놓으려고 합니다. 그런데 죽으면 그 모든 것들이 아무 소용이 없게 되는 것입니다. 그래서 우리는 이 세상에 살면서 무엇인가를 찾아야 합니다. 그것은 돈도 지식도 아니고 권력도 아닙니다. 우리는 돈부터 벌고 무엇인가를 찾으려고 하는데 그것도 좋지만 잘못하면 시간을 놓칠 수 있습니다. 우리는 차라리 무엇인가 더 중요한 것을 찾아서 여행을 떠나야 하는 것입니다.

2. 하나님의 설계

산 양이나 산 염소는 바위나 절벽을 타는데 탁월한 재능을 가지고 있습니다. 그래서 임신한 암놈은 절벽에서 조금 오목하게 들어간 곳에다 새끼를 낳습니다. 물론 그런 절벽에는 다른 짐승들이 함부로 올라가지 못합니다. 그러나 그런 곳에도 어미나 염소 새끼를 잡아먹는 짐승이 있습니다. 그것은 바로 눈 표범입니다. 눈 표범은 아주 날카로운 절벽을 타고 다니면서 염소를 사냥합니다. 그런데 어미들은 이런 표범들을 유인하기 위하여 다른 곳으로 일부러 도망을 치는 체 합니다.

39:1-2, "산 염소가 새끼 치는 때를 네가 아느냐 암사슴이 새끼 낳는 것을 네가 본 적이 있느냐 그것이 몇 달 만에 만삭되는지 아느냐 그 낳을 때를 아느냐"

사람들은 대개 산 염소가 있는 곳에 접근할 수 없기 때문에 얼마동안 새끼를 배는지 그리고 어떻게 새끼를 낳는지 알지 못합니다. 산 염소는 절벽 옴폭한데 새끼를 낳고 젖을 먹입니다. 그리고 새끼들은 곧 일어나서 바위를 뛰어다녀야 합니다. 왜냐하면 이 새끼들을 노리는 여우나 표범들이 있기 때문입니다. 어느 영화에 보니까 여우가 새끼 염소를 잡아먹으려고 총알같이 잡으러 가는데 새끼가 얼마나 빠른지 절벽으로 도망가서 절벽 사이에 서 있으니까 여우가 결국 올라가지 못하고 구경만 하고 있다가 돌아가는 장면을 보았습니다. 그러나 그 새끼 염소는 독수리를 조심해야 합니다. 만약 독수리가 새끼 염소를 보면 그대로 날아와서 새끼를 발톱으로 찍어서 절벽 밑으로 떨어트려서 잡아가기 때문입니다.

여기에 보면 "암사슴이 새끼 낳는 것을 본 적이 있느냐?"고 했는데, 암사슴은 들판에서 새끼를 낳습니다. 할 수 있으면 무리에서 떨어진 곳에서 새끼를 낳는데 새끼를 낳자말자 혀로 핥아 줍니다. 그리고 새끼가 태어나면 항상 귀를 터는 것을 볼 수 있습니다. 그런데 그 주위에는 들개나 하이에나나 사자 같은 맹수들이 노리고 있습니다. 그러므로 새끼들은 반드시 일어서야 합니다. 어미가 서서 젖을 주는데 새끼가 서지 않으면 어미젖을 먹을 수 없기 때문입니다. 그리고 새끼 사슴도 태어난 지 몇 시간 지나지 않아서 무리 중에 끼어 달릴 수 있어야 합니다. 맹수들이 잡아먹으러 오기 때문입니다. 맹수들도 할 수 있으면 빨리 달리지 못하는 새끼를 노려서 잡아먹습니다. 처음 태어났을 때에는 새끼는 숨어있고 어미는 짐승들을 다른 곳으로 유도해서 새끼를 살리는 모습을 보게 됩니다.

39:3-4, "그것들은 몸을 구푸리고 새끼를 낳으니 그 괴로움이 지나가고 그 새끼는 강하여져서 빈 들에서 크다가 나간 후에는 다시 돌아오지 아니하느니라"

어미는 새끼를 낳을 때 들판에 누워서 낳는 것이 아니라 서서 배에 힘을 주어서 낳습니다. 새끼를 배에서 떨어트린 후에는 혀로 핥아서 정신 차리게 해 줍니다. 짐승들은 어미의 혀가 목욕입니다. 그리고 이빨로 탯줄도 끊어줍니다. 코끼리 같은 경우에는 처음 새끼를 낳았을 때에 어미도 새끼를 이상하게 생각해서 가까이하려고 하지 않는다고 합니다. 그래서 새끼가 수놈들을 따라가면 발로 차서 어미에게 가라고 쫓아버립니다. 아기 코끼리는 큰 수놈들 따라가다가 발에 채이면 죽는다고 소리를 지릅니다. 그러다가 다시 어미에게 찾아가서 젖을 먹으면 살게 되는 것입니다. 그래서 짐승들은 새끼로 태어나면서부터 고생이 말도 아닙니다. 짐승들은 사느냐 죽느냐 하는 것이 태어나면서부터 바로 문제가 됩니다. 대개 어미가 지켜주는데 어미가 지켜주지 못할 때도 있는 것입니다. 그때는 자기가 알아서 살아야 합니다.

'들나귀'는 우리나라에는 없는데 아라비아에는 있는 것 같습니다. 옛날 서부 영화에서 보던 야생마같이 생각하면 될 것입니다. 아라비아에는 야생마는 없고 야생나귀는 있었던 것 같습니다. 그런데 이 들나귀는 빠르기도 빠르지만 절대로 길이 들지 않습니다. 옛날 서부 영화를 보면 카우보이 중에서 야생마를 밧줄을 던져 잡아와서 길들이는 장면이 있는데, 들나귀는 절대로 길이 들지 않는다고 합니다. 그러니까 사람이나 다른 짐승을 보기만 하면 잽싸게 도망을 가서 자기 혼자 돌아다니는 것입니다.

39:5-6, "누가 들나귀를 놓아 자유롭게 하였느냐 누가 빠른 나귀의 매인 것을 풀었느냐 내가 들을 그것의 집으로, 소금 땅을 그것이 사는 처소로 삼았느니라"

집에서 키우는 나귀는 짐도 싣고 사람도 태우고 가자고 하면 가는데 들나귀는 절대로 사람의 말을 듣지 않는다는 것입니다. 왜냐하면 하나님이 들판을 들나귀의 집으로 주셨고 특히 소금 땅을 그들의 집으로 주셨기 때문입니다. 들나귀도 하루 종일 달리기 때문에 소금을 먹어야 하는 것 같습니다. 그래서 바위 같은 데서 소금을 먹는 것입니다. 사슴이나 노루도 몸이 덥고 땀을 많이 흘리기 때문에 소금을 먹는다고 합니다. 그래서 옛날에 사냥하는 사람들은 땅에 소금을 뿌려놓고 사슴이 소금을 먹으러 오면 총을 쏘아서 잡았다고 합니다. 들나귀는 얼마나 배짱이 좋은지 마을에서 사람들이 소리를 질러도 도망가지 않고 나귀 치는 사람이 너를 잡아서 일을 시킬 것이라고 해도 놀라지 않는다고 했습니다.

39:7, "들나귀는 성읍에서 지껄이는 소리를 비웃나니 나귀 치는 사람이 지르는 소리는 그것에게 들리지 아니하며"

대개 들짐승들은 사람들이 소리를 지르면 깜짝 놀라서 도망을 치는데 들나귀는 도망을 치지 않는 모양입니다. 왜냐하면 달리는데 자신이 있고 고집이 아주 세기 때문입니다. 보통 나귀들은 나귀 주인을 보면 겁을 집어먹는데 들나귀에게는 그런 것도 통하지 않았습니다. 왜냐하면 들나귀는 주인이 없기 때문입니다. 개들도 개장수가 오면 온 동네 개가 다 두려워하면서 짖는데 들개는 개장수도 두려워하지 않는 것과 같습니다. 이미 자기 인생은 망쳤다고 생각하기 때문입니다.

재미있는 동물이 들소입니다. 들소는 하루 종일 풀을 뜯어 먹습니다. 물론 아무 일도 하지 않고 풀을 뜯어 먹는데 사자는 들소를 공격합니다. 그런데 들소가 뿔로 덤벼들면 사자도 도망을 칠 때가 있습니다. 사자가 짐승들을 공격할 때는 두려움을 주어서 도망치게 하고 뒤에서 올라타서 목을 물고 늘어지든지 숨을 쉬지 못하게 해서 죽이는 것입니다. 그런데 들소들 중에서 용기가 있는 들소는 다른 들소가 사자에게 물려서 죽어가고 있으면 가서 뿔로 사자를 들이받아 버립니다. 그러면 사자도 도망을 친다고 합니다.

39:9-10, "들소가 어찌 기꺼이 너를 위하여 일하겠으며 네 외양간에 머물겠느냐 네가 능히 줄로 매어 들소가 이랑을 갈게 하겠느냐 그것이 어찌 골짜기에서 너를 따라 써레를 끌겠느냐"

들소는 집에서 키우는 소와 비슷하게 생겼고 힘도 세어서 일을 잘 할 것 같은데, 들소는 절대로 인간에게 길들여지지 않습니다. 그래서 들소를 잡아서 먹을 수는 있겠지만 이랑을 갈게 하거나 써레질을 하게 할 수는 없습니다. 성질 자체가 아무 말을 듣지 않고 사람이 가까이 오면 공격을 하기 때문입니다. 그런데 들소의 뿔 사이가 얼마나 단단한지 총으로 쏘아도 총알이 들어가지 않는다고 합니다. 들소는 사람의 밭에서 일을 하는 것이 사명이 아니라 들판에서 풀을 찾아서 먹는 것이 사명이기 때문입니다. 그러다가 사자 떼가 공격을 하면 도망을 치는 것입니다. 들소는 아무리 많이 있어도 그 힘을 쓸 수 없고 곡식을 실어올 수 없습니다.

더 특이한 동물은 타조입니다. 타조는 새 중에서는 가장 큰 새인데 날지는 못합니다. 그 대신 달리기를 하면 말과 비슷하게 잘 달립니다.

39:13, "타조는 즐거이 날개를 치나 학의 깃털과 날개 같겠느냐"

타조는 날개가 있기는 하지만 학처럼 날지는 못합니다. 하나님은 타조가 새인데도 날지 못하는 날개를 주셨습니다. 그 대신 타조에게는 거의 말처럼 달릴 수 있는 다리를 주셨습니다. 그래서 타조에게는 달리라고 해야 하는 것입니다. 타조에게 너는 왜 날지 못하느냐고 이야기를 해봐야 소용이 없습니다. 이것은 퇴화된 것이 아니라 하나님이 그렇게 설계를 하셨기 때문입니다.

특히 타조는 알을 낳는데 알도 아주 크고 단단합니다. 그런데 타조는 알을 품지 않습니다. 그리고 새끼가 부화되었을 때도 돌보지 않습니다. 타조는 알을 낳고 자기 임무는 끝났다고 생각하는 것입니다. 왜냐하면 타조가 사는 데는 땅의 온도가 높기 때문에 그냥 두어도 자연 부화가 되기 때문입니다.

39:14-15, "그것이 알을 땅에 버려두어 흙에서 더워지게 하고 발에 깨어질 것이나 들짐승에게 밟힐 것을 생각하지 아니하고"

사실 타조는 뜨거운 모래밭에 알을 까기 때문에 알을 품을 필요가 없습니다. 그리고 알이 아주 두껍고 단단하기 때문에 알을 지킬 필요도 없습니다. 그런데 동영상 같은 것을 보면 알을 모아놓습니다. 그리고 가끔 원숭이들이 와서 알을 훔쳐 갈 때가 있는데 그때는 쫓아가서 원숭이를 공격합니다. 그런 것을 보면 알을 완전히 돌보지 않는 것은 아닙니다. 그러나 알에서 부화하면 타조 새끼가 나오는데 돌보지 않는 것 같습니다. 새끼들은 알에서 나오자 말자 빠르기 때문에 각자가 알아서 벌레나 풀을 뜯어 먹고 살아야 하는 것입니다. 그러다가 맹수들을 만나면 타조 새끼들이 잡아 먹혀 죽을 수도 있습니다. 그런데 타조는 상관하지 않는다는 것입니다. 그 고생한 것이 헛것이 되어도 두려워하지 않는다고 했습니다. 아마 너무 날씨가 더우니까 모든 것이 귀찮아서 그럴 것입니다.

39:17, "이는 하나님이 지혜를 베풀지 아니하셨고 총명을 주지 아니함이라"

사람이나 다른 짐승들이 타조에게 "너는 새끼에게 왜 그렇게 모질게 대하냐?"라고 물어보면, 타조는 "하나님이 나를 그렇게 만드셨기 때문이라"고 대답을 한다는 것입니다. 그리고 "나는 새이기는 하지만 말같이 달리는 은사를 받았다"라고 대답한다는 것입니다.

39:18, "그러나 그것이 몸을 떨쳐 뛰어갈 때에는 말과 그 위에 탄 자를 우습게 여기느니라"

타조가 잘 달리는 것은 하나님이 그렇게 설계하시고 만드셨기 때문입니다. 그것은 인간과는 아무 상관이 없는 것입니다.
사람들 중에도 꼼꼼한 사람이 있고, 일을 해도 느리게 하는 사람이 있습니다. 그것은 하나님이 주신 성격이 다 달라서 그런 것입니다. 그런 것은 바꿀 수 없습니다. 왜냐하면 하나님이 그렇게 설계를 하셨기 때문입니다. 그런 사람을 바꾸려고 하면 불행해지게 됩니다.

39:19-20, "말의 힘을 네가 주었느냐 그 목에 흩날리는 갈기를 네가 입혔느냐 네가 그것으로 메뚜기처럼 뛰게 하였느냐 그 위엄스러운 콧소리가 두려우니라"

그 다음에는 말입니다. 말은 달려야 합니다. 그래서 말은 달리는 것을 그렇게 좋아합니다. 아마 말은 하루 종일 달리기만 해도 좋아할 것입니다. 그래서 말에게 비극은 하루 종일 마구간에 갇혀서 달리지 못해서 살이 찌는 것입니다. 살이 찐 말은 가치가 떨어지게 됩니다.
말은 우리가 생각하는 것보다 덩치가 크고 힘이 셉니다. 그런데 말은 아주 예민하기 때문에 자기를 탄 사람이 자기를 좋아하는지 싫어하는지를 압니다. 그래서 말을 타는 사람은 늘 말의 털을 빗질해주고 쓰다듬어주면서 사랑한다고 말을 하고 당근 같은 것을 자주 주어야 합니다. 또 말은 자기 위에 탄 사람이 자신감이 있는지 아니면 겁을 먹고 있는지 잘 안다고 합니다. 그래서 겁을 먹은 사람의 말은 들지 않습니다. 망아지도 낳자말자 일어서야 합니다. 일어서야 어미젖을 먹을 수 있기 때문입니다.

39:21-25, "그것이 골짜기에서 발굽질하고 힘 있음을 기뻐하며 앞으로 나아가서 군사들을 맞되 두려움을 모르고 겁내지 아니하며 칼을 대할지라도 물러나지 아니하니 그의 머리 위에서는 화살통과 빛나는 창과 투창이 번쩍이며 땅을 삼킬 듯이 맹렬히 성내며 나팔 소리에 머물러 서지 아니하고 나팔 소리가 날 때마다 힝힝 울며 멀리서 싸움 냄새를 맡고 지휘관들의 호령과 외치는 소리를 듣느니라"

그런데 전쟁용 말은 전쟁을 두려워하지 않습니다. 전투하는 말은 전쟁터를 향하여 달리는 것을 그렇게 좋아한다고 합니다. 그래서 위에 탄 사람이 활을 쏘고 창을 휘둘러도 적진을 향하여 달려 나갑니다. 전쟁을 하면 사람도 다치지만 말도 많이 다칩니다. 그래도 그렇게 피를 흘리면서 달리고 싸우는 것입니다.

옛날에 전쟁할 때 말의 힘은 대단했습니다. 그래서 말을 타는 기병과 걸어서 싸우는 보병의 차이는 대단했습니다. 이것은 요즘으로 치면 차를 타는 것과 걸어 다니는 것의 차이와 비슷할 것입니다.

그리고 멋진 동물이 독수리와 매입니다. 독수리와 매는 저 하늘 높은데 올라가서 가만히 멈추어 서 있을 수 있습니다. 아마 바람을 타는 기술이 있기 때문인 것 같습니다. 그리고 집을 지을 때도 절벽 끝에 아무도 올라올 수 없는 곳에 집을 짓습니다. 그것은 사람이 시켰기 때문에 그렇게 하는 것이 아닙니다. 독수리는 그렇게 높은 데 올라갈 힘이 있고 바람을 이길 수 있는 힘이 있기 때문입니다.

39:26-30, "매가 떠올라서 날개를 펼쳐 남쪽으로 향하는 것이 어찌 네 지혜로 말미암음이냐 독수리가 공중에 떠서 높은 곳에 보금자리를 만드는 것이 어찌 네 명령을 따름이냐 그것이 낭떠러지에 집을 지으며 뾰족한

바위 끝이나 험준한 데 살며 거기서 먹이를 살피나니 그 눈이 멀리 봄이며 그 새끼들도 피를 빠나니 시체가 있는 곳에는 독수리가 있느니라"

우리 어렸을 때에는 하늘에 매가 떠 있을 때가 많았습니다. 하늘 높은 데 있다가 갑자기 직선으로 내려오면서 병아리 같은 것을 채어 갔습니다. 그래서 매가 떴다 하면 어미 닭은 병아리들을 불러서 품에 안았습니다. 또 독수리는 힘이 세어서 강아지나 염소 같은 것을 채어 가기도 하고 심지어 어린아이도 채어갈 때가 있습니다. 특히 물독수리는 물 안에 있는 물고기를 보고 그대로 물속에 뛰어 들어가서 발톱으로 물고기를 잡아서 올라갑니다. 매나 독수리는 뱀이나 독사도 잡습니다. 독수리 새끼들도 어미가 잡아온 동물의 피까지 먹는데 피를 먹으면 더 사나워지는 것 같습니다. 또 독수리는 시체가 있는 곳에는 꼭 있어서 시체를 분해하는 청소부 역할까지 합니다. 하이에나나 독수리가 죽은 시체를 분해해주지 않으면 지구는 훨씬 더 오래 오염으로 신음하게 될 것이라고 합니다.

3. 사람의 가능성

하나님은 사람에 대해서는 말씀하시지 않습니다. 오직 하나님은 야생 동물의 본능에 대해서만 말씀하십니다. 이 뒤에도 하나님은 하마와 악어에 대해서 길게 설명하십니다. 그런데 여기에 하나님의 '트릭(trick)'이 숨어 있는 것을 볼 수 있습니다. 다른 짐승이나 새는 전부 길들일 수 없는 짐승인데 오직 하나만 고도로 길들여진 짐승이 있습니다. 그것이 무엇일까요? 산양일까요? 타조일까요? 들나귀일까요? 아니면 독수리나 매일까요? 그것은 바로 말입니다. 말도 길들여지지 않았더라면 들나귀처럼 자기 마음대로 돌아다니면서 풀이나 뜯어먹고 자기가 가고 싶은 대로 돌아다니다가 죽을 것입니다. 그런데 말은 사람에게 길들여지는 바람에 가장 중요한 수단으로 사용되게 됩니다. 왕도 말을 타고 다니고 전쟁할 때 군인도 말을 타게 됩니다. 말은 소식을 전하기도 하고 위험을 나타내기도 하고 막강한 전투력을 나타내기도 했습니다. 탱크나 대포가 나오기 전까지만 해도 말을 탄 기병은 군인 중에서 최고였습니다.

사실 사람은 야생동물들의 눈으로 보면 이해할 수 없는 신체적 특징을 가지고 있습니다. 털도 없고 날카로운 발톱이나 이빨도 가지고 있지 않고 사자나 말처럼 빨리 달리지도 못합니다. 또 산 염소같이 바위를 탈 수도 없고 태어나자 말자 일어서서 엄마 젖을 먹을 수도 없습니다. 또한 들소 같은 힘도 없습니다. 그러나 들나귀 같은 고집은 있어서 하나님의 말씀을 잘 듣지 않습니다.

또 사람은 덩치에 비하여 목소리가 엄청나게 커서 어린 아기가 우는데도 얼마나 크게 우는지 모릅니다. 그러나 사람은 하나님께서 지혜를 주셔서 짐승들이 하는 이상의 것을 다 할 수 있게 되었습니다. 산 염소는 아니지만 로프를 걸어 놓고 산 위에서 뛰어내려오기도 합니다. 히말라야를 정복하기도 합니다. 또 말은 아니지만 차 엔진을 개발해서 포르쉐 같은 차를 타고 말보다 훨씬 빨리 달리기도 합니다. 또 사람은 독수리는 아니지만 비행기를 타고 날아다니기도 합니다. 들소 같은 힘은 없지만 불도저나 포클레인으로 땅을 파기도 하고 흙을 옮기기도 합니다.

그런데 만일 사람이 이런 것들을 이용하기만 하는 것이 아니라 하나님의 훈련을 받으면 어떻게 될까요? 사람이 화가 나서 소리만 지르면 괴성이고 욕설이지만 훈련을 받으면 메시야 같은 합창을 부를 수 있습니다. 사람의 손은 돈이나 물건을 주고받지만 훈련을 받으면 피아노나 바이올린을 연주하고 고도의 기계나 반도체를 만들 수도 있습니다. 사람의 마음이 훈련을 받으면 천사같이 될 수 있습니다. 그래서 너무나도 아름다운 말로 위로를 할 수 있고 기가 꺾인 사람들을 칭찬할 수도 있습니다. 그러면 사람의 인생이 변하게 됩니다.

모든 사람은 다 가능성을 가지고 있습니다. 그 가능성은 야생동물에서 천사가 될 수 있다는 것입니다. 사람들은 돈을 자꾸 모으려고 하고 놀러 다니려고 하고 자기 멋대로 살려고 하는데 그렇게 하면 야생동물밖에 되지 않습니다. 그러나 인간이 하나님 말씀의 훈련을 받으면 야생마가 최고의 말이 되는 것처럼 변하게 됩니다. 우리는 하나님의 기쁜 소식을 가지고 얼마든지 신나게 달릴 수 있습니다. 한평생에 걸쳐서 사랑의 이야기를 가지고 달릴 수 있습니다.

하나님은 우리 인간에게 하나님을 향한 갈급함을 주셨습니다. 욥이 결국 몸부림쳤던 것은 재산이 아까워서 그랬던 것이 아니라 환난을 당하고 나니까 더 하나님을 향하여 더 갈급했던 것입니다.

인간의 마음속에는 들나귀 같은 고집이 있고 말같이 자기가 가고 싶은 대로 달리고 싶은 욕망이 있습니다. 우리는 이 모든 힘을 모아서 하나님을 향하여 가야 합니다. 하나님을 향하여 한 걸음 한 걸음 나아갈 때 우리를 설계하신 하나님의 뜻이 이루어지게 되는 것입니다.

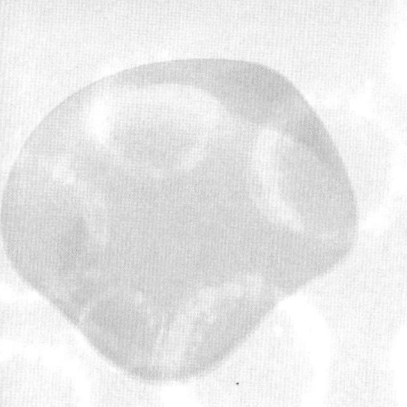

36
불가침의 존재
욥기 40:1-24

이 세상에서 어느 누구도 건드릴 수 없는 힘을 가진 사람이 있다면 참 좋을 것입니다. 학생 중에서 힘이 아주 세어서 어느 누구도 건드릴 수 없을 정도로 싸움을 잘한다면 다른 친구들이 부러워할 것입니다. 또 부모가 아주 돈이 많은 부자여서 비싼 옷도 마음대로 사 입고 좋은 차도 타고 외국도 마음대로 다니면 다른 사람들이 부러워할 것입니다. 또 절대적인 권력을 가지고 있어서 모든 것을 자기 마음대로 할 수 있다면 온 세상이 내 것이 된 기분이 들 것입니다. 사람들은 그런 사람을 출세했다고 말하고 또 자신도 그런 사람이 되려고 노력할 것입니다. 그런데 놀랍게도 그런 사람 자신은 행복하지가 않습니다. 그는 스트레스를 너무 많이 받아서 매일 술을 마시면서 살거나 혹은 정신이상자로 살아갈 때가 많습니다.

대표적인 사람이 이스라엘의 초대 왕 사울이었습니다. 그는 키가 아주 크고 인물도 좋은 사람이었습니다. 그리고 그는 왕이었습니다. 그 주위에는 싸움을 잘 하는 장수들이 많이 있었습니다. 그러나 그는 행복하지 않았습니다. 그는 심한 우울증과 히스테리로 고생을 했습니다.

짐승 중에서도 사랑받는 짐승은 하마나 코뿔소 같은 무서운 짐승이 아니라 약한 꽃사슴이나 얼룩말 새끼 같은 귀여운 동물들입니다. 아무것도 부족한 것이 없는 모든 것을 다 가진 사람이 행복할 것 같지만 실제로는 행복하지 않습니다. 그 이유는 아무도 그를 사랑해주지 않기 때문입니다.

한번은 서점에 갔는데 어느 스님이 썼다고 하는 《화》라는 책이 정말 날개 돋친 듯이 팔리는 것을 보고는 현대인들이 얼마나 분노를 많이 느끼면서 살아가고 있는지 알게 되었습니다. 특히 우리 사회에서 조현증이 있는 사람은 길을 가다가 갑자기 화가 나면 다른 사람에게 덤벼들어서 칼을 휘둘러서 사람을 죽이기도 하고 여성들을 때리기도 하고 자기 식구들을 죽여서 그 시신을 방치하기도 합니다. 또 분노조절이 안 되는 사람은 다른 사람의 차를 부수기도 하고 가게를 부수기도 하는데 정신과 의사가 그에게 정신적인 문제가 있다고 진단하면 정신 치료를 받게 됩니다. 그런데 이것은 비단 다른 사람의 문제만이 아닙니다. 우리 자신도 심한 스트레스를 받는다든지 우울증에 걸리면 어느 순간에는 조절이 불가능한 상태까지 갈 때가 있습니다. 그때는 평소에는 도저히 그 사람이라고 생각할 수 없는 욕들이 그 입에서 쏟아져 나오는 것을 보게 됩니다.

동물 중에서도 분노조절장애와 심각한 비만을 함께 겪고 있는 동물이 있습니다. 바로 하마입니다. 어렸을 때 하마는 결코 말처럼 생기지 않았는데 왜 하마라고 하는지 이해가 되지 않았습니다. 하마는 뿔만 없지 소에 가까운 동물이 아니냐 하는 의문이었습니다.

그런데 헤밍웨이가 쓴 《킬리만자로의 눈》을 보면 주인공이 강에서 하마를 따라가면서 영화를 찍는 장면이 나옵니다. 그때 하마들이 물 안에서 도망을 치는데 그야말로 말들처럼 달리는 것을 보았습니다. 하마는 보기에 아주 순하게 생겼습니다. 그러나 실제로 하마는 분노조절이 잘 안되기 때문에 난폭해서 사람들이 잘못해서 하마 가까이 갔다가는 많이 죽는다고 합니다. 하마는 아주 성질이 사나운 동물입니다. 거기에다가 하마는 그야말로 몸매가 말이 아닙니다. 입은 말할 수 없이 크고 히프도 엄청나게 큰데 허리가 없습니다. 다 크면 3톤 정도 간다고 하는데 풀은 매일 50에서 80킬로그램 정도 먹어야 한다고 합니다. 그리고 하마는 물속에 오래 있을 수 있기 때문에 물속에서 잠을 자거나 혹은 머리만 내놓고 있을 때가 많이 있습니다. 아마 사람이 하마같이 비만하고 분노조절도 안 된다면 죽고 싶을 사람들이 많을 것입니다. 그런데 하나님은 하나님이 만드신 창조물 중에서 하마가 일등이라고 말씀하셨습니다. 하마는 공부도 안하고 농사도 짓지 않고 아무 것도 하지 않는데도 불구하고 하나님은 하마를 아주 신경 써서 만들었다고 말씀하셨습니다.

1. 하나님은 잘못하셨는가?

하나님은 앞 장에서 몇 가지 동물들의 예를 들어서 말씀하시면서 하나님은 동물들에게 장점도 주시고 단점도 주셨다고 하셨습니다. 즉 하나님은 동물들에게 모든 장점을 다 주시지 않았던 것입니다. 예를 들어서 산양 같은 경우에는 절벽 같은 곳에서 살기 때문에 다른 짐승들과 사교성이라고는 전혀 없습니다. 그러나 산양은 바위를 달리는 데는 다른 짐승들이 따라올 수가 없습니다. 산양은 마치 평지를 달리듯이 바위를 달리는 것입니다. 산양은 그 추운데 살면서도 불평하지 않습니다. 새끼를 낳아도 혼자서 잘 낳습니다. 그리고 표범이나 독수리가 새끼를 물려고 하면 다른 데로 유인을 해서 새끼를 보호합니다.

들노루도 새끼를 서서 낳습니다. 그것은 다리가 길기 때문입니다.

들노루는 새끼를 낳자말자 사자나 표범이나 다른 맹수로부터 새끼를 지켜야 합니다. 노루 새끼는 태어나자 말자 일어서야 하고 어미젖을 먹어야 하고 달려야 합니다. 또 들나귀는 일을 하지 않습니다. 일을 할 줄 모르기 때문입니다. 그러나 들나귀는 고집이 세고 겁이 없습니다. 타조는 새지만 날지 못합니다. 그러나 달릴 때에는 거의 말과 같은 속도로 달릴 수 있습니다. 타조는 새끼를 돌보지 않습니다. 왜냐하면 하나님이 그런 지혜를 주시지 않았기 때문입니다.

그러나 이 짐승들 중에서 어느 짐승도 하나님을 원망하거나 열등감에 빠지거나 살기 싫어하는 짐승은 없습니다. 왜냐하면 하나님은 이 짐승들에게는 삶의 의미를 생각하는 지혜를 주지 않으셨기 때문입니다.

욥은 정말 하나님이나 사람들 앞에서 의롭게 살았습니다. 욥은 하나님 앞에서 최선의 의로운 삶을 살았습니다. 그러나 그 결과는 망한 것이었습니다. 친구들은 욥을 위로하러 먼 데서 찾아와서 네가 망한 것을 보니까 죄를 지은 것이 틀림없다고 하면서 지금이라도 회개하고 새 출발하면 하나님이 너를 창대하게 하실 것이라고 권면했습니다. 그러나 욥은 끝까지 내가 환난을 당한 것은 죄 때문이 아니라 하나님의 뜻이 있기 때문이라고 고집을 부렸습니다. 그러면서 욥은 친구들에게 하나님을 만나서 한번 따지고 싶다고 했습니다. 즉 욥은 모든 것을 다 잃는 대신 하나님의 살아계심과 그의 음성을 확인하기를 원했던 것입니다. 욥은 아마도 하나님으로부터 "그래, 맞다. 네가 그렇게 환난을 당하고 고통을 당한 것은 너를 더 아름답고 성숙하게 하기 위해서였다"라는 위로의 소리를 듣고 싶었는지도 모릅니다.

가끔 부부나 친구 사이에서 사소한 것을 가지고 말을 하다가 깊은 마음의 상처를 입을 때가 많이 있습니다. 그때 딱 한 마디만 하면 모든 것이 다 풀어질 때가 많습니다. 그것은 바로 '미안하다'는 말입니다. 그 한마디만 하면 되는데 그 말이 얼마나 좋은 말인지 모르고 끝까지 그냥 있다가 나중에 점점 사이가 멀어져서 좋은 부인이나 친구를 놓쳐버리고 마는 것입니다. 옛날에 〈친구〉라는 영화에서 "많이 뭇다 아이가."라는 말도 유행했지만, "친구 사이에 미안한 것 없다."라는 대사도 있었습니다. 그러나 친구 사이에도 미안한 것이 많이 있고 부부 사이에도 미안한 것이 많이 있습니다. '미안하다' 고 하기만 하면 되는데 자존심 때문에 모르는 체 하고 넘어가버리는 것입니다.

욥기에서 하나님이 욥에게 하시는 말씀이 바로 이것입니다. 물론 하나님은 욥의 생각이 옳다는 것을 압니다. 그렇지만 하나님이 욥에게 '미안하다' 라고 말을 해야 하겠느냐는 것입니다. 하나님은 우리에게 미안하신 것이 없습니다. 왜냐하면 하나님은 우리로 하여금 이 세상에 살게 하신 것만 해도 어마어마하게 감사한 일이기 때문입니다.

하나님은 욥에게 이렇게 말씀하셨습니다.

40:1-2, "여호와께서 또 욥에게 일러 말씀하시되 트집 잡는 자가 전능자와 다투겠느냐 하나님을 탓하는 자는 대답할지니라"

하나님은 욥을 트집 잡는 자라고 부르셨습니다. 욥은 정말 자그마한 피조물에 불과하면서도 너무나도 자기감정과 자기 생각을 중요하게 생각해서 끝까지 하나님께 따지려고 했던 것입니다. 그것은 하나님께서 무슨 의도로 나에게 이런 고통을 주셨느냐 하는 것이었습니다. 그러나 이 세상에 이유가 없는 고통도 많이 있습니다. 예를 들어서 어린아이가 개미가 지나가는 것을 보고 밟아 죽였다고 해서 무슨 이유가 있는 것은 아닌 것입니다. 그냥 심심했거나 아니면 보지 못해서 밟아서 죽인 것입니다. 그런데 하나님이 개미에게 엄청난 지능을 주셔서 인간에게 따지는 마음을 주셨다면 개미는 인간에게 왜 우리 개미를 이유도 없이 죽이느냐고 따질 것입니다.

요즘 우리나라 사람들은 무엇엔가 불만이 굉장히 많습니다. 그래서 우리나라 사람들 중에서는 우리나라를 '헬 조선'이라고 부르는 사람들이 있습니다. 그런데 십대의 탈북한 여자 아이는 헬 조선은 대한민국이 아니라 북한이라고 했습니다. 북한은 정말 한 끼 먹는 것이 어렵다고 했습니다. 자기는 한국 드라마를 몰래 보다가 너무 좋아서 한국에 오기로 했다고 합니다. 그래서 압록강을 건너고 라오스를 통해서 태국으로 갔다고 합니다. 그는 꿈이 비행기를 타는 것인데 드디어 비행기를 타고 한국에 오게 되었다고 합니다.

어떤 탈북자들은 한국에 와서 너무 놀란 것이 많다고 했습니다. 그 중에 곰탕을 먹으러 가자고 하는데 진짜 곰을 먹는 줄 알았다는 것입니다. 더 놀란 것은 할매 머리국밥이었다고 합니다. 아니 할머니 머리로 국밥을 만드는구나 생각했다는 것입니다. 또 비둘기가 땅에 기어 다니는 것을 보고 놀랐다고 합니다. 그들이 본 비둘기는 전부 저 하늘 높이 날아다니는 비둘기였던 것입니다. 우리나라에 망명한 북한 외교관은 한국이 만든 손톱깎이에 놀랐다고 하고, 또 어떤 자매는 교회가 많은데 놀랐다고 하고, 마음대로 알바를 할 수 있어서 좋다고 했습니다. 그들에게 우리나라는 천국이었던 것입니다. 그러나 막상 우리는 무엇인가 불만이 많습니다. 하나님께도 불만이 많고 우리 사회에도 불만이 많은 것입니다.

그때 하나님은 욥에게 "이 트집 잡는 자야 끝까지 하나님과 다투겠느냐?"고 말씀하셨습니다. 네가 그렇게 잘 살아왔으면 됐지 죽을 때까지 잘 살아야 한다고 생각하느냐고 책망하시는 것입니다. 우리는 돌아가면서 잘 살아야 하는데 자기만 끝까지 잘 살아야 한다고 생각한다는 것입니다.

욥은 드디어 하나님의 음성을 들었습니다. 하나님은 정말 살아계시고 하나님은 정말 욥을 알고 계셨던 것입니다. 우리에게는 이것만 있으면 충분한 것이 아닐까요? 하나님이 살아계시고 하나님이 나를 알고 계신다면 우리가 두려워할 것이 뭐가 있을까요?

그래서 욥은 이렇게 대답을 했습니다.

40:3-5, "욥이 여호와께 대답하여 이르되 보소서 나는 비천하오니 무엇이라 주께 대답하리이까 손으로 내 입을 가릴 뿐이로소이다"

욥은 이제야 비로소 자기가 하나님에 비하여 너무나도 작다는 것을 깨닫게 되었습니다. 자기는 이렇게 작은 존재인데 이제 더 이상 아무 것도 묻지 않겠다고 대답했습니다. 여기에 대답하겠다고 했지만 실제로는 묻거나 따지는 것을 말합니다. 그리고 이제 욥은 하나님께 대하여 충분히 놀랄 준비가 되어 있다고 고백하고 있습니다. 이제 손으로 입을 가리고 아무 말도 하지 않겠다고 했습니다. 이제 하나님이 보여주시는 것은 전부 놀라운 것들이어서 놀라는 소리를 내는 것만으로도 하나님에게 실례하는 것 같으니까 손으로 입을 막고 가만히 있겠다고 했습니다.

2. 두 번째 대결을 준비하라

우리는 흔히 하나님을 만날 수 없다고 말을 합니다. 우리는 어떤 급한 일이 있어서 하나님을 만나고 싶은데 하나님을 만날 수 없다는 것입니다. 왜 하나님은 우리를 만나주시지 않는 것일까요? 그것은 바로 하나님은 너무 크신데 비하여 우리는 너무 작기 때문입니다.

하나님은 욥에게 제2회전을 준비하라고 말씀하셨습니다.

40:6-7, "그 때에 여호와께서 폭풍우 가운데에서 욥에게 일러 말씀하시되 너는 대장부처럼 허리를 묶고 내가 네게 묻겠으니 내게 대답할지니라"

하나님은 욥에게 처음 나타나실 때에도 똑같은 말씀을 하셨습니다. 하나님은 폭풍우 가운데에서 말씀하셨는데 이 폭풍우는 엄청난 회오리바람이었습니다. 하나님은 욥에게 대장부같이 허리를 묶고 하나님이 물으시는 질문에 대답하라고 하셨습니다. 옛날에 덩치 큰 사람과 씨름을 하려고 하면 허리를 끈으로 묶고 상대를 해야 했습니다. 그런데 우리가 하나님을 상대해서 이야기를 하려고 하면 적어도 우리 입에서 천둥소리가 나야 하는 것입니다.

40:8-9, "네가 내 공의를 부인하려느냐 네 의를 세우려고 나를 악하다 하겠느냐 네가 하나님처럼 능력이 있느냐 하나님처럼 천둥소리를 내겠느냐"

욥은 하나님이 공평하시지 못하다고 따지려고 했습니다. 즉 욥은 하나님도 완전히 의로우신 것은 아니라고 따지려고 했는지 모릅니다. 그런데 하나님은 적어도 하나님의 공의를 부인하고 하나님과 따지려고 하면 하나님 정도의 능력이 있어야 한다고 말씀하셨습니다. 이미 하나님은 욥에게 네가 별자리들을 끈으로 묶었느냐고 물어보셨습니다. 너는 눈이 쌓여 있는 방에 들어가 보았으며 우박의 창고에 들어가 보았느냐고 물어보셨습니다. 우리 인간은 하나님에 비하면 너무나도 작은 존재입니다. 그런데 하나님은 이 작은 인간에게 어마어마한 지혜를 주셔서 하나님과 따지게 하셨습니다. 그래서 인간은 절대로 자기 머리로 납득이 되어야 받아들이지 자기 머리로 이해가 되지 않으면 아무 것도 인정하려고 하지 않습니다.

그러나 하나님은 적어도 우리가 하나님과 같은 수준이 되었다면 말을 할 때 천둥소리는 낼 수 있어야 한다고 말씀하고 있습니다. 천둥소리를 낼 수 없는 인간은 조용히 하나님이 하시는 일을 끝까지 지켜보아야 하는 것입니다.

하나님은 욥에게 다시 한 번 하나님께 덤벼들어보라고 하셨습니다. 욥이 이제 할 일은 이 세상의 모든 교만한 자들을 다 찾아내서 짓밟고 그들을 땅에 묻고 그 머리를 보자기에 싸서 비밀스러운 곳에 두라는 것입니다. 그러면 하나님은 욥의 능력을 인정하겠다고 말씀하십니다.

40:10-13, "너는 위엄과 존귀로 단장하며 영광과 영화를 입을지니라 너의 넘치는 노를 비우고 교만한 자를 발견하여 모두 낮추되 모든 교만한 자를 발견하여 낮아지게 하며 악인을 그들의 처소에서 짓밟을지니라 그들을 함께 진토에 묻고 그들의 얼굴을 싸서 은밀한 곳에 둘지니라"

하나님은 적어도 이 세상을 정의롭게 한다면 모든 교만한 자를 전부 찾아내서 전쟁을 해서 그들을 짓밟아 죽이고 그들의 시체를 진토에 파묻어버리고 그들의 머리를 베어서 따로 쌓아 둘 수 있어야 한다고 말씀하고 있습니다.

오늘 사람들은 다른 사람들의 불의에 대하여 엄청나게 분노하고 있습니다. 그러나 하나님은 우리의 그 분노가 이 세계 전체를 볼 때는 아무 것도 아니라는 것입니다. 왜냐하면 인간이 사는 곳에는 어디든지 불의와 불법이 있기 때문입니다. 그래서 적어도 정의롭다고 하려면 이 세상의 모든 불의한 자를 다 찾아내서 싸워서 죽이고 땅에 파묻고 그들의 머리를 베어서 없앨 수 있어야 한다고 말씀하고 있는 것입니다. 아마 그렇게 할 수 있는 사람은 돈키호테밖에 없을 것입니다.

돈키호테는 너무 기사도 소설을 많이 읽는 바람에 미쳐서 자기야말로 이 세상의 모든 불의와 싸워서 물리칠 기사라고 생각합니다. 그래서 자기 얼굴에 맞지도 않는 투구를 철사로 꿰매어서 쓰고 다 늙은 말을 타고 하인을 데리고 불의한 자를 찾아서 나섭니다. 그래서 여관집 손님을 악당이라고 해서 혼을 내기도 하고 장사하러 가는 사람들은 악당이라고 해서 공격하기도 하고 풍차를 악마라고 해서 공격하다가 날개에 맞아서 나가떨어지기도 합니다.

물론 이 세상에 악한 자들이 많이 있는 것은 사실입니다. 불량배들도 있고 강도들도 있고 살인자들도 있습니다. 그것을 위해서 정부도 있고 언론도 있고 경찰도 있습니다. 우리는 이 세상의 모든 악을 다 없앨 수 없습니다. 그것은 정부도 잘 할 수 없습니다. 정부도 그 많은 윤락업소를 없애는 것이 어렵고 조직 폭력배들을 뿌리 뽑는 것이 어렵습니다. 그런데 어떻게 나 혼자의 힘으로 할 수 있겠습니까?

40:14, "그리하면 네 오른손이 너를 구원할 수 있다고 내가 인정하리라"

여기서 나에 대한 하나님의 뜻을 찾는 것이 쉽지 않습니다. 우리 인간의 힘으로 정의를 위해서 할 수 있는 것이 너무나도 없습니다. 우리는 할 수 없습니다. 그래서 우리는 하나님과 합작을 해야 합니다.

3. 건드릴 수 없는 짐승

하나님은 여기서 갑자기 한 짐승의 예를 들어서 설명을 하십니다. 그런데 하나님께서 얼마나 그 짐승을 자세히 관찰하시고 잘 알고 계시는지 우리는 놀라지 않을 수가 없습니다. 그것은 사람에게 아무 도움도 되지 않습니다. 오히려 사람이 잘못해서 접근하다가는 물려서 죽을 수 있습니다. 그런데 그 동물도 하나님이 설계하셨고 하나님이 만드신 것 중에서 최고의 작품이라고 말씀하고 계십니다.

40:15, "이제 소 같이 풀을 먹는 베헤못을 볼지어다 내가 너를 지은 것 같이 그것도 지었느니라"

여기서 '베헤못'은 큰 짐승을 말하는데, 하마를 말합니다. 하마는 그 덩치가 크지만 풀을 뜯어 먹습니다. 하루에 적어도 50킬로그램 이상은 뜯어 먹는다고 합니다. 그런데 사실 하마는 육식도 합니다. 그리고 하마의 송곳니는 30센티 이상 되는데 하마는 짐승들 중에서 가장 입을 크게 벌릴 수 있는 짐승입니다. 하마가 입을 크게 벌리면 완전히 솥뚜껑이 열리는 것과 같은데 뭣도 모르고 피하지 않고 그대로 있다가 그 입에 물리게 되면 사자도 죽는다고 합니다. 하마는 생각보다 굉장히 빠른데 최고 시속 50킬로미터 정도로 총총 걸음으로 달립니다. 그리고 하마의 눈은 완전히 잠망경처럼 덮개가 있어서 물 위에 눈만 낼 수 있습니다. 하마는 물속에 오래 있을 수 있습니다. 또 하마는 입이 아주 크고 히프가 아주 크고 다리는 짧은데 분노조절장애가 있어서 화가 나면 참지를 못한다고 합니다.

40:16-17, "그것의 힘은 허리에 있고 그 뚝심은 배의 힘줄에 있고 그것이 꼬리 치는 것은 백향목이 흔들리는 것 같고 그 넓적다리 힘줄은 서로 얽혀 있으며"

하마는 허리 부분이 거의 없이 전부 배라고 보면 좋을 것입니다. 그리고 뚝심이 배의 힘줄에 있는데 그것으로 입을 크게 벌리고 헤엄을 치거나 달리기를 합니다. 하마는 영역 표시를 하는데 똥을 누면 꼬리를 프로펠러처럼 돌려서 똥을 분산시킵니다. 자기 똥 냄새 나는 곳이 자기 영역인 것입니다. 즉 자기 영역 안에 다른 하마가 들어오거나 사람이나 다른 짐승이 들어오면 상대를 구별하지 않고 공격해서 물어죽이는 것입니다. 하마는 붉은 빛이 나는 액체를 분비하는데 피가 아니고 땀 비슷한 것이라고 합니다. 우리 인간으로 치면 선크림과 같은 것입니다.

그런데 하마의 약점은 물에서 너무 오래 벗어나 있으면 자외선에 피부가 상하여 이틀 정도 지나면 죽는다는 것입니다. 그리고 하마는 청력이 뛰어나기 때문에 밤에 풀을 뜯어 먹으러 나간다고 합니다. 하마는 자기 무리에서 싸움에 지거나 밀려나면 웅덩이에서 추방당하게 되는데 그렇게 되면 피부가 말라서 죽는다고 합니다. 그때 사자에게 물려 죽습니다. 그런데 하마는 피부 안에 엄청난 지방층이 있는데 상처를 입어도 십분 안에 저절로 상처가 치유가 된다고 합니다.

그리고 하마는 길들이지 않는 짐승인데 남이 자기를 가지고 노는 것을 엄청 싫어한다고 합니다.

> 40:18-19, "그 뼈는 놋관 같고 그 뼈대는 쇠 막대기 같으니 그것은 하나님이 만드신 것 중에 으뜸이라 그것을 지으신 이가 자기의 칼을 가져 오기를 바라노라"

아마 이 당시는 놋관이 가장 튼튼한 관이었던 것 같습니다. 물론 그 관 안에는 신경이 통합니다. 뼈대는 쇠막대기라고 했는데 하마는 다리뼈가 부러질 일은 없을 것입니다. 하마는 하나님이 만드신 것 중에서는 최고라고 하셨는데, 하마는 분노가 조절되지 않는 동물입니다. 하마는 사실 겁날 것이 없습니다. 학자들도 하마보다 더 힘이 센 짐승은 코끼리나 코뿔소밖에 없다고 했습니다. 더욱이 하마가 물속에 엎드려 있으면 아무도 하마를 건드릴 수 없습니다.

하마가 하나님이 만드신 피조물 중에서 으뜸이라는 말 속에는 아이러니가 들어있습니다. 하나님은 하마를 가장 강하게 만드셨습니다. 가장 큰 입을 주셨고 이빨도 엄청 강합니다. 또 가장 큰 히프를 주셨고 허리둘레가 엄청나게 큽니다. 그리고 하마의 성질은 너무나도 더럽습니다. 또 하마는 물속에도 있고 물밖에도 있을 수 있습니다. 아무도 하마를 건드릴 수 없습니다. 그런데 하마의 치명적인 단점이 아름답지 못하다는 것입니다. 아무도 하마와 친구하고 싶어 하지 않고 아무도 하마를 가까이 하지 않는다는 것입니다. 왜냐하면 성질이 너무나도 제멋대로이기 때문입니다.

하마는 아무리 강하기는 하지만 아무도 사랑해주지 않고 너무나도 못 생겼기 때문에 늘 물속에 있고 나오지 않으려고 합니다. 하마는 하나님의 칼만이 죽일 수 있다고 했습니다. 그것은 바로 햇빛입니다. 하마의 치명적인 약점은 햇빛에 약하다는 것입니다. 그래서 하마가 햇빛에 너무 오래 노출되어 있으면 피부가 말라서 죽게 됩니다. 그래서 하마는 강하지만 늘 물속에 몸을 담그고 밤에만 나오는 것입니다. 그것은 결코 행복한 것이 아닙니다. 낮에 들판을 질주하기도 하고 표범이나 사자에게 먹히기도 하지만 자유로운 것이 아름다운 것입니다.

40:21-22, "그것이 연 잎 아래에나 갈대 그늘에서나 늪 속에 엎드리니 연 잎 그늘이 덮으며 시내 버들이 그를 감싸는도다"

하마는 강하지만 마음대로 돌아다닐 수 없어서 늘 연잎 아래나 갈대 아래 엎드려 있습니다. 거기는 바로 하마의 감옥이나 마찬가지인 것입니다. 어떤 사람이 성공을 해서 돈을 엄청나게 벌게 되었습니다. 그는 멋진 집을 샀지만 거기서 나오지 못했습니다. 왜냐하면 테러범이 가족을 잡아가서 돈을 요구할까 겁이 났기 때문입니다. 시장에서 마음대로 쇼핑도 못하고 뒷골목에서 오뎅이나 떡볶이도 사 먹지 못했습니다. 그는 늘 경호원에 에워싸여 있어야 했습니다. 이런 상태로 오래 살다보면 감정 통제가 안 되고 돈이 많아질수록 눈도 튀어나오고 나중에는 굉장히 포학한 사람으로 변하게 될 것입니다.

하마는 물이 아무리 입에 들어와도 신경을 쓰지 않습니다. 왜냐하면 배가 그만큼 크고 물을 이길 힘이 있기 때문입니다.

40:23-24, "강물이 소용돌이칠지라도 그것이 놀라지 않고 요단 강 물이

쏟아져 그 입으로 들어가도 태연하니 그것이 눈을 뜨고 있을 때 누가 능히 잡을 수 있겠으며 갈고리로 그것의 코를 꿸 수 있겠느냐"

 부자는 아무리 돈이 많아 들어와도 입을 딱 벌리고 돈을 받아먹습니다. 돈이 아무리 많아도 얼마든지 배 안에 그 돈을 넣을 수 있기 때문입니다. 그러나 아무 것이나 받아먹는 바람에 나중에 배 안에는 쓰레기가 가득 차게 됩니다. 하마는 물속에 있을 때에는 이 세상에서 겁날 것이 없는 동물입니다. 그러나 치명적인 결함이 허리가 날씬하지 않고 입이 너무 크고 사교적이지 못하다는 것입니다. 하마는 결코 아름답지 않습니다. 역시 약한 사람이 아름다운 법입니다. 우리는 하마가 아니기 때문에 아름다울 수 있습니다. 우리는 입이 크지는 않지만 아름다운 소리를 낼 수 있습니다. 우리에게는 함께 나눌 이야기가 있고 사랑할 수 있는 사람이 있습니다. 하나님은 우리를 사랑하십니다. 우리는 하마가 아니기 때문입니다.

 우리는 강물도 이길 수 없고 악한 자도 이길 수 없습니다. 그러나 우리는 하나님과 협력할 수 있습니다. 우리의 다리는 놋관이 아니고 우리의 다리는 쇠막대기가 아니지만 우리는 하나님의 소리를 가질 수 있습니다. 우리는 하나님과 따지지 마시기 바랍니다. 우리에게는 아직 시간이 있습니다. 지혜와 말씀으로 이 시간을 잘 활용하시기 바랍니다.

37
감추어진 실체
욥기 41:1-34

사람들은 때때로 그 실체를 보기 전에는 상대의 진정한 모습을 알지 못하는 경우가 많이 있습니다. 예를 들어서 어떤 사람이 너무 좋은 사람인 줄 알았는데 나중에 알고 보니까 사기꾼이라든지, 또 어떤 여자는 너무 좋은 남자인 줄 알고 결혼했는데 알고 보니까 폭력을 휘두르는 불량배였다든지, 어떤 사람은 술만 들어가면 개로 변한다든지 하는 것을 알게 된다는 것입니다. 그러나 그 실체를 알고 나면 늦을 때가 많습니다.

한번은 오스트레일리아 북부를 혼자 여행하던 청년이 흔적도 없이 사라진 일이 일어났습니다. 주위 사람들은 모두 이상하게 생각했습니다. 그런데 몇 달이 지난 후 똑같은 일이 또 발생했습니다. 그때 경찰과 구조대가 대대적으로 나서서 청년들이 없어진 부근을 조사하다가 그 강에 사는 악어가 사람을 잡아먹는다는 사실을 알게 되었습니다. 청년들이 그 더운 지방을 걷다가 강을 보니까 너무 반가워서 무턱대고 물속으로 뛰어 들어갔는데, 그 안에는 무시무시한 악어들이 있어서 소리도 없이 다가와 청년들을 흔적도 남기지 않고 다 잡아 먹어버렸던 것입니다.

악어라고 하면 악어 핸드백이나 벨트나 구두를 만드는 재료 정도로 생각을 하지, 악어가 얼마나 사납고 강한지 잘 알지 못합니다. 최근에는 '악어의 눈물'이라는 말을 많이 합니다. 악어는 짐승을 잡아 먹으면서 진짜 눈물을 흘립니다. 그것을 보면서 '아, 악어도 양심은 있구나'라고 생각을 할지도 모릅니다. 그러나 그것은 악어가 먹이를 먹기 위해 입을 너무 크게 벌려서 눈물샘이 자극되어서 눈물을 흘리는 것이라고 합니다. 이와 마찬가지로 악한 사람들 중에서도 자신이나 다른 사람들의 이야기를 하면서 눈물을 흘리는 사람들이 간혹 있습니다. 그러면 악인의 그 눈물 흘리는 모습을 보고 감동을 받아서 같이 눈물을 흘리기도 하고 그 사람을 좋은 사람이라고 생각하면서 믿으려고 합니다. 그런데 나중에 알고보니 전부 연기였고 연극이었던 것입니다. 이러한 것이 바로 악어의 눈물입니다.

사실 악어는 아주 흉측하게 생겼습니다. 그리고 이빨이 안으로 나와 있어서 한번 물면 절대로 뺄 수가 없습니다. 그러나 악어가 물속에 있을 때에는 너무 가만히 있고 너무 조용히 움직이기 때문에 동물들은 악어가 통나무인 줄 알고 안심하지만, 방심하면 어느 한순간 악어에게 물리고 마는 것입니다. 그런데 오늘 우리 사회에도 너무 많은 악어가 있습니다. 사실 그 정체를 드러내기 전까지는 그 실체를 모를 뿐 아니라 심지어는 물리기 전까지도 그 정체를 모를 때가 많은 것입니다.

그런데 악어는 창이나 칼로도 찌를 수 없고 몽둥이로 때려도 소용이 없습니다. 오늘 우리는 바로 이런 괴물을 상대로 해서 싸워야 하는 것입니다.

1. 잡을 수 없는 짐승

하나님은 욥에게 하나님 자신에 대해서는 많은 말씀을 하시지 않았습니다. 그 대신 하나님이 이 세상에 만드신 짐승 중에서 인간이 도무지 상대할 수 없는 짐승이 있다는 것을 말씀하셨습니다. 그래서 산양 이야기도 하시고 타조 이야기도 하시는데, 마지막 부분에 가서 두 짐승 이야기를 하십니다. 그 하나가 하마이고 다른 하나가 악어입니다. 하마나 악어는 공통점이 하나 있는데, 그것은 그들이 물에서도 살 수 있고 육지에서도 살 수 있다는 점입니다. 그리고 엄청난 이빨과 힘을 가지고 있기 때문에 그 짐승을 잡을 수 있는 사람이 없습니다. 그래서 이 짐승들은 이 세상에서 겁날 것이 없고 자기가 최고라고 생각하고 있는 것입니다. 요즘 우리 시대로 비교하면 철밥통을 가지고 절대 권력을 누리면서 갑질을 하고 있는 사람들이라고 할 수 있습니다. 참으로 이상한 것은 그런대로 괜찮은 사람이었는데, 높은 자리에 올라가거나 권력만 가지면 악하게 변하는 사람들이 많이 있습니다. 우리가 이런 것을 보면 권력을 가지거나 부자가 되거나 높아지는 것이 얼마나 위험한 것인지 잘 알 수가 있습니다. 자기는 모르지만 남들이 보기에는 괴물로 변해 가는 것입니다.

어떤 동물 다큐멘터리를 보았습니다. 사자가 강을 건너가려고 헤엄치는데 악어가 소리도 내지 않고 조용히 다가가서 사자의 턱을 물고 늘어집니다. 사자는 몸부림을 치면서 악어의 이빨에서 벗어나려고 하지만 악어는 한번 물면 절대로 놓지 않습니다. 결국 사자는 턱이 뜯겨 버렸고 바로 죽었습니다. 또 어떤 들소는 악어에게 꼬리를 물렸는데 아무리 물 밖으로 나가려고 해도 악어가 끝까지 꼬리를 물고 당기니까 결국 물속으로 끌려들어가서 먹이가 되었습니다. 심지어는 코끼리도 물을 먹다가 갑자기 악어가 덤벼들어서 코를 물고 늘어졌는데 그 코끼리는 살기는 살았지만 코가 없어지는 엄청난 부상을 당한 것을 보았습니다. 더욱이 악어는 먹이를 물고 가만히 있기만 한 것이 아니라 몸을 돌리는 기술도 있습니다. 악어가 먹이를 물고 물속에서 돌리면 결국 먹이는 숨을 쉬지 못하니까 죽게 됩니다. 그러면 다 뜯어 먹어버립니다.

악어는 물속에 살지만 낚시로 잡을 수 없습니다. 그 이유는 입이 너무 클 뿐 아니라 힘이 너무 세기 때문입니다.

41:1-2, "네가 낚시로 리워야단을 끌어낼 수 있겠느냐 노끈으로 그 혀를 맬 수 있겠느냐 너는 밧줄로 그 코를 꿸 수 있겠느냐 갈고리로 그 아가미를 꿸 수 있겠느냐"

'리워야단'은 바다에 사는 괴물로 알려져 있습니다. 그러나 악어를 리워야단이라 하기도 합니다. 여기서는 악어를 말합니다. 악어는 낚시 바늘로도 잡을 수 없고 노끈으로 그 혀를 묶을 수도 없고 갈고리로 그 아가미를 꿸 수도 없습니다. 악어는 아주 위험하고 사나운 짐승이지만 낚시로 잡을 수 없습니다. 즉 악어에게 공격을 당하거나 물리면 죽게 되는데 미리 예방을 할 수 없다는 것입니다. 왜냐하면 물속에 숨어 있기 때문에 어디에 있는지도 모르고 엄청난 힘을 가지고 있어서 낚시나 갈고리 같은 것으로는 엄두도 낼 수 없기 때문입니다.

악어는 잡히지도 않을 뿐 아니라 간청 같은 것은 하지도 않습니다.

41:3, "그것이 어찌 네게 계속하여 간청하겠느냐 부드럽게 네게 말하겠느냐"

물고기가 낚시에 걸려서 몸부림 칠 때에는 대단한 힘을 가지고 물을 휘젓지만 일단 육지에 올라오고 나면 꼼짝을 하지 못합니다. 그러나 악어 같은 경우에는 물 위에나 땅에서 아무 거리낌 없이 마구 휘젓고 다닐 수 있습니다. 악어는 괴물입니다.

하나님은 욥에게 이런 괴물인 악어를 어떻게 사람이 말이나 소를 부리듯이 종으로 삼을 수 있으며, 여자 아이들을 위한 노리개로 묶어 둘 수 있으며 가게에서 묶어 두고 팔 수 있겠느냐고 말씀하고 있습니다.

41:5, "네가 어찌 그것을 새를 가지고 놀 듯 하겠으며 네 여종들을 위하여 그것을 매어두겠느냐"

또 하나님은 어떻게 악어 다리를 묶어 놓고 말뚝에 매어두고 구경을 하겠느냐고 말씀하십니다. 악어가 거기에 있는 아이들을 다 물어죽일 것입니다. 또 하나님은 상인들이 소나 양을 팔듯이 악어를 묶어 놓고 가격을 흥정할 수 있겠느냐고 말씀하고 있습니다. 아마 악어는 주인의 다리부터 물어서 다리를 상하게 할 것입니다.

악어는 낚시만이 아니라 다른 것으로도 잡을 수 없습니다.

41:7-9, "네가 능히 많은 창으로 그 가죽을 찌르거나 작살을 그 머리에 꽂을 수 있겠느냐 네 손을 그것에게 얹어 보라 다시는 싸울 생각을 못하리라 참으로 잡으려는 그의 희망은 헛된 것이니라 그것의 모습을 보기만 해도 그는 기가 꺾이리라"

사람이 악어를 향해 아무리 창을 던져도 그 가죽을 뚫을 수 없고 작살로 머리를 꽂으려고 해도 꽂을 수 없습니다. 왜냐하면 악어가 그 큰 입을 벌려서 먼저 공격을 해버리기 때문입니다. 또 작살로 꽂는다고 해도 너무 머리가 단단해서 튕겨져 나가버리기 때문입니다. 손으로 악어를 잡으려고 머리를 잡았다가는 악어가 손을 물어버려서 결국 팔이 잘리게 될 것입니다.

그러면 괴물같이 큰 악어를 누가 감히 잡을 수 있겠습니까? 이렇게 하나님은 욥에게 "너는 내가 만든 수많은 피조물 중의 하나인 악어도 이기지 못하면서 어떻게 나와 싸워서 이기겠다고 하느냐"고 말씀하시는 것입니다.

41:10, "아무도 그것을 격동시킬 만큼 담대하지 못하거든 누가 내게 감히 대항할 수 있겠느냐"

즉 악어 한 마리도 제대로 잡지 못하면서 어떻게 하나님께 와서 따지려고 하느냐고 반문하시는 것입니다. 그러나 이 말씀 안에는 역설이 들어 있습니다. '리바이어던(리워야단)'이라고 하면 바다 괴물이기도 하지만 사실은 마귀를 의미하기도 하는 것입니다. 우리 인간은 마귀의 실체를 모르고 있습니다. 우리는 마귀가 얼마나 악질적이고 또 얼마나 힘이 센지 그리고 마귀가 얼마나 조용히 우리를 노리고 있는지 모르면서 살아가고 있다는 것입니다.

아가서에 보면 포도원을 허무는 작은 여우를 잡으라고 합니다(아 2:15). 포도원도 여우를 잡지 못하면 포도 농사를 제대로 지을 수 없습니다. 하물며 우리 가까운 곳에 악어가 있다면 빨리 그곳을 벗어나야 물려 죽지 않게 되는 것입니다.

41:11, "누가 먼저 내게 주고 나로 하여금 갚게 하겠느냐 온 천하에 있는 것이 다 내 것이니라"

그러나 하나님은 악어를 만드셨기 때문에 악어를 이길 수 있는 방법이 있습니다. 하나님은 악어의 약점을 알고 계십니다. 하마도 약점이 있는데 그것은 바로 햇빛입니다. 그러나 악어에게는 햇빛이 약점이 아닙니다. 그러면 악어의 약점은 어디에 있을까요?

2. 악어의 강점

군인들이 탱크를 처음 보면 놀라지 않을 수 없습니다. 탱크는 완전히 쇠로 싸여져 있고 그 안에서 대포를 쏘고 기관총도 쏘기 때문에 단지 총만 가지고는 대적할 수 없습니다. 특히 이차대전 때 독일 탱크가 얼마나 강했던지 소련 탱크는 도무지 상대가 되지 않았습니다. 그래서 소련 군인들은 머리를 썼습니다. 아무리 독일 탱크가 강해도 지뢰에는 약할 수밖에 없다는 것을 알고 공병을 통해서 눈이 있는 질펀한 땅에 지뢰를 수도 없이 깔았던 것입니다. 결국 독일은 꼼짝 달싹할 수 없게 되었습니다.

41:12-14, "내가 그것의 지체와 그것의 큰 용맹과 늠름한 체구에 대하여 잠잠하지 아니하리라 누가 그것의 겉가죽을 벗기겠으며 그것에게 겹재갈을 물릴 수 있겠느냐 누가 그것의 턱을 벌릴 수 있겠느냐 그의 둥근 이틀은 심히 두렵구나"

악어는 다른 짐승들이나 사람들에게는 탱크처럼 강력한 적이었습니다. 악어에게는 이중 재갈을 물릴 수 없습니다. 그리고 그 턱을 벌리게 하거나 껍질을 벗기거나 할 수 없습니다.
악어의 자랑은 비늘에 있었습니다. 악어의 비늘은 빈틈이 없이 촘촘하고 아주 단단한 것이 특징이었습니다.

41:15-17, "그의 즐비한 비늘은 그의 자랑이로다 튼튼하게 봉인하듯이 닫혀 있구나 그것들이 서로 달라붙어 있어 바람이 그 사이로 지나가지 못하는구나"

악어는 아주 단단한 비늘이 빈틈없이 붙어 있기 때문에 아무리 창으로 찌르고 활을 쏘아도 그 비늘을 뚫고 들어갈 수가 없습니다. 악어는 등만 단단한 것이 아니라 배나 가슴도 단단하기 때문에 아무리 몽둥이로 때리고 창으로 찔러도 소용이 없습니다.

정말 악어는 빈틈이 없는 존재입니다. 그 껍질이 얼마나 단단한지 창이나 칼이나 투창이나 맷돌이나 어느 것으로도 죽일 수 없습니다. 악어는 다리로도 움직이고 배는 비늘로 되어 있기 때문에 악어가 진흙을 지나가면 토기 자국이나 도리깨 친 자국을 남긴다고 했습니다(22-29절).

악어를 이길 수 있는 방법이 어디에 있을까요? 악어가 물속에 있으면 악어를 잡을 수 없습니다. 그래서 악어를 잡으려고 하면 일단 악어를 물 밖으로 나오게 해야 합니다. 미끼를 사용하든지 아니면 악어가 물 밖에 나올 때를 기다리든지 해서 일단 물 밖으로 나오게 해야 합니다. 그리고 정면으로는 절대로 악어를 잡을 수 없습니다. 왜냐하면 악어의 입이 너무 크고 그 이빨이 날카롭기 때문입니다. 그리고 뒤에서 숨어 있다가 몇 명이 힘을 합쳐서 악어의 입을 밧줄로 묶어버려야 합니다. 이것은 절대 혼자 힘으로 할 수 없습니다. 그런데 일단 그 힘이 센 악어라 해도 입을 밧줄로 꽁꽁 묶어버리면 그때는 꼼짝을 하지 못합니다. 이때 긴 작대기에 악어를 묶든지 해서 잡으면 되는 것입니다. 그리고 악어를 구워먹든지 아니면 가죽을 벗겨서 핸드백이나 구두를 만들면 되는 것입니다. 태평양의 어느 원주민들이 하는 방식이 바로 이런 방식입니다. 악어를 물에서 나오게 한 후에 뒤에서 덮쳐서 입을 묶어버리는 것입니다.

우리가 사탄을 잡을 때에도 일단 물에서 나오게 해야 합니다. 즉 그 정체를 드러내야 하는 것입니다. 악한 자들이 얼마나 말을 잘 하고 매력적인지 절대로 그대로 두고는 이길 수가 없습니다. 뒤에서 덮쳐서 입을 잡아매어야 합니다.

3. 물에서는 잡을 수 없는 악어

악어는 절대로 물속에서는 잡을 수 없습니다. 물속에서는 너무 빠르고 힘이 아주 세기 때문입니다. 악어는 물속에서는 온갖 재주를 다 부릴 수 있는 것입니다.

41:18, "그것이 재채기를 한즉 빛을 발하고 그것의 눈은 새벽의 눈꺼풀 빛 같으며"

여기서 악어가 재채기를 한다는 것은 악어가 잠을 자다가 드디어 깨게 되는 것을 말하는 것 같습니다. 악어는 코와 귀에 막이 있어서 물이 안에 들어가지 않도록 막는데, 잠에서 깨면서 한번 크게 재치기를 하는 것 같습니다. 사람도 재채기를 하면 잠에서 깼다는 증거가 될 수 있습니다. 자면서는 재채기를 하지 않기 때문입니다. 그리고 악어가 눈을 뜨는데 그 눈은 빨갛습니다. 악어의 눈이 얼마나 빨간지 새벽의 눈꺼풀 빛 같다고 했습니다. 그리고 악어가 물속에서 숨을 쉬기 시작하면 마치 용의 입에서 불이 나오는 것과 같이 물이 뿜어져 나온다고 했습니다.

41:19-20, "그것의 입에서는 횃불이 나오고 불꽃이 튀어 나오며 그것의 콧구멍에서는 연기가 나오니 마치 갈대를 태울 때에 솥이 끓는 것과 같구나"

이것은 악어라기보다는 용에 대한 설명 같습니다. 그 입에서는 불이 나오고 불꽃이 튀고 콧구멍에서는 연기가 나온다는 것입니다. 옛날 판타지 이야기를 보면 용이 꼭 등장하는데, 하늘을 날아다니고 꼬리로 한번 치면 성벽이 다 부서지고 입에서는 화염 방사기 같은 불이 나와서 군대나 집들을 다 태워버리므로 아무리 강한 군대라도 용을 이길 수 없는 것입니다. 아무리 강한 용사도 용이 그 강한 꼬리로 한 번 치면 맞고 날아가서 죽어버리는 것입니다. 그런데 우리가 싸워야 할 대상이 바로 이런 용이고 이런 악어인 것입니다. 그래도 이런 이야기 중에서 용감한 소년은 용의 약점을 알아내어서 용의 심장을 검으로 찔러서 용을 죽이는 것입니다.

악어는 물속에서는 이길 수 없습니다.

41:31-32, "깊은 물을 솥의 물이 끓음 같게 하며 바다를 기름병 같이 다루는도다 그것의 뒤에서 빛나는 물줄기가 나오니 그는 깊은 바다를 백발로 만드는구나"

악어는 깊은 물속에서도 얼마든지 돌고 헤엄을 치고 마음대로 움직일 수 있기 때문에 솥 안에서 물이 끓는 것처럼 할 수 있고 바다 속에서도 기름병을 다루듯이 자유자재로 돌릴 수 있습니다. 악어가 헤엄을 치면 그 뒤에서는 빛나는 물줄기가 나오고 바다도 백발처럼 허연 물거품을 만들 수 있습니다. 이것은 우리가 오늘 싸워야 할 대상 마귀를 가리킵니다. 마귀는 하나님이 완벽하게 만드셨는데 그 완벽한 것을 가지고 하나님의 백성들을 공격해서 죽이려고 하는 것입니다.

우리는 악어를 물 밖으로 나오게 해야 합니다. 그리고 악어의 비늘을 뚫을 수 있는 칼을 찾아야 합니다. 그리고 악어의 심장을 찔러야 하고 입을 잡아매야 합니다. 그리고 반드시 뒤에서 덤벼들어 제압해야 합니다. 우리는 그동안 악어에게 속았고 너무 그를 두려워했습니다. 이제 우리의 원수와 싸워 이겨야 합니다. 그래서 다시 이 나라를 안전하고 축복된 나라로 만드는 성도들이 될 수 있기를 바랍니다.

38
새로운 인생

욥기 42:1-17

소크라테스의 아버지의 직업은 석공이었다고 합니다. 이 당시 아테네는 파르테논 신전 등에서 많은 신상을 만드는 수요가 늘면서 석공들의 인기가 높았습니다. 아마 소크라테스도 아버지의 직업을 따라서 석공을 했더라면 돈을 많이 벌었을 것입니다. 그리고 소크라테스의 어머니는 산파였는데 산모와 아기의 생명을 낳고 지켜주며 도와주는 일을 했습니다. 그러나 소크라테스는 인간은 영혼이 가장 중요하며 자기는 영혼을 낳는 일을 하고 싶어 했습니다. 그래서 그는 한평생 돈을 벌지 않고 인간은 무엇인가 하는 문제를 가지고 사람들과 토론을 하면서 살았습니다.

그는 아버지 같이 돌로 사람을 만들지 않고 살아 있는 인간을 만들고 싶어 했고, 또 어머니의 산파 역할 같이 사람들이 스스로의 영혼을 낳는 것을 도와주려고 했습니다. 그래서 그는 한평생 남을 가르친 적이 없다고 합니다. 오직 질문을 통해서 그들의 생각이 틀렸다는 것을 알려주려고 했습니다. 그래서 소크라테스식의 질문방식을 지금도 산파술이라고 합니다. 제가 대학원을 다닐 때 지도교수 한 분은 강의를 산파술식으로 했습니다. 그는 질문을 던지고 그것에 대하여 학생들이 대답을 하면 또 질문을 던지곤 했습니다. 그것을 통해서 소크라테스는 인간은 영혼이 중요하며 도덕이 중요하다는 것을 깨닫게 했던 것입니다.

그러나 그 결과 소크라테스에게 돌아온 것은 사형이었습니다. 그가 아테네의 젊은이들에게 해로운 종교나 사상을 가르친다는 이유 때문이었습니다. 소크라테스는 생전에 한 권의 책도 쓰지 않았습니다. 그는 돈도 벌지 않았습니다. 오히려 사형을 당했습니다. 그러나 그의 제자 중에 그의 말을 조용히 듣고 있는 청년이 있었습니다. 바로 플라톤이었는데, 그는 소크라테스가 한 말을 전부 종합을 해서 《대화록》이라는 엄청난 책을 썼습니다. 지금 서양 사상은 소크라테스의 질문 위에 서 있다고 단언할 수 있습니다. 그러나 소크라테스는 질문을 했지만 예수님은 질문에 답을 주셨습니다. 우리 인생의 모든 답은 예수님이 주시는 것입니다. 그러나 소크라테스는 예수님을 알지 못했습니다. 아테네 사람들이 예수님에 대하여 소개받게 되는 것은 세월이 수백 년 지난 후입니다. 사도 바울이라는 사람이 선교여행 차 아테네에 와서 예수님에 대하여 소개하게 됩니다.

사람의 몸에는 통증이라는 것이 있습니다. 다른 물건에 세게 부딪친다든지 혹은 몸에 병이 있다면 고통을 느끼게 됩니다. 그것이 바로 통증입니다. 우리가 몸에서 느끼는 통증에는 두 가지 의미가 있습니다. 하나는 내가 살아있다는 것입니다. 죽은 사람은 전혀 통증을 느끼지 않기 때문입니다. 그리고 또 하나는 내 몸이 지금 비정상적인 상태에 있기 때문에 통증을 통해 치료가 필요하다는 것을 보여주는 것입니다. 그러므로 치료를 받아야 그 아픈 통증을 이길 수 있는 것입니다.

거기에 비하여 인간이 당하는 환난은 수많은 질문을 던져줍니다.

즉 사람은 왜 환난을 당하는가 하는 것입니다. 어떤 사람은 환난을 당하는 것은 무능하고 힘이 없기 때문이라고 합니다. 거기에 비해서 어떤 사람은 환난을 당하는 것은 재수가 없었기 때문이라고 합니다. 미국 사람들이 잘 사용하는 표현 중에 "좋지 않은 시간, 좋지 않은 장소(wrong time wrong place)"라는 것이 있는데 이것도 좋지 않은 시간과 장소에 있었기 때문에 그 일을 당한 것이라는 의미라고 할 수 있습니다. 거기에 비해서 신앙을 가진 사람들은 환난을 당하는 것은 하나님을 잘 믿지 못했고 죄를 지었기 때문이라고 합니다.

거기에 대해서 욥은 다른 이야기를 합니다. 사람이 환난을 당하는 것은 무능해서도 아니고 재수가 없어서도 아니고 죄를 지었기 때문도 아니라고 주장합니다. 즉 사람이 환난을 당하는 것은 그것에 하나님의 뜻이 있기 때문이라는 것입니다. 특히 하나님은 하나님의 백성들을 순금과 같이 만들기 위해서 환난을 주신다는 것입니다.

욥기는 대드라마입니다. 그런데 주제는 한 가지입니다. 그것은 바로 왜 하나님의 백성들이 고난을 당하는가 하는 것입니다. 이 세상의 흔한 돌은 그냥 돌이기 때문에 네모반듯하게 만들어서 집을 만들거나 다리를 만드는데 쓰면 됩니다. 그러나 금이 들어있는 돌은 그 안에 있는 금을 꺼내기 위하여 돌을 깨야 하고 부숴야 하고 녹여야 하는 것입니다. 돌을 깨고 부수고 녹일 때에는 엄청난 고통이 따르지만 순금이 되고 난 후에는 처음 돌과는 비교할 수 없는 가치를 지니게 되는 것입니다. 그래서 하나님의 백성들이 환난을 당하는 것은 당하는 것이 아니고 대박을 터트리는 것입니다. 욥은 환난을 당한 후에 그대로 있는 것이 아니라 더 아름답고 멋진 인생을 시작하게 됩니다. 이것은 바로 순금의 인생인 것입니다.

1. 욥의 고백

욥은 그 많은 재산과 자녀들을 다 잃고 온몸에 병드는 환난과 아울러 친구들과의 토론을 통해서 많이 깨어지고 닦이어서 순금이 되었습니다. 이제 욥의 환난은 다 끝났습니다. 그러나 겉으로 욥에게 나타난 변화는 아직 없었습니다. 욥은 여전히 가난했고 자식들은 죽었으며 그의 온몸에는 병이 나 있었습니다. 그러나 욥의 마음속에는 엄청난 변화가 있었습니다.

첫째로 욥은 살아계신 하나님을 폭풍 속에서 보고 들을 수 있었던 것입니다. 욥은 하나님이 실제로 살아계신 것을 체험할 수 있었습니다. 둘째로 욥은 하나님의 엄청난 세계를 보았던 것입니다. 그것은 하나님이 만드신 우주와 지구이며 눈과 우박이며 빛이었고, 거기에 사는 산양과 들나귀와 타조였습니다. 그리고 사람들은 별로 관심도 갖지 않는 하마와 악어였습니다. 그 짐승들이 얼마나 강하고 튼튼하게 만들어졌는가 하는 것이었습니다. 더욱이 욥은 환난을 통하여 우리 인간은 누구든지 하나님 앞에서 한번 해체되고 다시 만들어져야 한다는 것을 알았습니다. 왜냐하면 모든 인간은 고장 난 상태에 있기 때문입니다. 물론 우리 안에는 금 성분이 있기는 하지만 그것이 너무 작아서 잡석에 불과하다는 사실이었습니다. 그래서 우리는 환난당하는 것이 너무 싫지만 한번은 환난을 당해야 정품이 될 수 있고 순금이 될 수 있다는 것을 깨달은 것입니다.

42:1-2, "욥이 여호와께 대답하여 이르되 주께서는 못 하실 일이 없사오며 무슨 계획이든지 못 이루실 것이 없는 줄 아오니"

욥은 하나님께서 무엇이든지 하실 수 있다고 고백하고 있습니다. 여기서 하나님이 하시는 일은 사람에게 고난을 주시기도 하고 비참하게도 하시는 것을 말합니다. 예를 들어서 자동차 기술자는 자동차를 두고 못할 일이 없을 것입니다. 자동차가 고장이 심하게 나면 자동차를 일일이 다 해체할 것입니다. 그렇게 하는 이유는 그가 그렇게 할 기술이 있기 때문입니다.

　우리는 이 세상에 살면서 자신이 그렇게 심하게 고장이 나거나 망가진 상태라고는 생각하지 않습니다. 우리가 원하는 것은 남들보다 더 성공하고 돈도 더 잘 벌고 좋은 집에서 사는 것이라고 생각을 합니다. 그러나 하나님은 우리 안에 있는 암 덩어리를 보시며 우리 안에 있는 순금도 보시는 것입니다. 그래서 하나님은 어떤 때는 우리 인생을 부수기도 하시고 우리의 계획이나 꿈을 파괴하시기도 하는 것입니다. 왜냐하면 우리 인간은 내가 원하는 대로 갈 수 없을 뿐 아니라 그대로 가면 죽을 때까지 치료가 안 되기 때문입니다.

　이것은 욥도 마찬가지였습니다. 욥은 자기가 이대로 계속 부자로 살면서 남을 도우면 충분하다 생각했고 자기는 절대로 실패해서는 안 되고 자기에게는 절대로 불행이 와서는 안 된다는 강박증을 가지고 있었습니다. 그러나 하나님은 평소에 욥이 생각하지 못했던 산양이나 들나귀나 타조 같은 동물을 통해서 자기에게만 불행이 오지 않는다는 것은 있을 수 없음을 가르쳐주셨습니다. 산양이 아무리 절벽을 잘 타지만 절벽에는 그들을 노리는 눈 표범이 있고 독수리도 있으며, 들나귀가 고집이 그렇게 세어도 사자나 표범이 공격하면 물려 죽는다는 것입니다. 또 타조가 아무리 날고 싶어도 하나님이 그렇게 만드시지 않았으므로 그냥 뛰어서 살아야 하는 것입니다. 인간도 자기 스스로 똑똑하다고 생각하지만 남을 배려하지 않고 자기만 잘났다고 생각한다면 하마나 악어와 다를 바 없다는 교훈입니다. 그래서 욥은 고난을 당한 후에 비로소 우리 인간은 피조물이기 때문에 자신이 상상하지 못한 환난을 당할 수밖에 없다고 고백을 하게 됩니다. 즉 우리 인간은 환난을 당해야 한다는 것입니다.

42:3-4, "무지한 말로 이치를 가리는 자가 누구니이까 나는 깨닫지도 못한 일을 말하였고 스스로 알 수도 없고 헤아리기도 어려운 일을 말하였나이다 내가 말하겠사오니 주는 들으시고 내가 주께 묻겠사오니 주여 내게 알게 하옵소서"

반드시 행복해야 한다는 사람이나 혹은 이 세상에는 자신의 생각만이 최고라고 생각하는 사람은 무지한 말로 진리를 가리는 자들입니다. 왜냐하면 인간은 이 세상의 주인이 아니기 때문입니다. 인간은 이 세상에 세 들어 사는 한 존재에 불과한 것입니다.

욥은 환난을 통해서 우리 인간이 이 세상의 주인이 아니라는 사실을 알게 되었습니다. 그리고 환난을 통해서 자신을 찾는 과정을 겪게 됩니다. 욥은 환난을 통해서 세상의 명예나 재물을 가지게 된 것은 아니지만 그의 지각 하나는 엄청나게 커지게 되었습니다.

우리가 환난을 당하기 전에는 어쩔 수 없이 자기중심이나 자기 위주로 생각합니다. 우리는 나름대로 하나님을 잘 믿었다고 생각했는데 엄청난 고난을 당하게 되면 도대체 왜 이런 일이 나에게 일어났는지 도무지 이해할 수가 없습니다. 즉 우리에게 문제는 있는데 답이 없는 것입니다. 이럴 때 우리는 절망하고 좌절도 하게 됩니다. 사람을 만나기도 싫고 침체에도 빠지게 되는데 그때마다 조금씩 하나님의 음성을 듣게 됩니다. 바로 내가 깨닫지도 못한 일을 말하고 스스로 알 수도 없는 일을 말하기도 하는 것입니다. 처음에는 하나님께 질문만 합니다. 그리고 할 수 있으면 하나님의 답을 들으려고 노력합니다. 그러다가 어느 순간 하나님을 눈으로 보는 것 같이 생생하게 느끼게 되는 것입니다.

42:5, "내가 주께 대하여 귀로 듣기만 하였사오나 이제는 눈으로 주를 뵈옵나이다"

욥이 환난을 겪은 결과 얻은 것은 하나님의 음성을 들을 수 있게 되었다는 것입니다. 욥은 환난을 겪기 전에는 자신에게 불행이 찾아오지 않기 위하여 모든 행사에 벌벌 떠는 강박증의 신앙인이었습니다. 욥은 처음에 하나님이 자기같이 작은 인간에게 그렇게 관심을 가지신다는 사실을 믿지 않았습니다. 그러나 이것이 사실이라는 것을 알게 되었을 때 고난을 두려워하지 않게 되었고, 이해가 안 되는 것이 있으면 자꾸 하나님께 질문하게 되었습니다. 하나님께 물어보는 것은 아주 좋은 신앙입니다. 내 뜻을 가지고 밀어붙이는 것은 무지한 말로 이치를 가리는 것 밖에 되지 않습니다. 그러다가 어느 순간 눈으로 생생하게 보듯이 하나님께서 하시는 것을 보게 됩니다. 이런 일은 하나님이 하시지 않으면 절대로 일어날 수 없는 일이기 때문입니다.

욥은 환난을 통하여 하나님을 가까이 체험하게 되었습니다. 즉 욥은 하나님의 음성을 들을 수 있게 되었습니다. 그리고 나중에는 하나님의 표징을 보게 되었습니다. 이것이 바로 보물이 된 증거입니다. 엘리사도 하나님의 음성을 들었습니다. 그리고 엘리사는 하나님의 불말과 불병거를 보게 되었습니다. 우리는 남이 듣지 못하는 음성을 듣고 남이 보지 못하는 놀라운 일을 보게 되는 것입니다.

욥은 결국 자기가 죄인이라는 것을 고백했습니다.

42:6, "그러므로 내가 스스로 거두어들이고 티끌과 재 가운데에서 회개 하나이다"

욥이 하나님의 음성을 듣고 하나님을 볼 수 있게 되었는데 왜 욥은 재 가운데에서 회개를 해야 했을까요? 이는 자신이 하나님의 수리가 필요한 존재라는 사실을 인정하는 것입니다. 우리는 하나님께 가까이 가면 갈수록 전부 다 수리가 필요하다는 존재임을 깨닫습니다. 자동차로 치면 리콜이 필요한 것입니다. 그러면 하나님은 오래된 모델을 전부 다 분해하셔서서 완전히 새 차로 만들어 주십니다. 그러니까 스타일만 구식이지 안에 있는 엔진이나 부속은 완전히 최신형으로 갈아 끼워주시는 것입니다.

2. 하나님의 판정

우리가 당하는 시련은 끝나는 때가 있습니다. 그래서 성도들은 우리가 걸어가는 터널에는 끝이 있다고 말을 합니다. 이제 욥은 드디어 고난의 터널을 지나서 환한 세상으로 나오게 되었습니다. 이때 하나님은 욥에게 옛날 인생을 다시 살게 하신 것이 아니라 새로운 인생을 살게 하셨습니다. 그때 욥의 나이도 이미 적지 않았던 것 같은데 어떻게 새 인생을 시작할 수 있었겠습니까?

하나님은 하나씩 하나씩 욥을 회복시켜 주셨습니다.

첫째는 하나님께서 욥을 친구들 모두보다 의롭다고 하신 것입니다. 즉 이것은 욥이 환난을 당한 것은 그의 죄나 무능 때문이 아니었다는 것을 하나님께서 인정해주신 것입니다.

> 42:7, "여호와께서 욥에게 이 말씀을 하신 후에 여호와께서 데만 사람 엘리바스에게 이르시되 내가 너와 네 두 친구에게 노하나니 이는 너희가 나를 가리켜 말한 것이 내 종 욥의 말 같이 옳지 못함이니라"

하나님은 욥에게 말씀하신 후에 엘리바스에게 말씀하셨습니다. 너희들이 나에게 대하여 말한 것이 내 종 욥처럼 옳지 않다고 말씀하셨습니다. 여기서 마지막에 하나님의 영감으로 말한 엘리후는 빠집니다. 그는 하나님의 영감으로 하나님의 바른 말씀을 전했기 때문입니다. 그러나 엘리바스와 그의 두 친구들에게는 옳은 말도 있지만 인간의 말도 있었다고 말씀하신 것입니다. 물론 엘리바스나 그의 두 친구는 모두 욥을 위로하기 위해서 찾아왔습니다. 그들은 욥이 이렇게 망한 것을 보면 욥이 죄 지은 것이 틀림없고 하나님이 그를 치셨기 때문이라고 했습니다. 그래서 지금이라도 회개하고 새 출발하면 하나님이 회복시켜주실 것이라고 했습니다. 그들은 욥에 대하여 이렇게 말을 했지만 하나님은 나에게 대하여 말을 했다고 하셨습니다. 즉 욥이 환난을 당한 것은 그의 죄 때문이 아니었던 것입니다. 그리고 그들이 욥의 마음을 아프게 하고 그를 정죄했기 때문에 하나님께서 진노하신다고 하셨습니다. 하나님은 욥을 내 종이라고 하셨고, 그의 말이 더 옳다고 인정하셨습니다.

그리고 둘째로 하나님은 욥의 기도에 권세를 주셨습니다. 하나님은 엘리바스에게 너희들이 일곱 수소와 일곱 숫양을 욥에게 가지고 가면 욥이 그것으로 하나님께 제사를 드릴 것이고, 욥이 너희를 위하여 기도하면, 너희가 진노를 당하지 않을 것이라고 말씀하셨습니다.

42:8, "그런즉 너희는 수소 일곱과 숫양 일곱을 가지고 내 종 욥에게 가서 너희를 위하여 번제를 드리라 내 종 욥이 너희를 위하여 기도할 것인즉 내가 그를 기쁘게 받으리니 너희가 우매한 만큼 너희에게 갚지 아니하리라 이는 너희가 나를 가리켜 말한 것이 내 종 욥의 말 같이 옳지 못함이라"

하나님은 욥을 하나님의 제사장으로 받으셨습니다. 그리고 욥의 친구들은 지금 죄에 빠져 있기 때문에 욥에게 수소 일곱과 숫양 일곱을 가지고 가서 제사를 드리고 그에게 기도를 받으라고 하셨습니다. 우리가 고난당하는 성도들에게 따뜻한 말을 한 것은 하나님께 한 것이 됩니다. 반대로 고난당하는 성도들을 정죄하고 판단한 것은 수소 일곱과 숫양 일곱을 바쳐야 할 심각한 죄인 것입니다.

이런 일은 아브라함 때도 있었습니다. 아브라함은 그랄 땅에 가서 자기 부인 사라를 누이라고 속였습니다. 그래서 그랄 왕이 사라를 부인으로 데려갔는데 그 왕궁에 재앙이 터지기 시작했습니다. 하나님은 아비멜렉의 꿈에 나타나서 네가 죽으려고 하느냐고 책망하셨습니다. 그러면서 하나님은 사라가 아브라함의 부인이며 아브라함이 너희를 위해서 기도를 해주어야 너희의 모든 병이 나을 것이라고 가르쳐 주셨습니다. 그래서 아비멜렉은 아브라함을 불러서 그의 기도를 받고 나서야 그 왕궁의 모든 여인의 병이 낫게 됩니다. 우리는 다른 사람을 위하여 기도할 수 있는 권한이 있는 것입니다. 그래서 엘리바스와 그의 두 친구가 하나님의 말씀대로 했더니 하나님께서 그들의 제사를 기쁘게 받으시고 그들을 축복하셨습니다.

3. 욥의 새로운 인생

하나님의 백성의 가장 귀한 축복은 은혜를 받기만 하면 언제든지 새 인생을 시작할 수 있다는 사실입니다. 욥이 고난은 아름다운 순금이 되는 과정이었습니다. 그리고 욥은 실제로 아주 귀한 순금이 되었습니다. 그것은 하나님의 음성을 듣고 하나님의 표징을 보며 남을 위하여 기도할 수 있는 권세를 가지게 된 것입니다. 그럼에도 불구하고 욥은 여전히 비참했습니다. 욥은 그 많던 재산을 다 빼앗겼고 다른 사람들로부터 아주 좋지 못한 취급을 받았으며 가까운 사람들도 모두 욥을 멀리 했습니다. 욥의 자녀들도 다 죽었고 온몸에는 아직 심한 질병이 남아 있었습니다.

하나님은 먼저 욥의 복을 이전처럼 회복시켜 주셨습니다. 아마 하나님은 가장 먼저 욥의 병을 치료해주셨을 것입니다. 열도 떨어지게 하시고 피부에 있는 염증도 다 없어지게 하시고 정신적인 고통도 없어지게 하셨습니다. 그래서 욥은 다시 행복할 수 있었습니다. 그리고

난 후 하나님은 욥에게 물질적으로 복을 주시기 시작하셨습니다. 하나님께서 한번 복을 주시니까 욥은 감당할 수 없을 정도로 가축이 많아지게 되었습니다.

42:10, 12, "욥이 그의 친구들을 위하여 기도할 때 여호와께서 욥의 곤경을 돌이키시고 여호와께서 욥에게 이전 모든 소유보다 갑절이나 주신지라 … 여호와께서 욥의 말년에 욥에게 처음보다 더 복을 주시니 그가 양 만 사천과 낙타 육천과 소 천 겨리와 암나귀 천을 두었고"

물론 욥의 가축이 하늘에서 떨어져 많아진 것은 아니었습니다. 처음에 몇 마리의 양이나 소나 낙타로 목축을 다시 시작했을 것입니다. 그러나 하나님이 복을 부어주시니까 그 가축이 무한정으로 많아지게 되었습니다. 왜냐하면 하나님은 우리의 복을 물질적으로도 주시기 때문입니다. 그래서 나중에는 어마어마한 부자가 되게 되었습니다.

그리고 하나님은 욥에게 친척이나 형제들과의 관계도 회복시켜 주셨습니다.

42:11, "이에 그의 모든 형제와 자매와 이전에 알던 이들이 다 와서 그의 집에서 그와 함께 음식을 먹고 여호와께서 그에게 내리신 모든 재앙에 관하여 그를 위하여 슬퍼하며 위로하고 각각 케쉬타 하나씩과 금 고리 하나씩을 주었더라"

사람이 경제적으로 어려워지면 가까운 친구나 형제와의 관계도 나빠지게 됩니다. 왜냐하면 자기에게 무엇을 요구할까 두렵기도 하고 또 평소에 하나님을 잘 믿는다고 잘난 체 하다가 쫄딱 망한 것을 보면 변명의 여지가 없기도 하기 때문입니다. 그러나 욥이 병이 낫고 다시 물질적으로 복 받는 것을 보고 그제야 형제나 자매나 이웃들은 욥에 대한 의심을 버리고 그에게 찾아와서 교제도 하고 또 위로도 했던 것입니다. 그런데 이들은 모두 약속이나 한 듯이 금으로 된 돈과 금 고리를 하나씩 가지고 와서 욥에게 주었습니다. 물론 이것이 가축을 사는데 도움이 되었을 것입니다.

그리고 하나님은 욥에게 새로운 자녀들을 주셨습니다. 하나님은 아들 일곱과 딸 셋을 주셨는데 다시 열 명의 자녀가 생기게 되었습니다. 그런데 딸 셋이 그렇게 미인이었다고 합니다.

> 42:14-15, "그가 첫째 딸은 여미마라 이름하였고 둘째 딸은 긋시아라 이름하였고 셋째 딸은 게렌합북이라 이름하였으니 모든 땅에서 욥의 딸들처럼 아리따운 여자가 없었더라 그들의 아버지가 그들에게 그들의 오라비들처럼 기업을 주었더라"

딸들도 아름다운 이름을 갖고 있었습니다. 첫째 '여미마'는 비둘기라는 뜻을 가지고 있고, 둘째 '긋시아'는 향나무라는 뜻을 가지고 있습니다. 셋째 딸의 이름은 '게렌합북'이었는데 화장품이라는 뜻이라고 합니다. 왜 성경은 욥의 딸들이 아름다웠다는 것을 강조하고 있을까요? 하나님도 기왕이면 우리에게 아름다운 것을 선물로 주시려고 하시는 것입니다. 우리 같으면 욥의 세 딸은 모두 튼튼하고 기도도 잘 하고 나중에 모두 기도원을 차렸더라고 했을 것 같은데, 하나님은 세상의 아름다운 것도 우리에게 선물로 주시는 것입니다.

욥은 큰 환난을 당한 후에 다시 환난이 없었습니다. 왜냐하면 이미 순금이 되었기 때문입니다. 그래서 가지 많은 나무에 바람 잘 날이 없다는 말은 항상 맞는 것이 아닙니다. 한번 환난의 바람이 지나가고 나면 축복만 계속 오는 것입니다. 욥은 이 새로운 인생을 살면서 장수했습니다. 그래서 욥은 백 사십년을 더 살았다고 했습니다. 금방 죽을 것 같던 사람이 무려 백 사십년을 더 살았던 것입니다. 성도의 고난은 나쁜 것이 아닙니다. 고난이 끝난 후에는 순금같이 나오게 됩니다.